D1750407

GRUND-
BACKBUCH

GRUND-BACKBUCH

Für Anfänger und Könner

Erprobte Rezepte:
Süßes und Pikantes
Step by Step

Mit Nährwerten

Backschule:
Warenkunde und Backtechnik
Füllungen und Garnituren

© NEUER HONOS VERLAG
Titel-Motiv: Mauritius/Rosenfeld
Gesamtherstellung: NEUER HONOS VERLAG, Köln
Printed in Germany

VORWORT

Backen ist eine Form von Kochen, eine Zubereitung von Lebensmitteln, die weit mehr als das Kochen dem reinen Vergnügen dient. Der Unterschied zu anderen Speisen liegt darin, daß Kuchenessen nicht zur notwendigen Nahrungsaufnahme zählt, sondern ein hübsches Extra ist, ein kleiner Luxus.

Freilich kostet dieser Luxus etwas Mühe. Aber ein schöner Kuchen ist eben etwas Besonderes: Guter Kuchen läßt Kinderaugen größer werden, Männer nachts durch die Küche geistern und Frauen ihre Diät vergessen. Kuchen hat Symbolcharakter im Sinne von Belohnen, Verwöhnen, Liebhaben. Ein guter Kuchen ist in sich vollkommen, eine wirklich runde Sache.

Die Rezepte und Tips in diesem Buch mögen dazu beitragen, daß Sie sich den kleinen Luxus guten Kuchens und selbstgebackenen Brotes öfters gönnen und anderen damit Freude machen!

Und wer beim Backen noch Schwierigkeiten hat, lernt es mit diesem Buch, einem Grundbackbuch, das alles Wesentliche behandelt.

Wichtigstes Merkmal eines Backwerks ist sein Teig, und diesen Teig richtig zuzubereiten ist eine wichtige Voraussetzung für das Gelingen. Deshalb orientieren sich die Kapitel dieses Grundbackbuches an den Teigen und Massen, die sich für die Hausbäckerei eignen. Erprobte Rezepte, genaue Anleitungen und Abbildungen von allen wichtigen Handgriffen verhelfen auch Ungeübten zum Erfolg.

In diesem Buch finden Sie Klassisches und Neues zum Ausprobieren in Hülle und Fülle, und weil Rezepte Spaß machen, stehen sie gleich am Anfang. Nach der Kür folgt die Pflicht: Die Backschule mit der Erklärung aller Techniken und mit den Grundrezepten.

Die anschließende Warenkunde bringt alles, was Sie vielleicht schon wissen, aber ab und zu nachlesen wollen. Außerdem werden kleine Bäckergeheimnisse großzügig verraten.

Ganz gleich ob Hobby-Bäcker oder Anfänger – mit diesem Grundbackbuch wird jeder sein Repertoire an leckeren Backwerken noch vergrößern können.

INHALT

Backrezepte

Mürbteig	10
Rührteig	38
Biskuit	66
Hefeteig	96
Plunderteig	128
Quarkölteig	138
Strudelteig	146
Blätterteig	154
Brandteig	162
Baiser	174
Kuchen-Spezialitäten	190
Plätzchen	210
Brot	232
Pizza, Tartes und Pasteten	246
Pikantes Kleingebäck	272

Backschule

Teige und Massen

Mürbteig	290
Rührteig	308
Biskuit	312
Hefeteig	324
Plunderteig	330
Quarkölteig	334
Strudelteig	338
Blätterteig	342
Brandteig	359
Baiser	362
Sauerteig	366
Schmalzgebäck	373
Vollkornbäckerei	378

Backzutaten - eine kleine Warenkunde   382

Füllungen und Garnituren   418

Der Backofen   438

Fachausdrücke - Maße und Gewichte   442

Rezeptverzeichnis	444
Stichwortverzeichnis	452

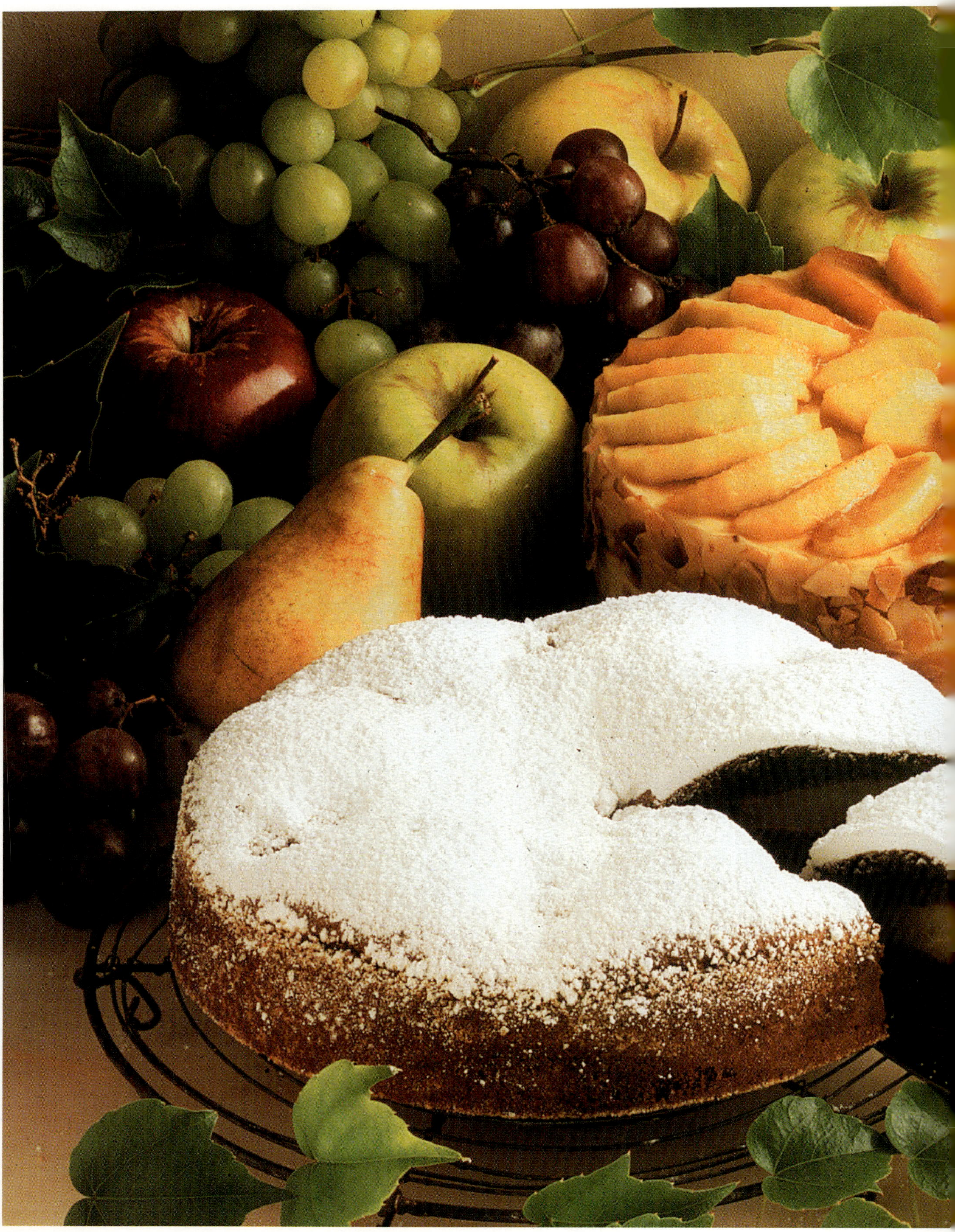

BACKREZEPTE

MÜRBTEIG

Aprikosenkuchen mit Guß

12 Stück

Teig:
**250 g Mehl
125 g Butter
60 g Zucker
1 Prise Salz
2 Eigelb
60 ml Milch
1,2 kg Aprikosen
Butter für die Form
50 g Löffelbiskuits
30 g Mandelstifte**

Sahnesauce:
**400 g Schlagsahne
50 g Zucker
2 Eier
2 Eigelb
20 g Speisestärke
abgeriebene Schale von 1/2 Zitrone**

Mehl und Butter mit den Handflächen zu Streuseln verreiben. Auf einer Arbeitsplatte auslegen, in die Mitte eine Mulde drücken.

Zucker, Salz, das Eigelb und die Milch in die Mulde geben und mit den Streuseln zu einem Teig verkneten. Zugedeckt rund 30 Minuten an einem kühlen Platz ruhen lassen.

In der Zwischenzeit die Aprikosen waschen, trockentupfen, halbieren und die Kerne entfernen.

Eine flache Kuchenform mit 30 cm Durchmesser ausbuttern. Den Teig sehr dünn ausrollen und die Form damit auslegen. Mit einer Gabel den Teig am Rand festdrücken und den Boden einstechen. Auf den Teigboden die Löffelbiskuits bröseln. Die Aprikosenhälften darauf legen, Mandelsplitter darüber streuen.

Für die Sahnesauce in einer Schüssel die Sahne, Zucker, Eier, das Eigelb, Speisestärke und die abgeriebene Schale von 1/2 Zitrone glattrühren und über den Kuchen gießen.

Im vorgeheizten Backofen auf der mittleren Schiene bei 180°C ca. 35 Minuten backen.

Nährwerte pro Portion/Stück	
Kilokalorien	420
Kilojoule	1740
Eiweiß/g	7
Kohlenhydrate/g	38
Fett/g	24
Ballaststoffe/g	2,8

Mürbteig

Tarte Tatin

braucht Zeit

6 Portionen

Teig:
**250 g Mehl
110 g Butter
50 g Puderzucker
1 Prise Salz
1 Ei**

Füllung:
**1 kg Äpfel
60 g Butter
120 g Zucker**

Aus den genannten Zutaten einen Mürbteig zubereiten und mindestens 30 Minuten im Kühlschrank ruhen lassen.

Die Äpfel schälen, vierteln oder in kleinere gleichmäßige Spalten schneiden und entkernen.

Den Boden einer Tarteform (kein Porzellan!) mit 24 cm Durchmesser mit der Butter ausstreichen, mit 60 g Zucker ausstreuen und die Apfelstücke im Kreis darin anordnen. Mit den restlichen 60 g Zucker bestreuen.

Den Mürbteig auf der bemehlten Arbeitsfläche ca. 3 mm dick ausrollen und rund ausschneiden mit einem Durchmesser von ca. 28 cm. Die Mürbteigplatte mit Hilfe der Teigrolle auf die Äpfel legen und den Teigrand zwischen Äpfel und Form nach unten schieben, so daß die Früchte vom Teigdeckel umschlossen sind. Den Teig mehrmals einstechen.

Tarte Tatin im vorgeheizten Backofen bei 230°C auf der mittleren Schiene ca. 35 Minuten backen.

Dann sofort eine Servierplatte auf die Form legen und die Tarte stürzen. Die Form abheben: Je nachdem, aus welchem Material die Form ist, karamelisieren die Äpfel mehr oder weniger.

Servieren Sie Tarte Tatin am besten lauwarm mit Crème fraîche.

Nährwerte pro Portion	
Kilokalorien	550
Kilojoule	2320
Eiweiß/g	6
Kohlenhydrate/g	71
Fett/g	25
Ballaststoffe/g	4

Bananentarte

1 Stunde im Tiefkühlschrank gefrieren

einfach, braucht Zeit

12 Stück

Creme:
**1/2 l Milch
1/2 Vanilleschote
6 Eigelb
200 g Zucker
50 g Mehl
etwas Puderzucker**

Teig:
**250 g Mehl
100 g Zucker
1 Prise Salz
1 TL Backpulver
1 Ei
250 g Butter
Butter für die Form
Mehl zum Bestäuben**

**6 Bananen
1 EL Butter
1 Limette**

Von der Milch 1/8 Liter abnehmen und den Rest mit der längs aufgeschlitzten Vanilleschote langsam aufkochen.

Das Eigelb mit dem Zucker sehr schaumig schlagen, das Mehl einsieben und 1/8 Liter kalte Milch in die Eimasse rühren.

Die aufgekochte Vanillemilch vom Herd nehmen und etwas abkühlen lassen.

Die Eimasse in die lauwarme Vanillemilch rühren und den Topf wieder auf den Herd stellen. Die Masse bei mittlerer Hitze unter ständigem Rühren zwei- bis dreimal aufwallen lassen.

Die Creme vom Herd nehmen, in eine Schüssel umfüllen, die Vanilleschote entfernen und die Creme zum Auskühlen mit etwas Puderzucker bestreuen, damit sich keine Haut bildet.

Für den Teig das Mehl in eine Schüssel sieben und in die Mitte eine Mulde drücken. Den Zucker, Salz, das Backpulver, das Ei und die Butter in Flöckchen hineingeben und alles rasch zu einem glatten Teig verkneten. Den Teig zu einer Kugel formen, in die Mitte einer gefetteten, mit Mehl bestäubten Springform geben und mit den Fingern auf dem Boden ausbreiten, bis er gleichmäßig bedeckt ist.

Den Teigboden mit einer Gabel mehrmals einstechen und im vorgeheizten Backofen bei 175°C 20 bis 25 Minuten goldbraun backen. Den fertigen Tarteboden auf einem Kuchengitter auskühlen lassen.

Mürbteig

Die Bananen schälen, in Scheiben schneiden und in der Butter kurz andünsten. Die Bananenscheiben auf dem Tarteboden verteilen.

Die kalte Vanillecreme durch ein Sieb streichen und kräftig mit dem Schneebesen durchrühren. Die Creme in einen Spritzbeutel mit Sterntülle füllen und in kleinen Rosetten auf die Tarte setzen, bis die ganze Oberfläche bedeckt ist.

Die Limette heiß abspülen und die Schale mit einem Juliennereißer in feinen Streifen abziehen. Über die Bananentarte streuen und die Tarte bis zum Servieren 1 Stunde in den Tiefkühlschrank stellen.

Nährwerte pro Portion	
Kilokalorien	480
Kilojoule	1990
Eiweiß/g	7
Kohlenhydrate/g	55
Fett/g	2,4
Ballaststoffe/g	2,3

Mürbteig

Saftige Stachelbeertorte

einfach, braucht Zeit

12 Stück

600 g Stachelbeeren
160 g Zucker
250 g Weizenvollkornmehl
1 Messerspitze Backpulver
1 Vanilleschote
100 g Butter
1 Ei
Mehl für die Arbeitsfläche
1 EL Mandelblättchen
1 EL Sesamsamen

Die Stachelbeeren putzen, waschen und gut abtropfen lassen.

100 g Zucker mit den Stachelbeeren in eine runde feuerfeste Form geben. Bei großer Hitze unter Rühren den Zucker schmelzen lassen. Vom Herd nehmen und etwas auskühlen lassen.

Aus dem Mehl, Backpulver, dem restlichen Zucker, dem Mark der Vanilleschote, der Butter und dem Ei einen weichen Teig herstellen. Den Teig zu einer Kugel formen und auf der bemehlten Arbeitsfläche etwa 2 cm dick in der Größe der Form ausrollen. Die Teigplatte auf die Stachelbeeren legen.

Im vorgeheizten Backofen bei 180°C etwa 30 Minuten backen. Noch heiß auf einen Teller stürzen, die Oberfläche mit Mandelblättchen und Sesamsamen bestreuen und auskühlen lassen.

Nährwerte pro Stück	
Kilokalorien	*230*
Kilojoule	*950*
Eiweiß/g	*4*
Kohlenhydrate/g	*31*
Fett/g	*9*
Ballaststoffe/g	*3,8*

Mürbteig

Himbeerkuchen

12 Stück

Teig:
150 g Mehl
1 Ei
1 Prise Salz
50 g Butter
50 g Zucker
abgeriebene Schale von
½ Zitrone
Butter für die Form

Belag:
750 g Himbeeren
80 g Zucker
30 g Semmelbrösel
2 Eier
40 g Zucker
1 EL Butter
20 g geriebene Mandeln
1 EL Himbeergeist
30 g Puderzucker

Das Mehl auf die Arbeitsfläche sieben und in die Mitte eine Mulde drücken. Ei, Salz, zimmerwarme Butter, Zucker und die abgeriebene Schale von ½ Zitrone in die Mitte geben und alles schnell zu einem Teig verkneten. Den Teig etwa 1 Stunde an einem kühlen Ort ruhen lassen.

Eine Springform mit einem Durchmesser von 24 cm ausbuttern.

Den Teig in der Größe der Springform ausrollen, in die Form geben und am Rand etwas hochdrücken. Im vorgeheizten Backofen auf der mittleren Schiene 15 Minuten bei 220°C backen.

Die Himbeeren verlesen und die 25 schönsten Früchte für die Dekoration beiseite stellen, die anderen in eine Schüssel geben und mit 80 g Zucker überstreuen.

Den Kuchenboden aus dem Backofen nehmen, etwas abkühlen lassen und mit den Semmelbröseln bestreuen. Dann die gezuckerten Himbeeren gleichmäßig darauf verteilen.

Eier trennen und das Eigelb in einer Schüssel mit Zucker schaumig schlagen.

Butter in einem kleinen Topf schmelzen. Die flüssige, nicht mehr heiße Butter zum Eischaum geben. Geriebene Mandeln und Himbeergeist unterrühren.

Das Eiweiß sehr steif schlagen und vorsichtig unter die Masse heben. Über die Himbeeren verteilen und glattstreichen.

Den Kuchen im vorgeheizten Backofen auf der mittleren Schiene nochmals 15 Minuten bei 200°C backen.

Nach dem Backen auf einem Kuchengitter auskühlen lassen.

Kurz vor dem Servieren den Kuchen mit Puderzucker bestäuben und mit den restlichen Himbeeren dekorieren.

Nährwerte pro Portion/Stück	
Kilokalorien	*220*
Kilojoule	*910*
Eiweiß/g	*4*
Kohlenhydrate/g	*31*
Fett/g	*7*
Ballaststoffe/g	*4,8*

Mürbteig

Mürbteig

Käsekuchen mit Kirschen

12 Stück

Teig:
**300 g Mehl
100 g Zucker
200 g Butter
1 Prise Salz
1/2 Vanilleschote
abgeriebene Schale von
1/2 Zitrone
1 Eigelb
Butter für die Form
250 g entsteinte Kirschen**

Quarkmasse:
**750 g Magerquark
80 g Butter
2 Eier
200 g Zucker
30 g Vanillepuddingpulver
1/2 Vanilleschote
350 ml Milch**

Streusel:
**50 g Butter
50 g Zucker
1 Messerspitze Zimt
75 g Mehl**

Für den Mürbteig Mehl auf ein Backbrett sieben. In die Mitte eine Mulde drücken. Zucker, Butter in Stückchen, Salz, das Mark von 1/2 Vanilleschote, die abgeriebene Schale von 1/2 Zitrone und das Eigelb in die Mulde geben. Alles schnell zu einem Teig verkneten und ihn für ca. 1 Stunde an einem kühlen Platz ruhen lassen.
 Eine flache Kuchenform mit einem Durchmesser von 30 cm ausbuttern.
 Die entsteinten Kirschen in einem Sieb gut abtropfen lassen.
 Den Teig ausrollen, die Form samt Rand damit auslegen und mehrfach einstechen.
 Magerquark in einem sauberen Tuch ausdrücken.
 In einem kleinen Topf Butter für die Quarkcreme schmelzen.
 Quark, Eier, Zucker, Puddingpulver, das Mark von 1/2 Vanilleschote und die Milch in einer Schüssel glattrühren. Die flüssige, nicht zu heiße Butter dazugeben. Die Quarkmasse in die Kuchenform streichen, Kirschen darauf verteilen.
 Für die Streusel in einer Schüssel Butter, Zucker und Zimt schaumig rühren. Die Masse zusammen mit dem Mehl zwischen den Handflächen zu Streuseln verreiben. Streusel über den Kuchen streuen.
 Den Kuchen im vorgeheizten Backofen auf der mittleren Schiene bei 180°C etwa 40 Minuten backen.

Nährwerte pro Portion/Stück	
Kilokalorien	550
Kilojoule	2310
Eiweiß/g	14
Kohlenhydrate/g	61
Fett/g	26
Ballaststoffe/g	1

Mürbteig

Kernbeißer Quarktorte

12 Stück

Teig:
180 g Mehl
120 g eiskalte Butter
Fett für die Form
70 g Zucker
1 Päckchen Vanillinzucker
1 Eigelb
1 Prise Salz

Füllung:
50 g Haselnuß- oder Mandelmakronen
400 g Speisequark, 20 % Fett
2 Eier, getrennt
1 Eiweiß
80 g Zucker
50 g gemahlene Walnußkerne und 13 Hälften zum Verzieren
50 g gemahlene Haselnußkerne oder Mandeln
50 g Sultaninen
1 Prise Salz

Verzierung:
100 g Aprikosenmarmelade
3 EL Aprikosenlikör

Mehl in eine Schüssel geben, Butter in Flöckchen darüber verteilen und mit einem Messer krümelig hacken. Zucker, Vanillinzucker, Eigelb und Salz zugeben und schnell zu einem glatten Teig verarbeiten.

Eine flache, runde Form mit gewelltem Rand (Tarteform) fetten und mit Mehl ausstreuen.

Zwei Drittel des Teiges auf einer bemehlten Arbeitsfläche ausrollen und den Boden der Form damit auslegen.

Mürbteig

Restlichen Teig zu einem schmalen Streifen ausrollen und damit den Rand der Form auslegen. Rand am Boden gut andrücken.

Makronen in einen Plastikbeutel geben und mit der Teigrolle krümelig walzen. Brösel auf den Teig streuen und kalt stellen.

Für die Füllung Quark in einem Küchentuch ausdrücken und mit Eigelb und Zucker gut verrühren. Die gemahlenen Nüsse und die Sultaninen untermischen.

Das Eiweiß mit Salz zu steifem Schnee schlagen und vorsichtig unter die Quarkcreme heben.

Creme in die Form füllen und in dem auf 200°C vorgeheizten Backofen auf der unteren Schiene etwa 40 Minuten backen.

Kuchen in der Form abkühlen lassen, bis er lauwarm ist, vorsichtig herausnehmen und auf eine Kuchenplatte legen (oder in der Form servieren).

Aprikosenmarmelade mit dem Likör glattrühren, die Torte damit bestreichen und mit Walnußhälften verzieren.

Tip: Mindestens 4 bis 5 Stunden vor dem Verzehr zubereiten, am besten am Vortag.

Nährwerte pro Portion/Stück	
Kilokalorien	*360*
Kilojoule	*1500*
Eiweiß/g	*9*
Kohlenhydrate/g	*38*
Fett/g	*17*
Ballaststoffe/g	*1,5*

Mürbteig

Joghurttorte „Gisela"

1 Tag vorher zubereiten

einfach, braucht Zeit

12 Stück

Teig:
200 g Mehl
1 Päckchen Vanillinzucker
80 g Zucker
1 Ei
80 g Butter
Mehl für die Arbeitsfläche
Fett für die Form

Füllung:
17 Blatt Gelatine
3/4 l Kirschsaft
700 g Brombeeren
450 g Naturjoghurt
4 EL Zucker
4 cl Rum
200 g Schlagsahne
300 g rote Johannisbeeren

Das Mehl auf die Arbeitsfläche sieben und in die Mitte eine Mulde drücken. Vanillinzucker, Zucker und das Ei hineingeben und die Butter in Flöckchen an den Rand setzen. Alles rasch von außen nach innen zu einem glatten Mürbteig verkneten und in Folie gewickelt 30 Minuten im Kühlschrank ruhen lassen.

Den Teig auf einer bemehlten Arbeitsfläche ausrollen. Den Boden einer gefetteten Springform von 26 cm Durchmesser mit dem Teig auslegen, mit der Gabel mehrmals einstechen und im vorgeheizten Backofen bei 200°C 15 Minuten backen. Den fertigen Kuchenboden auf einem Gitter auskühlen lassen.

9 Blatt Gelatine 5 Minuten in dem kalten Kirschsaft einweichen. Anschließend bei kleiner Hitze unter Rühren darin auflösen und in eine Schüssel mit 26 cm Durchmesser gießen.

Eine kleinere Schüssel mit 22 cm Durchmesser hineinsetzen und mit einem Gewicht, z. B. einer Konservendose, so beschweren, daß der Abstand zwischen beiden Schüsseln gleichmäßig ist. Zum Stabilisieren oben zwischen die Ränder Alufolie stecken.

Das Gelee einige Stunden im Kühlschrank fest werden lassen.

Zum Herauslösen die kleine Schüssel mit heißem Wasser füllen und aus dem Gelee heben.

Die Brombeeren verlesen, waschen und gut abtropfen lassen. Die Früchte von unten nach oben auf dem Kirschgeleespiegel anordnen.

Die restlichen Gelatineblätter 5 Minuten in kaltem Wasser einweichen und anschließend tropfnaß in einem Töpfchen bei schwacher Hitze unter Rühren auflösen.

Joghurt, Zucker und Rum vermischen und die aufgelöste Gelatine unterrühren.

Die Schlagsahne steif schlagen und vorsichtig unter die Joghurtcreme heben.

Die Johannisbeeren waschen, abtropfen lassen und mit einer Gabel von den Rispen streifen.

Die Joghurtcreme abwechselnd mit den Johannisbeeren auf den Früchtespiegel schichten.

Sobald die Creme etwas fest geworden ist, mit dem Mürbteigboden abdecken und die Torte über Nacht in den Kühlschrank stellen.

Zum Servieren die Schüssel für einige Sekunden in heißes Wasser tauchen und das Gelee am Rand leicht mit einem Messer lösen.

Die Torte auf eine Servierplatte stürzen und sofort servieren.

Nährwerte pro Portion/Stück	
Kilokalorien	390
Kilojoule	1620
Eiweiß/g	8
Kohlenhydrate/g	42
Fett/g	19
Ballaststoffe/g	3,2

Mürbteig

Himbeer-Vanille-torte

12 Stück

Mürbteig:
100 g Mehl
35 g Zucker
70 g Butter
1 Prise Salz
abgeriebene Schale von
1/2 Zitrone
1 Eigelb
Butter für die Form

Biskuitboden:
3 Eier
1 Eigelb
100 g Zucker
35 g Butter
110 g Mehl
100 g Himbeermarmelade
1,2 kg Himbeeren

Vanillecreme:
200 ml Milch
40 g Zucker
2 Eigelb
1/2 Vanilleschote
20 g Speisestärke
1 Päckchen roter Tortenguß
50 g Mandelblätter

Für den Mürbteig Mehl auf die Arbeitsfläche sieben, in die Mitte eine Mulde drücken. Zucker, zimmerwarme Butter, Salz, die abgeriebene Zitronenschale und 1 Eigelb in die Mulde geben. Alles zu einem Teig verkneten und einige Zeit kühl stellen.

Eine Springform mit einem Durchmesser von 28 cm ausbuttern. Den Teig ausrollen, in die Form geben und mehrmals einstechen.

In den vorgeheizten Backofen auf die mittlere Schiene stellen und bei 180° 10 Minuten backen. Danach auf einem Kuchengitter auskühlen lassen.

Für den Biskuitboden Eier, Eigelb und Zucker in einer Schüssel im heißen Wasserbad mit dem Schneebesen schaumig schlagen, bis die Masse warm ist. Schüssel aus dem Wasserbad nehmen und weiterrühren, bis die Masse kalt ist.

Butter in einem kleinen Topf schmelzen.

Nach und nach das Mehl mit einem Kochlöffel unter die aufgeschlagene Eimasse heben, zum Schluß die flüssige Butter dazugeben.

Den Biskuitteig in die Springform füllen und glattstreichen. Im vorgeheizten Backofen auf der mittleren Schiene 12 Minuten bei 180° backen.

Mit einem spitzen Messer den Biskuitboden vom Rand der Springform lösen, den Boden auf ein Kuchengitter stürzen und abkühlen lassen.

Den Mürbteigboden dünn mit Marmelade bestreichen, den Biskuitboden darauflegen und den Ring der Springform vorsichtig darumlegen.

Die Himbeeren verlesen.
In einer Kasserrolle für die Creme Milch, Zucker, Eigelb, das Mark von 1/2 Vanilleschote und die Speisestärke unter stän-

Mürbteig

digem Rühren erhitzen und einmal kurz aufkochen.

Die heiße Creme auf den Biskuitboden streichen. Etwas abkühlen lassen und anschließend mit den Himbeeren belegen.

Einen Tortenguß herstellen und gleichmäßig über den Kuchen verteilen. Wenn der Guß fest geworden ist, den Springformring wieder wegnehmen und den Rand des Kuchens mit Mandelblättern verzieren.

Nährwerte pro Portion/Stück	
Kilokalorien	*340*
Kilojoule	*1420*
Eiweiß/g	*7*
Kohlenhydrate/g	*42*
Fett/g	*14*
Ballaststoffe/g	*8,3*

Mürbteig

Johannisbeerkuchen mit Nußbaiser

einfach, braucht Zeit

20 Stück

Teig:
400 g Mehl
200 g Zucker
1/2 TL Backpulver
2 kleine Eier
200 g Butter

Belag:
500 g Johannisbeeren
4 Eiweiß
150 g Zucker
200 g gemahlene Haselnüsse
Mehl für die Arbeitsfläche
Fett für die Form

Das Mehl auf die Arbeitsfläche sieben und in die Mitte eine Mulde drücken. Den Zucker, Backpulver und die Eier hineingeben. Die Butter in Flöckchen auf den Rand setzen. Alles rasch zu einem glatten Mürbteig verkneten, zu einer Kugel formen und in Frischhaltefolie verpackt 30 Minuten im Kühlschrank ruhen lassen.

Die Johannisbeeren waschen, abtropfen lassen und die Beeren mit einer Gabel von den Rispen streifen.

Das Eiweiß sehr steif schlagen und dabei den Zucker langsam einrieseln lassen. Dann die Nüsse und die Beeren vorsichtig unterheben.

Den Teig auf der Arbeitsfläche ausrollen und ein gefettetes Backblech damit auslegen. Mit einer Gabel mehrmals einstechen und im vorgeheizten Backofen bei 200°C etwa 20 Minuten backen.

Die Nuß-Früchtemasse auf den Teigboden streichen und bei 200°C weitere 20 Minuten backen. Auf dem Blech auskühlen lassen.

Nährwerte pro Portion/Stück	
Kilokalorien	310
Kilojoule	1290
Eiweiß/g	5
Kohlenhydrate/g	35
Fett/g	15
Ballaststoffe/g	1,9

Mürbteig

Apple pie

einfach, braucht Zeit

12 Stück

Teig:
300 g Mehl
1 Ei
1 Prise Backpulver
100 g Zucker
150 g Butter
Mehl für die Arbeitsfläche
Fett für die Form
2 EL gemahlene Mandeln

Füllung:
1 kg Äpfel, z. B. Boskop
30 g Butter
2–3 EL Zucker
4 EL Mandelblättchen
125 g Rum-Rosinen
3 EL Apfelgelee oder Aprikosenmarmelade
200 g Marzipan-Rohmasse
1 Ei

Das Mehl auf die Arbeitsfläche sieben und in die Mitte eine Mulde drücken. Das Ei, Backpulver und den Zucker hineingeben, die Butter in Flöckchen auf den Rand setzen. Alles von außen nach innen rasch zu einem glatten Mürbteig verkneten und in Folie verpackt 30 Minuten im Kühlschrank ruhen lassen.

Die Hälfte des Teigs auf einer bemehlten Arbeitsfläche ausrollen.

Eine Pie-Form von 25 cm Durchmesser fetten und mit den Mandeln ausstreuen. Die Pie-Form mit dem ausgerollten Teig auslegen und den Boden mit einer Gabel mehrmals einstechen. Im vorgeheizten Backofen bei 200°C etwa 15 Minuten backen.

Die Äpfel schälen, vierteln, entkernen und in Spalten schneiden. Die Butter erhitzen, die Äpfel mit dem Zucker zufügen und bei kleiner Hitze halbweich dünsten. Vom Herd nehmen und etwas abkühlen lassen.

Die Mandelblättchen und die Rum-Rosinen unter die Äpfel mischen und auf dem Teigboden verteilen.

Den restlichen Mürbteig auf der bemehlten Arbeitsfläche ausrollen und eine runde Platte von 28 cm Durchmesser mit dem Teigrad ausschneiden. Den Teigkreis über die Apfelfüllung legen. Den überstehenden Teig abschneiden und am Rand fest andrücken. Den Teigdeckel mehrmals mit einer Gabel einstechen. Im vorgeheizten Backofen bei 200° etwa 45 Minuten backen.

Den Apple pie in der Form auskühlen lassen, auf eine Tortenplatte stürzen und mit Gelee oder Marmelade bestreichen.

Die Marzipan-Rohmasse mit dem Ei verrühren, in einen Spritzbeutel füllen und zu einem Muster auf den Pie spritzen. Unter dem vorgeheizten Grill im Backofen kurz bräunen, dann sofort servieren.

Nährwerte pro Portion/Stück	
Kilokalorien	530
Kilojoule	2200
Eiweiß/g	8
Kohlenhydrate/g	61
Fett/g	25
Ballaststoffe/g	5,7

Mürbteig

Käse-Sahnetorte

1 Tag vorher zubereiten

einfach, braucht Zeit

12 Stück

Teig:
**200 g Mehl
80 g Zucker
1 kleines Ei
1 Prise Backpulver
80 g Butter
Mehl für die Arbeitsfläche
Fett für die Form
2 EL gemahlene Mandeln**

Creme:
**1 kg Quark, 20 %
200 g Zucker
1 Päckchen Vanillinzucker
1 Päckchen Orange-back
1 Päckchen Citro-back
8 Blatt Gelatine
1/8 l Ananassaft
400 g Schlagsahne
1 große Dose Ananas, 800 g**

Dekoration:
**125 g Schlagsahne
1/2 Päckchen Sahnesteif
50 g gehackte Pistazien**

Das Mehl auf die Arbeitsfläche sieben und in die Mitte eine Mulde drücken. Den Zucker, das Ei und das Backpulver hineingeben und die Butter in Flöckchen auf den Rand setzen. Alles von außen nach innen rasch zu einem glatten Teig verkneten, zu einer Kugel formen und in Folie 30 Minuten im Kühlschrank ruhen lassen.

Den Teig auf der bemehlten Arbeitsfläche ausrollen.

Eine Springform mit 28 cm Durchmesser ausfetten und mit den gemahlenen Mandeln ausstreuen. Den Boden mit dem Teig auslegen, mit einer Gabel mehrmals einstechen und im vorgeheizten Backofen bei 200°C 15 bis 20 Minuten backen. Den fertigen Kuchenboden auf einem Gitter auskühlen lassen.

Den Quark mit Zucker, Vanillinzucker, Orange- und Citro-back verrühren.

Die Gelatine 5 Minuten in kaltem Wasser einweichen. Den Ananassaft erwärmen, die ausgedrückte Gelatine darin auflösen und unter die Quarkmasse rühren.

Sobald die Quarkcreme zu gelieren beginnt, die Schlagsahne steif schlagen und unter die Creme heben.

Den Boden und den Rand einer Springform von 28 cm Durchmesser mit Pergamentpapier auskleiden und die Ananasscheiben auf dem Boden verteilen. Die Creme daraufgeben, glattstreichen und fest werden lassen. Erst dann mit dem Mürbteigboden abdecken und über Nacht in den Kühlschrank stellen.

Den Springformrand lösen und das Papier vom Tortenrand abziehen. Die Torte auf eine Platte stürzen und das Papier von den Ananasscheiben abziehen.

Die Schlagsahne mit dem Sahnesteif steif schlagen, in einen Spritzbeutel mit Sterntülle füllen und als Tupfen auf die Torte spritzen. Mit den gehackten Pistazien bestreuen und sofort servieren.

Nährwerte pro Portion/Stück	
Kilokalorien	*510*
Kilojoule	*2130*
Eiweiß/g	*15*
Kohlenhydrate/g	*47*
Fett/g	*27*
Ballaststoffe/g	*1,4*

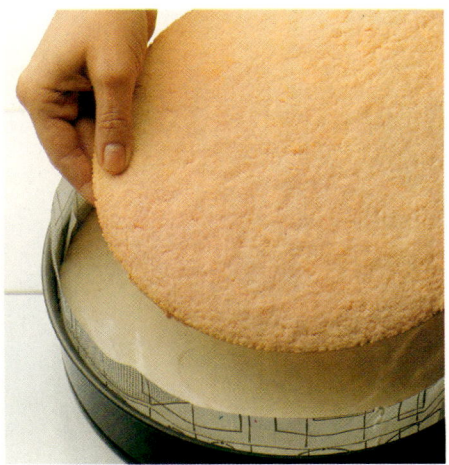

Mürbteig

Mürbteig

Mürbteig

Schwäbischer Apfelkuchen

12 Stück

Teig:
300 g Mehl
100 g Zucker
200 g Butter
1 Prise Salz
½ Vanilleschote
abgeriebene Schale von
½ Zitrone
1 Eigelb
Butter für die Form

Belag:
1,25 kg Äpfel
100 g Löffelbiskuits
100 g Butter
40 g Sultaninen

Guß:
2 Eier
2 Eigelb
400 g Schlagsahne
40 g Zucker
30 g Speisestärke
abgeriebene Schale von
½ Zitrone
1 Päckchen klarer
Tortenguß
1 Schuß Calvados

Das Mehl auf die Arbeitsfläche sieben und in die Mitte eine Mulde drücken. Zucker, Butter in Stückchen, 1 Prise Salz und das Mark von ½ Vanilleschote, die abgeriebene Schale von ½ Zitrone und 1 Eigelb in die Mulde geben. Alles rasch zu einem Teig verkneten. Zugedeckt für 1 Stunde an einen kühlen Platz stellen.

Eine Springform mit 30 cm Durchmesser ausfetten.

Die Äpfel schälen, halbieren und das Kerngehäuse entfernen. Die Apfelhälften auf der Oberseite mehrmals längs etwa ½ cm tief einschneiden.

Den Teig ausrollen und die Form damit auslegen, dabei den Teig am Rand hochziehen, andrücken und einstechen. Die Löffelbiskuits dicht aneinander auf den Kuchenboden legen. Apfelhälften darauf verteilen.

In einer kleinen Kasserolle 100 g Butter schmelzen. Mit der heißen Butter die Äpfel bestreichen, Sultaninen darüberstreuen.

Eier, das Eigelb, die Sahne, Zucker, die Speisestärke und die abgeriebene Schale von ½ Zitrone in einer Schüssel glattrühren. Die Sauce über die Äpfel gießen.

Den Apfelkuchen im vorgeheizten Backofen auf der mittleren Schiene etwa 50 Minuten bei 180°C backen.

Einen klaren Tortenguß herstellen, mit einem Schuß Calvados abschmecken und den fertigen, abgekühlten Kuchen damit glasieren.

Den Apfelkuchen in der Form völlig auskühlen lassen. Dann mit einem scharfen Messer rundum vom Rand lösen, den Formrand abnehmen und den Kuchen auf eine Platte setzen.

Nährwerte pro Portion/Stück	
Kilokalorien	550
Kilojoule	2300
Eiweiß/g	6
Kohlenhydrate/g	47
Fett/g	35
Ballaststoffe/g	3,3

Mürbteig

Gefüllter Mandelkuchen

12 Stück

Teig:
**200 g Mehl und Mehl zum Ausrollen
80 g kalte Butter
70 g Zucker
1 Prise Salz
1 Ei
abgeriebene Schale von ½ Zitrone**

Füllung:
**450 g Sauerkirschen aus dem Glas
65 g Butter
80 g Zucker
90 g Schlagsahne
250 g geschälte, gemahlene Mandeln
2 EL Kirschwasser**

Das Mehl in eine Schüssel geben, Butter in Flöckchen darüber verteilen. Mit einem Messer krümelig hacken.

Mit Zucker, Salz, Ei und Zitronenschale schnell zu einem glatten Teig verkneten. Eine Kugel formen, in Folie gewickelt mindestens 30 Minuten kühl stellen.

Inzwischen die Kirschen in einem Sieb abtropfen lassen.

Die Butter in einem kleinen Topf schmelzen, Zucker und Sahne zugeben. Bei milder Hitze 5 Minuten köcheln lassen. Vom Herd nehmen, die Mandeln einrühren und abkühlen lassen.

Den Mürbteig auf bemehlter Arbeitsfläche 1 cm dick ausrollen. Eine Springform mit 24 cm Durchmesser darauf abdrücken. Die runde Teigplatte ausschneiden und auf den Boden der Springform legen.

Den restlichen Teig zu einem langen Streifen ausrollen und den Rand der Springform damit auslegen. Am Teigboden gut andrücken.

Die abgetropften Kirschen auf dem Boden verteilen.

Das Kirschwasser in die Mandelmasse rühren, auf die Kirschen streichen.

In dem auf 220°C vorgeheizten Backofen auf der mittleren Schiene 30 Minuten backen (Garprobe).

Den Kuchen aus der Form nehmen und auf einem Kuchengitter auskühlen lassen.

Nährwerte pro Portion/Stück	
Kilokalorien	370
Kilojoule	1570
Eiweiß/g	7
Kohlenhydrate/g	27
Fett/g	24
Ballaststoffe/g	4

Engadiner Nußtorte

12 Stück

Teig:
**160 g Butter
130 g Puderzucker
1 Prise Salz
1 Ei
300 g Mehl**

Belag:
**400 g Zucker
50 g Rübensirup
2 EL Zitronensaft
150 g Schlagsahne
25 g Butter
50 g Bienenhonig
300 g Walnußkerne
Butter für die Form
1 Eigelb zum Bestreichen**

Mürbteig

Aus Butter, Puderzucker, Salz, Ei und dem Mehl einen Mürbteig kneten. Teig zudecken und im Kühlschrank etwa 1 Stunde ruhen lassen.

In der Zwischenzeit 200 g Zucker, Rübensirup und den Zitronensaft in einer Kasserolle zu einer hellen Karamelmasse schmelzen lassen.

In einem zweiten Topf die Sahne, 200 g Zucker, die Butter und den Honig erhitzen, kurz aufkochen und unter die Karamelmasse rühren. Nochmals aufkochen und vom Herd nehmen.

Die Walnüsse bis auf einen Kern, der für die Dekoration gebraucht wird, grob hacken, unter den Karamel geben und die Masse erkalten lassen.

Eine leicht konische Kuchenform mit 26 cm Durchmesser ausbuttern.

²/₃ des Mürbteigs ca. 3 mm dünn ausrollen. Die Form damit so auslegen, daß der Teig am Rand etwas übersteht. Den Boden mehrmals einstechen. Die Nußfüllung darauf verteilen und den Teigrand darüberklappen.

1 Eigelb verquirlen und den Teigrand damit bestreichen.

Den restlichen Mürbteig ausrollen und als Deckel auf die Füllung legen. Den Rand leicht andrücken und den überstehenden Teig mit einem scharfen Messer abschneiden. Den Kuchen mit dem restlichen Eigelb bestreichen und mit dem Rücken einer Gabel ein Muster einritzen. In die Kuchenmitte als Verzierung den Walnußkern setzen.

Bei 200°C im vorgeheizten Backofen auf der mittleren Schiene 30 bis 40 Minuten backen.

Nährwerte pro Portion/Stück	
Kilokalorien	480
Kilojoule	2010
Eiweiß/g	7
Kohlenhydrate/g	71
Fett/g	17
Ballaststoffe/g	2

Mürbteig

Linzer Torte

16 Stück

420 g Mehl
360 g Butter
240 g Puderzucker
1 Prise Salz
360 g gemahlene, ungeschälte Mandeln
3 Eigelb
3 Gewürznelken
1 Messerspitze Zimt
abgeriebene Schale von 1 Zitrone
1 Vanilleschote
Butter für die Form
1 große Backoblate
200 g Johannisbeerkonfitüre
1 Eigelb zum Bestreichen
1 EL Sahne
30 g Mandelblätter

Mehl auf das Backbrett oder die Arbeitsfläche sieben, in die Mitte eine große Mulde drücken. Butter in dünne Scheiben hineinschneiden. Den gesiebten Puderzucker, Salz, die gemahlenen Mandeln und das Eigelb dazugeben.

Die Gewürznelken mit der Teigrolle zerdrücken. Zusammen mit dem Zimt, der abgeriebenen Schale von 1 Zitrone und dem Mark der Vanilleschote ebenfalls in die Mulde geben. Alle Zutaten schnell zu einem Teig verkneten. Den Mürbteig zugedeckt an einem kühlen Ort für 1 Stunde ruhen lassen.

Den Ring einer Springform mit einem Durchmesser von 26 cm ausbuttern.

Ein Backblech mit Backpapier auslegen. Den Teig darauf ca. 1 cm dick ausrollen. Mit dem Ring der Springform eine Teigplatte ausstechen. Den Teigboden mehrmals einstechen. Aus dem restlichen Teig außerhalb des Springformrings Teigstränge für den Kuchenrand und das Gitter rollen. Mit einem Strang den Ring auslegen, den Teig leicht andrücken.

Die Backoblate so zurechtschneiden, daß sie auf den Teigboden als Isolierschicht paßt und der Teigrand noch hervorschaut.

Marmelade in einer kleinen Schüssel verrühren und den Tortenboden damit dick bestreichen. Dabei darauf achten, daß die Marmelade nicht über den Teigrand gerät.

Die Torte mit den restlichen Teigsträngen gitterartig belegen. Eigelb mit Sahne verquirlen und Teiggitter und Rand damit bestreichen. Mandelblätter am Tortenrand entlang verteilen.

Torte auf der unteren Schiene im vorgeheizten Backofen bei 180°C 1 Stunde backen.

Aus dem Backofen nehmen und mit einem spitzen Messer den Kuchen vom Springformrand lösen. Die Torte zum Abkühlen vorsichtig auf ein Kuchengitter gleiten lassen.

Nährwerte pro Portion/Stück	
Kilokalorien	530
Kilojoule	2220
Eiweiß/g	8
Kohlenhydrate/g	44
Fett/g	34
Ballaststoffe/g	4

Mürbteig

Mürbteig

Moldauische Quarktorte

12 Stück

Linzer Teig:
80 g Mehl und Mehl zum Ausrollen
50 g Butter
30 g Puderzucker
1 Prise Salz
50 g gemahlene Mandeln
1 Eigelb
je 1 Messerspitze gemahlene Nelken und Zimt
½ Vanilleschote
etwas abgeriebene Zitronenschale

Biskuitteig:
3 Eier, getrennt
90 g feiner Zucker
abgeriebene Schale von ½ Zitrone
1 EL Zitronensaft
75 g Mehl

Füllung und Creme:
60 g Aprikosenmarmelade
200 g Ananas in Stücken aus der Dose
6 Blatt weiße Gelatine
400 g Quark, 20 % Fett
100 g Puderzucker
1 Päckchen Vanillinzucker
4 Eigelb
abgeriebene Schale von 1 Zitrone
3 EL Milch
300 g Schlagsahne
3 EL Puderzucker zum Verzieren

Mürbteig

Den Linzer Teig wie auf Seite 32 beschrieben zubereiten und etwa 1 Stunde kalt stellen.

Inzwischen den Biskuitteig wie auf Seite 312 beschrieben zubereiten. In einer Springform mit 26 cm Durchmesser in dem auf 200°C vorgeheizten Backofen etwa 20 Minuten backen. In der Form auskühlen lassen und herausnehmen.

Auf einer bemehlten Arbeitsfläche den Linzer Teig zu einer runden Platte ausrollen, die etwas größer ist als die Springform des Biskuits. Die Teigplatte auf einem mit Backpapier ausgelegten Backblech in dem auf 180°C vorgeheizten Backofen auf der mittleren Schiene 15 Minuten goldgelb backen.

Auf den noch lauwarmen Linzer Boden die Springform legen und den Teig ringsherum abschneiden. Den Linzer Boden auf den Boden der Springform legen und gleichmäßig dünn mit der Marmelade bestreichen.

Ananas in einem Sieb abtropfen lassen. Biskuit in halber Höhe einmal durchschneiden und eine Biskuithälfte auf den Linzer Boden legen.

Gelatine 5 Minuten in kaltem Wasser einweichen.

Quark in einem Küchentuch ausdrücken und in einer Schüssel mit Puderzucker, Vanillinzucker, Eigelb und Zitronenschale verrühren.

Die Milch erhitzen, vom Herd nehmen, die leicht ausgedrückte Gelatine darin auflösen und mit dem Quark mischen.

Die Sahne steif schlagen und zusammen mit den Ananasstücken (einige zum Verzieren übriglassen) vorsichtig unter die Quarkmasse heben.

In die Springform füllen, glattstreichen, Biskuit daraufsetzen und 2 bis 3 Stunden kühl stellen.

Vor dem Servieren auf eine Tortenplatte heben, mit Puderzucker bestäuben und mit Ananasstücken verzieren.

Nährwerte pro Portion/Stück	
Kilokalorien	*390*
Kilojoule	*1650*
Eiweiß/g	*11*
Kohlenhydrate/g	*41*
Fett/g	*19*
Ballaststoffe/g	*1,2*

Mürbteig

Beeren im goldenen Käfig

Wenn Sie die beiden Tortenböden bereits am Vortag zubereiten oder fertig kaufen, ist der saftige Beerenkuchen schnell fertig.

12 Stück

Mürbteig:
**250 g Mehl
110 g Butter
1 EL Zucker
1 Prise Salz
1 Ei**

Biskuitteig:
**3 Eier, getrennt
90 g Zucker
abgeriebene Schale von
1/2 Zitrone
1 EL Zitronensaft
75 g Mehl**

Belag:
**200 g Johannisbeergelee
600 g tiefgekühlte
Beerenmischung
2 Päckchen Sahnesteif
1 Päckchen roter Tortenguß
70 g Mandelblättchen
3 Eiweiß
50 g feiner Zucker
50 g Puderzucker**

Den Mürbteig wie auf Seite 290 beschrieben zubereiten. Gekühlten Teig kreisförmig ausrollen und in eine Springform mit 26 cm Durchmesser geben. In dem auf 200°C vorgeheizten Backofen auf der mittleren Schiene 15 Minuten backen. Aus der Form nehmen und auskühlen lassen.

Den Biskuitteig wie auf Seite 312 beschrieben zubereiten. In dem auf 200°C vorgeheizten Backofen in derselben Springform etwa 20 Minuten backen, in der Form auskühlen lassen.

Die Mürbteigplatte auf den Boden der Springform legen. Ein Drittel des Johannisbeergelees gleichmäßig darauf verteilen. Biskuitboden darauf setzen, ebenfalls mit einem Drittel des Johannisbeergelees bestreichen.

Springformring aufsetzen. Die gefrorenen Beeren mit dem Sahnesteif mischen, gleichmäßig auf dem Tortenboden verteilen und etwas andrücken. Den Kuchen in den Kühlschrank stellen.

Den Tortenguß nach Packungsanleitung zubereiten und nach Geschmack süßen. Mit einem Löffel gleichmäßig über die Beeren träufeln, kühl stellen.

Inzwischen die Mandelblättchen in einer Pfanne ohne Fett unter Rühren goldgelb rösten.

Wenn der Guß fest ist, den Springformring entfernen. Den Teigrand mit dem restlichen Johannisbeergelee bestreichen, die Mandelblättchen andrücken.

Für das Baiser Eiweiß und Zucker zu steifem Schnee schlagen, Puderzucker unterziehen.

Die Masse in einen Spritzbeutel mit Sterntülle füllen, Rand und Gitter auf den Kuchen spritzen.

Den Kuchen in den auf 250°C vorgeheizten Backofen auf die obere Schiene stellen. Etwa 2 Minuten überbacken, bis das Baiser leicht gebräunt ist.

Auf eine Tortenplatte heben, servieren.

Nährwerte pro Portion/Stück	
Kilokalorien	430
Kilojoule	1820
Eiweiß/g	8
Kohlenhydrate/g	66
Fett/g	13
Ballaststoffe/g	4,7

37

RÜHRTEIG

Napf-Mohnkuchen

Den Namen erhielt der Kuchen, weil die Zutaten nicht wie üblich abgewogen werden, sondern ein Napf als Maßeinheit dient. Es eignet sich am besten ein Meßbecher, der immer bis zur 300 ml-Marke aufgefüllt wird.

16 Stück

**100 g Butter
1 Napf Zucker, 300 ml
2 Eier
1 Napf Mehl
1 Päckchen Backpulver
1 Messerspitze
gemahlener Zimt
1 Napf gemahlener Mohn
1 Napf Milch**

Füllung und Verzierung:
**100 g Johannisbeer- oder
Himbeermarmelade
1 EL Puderzucker
50 g Johannisbeeren
oder Himbeeren**

Die Butter mit dem Zucker schaumig rühren, Eier zugeben und weiterrühren, bis sich der Zucker aufgelöst hat.

Mehl mit dem Backpulver und dem Zimt mischen und abwechselnd mit Mohn und Milch zur Buttermasse rühren.

Eine etwa 20 x 30 cm große, rechteckige Form fetten, den Teig einfüllen und glattstreichen. In dem auf 180°C vorgeheizten Backofen auf der mittleren Schiene etwa 40 Minuten backen.

Kuchen etwas abkühlen lassen, auf ein Brett stürzen und längs halbieren.

Die beiden Hälften mit Marmelade bestreichen und so zusammensetzen, daß die bestrichenen Flächen aufeinanderliegen. 1 Stunde ruhen lassen.

Mit Puderzucker bestreuen und mit Johannisbeeren oder Himbeeren dekorieren. Zum Servieren in Stücke schneiden.

Tip: Sie können den Kuchen auch in einer Kastenform backen. Die Backzeit ist dann eventuell etwas länger, deshalb sollten Sie mit einem Holzstäbchen die Garprobe machen. Der Kuchen muß dann in der Höhe halbiert werden.

Nährwerte pro Portion/Stück	
Kilokalorien	280
Kilojoule	1180
Eiweiß/g	5
Kohlenhydrate/g	36
Fett/g	12
Ballaststoffe/g	1,5

Rührteig

Fruchtiger Zimtkuchen

16 Stück

Teig:
**225 g weiche Butter
225 g Zucker
4 Eier
450 g Mehl
1 Päckchen Backpulver
2 EL Zimt
600 g Äpfel
150 g Preiselbeeren
Fett für die Form
Semmelbrösel für die Form**

Außerdem:
30 g Mandelblättchen

Die Butter mit dem Zucker schaumig rühren. Die Eier nach und nach unter Rühren zufügen.

Das Mehl mit Backpulver und Zimt mischen und in die Butter-Eimasse rühren.

Die Äpfel schälen, vierteln und entkernen, dann achteln und in dünne Scheiben schneiden. Zusammen mit den Preiselbeeren unter den Teig heben.

Eine Springform (26 cm Durchmesser) mit Napfkucheneinsatz fetten und mit den Semmelbröseln ausstreuen. Den Teig einfüllen, glattstreichen und die Mandelblättchen darüberstreuen. In den auf 175°C vorgeheizten Backofen auf die mittlere Schiene stellen und 50 Minuten backen (Garprobe). Auf einem Kuchengitter auskühlen lassen.

Nährwerte pro Portion/Stück	
Kilokalorien	320
Kilojoule	1330
Eiweiß/g	5
Kohlenhydrate/g	39
Fett/g	15
Ballaststoffe/g	2,1

Schlesischer Mohnkranz

12 Stück

Teig:
**350 g Butter
350 g Zucker
1/2 Vanilleschote
7 Eier
100 g Mohn
300 g Mehl
100 g Speisestärke
50 g Sultaninen
2 gestrichene TL Backpulver
Butter für die Form
50 g gemahlene Mandeln**

Rumsauce:
**200 g Schlagsahne
1/4 l Milch
50 g Zucker
3 Eigelb
1 EL Speisestärke
2 EL Rum**

Für den Teig Butter, Zucker und das Mark von 1/2 Vanilleschote in einer Schüssel schaumig schlagen. Nach und nach die Eier dazugeben.

Den Mohn mahlen und in einer zweiten Schüssel mit dem durchgesiebten Mehl, der Speisestärke, den Sultaninen und dem Backpulver vermischen. Mit einem Kochlöffel portionsweise unter die Eischaummasse heben.

Eine Kranzform fetten und mit den gemahlenen Mandeln ausstreuen. Den Teig einfüllen.

Im vorgeheizten Backofen auf der mittleren Schiene bei 180°C etwa 50 Minuten backen. Mohnkranz aus dem Ofen nehmen und zum Abkühlen auf ein Kuchengitter stürzen.

Für die Sauce die Sahne, Milch, Zucker, das Eigelb und die Speisestärke in einen Topf geben. Im Wasserbad unter ständigem Rühren mit dem Schneebesen erhitzen, bis die Creme dickflüssig und heiß ist. Vom Herd nehmen und abkühlen lassen. Danach den Rum unterrühren.

Vor dem Servieren die Rumsauce über den Mohnkranz gießen.

Nährwerte pro Portion/Stück	
Kilokalorien	710
Kilojoule	2960
Eiweiß/g	11
Kohlenhydrate/g	66
Fett/g	42
Ballaststoffe/g	1,8

Rührteig

Frankfurter Kranz

12 Stück

Teig:
125 g Butter
150 g Zucker
1 Prise Salz
abgeriebene Schale von
1 Zitrone
4 Eier
2 EL Rum
150 g Mehl
50 g Speisestärke
1 TL Backpulver
Fett für die Form

Vanille-Buttercreme:
1 Päckchen Vanille-
puddingpulver
1 Prise Salz
80 g Zucker
1/2 l Milch
200 g Butter

Krokant:
1 EL Butter
50 g Zucker
100 g gehackte Mandeln
Öl zum Einfetten

12 große Cocktail-
kirschen

In einer Schüssel Butter und Zucker schaumig schlagen. Salz, die abgeriebene Schale von 1 Zitrone, Eier und Rum unterrühren.

Mehl, Speisestärke und Backpulver mischen. Nach und nach mit einem Kochlöffel unter die Eimasse rühren, bis ein glatter Teig entsteht.

Eine Kranzform ausfetten und den Teig einfüllen.

Im vorgeheizten Backofen auf der mittleren Schiene bei 180°C etwa 40 Minuten backen.

Nach dem Backen den Kranz auf ein Kuchengitter stürzen und auskühlen lassen.

Puddingpulver mit Salz, Zucker und einigen Eßlöffeln der Milch glattrühren.

Die restliche Milch in einem Topf zum Kochen bringen. Puddingpulver unterrühren und noch einmal einige Minuten aufkochen. Vom Herd nehmen und unter gelegentlichem Rühren erkalten lassen.

Für den Krokant in einer Pfanne Butter zerlassen und den Zucker unterrühren. So lange weiterrühren, bis sich der Zucker goldbraun färbt. Dann die Mandeln untermischen.

Ein großes Stück Alufolie oder ein Backblech mit Öl einfetten. Den Krokant darauf verteilen und erkalten lassen. Krokantstücke mit einem Tuch abdecken und mit der Teigrolle fein zerstoßen.

Butter in einer Schüssel schaumig schlagen, den kalten Vanillepudding löffelweise dazugeben und glattrühren.

Den Teigkranz waagrecht zweimal durchschneiden. Auf den Boden ein Viertel der Vanille-Buttercreme streichen, dann den zweiten Teigring darauflegen, ein weiteres Viertel der Creme darauf verteilen und den letzten Teigkranz daraufsetzen. Mit einem Teil der restlichen Creme den

Rührteig

Kranz außen bestreichen und mit dem Krokant bestreuen.

Den Rest der Buttercreme in einen Spritzbeutel mit Sterntülle füllen, auf den Kranz 12 Tupfen setzen und mit je einer Kirsche garnieren. Bis zum Servieren kühl stellen.

Nährwerte pro Portion/Stück	
Kilokalorien	500
Kilojoule	2110
Eiweiß/g	7
Kohlenhydrate/g	45
Fett/g	32
Ballaststoffe/g	1,6

Rührteig

Walnuß-Rehrücken

Am besten schmeckt dieser Kuchen, wenn er einen Tag geruht hat, dann läßt er sich auch leichter schneiden.

16 Stück

100 g Rosinen
50 ml Rum
170 g Walnußkerne
5 Eigelb
120 g Puderzucker
3 EL Mehl
Fett für die Form
Semmelbrösel für die Form
3 Eiweiß
1 Prise Salz

Garnierung:
200 g Zartbitter-Kuvertüre
10 halbe Walnußkerne

Die Rosinen mindestens 1 Stunde im Rum ziehen lassen.
    150 g Walnußkerne mahlen, den Rest grob hacken.
    Das Eigelb und den Puderzucker mit dem Handrührgerät zu einer dicklichen, weißen Creme aufschlagen.
    Die Rosinen in einem Sieb abtropfen lassen, mit den Walnüssen im Mehl wenden, beides unter den Teig heben.
    Eine Rehrückenform fetten und mit Semmelbröseln ausstreuen.
    Das Eiweiß mit dem Salz zu steifem Schnee schlagen, vorsichtig unter den Teig heben. In die Form füllen.
    Auf die mittlere Schiene des auf 200°C vorgeheizten Backofens schieben, 30 bis 35 Minuten backen.

Rührteig

In der Form 10 Minuten abkühlen lassen. Auf ein Kuchengitter stürzen und völlig auskühlen lassen.
Die Kuvertüre im Wasserbad schmelzen, über den Kuchen träufeln, mit einem Pinsel gleichmäßig verstreichen. Mit Walnußhälften garnieren.

Nährwerte pro Portion	
Kilokalorien	*150*
Kilojoule	*620*
Eiweiß/g	*4*
Kohlenhydrate/g	*20*
Fett/g	*5*
Ballaststoffe/g	*1,5*

Rührteig

Eierlikör-Gugelhupf

16 Stück

5 Eier
220 g Puderzucker
1 Päckchen Vanillinzucker
¼ l Öl und Fett für die Form
¼ l Eierlikör
125 g Mehl
125 g Speisestärke
1 Päckchen Backpulver
1 Prise Salz
Semmelbrösel für die Form

Guß:
125 g Puderzucker
3–4 EL Zitronensaft
50 g Kokosraspel

Die Eier mit dem Puderzucker und dem Vanillinzucker zu einer dicklichen, weißen Creme aufschlagen.

Das Öl nach und nach unter Rühren zugeben.

Dann langsam den Eierlikör zugießen, rühren, bis sich alle Zutaten gleichmäßig vermischt haben.

Das Mehl, Speisestärke, Backpulver und Salz mischen und löffelweise unter den Teig rühren.

Eine Gugelhupfform fetten und mit Semmelbröseln ausstreuen.

Den Teig in die Form füllen, mit einem Teigschaber glattstreichen.

In dem auf 200°C vorgeheizten Backofen auf der unteren Schiene 30 Minuten backen. Die Hitze auf 180°C reduzieren und weitere 30 Minuten backen (Garprobe an der dicksten Stelle).

Den Gugelhupf kurz in der Form abkühlen lassen, auf ein Kuchengitter stürzen und auskühlen lassen.

Den Puderzucker mit Zitronensaft zu einem zähflüssigen Guß verrühren, über den Gugelhupf träufeln und mit einem Pinsel glatt verstreichen.

Guß 10 Minuten antrocknen lassen, Kokosraspel daraufstreuen. Guß mindestens 2 Stunden trocknen lassen.

Nährwerte pro Portion/Stück	
Kilokalorien	370
Kilojoule	1530
Eiweiß/g	4
Kohlenhydrate/g	38
Fett/g	19
Ballaststoffe/g	0,6

Brüsseler Schokoladenkuchen

16 Stück

Teig:
80 g Butter und Fett für die Form
Semmelbrösel für die Form
6 Eier, getrennt
150 g Zucker
100 g Mehl
50 g Kakaopulver
1 Messerspitze Zimt
80 g gemahlene Mandeln

Garnierung:
125 g Schokoladenglasur
30 g gehackte Pistazienkerne

Die Butter bei milder Hitze schmelzen lassen, beiseite stellen.

Eine Rehrückenform fetten und mit Semmelbröseln ausstreuen.

Das Eiweiß auf der mittleren Stufe des Handrührgerätes ½ Minute schaumig schlagen, den Zucker einrieseln lassen und auf der höchsten Stufe steif schlagen.

Das Eigelb verquirlen, unter den Eischnee ziehen.

Mehl, Kakaopulver und Zimt mischen, auf den Eischnee sieben. Gemahlene Mandeln daraufstreuen. Alles vorsichtig mit einem Löffel unterheben.

Zuletzt die noch flüssige, aber nicht mehr heiße Butter zum Teig gießen und unterziehen.

Den Teig in die Form füllen, glattstreichen und in den auf 180°C vorgeheizten Backofen auf die mittlere Schiene stellen. 50 bis 60 Minuten backen (Garprobe).

Den Rehrücken auf ein Kuchengitter stürzen, auskühlen lassen. Dann die Schokoladenglasur nach Packungsanleitung schmelzen, den Kuchen damit überziehen. Die Pistazienkerne auf die noch feuchte Glasur streuen. Mindestens 4 Stunden, am besten über Nacht, fest werden lassen.

Nährwerte pro Portion/Stück	
Kilokalorien	230
Kilojoule	970
Eiweiß/g	5
Kohlenhydrate/g	20
Fett/g	14
Ballaststoffe/g	1,5

Rührteig

Ingwerstamm

12 Stück

200 g Ingwer in Sirup
120 g Äpfel
150 g Walnußkerne

Teig:
250 g Mehl
2 gestrichene TL Backpulver
1/8 l Milch
125 g Butter
180 g Zucker
2 Eier
1 Eigelb
Butter für die Form
300 g Puderzucker
4 EL weißer Rum
kandierter Ingwer

Den Ingwer in dünne Streifen schneiden. Äpfel schälen, vierteln, das Kerngehäuse entfernen und fein schneiden. 90 g Walnußkerne hacken, die restlichen Kerne für die Garnitur beiseite stellen.

Mehl in eine Schüssel sieben. Mit Backpulver, Ingwer, Äpfeln und den gehackten Nüssen mischen.

Die Milch in einem kleinen Topf leicht erwärmen.

Zimmerwarme Butter mit dem Zucker in einer zweiten Schüssel mit dem Schneebesen schaumig rühren. Eier, Eigelb und die lauwarme Milch nach und nach zugeben. Mit einem Kochlöffel die Mehl-Früchtemischung unterheben.

Eine Rehrücken- oder Baumstammform von 32 cm Länge ausbuttern und den Teig hineinfüllen.

Im vorgeheizten Backofen bei 180°C etwa 50 Minuten backen (Garprobe).

Puderzucker und Rum verrühren. Ingwerkuchen aus dem Backofen nehmen und zum Auskühlen auf ein Kuchengitter stürzen. Den noch warmen Kuchen mit der Rumglasur bepinseln und mit den restlichen Walnußkernen und einigen Stückchen kandiertem Ingwer dekorieren.

Nährwerte pro Portion/Stück	
Kilokalorien	420
Kilojoule	1770
Eiweiß/g	6
Kohlenhydrate/g	65
Fett/g	13
Ballaststoffe/g	1,5

Rührteig

Zitronenkuchen

einfach, braucht Zeit

250 g Butter
3 Eier
4 Eigelb
100 g Mehl
250 g Zucker
1 Prise Salz
2 cl Orangenlikör
1 EL Zitronensaft
1 TL Backpulver
100 g Speisestärke
100 g gemahlene Mandeln
1 Messerspitze Safran
1 Zitrone
Fett für die Form
1 EL Semmelbrösel
200 g Puderzucker

Die Butter in einer Schüssel schaumig rühren, dabei nach und nach die Eier, das Eigelb und einige Löffel Mehl unterrühren.

Den Zucker, Salz, Orangenlikör und den Zitronensaft hinzufügen und so lange rühren, bis eine schaumige Masse entstanden ist.

Das restliche Mehl und das Backpulver zu der Masse sieben und einrühren. Die Speisestärke und die Mandeln gut untermischen und den Safran und die abgeriebene Schale der Zitrone zufügen.

Eine Napfkuchenform ausfetten und mit den Semmelbröseln ausstreuen. Den Teig einfüllen und im vorgeheizten Backofen bei 175°C etwa 1 Stunde backen.

Den Puderzucker mit dem Saft der Zitrone zu einer dicken Glasur verrühren.

Den Kuchen aus der Form auf ein Kuchengitter stürzen, mit der Glasur bestreichen und erkalten lassen.

Nährwerte insgesamt	
Kilokalorien	5630
Kilojoule	23570
Eiweiß/g	64
Kohlenhydrate/g	625
Fett/g	305
Ballaststoffe/g	17,4

Plattenkuchen nach Großmutterart

einfach, braucht Zeit

20 Stück

Für den Teig:
250 g Butter
250 g Zucker
1 Päckchen Vanillinzucker
2 Eier
4 EL Rum
500 g Mehl
1 Päckchen Backpulver
3 EL Milch

Für den Belag:
500 g Pflaumen
500 g Boskop-Äpfel
Fett für das Blech
80 g Mandelblättchen
4 EL Zucker
1 EL Zimt

Die Butter schaumig rühren. Nach und nach den Zucker, Vanillinzucker, die Eier und den Rum untermischen.

Das Mehl und das Backpulver in eine zweite Schüssel sieben und eßlöffelweise mit der Milch unter die Buttermasse rühren.

Die Pflaumen waschen, halbieren, entsteinen und jeweils an den Spitzen einkerben. Die Äpfel schälen, vierteln, entkernen und in schmale Spalten schneiden.

Den Teig auf ein gefettetes Backblech streichen und sehr dicht mit den Pflaumenhälften und den Apfelspalten belegen. Mit den Mandelblättchen, Zucker und Zimt bestreuen und im vorgeheizten Backofen bei 175°C etwa 45 Minuten backen. Auf dem Blech auskühlen lassen.

Nährwerte pro Portion	
Kilokalorien	310
Kilojoule	1290
Eiweiß/g	4
Kohlenhydrate/g	40
Fett/g	14
Ballaststoffe/g	2,1

Rührteig

Rührteig

Gestürzter Obstkuchen „Melanie"

einfach, braucht Zeit

12 Stück

Teig:
**125 g weiche Butter
125 g Zucker
1 Päckchen Vanillinzucker
3 Eier
1 Prise Salz
2 cl Rum
200 g Mehl
2 gestrichene TL Backpulver
2–3 EL Milch**

Belag:
**200 g frische Kirschen (ersatzweise 1 kleines Glas Sauerkirschen)
1 große Dose Pfirsichhälften, 800 g**

Die Butter mit dem Zucker und dem Vanillinzucker mit dem Handrührgerät schaumig schlagen. Nach und nach die Eier, Salz und Rum zugeben und unterrühren.

Das Mehl mit dem Backpulver in eine zweite Schüssel sieben und eßlöffelweise zufügen. So viel Milch einrühren, bis der Teig schwerreißend vom Löffel fällt.

Eine Springform mit entsprechend zugeschnittenem Backpapier auslegen.

Die Kirschen waschen, entstielen und entsteinen. (Kirschen aus dem Glas abtropfen lassen.) Die Pfirsiche gut abtropfen lassen und den Springformboden mit den Früchten belegen, dabei unter jede Pfirsichhälfte eine Kirsche legen. Die restlichen Kirschen darüber verteilen.

Den Teig über die Früchte streichen und den Kuchen im vorgeheizten Backofen bei 200°C 35 bis 40 Minuten backen.

Den Rand der Springform vorsichtig lösen, den Kuchen auf ein Kuchengitter stürzen und abkühlen lassen

Nährwerte pro Portion/Stück	
Kilokalorien	250
Kilojoule	1050
Eiweiß/g	4
Kohlenhydrate/g	33
Fett/g	20
Ballaststoffe/g	0,9

Rührteig

Pflaumenkuchen

20 Stück

**500 g Pflaumen
200 g weiche Butter
200 g Puderzucker und
1 EL zum Verzieren
5 Eier, getrennt
1 Päckchen Vanillin-
zucker
3 EL Rum
1 Prise Salz
200 g Mehl
1/2 TL Zimtpulver**

Pflaumen waschen, trocknen und entsteinen. Butter und Puderzucker schaumig rühren, Eigelb einzeln dazugeben. Vanillinzucker und Rum unterrühren.

Eiweiß mit Salz zu steifem Schnee schlagen und abwechselnd mit dem Mehl vorsichtig unter die Eimasse heben.

Ein Backblech mit Backpapier auslegen, Teig darauf gleichmäßig verteilen und mit den Pflaumenhälften belegen. In dem auf 200°C vorgeheizten Backofen auf der mittleren Schiene etwa 25 Minuten backen.

Nach dem Erkalten Puderzucker mit Zimt mischen, den Kuchen damit bestreuen und in Rechtecke schneiden.

Tip: Mit dem obigen Teig können die verschiedensten Obstkuchen gebacken werden.

Sie können zum Beispiel Äpfel, Aprikosen, Kirschen

Rührteig

oder auch Konservenobst als saftigen Belag verwenden.

Nährwerte pro Portion/Stück	
Kilokalorien	190
Kilojoule	800
Eiweiß/g	3
Kohlenhydrate/g	21
Fett/g	10
Ballaststoffe/g	0,6

Glasierter Apfelkuchen

12 Stück

Teig:
250 g weiche Butter und Fett für die Form
200 g Zucker
1 Päckchen Vanillinzucker
5 Eier
250 g Mehl
2 TL Backpulver
Semmelbrösel für die Form

Füllung:
800 g Äpfel

Glasur:
2 EL Aprikosenmarmelade
75 g Puderzucker
2 EL Rum oder Zitronensaft

Die Butter in einer Schüssel mit dem Handrührgerät schaumig rühren, den Zucker und Vanillinzucker nach und nach unterrühren.

Die Eier einzeln zugeben und schaumig schlagen, bis sich der Zucker gelöst hat.

Das Mehl mit Backpulver mischen und eßlöffelweise unter die Eier-Buttermasse rühren.

Die Äpfel schälen, achteln und entkernen.

Eine Springform mit 26 cm Durchmesser fetten und mit Semmelbröseln ausstreuen.

Die Hälfte des Teiges in die Form füllen, mit einem Teigschaber glattstreichen. Die Apfelschnitze in zwei Lagen darauf legen, den restlichen Teig darauf verteilen und glattstreichen.

Auf der mittleren Schiene des auf 180°C vorgeheizten Backofens 50 bis 60 Minuten backen (Garprobe).

Den Kuchen aus der Form nehmen, auf ein Kuchengitter stellen. Die Aprikosenmarmelade in einem kleinen Topf mit 1 Eßlöffel Wasser verrühren, einmal aufkochen. Den heißen Kuchen damit bestreichen, dann auskühlen lassen.

Für die Glasur den Puderzucker sieben, mit Rum oder Zitronensaft glattrühren. Auf den Kuchen träufeln, mit einem Pinsel gleichmäßig verstreichen.

Nährwerte pro Portion/Stück	
Kilokalorien	410
Kilojoule	1720
Eiweiß/g	5
Kohlenhydrate/g	47
Fett/g	20
Ballaststoffe/g	2

Rührteig

Birnentarte

einfach

4 Portionen

125 g Mehl
60 g Zucker
1 Päckchen Vanillinzucker
250 g Schlagsahne

Füllung:
**4 große Birnen
60 g Butter
40 g Zucker
Saft von 1 Zitrone
Butter für die Förmchen
150 g Crème fraîche**

Mehl in eine Rührschüssel sieben. Mit Zucker, Vanillinzucker und der Sahne wie einen Pfannkuchenteig anrühren und 30 Minuten quellen lassen.

In der Zwischenzeit die Birnen schälen und der Länge nach in Sechstel teilen, das Kerngehäuse entfernen.

Butter in einer Kasserolle zerlassen. Den Zucker und den Saft von einer Zitrone dazugeben, gut verrühren. Birnenspalten darin circa 5 Minuten halbgar dünsten.

4 kleine feuerfeste Auflaufförmchen mit etwas Butter ausstreichen.

Die Birnenspalten herausheben und in die Förmchen legen. Teig noch einmal durchschlagen und über die Birnen verteilen.

Im vorgeheizten Backofen auf der mittleren Schiene bei 220°C circa 25 Minuten backen.

Herausnehmen, etwas abkühlen lassen und auf Teller stürzen. Noch lauwarm oder kalt mit Crème fraîche servieren.

Nährwerte pro Portion/Stück	
Kilokalorien	790
Kilojoule	3320
Eiweiß/g	7
Kohlenhydrate/g	75
Fett/g	49
Ballaststoffe/g	5,4

Sauerkirschkuchen

Üblicherweise läßt man Kirschen oder Äpfel im Teig versinken. Es eignen sich aber auch Aprikosen, Stachelbeeren, Johannisbeeren oder Zwetschgen.

12 Stück

Teig:
**150 g weiche Butter und Fett für die Form
150 g Zucker
2 Päckchen Vanillinzucker
3 Eier
200 g Mehl und Mehl für die Form
1 TL Backpulver
1 Prise Salz
abgeriebene Schale von 1 Zitrone
2 cl Kirschwasser**

Rührteig

Belag:
800 g entsteinte Sauerkirschen
50 g gemahlene Haselnüsse
50 g Zucker
1/2 TL Zimt
50 g Butter

Die Butter mit Zucker und Vanillinzucker schaumig schlagen. Die Eier zugeben und weiterschlagen, bis der Zucker sich gelöst hat.

Das Mehl, Backpulver und Salz mischen, löffelweise unter die Butter-Eimasse rühren.

Zitronenschale und Kirschwasser untermischen. Eine Springform mit 26 cm Durchmesser fetten, mit Mehl ausstreuen und den Teig hineinfüllen. Mit den Sauerkirschen belegen.

Auf die mittlere Schiene des auf 180°C vorgeheizten Backofens schieben, 40 Minuten backen.

Inzwischen die Haselnüsse, Zucker und Zimt mischen. Die Butter in einem kleinen Topf schmelzen lassen.

Den Kuchen kurz aus dem Backofen nehmen, mit der Nußmischung bestreuen und mit der Butter beträufeln. Weitere 10 bis 15 Minuten backen (Garprobe).

Kirschkuchen mit halbsteif geschlagener Sahne servieren.

Nährwerte pro Portion/Stück	
Kilokalorien	*350*
Kilojoule	*1480*
Eiweiß/g	*5*
Kohlenhydrate/g	*38*
Fett/g	*18*
Ballaststoffe/g	*1,3*

Rührteig

Pfirsich-Makronenauflauf

einfach

4 Portionen

**50 g Makronenbrösel
2 EL Weinbrand
100 g Pfirsichfleisch, in Stückchen geschnitten
90 g Butter
90 g Zucker
3 Eier
2 TL Zitronensaft
Zucker für die Form und zum Bestreuen**

Makronenbrösel mit Weinbrand beträufeln und mit den Pfirsichstückchen mischen.

Butter und Zucker schaumig rühren. Die Eier trennen. Eigelb mit einer Gabel leicht schlagen, das Eiweiß mit Zitronensaft steif schlagen.

Die Buttermasse mit dem Eigelb verrühren und unter die Pfirsich-Makronenmischung ziehen. Zuletzt den Eischnee unterheben.

Eine feuerfeste Form mit Zucker ausstreuen, die Auflaufmasse einfüllen und im vorgeheizten Backofen bei 180°C 45 Minuten backen.

Mit Zucker bestreut servieren.

Dazu paßt halbsteif geschlagene Sahne.

Nährwerte pro Portion	
Kilokalorien	*400*
Kiolojoule	*1660*
Eiweiß/g	*6*
Kohlenhydrate/g	*37*
Fett/g	*24*
Ballaststoffe/g	*0*

Sacherauflauf mit Birnen

Das berühmte Sachertortenrezept wurde hier zum Auflauf umgewandelt. Saftige Williamsbirnen runden das Schokoladenaroma ab. Der Auflauf schmeckt warm ebenso gut wie kalt.

einfach, braucht Zeit

6 Portionen

**30 g Butter
2 EL feiner Zucker
125 g Butter
125 g Zucker
5 Eier, getrennt
150 g zartbittere Schokolade
50 g Mehl
100 g geröstete, gemahlene Mandeln
3 Williamsbirnen
400 g Schlagsahne
1 EL Zucker
4 cl Williamsbirnengeist**

Boden und Wand einer Auflaufform von 1,5 Liter Inhalt mit Butter ausstreichen und gleichmäßig mit Zucker bestreuen. Den Backofen auf 180°C vorheizen.

Die Butter mit der Hälfte des Zuckers schaumig rühren, dann das Eigelb nach und nach einrühren.

Die Schokolade zerbröckeln und in einem Töpfchen im Wasserbad schmelzen. Flüssige Schokolade, Mehl und gemahlene Mandeln unter die Masse ziehen. Die Birnen schälen, der Länge nach in 6 bis 8 Spalten schneiden, entkernen und den Boden der Auflaufform belegen.

Das Eiweiß mit dem restlichen Zucker steif schlagen und unter die Masse heben.

Die Schokoladenmasse über die Birnen verteilen und die Form in den vorgeheizten Backofen auf die mittlere Schiene stellen. Den Auflauf 15 Minuten bei Unterhitze backen, dann auf Ober- und Unterhitze umstellen und weiterhin bei 180°C backen. Nach insgesamt 45 Minuten in der Mitte des Auflaufs eine Garprobe machen: Mit einem Holz- oder Metallspieß hineinstechen – der Teig darf nicht daran kleben bleiben. Rund um die Birnen kann auch die fertiggebackene Masse etwas feuchter, also dunkler sein.

Sahne mit Zucker halbsteif schlagen und mit Williamsbirnengeist abschmecken. Den fertigen Auflauf vor dem Anstechen 5 Minuten ruhen lassen und mit der Sahne servieren.

Nährwerte pro Portion	
Kilokalorien	*910*
Kilojoule	*3800*
Eiweiß/g	*13*
Kohlenhydrate/g	*58*
Fett/g	*64*
Ballaststoffe/g	*6*

Großmutters Apfeltorte

12 Stück

250 g Butter und Fett für die Form
250 g Zucker
4 Eier, getrennt
1 Eigelb
250 g Mehl und Mehl für die Form
1/2 TL Zimtpulver
abgeriebene Schale von 1 Zitrone
2 Äpfel
1 Prise Salz

Die Butter und den Zucker in einer großen Schüssel schaumig rühren. 5 Eigelb nacheinander unterrühren, mit dem Handrührgerät schlagen, bis sich der Zucker gelöst hat.

Das Mehl, Zimtpulver und Zitronenschale mischen, löffelweise unter die Zucker-Eiermasse rühren.

Die Äpfel schälen, vierteln und entkernen. Die Apfelviertel in etwa 1 cm große Würfel schneiden, unter den Teig mischen.

Eine Springform mit 26 cm Durchmesser fetten und mit Mehl ausstäuben.

Das Eiweiß mit dem Salz zu steifem Schnee schlagen und mit einem Löffel vorsichtig unter den Teig heben.

In die Springform füllen und auf die mittlere Schiene des auf 200°C vorgeheizten Backofens schieben. 35 bis 40 Minuten backen (Garprobe).

Kuchen kurz abkühlen lassen, aus der Form nehmen und auf einem Kuchengitter völlig auskühlen lassen.

Nährwerte pro Portion/Stück	
Kilokalorien	360
Kilojoule	1530
Eiweiß/g	5
Kohlenhydrate/g	38
Fett/g	20
Ballaststoffe/g	1

Gefüllter Kokoskuchen

10 Stück

Teig:
110 g weiche Butter
150 g Puderzucker
1 Prise Salz
3 Eier
225 g Mehl
3 TL Backpulver
180 g Joghurt
150 g Kokosraspel
1 Rehrückenform, 28 cm lang
Butter für die Form

Buttercreme:
¼ l Milch
½ Vanilleschote
3 Eigelb
70 g Zucker
20 g Mehl
125 g weiche Butter

Rührteig

Butter, Puderzucker und Salz in einer Schüssel schaumig weiß schlagen. Jeweils nur 1 Ei zugeben und vollständig verrühren, ehe das nächste Ei zugegeben wird.

Mehl und Backpulver vermischen, in die Schüssel sieben und mit der Eicreme verrühren. Dann Joghurt und Kokosraspel zugeben und dabei laufend weiterrühren.

Den Teig in die mit Butter ausgepinselte Form füllen und im vorgeheizten Backofen bei 175°C ca. 1 Stunde backen. Zum Auskühlen auf ein Kuchengitter stürzen.

Für die Buttercreme die Milch mit der aufgeschlitzten Vanilleschote kochen. Eigelb und Zucker schaumig weiß schlagen und das Mehl einrühren. Die Schote aus der Milch entfernen und die heiße Milch in die Eimasse rühren. Die Creme zurück in den Topf füllen und auf kleiner Hitze unter ständigem Schlagen einmal aufwallen lassen. Die Vanillecreme in eine Schüssel umfüllen und abkühlen lassen, dabei immer wieder umrühren.

Zum Vermischen von Vanillecreme und Butter müssen beide möglichst dieselbe Temperatur (Zimmertemperatur) haben. Die weiche Butter in eine Rührschüssel geben und mit dem elektrischen Handrührer auf höchster Stufe zu dickem, weißen Schaum aufschlagen. Die ausgekühlte Vanillecreme löffelweise zugeben und unter die Butter rühren. Die Buttercreme bis zum Füllen bei Zimmertemperatur stehenlassen, damit sie spritzfähig bleibt.

Den ausgekühlten Kokoskuchen waagrecht aufschneiden und den Rücken auf ein Gitter legen. Die Aprikosenkonfitüre glattrühren und auf den Rücken streichen. Die Kuvertüre grob hacken, in eine Stielkasserolle geben und im warmen – nicht kochenden – Wasserbad unter Rühren schmelzen. Den Rücken mit der Kuvertüre gleichmäßig überziehen.

Die Buttercreme in einen Spritzbeutel mit großer Sterntülle füllen und gleichmäßig auf den Kuchenboden spritzen. Den glasierten Rücken vorsichtig aufsetzen.

Den Kuchen nach Belieben mit Kokosnuß verzieren: Die braune Haut von einem Stück frischer Kokosnuß mit dem Sparschäler abschälen, dann die Nuß beliebig groß raspeln oder mit dem Sparschäler von der Kante lange Streifen schneiden, die sich dekorativ legen lassen.

Nährwerte pro Portion/Stück	
Kilokalorien	600
Kilojoule	2500
Eiweiß/g	10
Kohlenhydrate/g	64
Fett/g	32
Ballaststoffe/g	3,3

Garnierung:
100 g Aprikosenkonfitüre
200 g Zartbitter-Kuvertüre
1 Stück frische Kokosnuß

Rührteig

Mandarinen-Haselnußtorte

12 Stück

Teig:
5 Eier
175 g Zucker
1 TL Zimt
200 g gemahlene Haselnüsse
3 EL Mehl und Mehl für die Form
2 TL Backpulver
Fett für die Form

Füllung und Belag:
2 große Dosen Mandarinen
200 g Schlagsahne
2 EL Zucker
einige Haselnußkerne zum Garnieren

Die Eier mit Zucker und Zimt etwa 5 Minuten schaumig rühren.

Die Haselnüsse, Mehl und Backpulver mischen und löffelweise unter die Zucker-Eimasse rühren.

Eine Springform mit 26 cm Durchmesser fetten und mit Mehl ausstreuen.

Den Teig in die Form füllen und mit einem Teigschaber glattstreichen. In dem auf 180°C vorgeheizten Backofen auf der mittleren Schiene 50 Minuten backen (Garprobe).

Die Mandarinen in einem Sieb abtropfen lassen.

Kuchen auskühlen lassen, dann einmal in der Höhe durchschneiden.

Einen Tortenboden auf eine Kuchenplatte legen und mit den Mandarinenspalten zwei Kreise darauflegen.

Die Sahne mit dem Zucker steif schlagen, in einen Spritzbeutel füllen und kreisförmig zwischen die Mandarinen spritzen.

Die zweite Teigplatte daraufsetzen. Dachziegelartig mit den restlichen Mandarinen belegen.

Mit der restlichen Sahne und den Haselnußkernen dekorieren.

Nährwerte pro Portion/Stück	
Kilokalorien	350
Kilojoule	1440
Eiweiß/g	6
Kohlenhydrate/g	34
Fett/g	19
Ballaststoffe/g	2

Pistazien-Kakaotorte

12 Stück

100 g Sultaninen
3 EL Rum
100 g Butter und Fett für die Form
200 g Puderzucker
2 Eier, getrennt
1 Päckchen Backpulver
2 EL Kakaopulver
200 g Mehl und 1 EL
3 EL Milch
100 g Pistazienkerne
1 Prise Salz
2 EL Puderzucker

Sultaninen in einer kleinen Schüssel mit dem Rum etwa 30 Minuten mazerieren.

Butter mit dem Puderzucker schaumig rühren, das Eigelb einzeln dazugeben. Backpulver und Kakao mit dem Mehl mischen, zusammen mit der Milch nach und nach zur Butter-Eimasse geben und alles zu einem Teig rühren.

Rührteig

Pistazienkerne grob hacken (13 Kerne zum Verzieren übriglassen). Sultaninen gut abtropfen lassen und in Mehl wenden. Beides unter den Teig mischen.

Eine Springform mit 26 cm Durchmesser fetten und mit Mehl ausstäuben.

Eiweiß mit einer Prise Salz zu steifem Schnee schlagen und vorsichtig unter den Teig ziehen.

Teig in die Form füllen, glattstreichen und in dem auf 180°C vorgeheizten Backofen auf der mittleren Schiene etwa 40 Minuten backen.

Den Kuchen in der Form auskühlen lassen, mit Puderzucker bestäuben und mit Pistazienkernen verzieren.

Tip: Besonders attraktiv sieht die Torte aus, wenn Sie eine Musterschablone (gekauft oder selbstgemacht) auf den Kuchen legen und ihn dann noch rundherum mit Puderzucker bestäuben.

Nährwerte pro Portion/Stück	
Kilokalorien	290
Kilojoule	1230
Eiweiß/g	5
Kohlenhydrate/g	38
Fett/g	13
Ballaststoffe/g	1,6

Rührteig

Sachertorte

12 Stück

Teig:
100 g dunkle Kuvertüre
300 g Butter
8 Eier
300 g Zucker
50 g Löffelbiskuits
2 EL Kakaopulver
300 g Mehl
Butter und Mehl für die Form

Belag und Füllung:
250 g Aprikosenkonfitüre
200 g dunkle Kuvertüre

Für den Teig die gehackte Kuvertüre im heißen Wasserbad schmelzen. Dann im kalten Wasserbad abkühlen lassen, dabei darauf achten, daß sie weich bleibt.

In einer Schüssel die Butter schaumig schlagen. Die Eier trennen und das Eigelb, die geschmolzene Kuvertüre und 200 g Zucker zugeben. Alles etwa 5 Minuten mit dem elektrischen Handrührgerät schlagen, bis eine dicke Creme entsteht.

Löffelbiskuits sehr fein zerstoßen, mit Kakaopulver und Mehl mischen, auf die Schokoladenmasse sieben und untermischen.

Das Eiweiß sehr steif schlagen und die restlichen 100 g Zucker zufügen.

Eischnee locker unter die Teigmasse heben.

Eine Springform mit 24 cm Durchmesser ausbuttern und mit Mehl einstäuben. Den Teig vorsichtig in die Form füllen und glattstreichen.

Im vorgeheizten Backofen auf der unteren Schiene rund 70 Minuten bei 180°C backen.

Kuchen in der Form erkalten lassen. Dann mit einem spitzen Messer vorsichtig den Rand lösen. Den Springformrand abnehmen und die Torte auf ein Kuchengitter stürzen.
1 Stunde auskühlen lassen.

In der Zwischenzeit die Aprikosenkonfitüre in einer Schüssel mit dem Schneebesen glattrühren.

100 g gehackte Kuvertüre im heißen Wasserbad schmelzen und warm halten.

Die Torte zweimal waagrecht durchschneiden. Die drei Kuchenplatten mit der Aprikosenkonfitüre bestreichen und wieder zusammensetzen.

Die restliche Kuvertüre in kleine Stücke hacken und unter die noch warme, gelöste Kuvertüre rühren, bis sich alles glatt verbunden hat.

Gut die Hälfte der Schokoladenkuvertüre auf die Torte gießen und mit einer Palette glattstreichen. Mit der restlichen Kuvertüre den Tortenrand gleichmäßig bestreichen.

Die Glasur erkalten lassen. Ein langes Messer in heißes Wasser tauchen, abtrocknen und damit auf der Torte 12 Stücke in der Glasur markieren, damit sie beim Aufschneiden später nicht springt.

Nährwerte pro Portion/Stück	
Kilokalorien	660
Kilojoule	2780
Eiweiß/g	10
Kohlenhydrate/g	72
Fett/g	35
Ballaststoffe/g	3,4

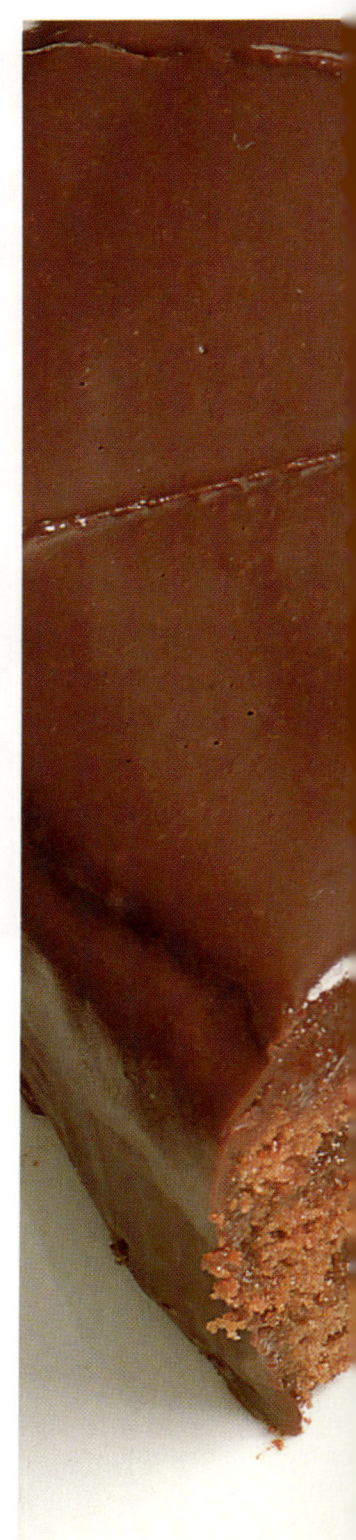

Rührteig

Rührteig

Festtagskuchen

16 Stück

Teig:
100 g weiche Butter und Fett für die Form
150 g Zucker
1 Päckchen Vanillinzucker
6 Eier, getrennt
2 EL Rum
2 TL Pulverkaffee
100 g Löffelbiskuits
100 g gemahlene Mandeln oder Haselnüsse und Nüsse für die Form
80 g gehackte, kandierte Früchte
1 EL Mehl
1 Prise Salz

Außerdem:
2 EL Aprikosenmarmelade
100 g Puderzucker
2 EL Zitronensaft
bunte, kandierte Früchte zum Verzieren

Die Butter, Zucker und Vanillinzucker schaumig rühren. Das Eigelb nach und nach zugeben, mit dem Rum und dem Kaffeepulver verrühren, bis der Zucker sich gelöst hat.

Die Löffelbiskuits in eine Plastiktüte geben, mit der Teigrolle fein zerkrümeln. Zusammen mit den Nüssen zum Teig geben.

Eine Kastenform fetten und mit Nüssen ausstreuen.

Die kandierten Früchte im Mehl wälzen und unterheben.

Das Eiweiß mit dem Salz zu steifem Schnee schlagen und vorsichtig mit einem Löffel unter den Teig heben. Den Teig in die Form füllen und glattstreichen.

In den auf 160°C vorgeheizten Backofen auf die mittlere Schiene stellen und etwa 90 Minuten backen (Garprobe).

Die Aprikosenmarmelade mit 1 Eßlöffel heißem Wasser glattrühren. Den Kuchen auf ein Kuchengitter stürzen, noch heiß mit der Marmelade bestreichen.

Den Kuchen auskühlen lassen. Puderzucker mit Zitronensaft glatt verrühren, Oberfläche und Seiten des Kuchens damit bestreichen. Mit den kandierten Früchten verzieren, Glasur fest werden lassen.

Nährwerte pro Portion/Stück	
Kilokalorien	230
Kilojoule	960
Eiweiß/g	4
Kohlenhydrate/g	27
Fett/g	11
Ballaststoffe/g	1

Rührteig

Weihnachtsbrot

Diesen Kuchen sollte man schon einige Zeit vor dem Fest backen, denn er wird um so besser, je länger er lagern kann.

einfach, braucht Zeit

3 Brote bzw. 60 Scheiben

**200 g Mandeln
1 EL Zucker
200 g Sultaninen
200 g Datteln
200 g getrocknete Feigen
400 g Butter
400 g Zucker
1 Päckchen Vanillinzucker
7 Eier
400 g Mehl
1 TL Backpulver
3 EL Sherry
Butter für die Formen
50 g Puderzucker zum Bestäuben**

Die Mandeln in einem Topf mit kochendem Wasser kurz überbrühen und dann schälen. Auf der Arbeitsfläche zusammen mit dem Zucker hacken.

Die Sultaninen ebenfalls mit kochendem Wasser übergießen und 5 Minuten ziehen lassen.

Die Datteln entkernen und zusammen mit den Feigen kleinhacken. In eine Schüssel geben.

Die Sultaninen abtropfen lassen, trockentupfen und dazugeben.

Die Butter in einer Schüssel schaumig rühren. Den Zucker, den Vanillinzucker und die Eier unterarbeiten.

Das Mehl mit dem Backpulver mischen und einige Eßlöffel auf die Früchte streuen. Die restliche Menge zur Buttermischung geben und gut vermischen.

Dann die mehlierten Früchte hineinkneten und zum Schluß den Sherry einarbeiten.

3 Kastenformen (26 cm) einfetten oder, noch besser, mit Backpapier auslegen. Den Teig auf die 3 Formen verteilen und die Oberfläche glattstreichen.

Die Kuchen in den vorgeheizten Backofen auf die unterste Schiene stellen und bei 175°C circa 70 Minuten backen.

Auskühlen lassen, auf eine Platte stürzen und mit dem Puderzucker bestäuben.

Zum Servieren in 20 Scheiben schneiden.

Nährwerte pro Scheibe	
Kilokalorien	*160*
Kilojoule	*690*
Eiweiß/g	*3*
Kohlenhydrate/g	*19*
Fett/g	*8*
Ballaststoffe/g	*1,5*

BISKUIT

Nußtorte Gabriella

12 Stück

Teig:
**Fett für die Form
6 Eier, getrennt
150 g Zucker
100 g Mehl
50 g Stärkemehl
3 EL Rum
100 g gemahlene Walnüsse**

Creme:
**300 ml Milch
60 g Mehl
150 g Puderzucker
200 g weiche Butter
200 g gemahlene Walnüsse
1 Päckchen Vanillinzucker
3 EL Rum
12–15 halbe Walnüsse zum Garnieren**

Den Boden einer Springform mit 24 cm Durchmesser fetten oder mit Backpapier auslegen.

Eigelb mit 40 g Zucker zu einer dicklich-weißen Creme aufschlagen.

Eiweiß auf niedriger Stufe 1/2 Minute schaumig schlagen, restlichen Zucker zugeben und auf höchster Stufe zu steifem Schnee schlagen.

Gesiebtes Mehl, Stärkemehl, Eischnee und Rum abwechselnd löffelweise unter die Eigelbcreme heben. Zuletzt die Walnüsse unterheben.

Sofort in die Form füllen und in dem auf 180°C vorgeheizten Backofen auf der mittleren Schiene etwa 30 Minuten backen (Garprobe). In der Form abkühlen lassen.

Für die Creme Milch mit dem Mehl glattrühren, in einem Topf auf niedriger Stufe unter ständigem Rühren einmal aufkochen und erkalten lassen.

Inzwischen den Puderzucker mit der Butter schaumig rühren und Walnüsse, Vanillinzucker und Rum zugeben. Mit der erkalteten Creme schaumig rühren.

Die Torte in der Höhe dreimal durchschneiden, so daß vier Tortenböden entstehen. Den ersten Boden auf eine Platte legen und mit einem Viertel der Creme bestreichen. Den nächsten Boden daraufsetzen und ebenfalls mit Creme bestreichen. Auf die gleiche Weise die Torte weiter schichten.

Die Oberfläche und die Seiten ebenfalls mit Creme glatt bestreichen und mit Walnußkernen verzieren.

Nährwerte pro Portion/Stück	
Kilokalorien	410
Kilojoule	1720
Eiweiß/g	9
Kohlenhydrate/g	38
Fett/g	22
Ballaststoffe/g	1,6

Biskuit

Schachbrett-Torte

Biskuit fertig kaufen oder am Vortag backen

16 Stück

1 Schokoladenbiskuittorte, 30 cm Durchmesser, 5–6 cm hoch, beim Konditor bestellen oder nach Grundrezept, Seite 321, selber backen.
4 cl Cognac

Füllung:
10 Blatt weiße Gelatine
1200 g Schlagsahne
4 Päckchen Vanillinzucker
100 g Zucker

Garnierung:
1 Päckchen Schokostreusel, 100 g
200 g Zartbitter-Kuvertüre

Den Biskuit waagrecht zweimal durchschneiden, so daß drei gleichmäßige Lagen entstehen. Den unteren Boden mit Cognac tränken.

Die beiden anderen Böden in möglichst gleichmäßige Ringe schneiden: Dazu 5 runde Geschirrteile oder andere Gefäße suchen, deren Durchmesser sich in möglichst gleichen Abständen verringern. Die Teile als Schablone auflegen und so aus jedem Biskuitboden 5 Ringe und einen kleineren inneren Kreis schneiden.

Die Gelatine in kaltem Wasser einweichen, ausdrücken und bei milder Hitze auflösen.

Die Sahne mit dem Vanillinzucker anschlagen, den Zucker einrieseln las-

Biskuit

sen und die Sahne steif schlagen. Die kalte, flüssige Gelatine unterrühren.

Von einem Kuchenboden den äußeren, dritten und den fünften Ring auf den getränkten Kuchenboden legen. Die Sahne in einen Spritzbeutel mit großer Lochtülle füllen und in die Zwischenräume spritzen.

Nun die restlichen Ringe des Bodens, Nummer 2 und 4, und das innere Kreisstück auflegen und die freien Räume wieder mit Sahne füllen. Danach mit den Ringen des letzten Bodens ebenso verfahren.

Die Tortenoberfläche und den Rand mit der restlichen Sahne bestreichen und den Rand mit Schokostreuseln einstreuen. Die Schachbrett-Torte mindestens 2 Stunden in den Kühlschrank stellen.

Inzwischen aus der Kuvertüre Schokospäne zubereiten und die Schachbrett-Torte damit verzieren.

Variation: Statt mit Cognac den Boden mit Kosakenlikör tränken und 3 bis 4 Eßlöffel Kosakenlikör an die Sahne geben.

Nährwerte pro Portion/Stück	
Kilokalorien	540
Kilojoule	2250
Eiweiß/g	7
Kohlenhydrate/g	49
Fett/g	33
Ballaststoffe/g	1,5

Biskuit

Dobostorte

Dieses Rezept stammt von Josef Dobos. Er war einer der bekanntesten Konditoren der k. u. k.-Monarchie. Erkennungszeichen dieser Torte ist die hauchdünne Karameldecke.

16 Stück

Teig:
7 Eier, getrennt
150 g Puderzucker
Fett für die Form
100 g Mehl
50 g Speisestärke

Füllung:
150 g Blockschokolade
250 g weiche Butter
150 g Puderzucker
2 Eigelb
1 EL Rum

Karamelglasur:
1 TL Butter
150 g Zucker
1 EL Zitronensaft

Eigelb mit der Hälfte des Puderzuckers zu einer dicklichen Creme aufschlagen.

Den Boden einer Springform mit 26 cm Durchmesser fetten und mit Mehl ausstäuben.

Eiweiß auf der mittleren Stufe des Handrührgerätes $1/2$ Minute steif schlagen, restlichen Puderzucker zugeben und auf höchster Stufe zu festem Schnee schlagen.

Eischnee auf die Eigelbmasse gleiten lassen, Mehl und Stärke mischen und darübersieben. Alles vorsichtig unterheben.

$1/6$ des Teiges in die Form geben, glattstreichen und in dem auf 200°C vorgeheizten Backofen auf der mittleren Schiene in etwa 7 Minuten goldgelb backen. Tortenboden sofort vorsichtig aus der Form lösen und auf einem Kuchengitter auskühlen lassen. Form mit Küchenpapier reinigen, wieder fetten, mit Mehl ausstäuben und Teig darin glattstreichen. Auf diese Weise insgesamt 6 Tortenböden backen.

Für die Creme die grob zerkleinerte Blockschokolade im Wasserbad unter Rühren langsam schmelzen. Aus dem Wasserbad nehmen und lauwarm halten.

Butter, Puderzucker und Eigelb sehr schaumig rühren und Rum dazumischen. Die Schokolade eßlöffelweise einrühren.

Den schönsten Tortenboden beiseite legen. Einen Boden auf eine Tortenplatte legen und mit einem Fünftel der Schokoladencreme bestreichen. Die weiteren Böden nacheinander daraufsetzen, Ränder begradigen und mit Creme bestreichen. Die Seiten sehr dünn mit Creme zustreichen.

Für die Glasur die Butter in einer Pfanne zerlaufen lassen, Zucker und abgeseihten Zitronensaft zugeben und unter Rühren bei mittlerer Hitze einen goldgelben Karamel herstellen.

Karamel sofort auf den letzten Tortenboden aufstreichen, mit einem gefetteten Messer den herabfließenden Karamel abschneiden und den Boden in 16 Tortenstücke schneiden.

Abgeschnittene Biskuitreste zerbröseln und die Seiten damit bestreuen. Die Karamelecken auf der Torte wieder zusammensetzen. Torte einige Stunden kühl stellen, damit die Creme fest wird.

Garnierungsvorschlag:
300 g Schlagsahne und 2 Päckchen Sahnesteif sehr steif schlagen und in einen Spritzbeutel mit Sterntülle füllen.

Auf der Torte 16 Stücke markieren und die Dreiecke mit Sahne ausspritzen. Die Karamelecken schräg aufgestellt jeweils an die Sahne lehnen.

Nährwerte pro Portion/Stück	
Kilokalorien	360
Kilojoule	1520
Eiweiß/g	5
Kohlenhydrate/g	41
Fett/g	19
Ballaststoffe/g	0,7

Biskuit

Biskuit

Gänsefuß-Torte

Am Vortag beginnen.

12 Stück

Füllung:
400 g Schlagsahne
50 g Zucker
100 g Blockschokolade
300 g Sauerkirschen
100 ml Rum

Teig:
7 Eier, getrennt
200 g Zucker
120 g Blockschokolade
oder Kuvertüre
150 g Mehl
50 g Speisestärke
60 g Butter

Außerdem:
50 g Schlagsahne zum
Garnieren

Am Vortag die Sahne mit dem Zucker aufkochen, die grob zerteilte Schokolade zugeben und unter Rühren schmelzen. Abkühlen lassen und über Nacht in den Kühlschrank stellen.

Ebenfalls am Vortag den Schokoladenbiskuit, wie auf Seite 321 beschrieben, zubereiten. In einer Springform mit 26 cm Durchmesser bei 180°C etwa 40 Minuten backen (Garprobe) und in der Form abkühlen lassen.

Am nächsten Tag die Kirschen entsteinen, halbieren (13 Stück nicht entsteinen) und im Rum mazerieren. Dann in einem Sieb gut abtropfen lassen, dabei den Saft auffangen.

Biskuit

Die erkaltete Torte in der Höhe zweimal durchschneiden, den ersten Boden auf eine Tortenplatte legen und mit dem aufgefangenen Rum beträufeln.

Die Schokoladensahne steif schlagen, 1/3 auf dem ersten Boden gleichmäßig verteilen. Die Hälfte der Kirschen mit der Schnittfläche nach oben leicht in die Schokoladensahne drücken.

Den zweiten Boden darauflegen und Schokoladencreme und Kirschen ebenso wie beschrieben darauf verteilen.

Den letzten Boden darauflegen und die restliche Schokoladensahne oben und an den Seiten glatt verstreichen (seitlich eventuell ein Wellenmuster ziehen).

Zum Verzieren die Sahne steif schlagen, in einen Spritzbeutel mit Sterntülle füllen und Rosetten auf die Torte spritzen. Darauf jeweils eine Kirsche setzen.

Nährwerte pro Portion/Stück	
Kilokalorien	470
Kilojoule	1980
Eiweiß/g	7
Kohlenhydrate/g	49
Fett/g	24
Ballaststoffe/g	1,5

Biskuit

Schwarzwälder Kirschtorte

16 Stück

Teig:
**125 g dunkle Kuvertüre
6 Eier
125 g Butter
130 g Zucker
2 EL Kirschwasser
1 Prise Salz
1 Päckchen Vanillinzucker
125 g gemahlene Mandeln
125 g Mehl
1/2 Päckchen Backpulver
Butter für die Form**

Kirschfüllung:
**1 Glas entsteinte Sauerkirschen, 460 g
30 g Speisestärke
30 g Zucker
1 Messerspitze Zimt
2 EL Kirschwasser**

Schokoladensahne:
**20 g Kakaopulver
1 EL Zucker
250 g Schlagsahne**

Kirschwassersahne:
**375 g Schlagsahne
30 g Zucker
1 Päckchen Sahnesteif
3 EL Kirschwasser**

Garnierung:
**200 g dunkle Kuvertüre
17 Kirschen, in Rum eingelegt**

Für den Schokoladenbiskuit die Kuvertüre fein reiben. Die Eier trennen.

In einer Schüssel Eigelb, Butter, die Hälfte des Zuckers, Kirschwasser, Salz, Vanillinzucker und 2 Eßlöffel Wasser mit dem Schneebesen schaumig schlagen.

Die gemahlenen Mandeln, Kuvertüre, Mehl und Backpulver in einer zweiten Schüssel gut mischen.

Das Eiweiß sehr steif schlagen, dabei nach und nach den restlichen Zucker zugeben. Abwechselnd Mehlmischung und Eischnee vorsichtig unter die Schokoladen-Eiermasse heben.

Eine Springform mit einem Durchmesser von 26 cm am Boden fetten. Die Teigmasse hineinfüllen.

Im vorgeheizten Backofen auf der mittleren Schiene bei 175°C etwa 50 Minuten backen.

Biskuit aus dem Backofen nehmen, samt der Form auf ein Kuchengitter stürzen und mindestens 2 Stunden auskühlen lassen.

Die Kirschen in ein Sieb abgießen, dabei den Saft auffangen. Die Hälfte des Saftes mit der Speisestärke verrühren. Die andere Hälfte mit dem Zucker und dem Zimt in einer Kasserolle erhitzen. Wenn er kocht, den restlichen Saft und die Kirschen dazugeben und alles kurz noch einmal aufkochen. Vom Herd nehmen und auskühlen lassen.

Biskuitboden aus der Form lösen, in der Mitte waagrecht durchschneiden, beide Hälften mit dem Kirschwasser beträufeln.

Kakaopulver mit Zucker und 1 Eßlöffel Wasser glattrühren. Die Sahne steif schlagen und den Kakao unterheben. Schokoladensahne in einen Spritzbeutel mit Sterntülle füllen. In die Mitte eines Biskuitbodens ein Häufchen Sahne spritzen, dann im Abstand von 1,5 cm rundherum Sahneringe setzen. Das Kirschkompott in die Zwischenräume verteilen. Den zweiten Boden daraufsetzen und leicht andrücken.

Für die Garnierung Sahne steif schlagen, Zucker, Sahnesteif und Kirschwasser unterziehen. Torte damit kuppelförmig und am Rand bestreichen.

Mit einem Sparschäler die Kuvertüre in grobe Späne schneiden und über die Torte streuen. Rumkirschen abtropfen lassen und damit die Torte verzieren.

Bis zum Servieren kalt stellen.

Nährwerte pro Portion/Stück	
Kilokalorien	500
Kilojoule	2090
Eiweiß/g	7
Kohlenhydrate/g	39
Fett/g	32
Ballaststoffe/g	3,3

Biskuit

Biskuit

Biskuit

Gestreifte Rouladentorte

12 Stück

Biskuitroulade:
60 g gehackte Haselnüsse
8 Eigelb
80 g Zucker
1 Messerspitze Salz
abgeriebene Schale von
1 unbehandelten Zitrone
4 Eiweiß
70 g Mehl
10 g Speisestärke
6 cl Cognac zum Tränken
der fertigen Roulade

Nougatcreme:
1/2 l Milch
1/2 Vanilleschote
6 Eigelb
100 g Zucker
50 g Mehl
100 g Haselnußnougat
etwas Puderzucker

Krokant:
200 g gehackte Haselnüsse
200 g Zucker
1 TL Zitronensaft
100 ml Wasser
400 g Schlagsahne zum
Einstreichen
2 Päckchen Vanillinzucker
2 Päckchen Sahnesteif

Für die Biskuitroulade die gehackten Haselnüsse in einer trockenen, heißen Pfanne rösten und dann fein mahlen.

Das Eigelb mit Zucker, Salz und Zitronenschale in einer großen Schüssel schaumig schlagen.

Das Eiweiß steif schlagen und auf die Eigelbmasse häufen. Das Mehl, mit der Speisestärke vermischt, darübersieben und die gemahlenen Haselnüsse zugeben. Alles vorsichtig, aber gründlich miteinander vermengen.

Den Backofen auf 220°C vorheizen. Ein Backblech mit Backtrennpapier auslegen und die Biskuitmasse gleichmäßig aufstreichen (ca. 0,5 cm dick). Die Roulade etwa 10 Minuten backen, nach 8 Minuten kontrollieren!

Das Backblech samt dem Biskuit auf ein feuchtes Tuch stürzen und das Papier abziehen. Den Biskuit mit einem zweiten feuchten Tuch bedecken und auskühlen lassen.

Die Nougatcreme, wie auf Seite 420 beschrieben, zubereiten.

Den ausgekühlten Biskuit mit Cognac beträufeln und der Länge nach in drei gleichmäßige Streifen schneiden. Das ergibt eine kleine hohe Torte. Die Torte wird flacher und im Durchmesser größer, wenn Sie aus der Biskuitplatte vier gleichmäßige Streifen schneiden.

Die Streifen mit der Nougatcreme bestreichen. Den ersten Streifen aufrollen und diese Roulade in die Mitte einer Tortenunterlage aus Aluminium setzen. Die weiteren Streifen dann nacheinander darum herum legen. Die Enden so eng wie möglich aneinanderschieben, damit das Muster später beim Anschneiden schön gleichmäßig ist.

Einen verstellbaren Tortenring eng um die Roulade legen, um die Torte in eine gleichmäßige, runde Form zu bringen. Die Oberfläche mit Nougatcreme zustreichen und die Torte mindestens 1 Stunde in den Kühlschrank stellen.

Für den Krokant die gehackten Haselnüsse in einer trockenen, heißen Pfanne rösten. Dann mit den übrigen Zutaten einen Krokant bereiten, wie im Rezept „Frankfurter Kranz", Seite 42, beschrieben.

Die Schlagsahne mit Vanillinzucker und Sahnesteif sehr steif schlagen.

Die gut gekühlte Torte mit einem Messer vom Tortenring lösen, dann erst den Ring öffnen und abnehmen. Die Torte rundherum gleichmäßig mit Sahne einstreichen und den Rand mit dem Haselnußkrokant dick einstreuen. Zuletzt die Torte auf der Oberfläche mit Sahne und Krokant verzieren (siehe Abbildung).

Vor dem Anschneiden die Torte eine weitere Stunde in den Kühlschrank stellen.

Nährwerte pro Portion/Stück	
Kilokalorien	580
Kilojoule	2430
Eiweiß/g	11
Kohlenhydrate/g	50
Fett/g	34
Ballaststoffe/g	1,7

Biskuit

„Bomben"-Torte

Für festliche Anlässe ist diese Torte ein besonderes Prachtexemplar, in der allerdings auch ein ganzes Stück Arbeit steckt. Mit der Biskuitrolle, die das Äußere ziert, müssen Sie schon am Vortag beginnen.

16 Stück

Teig:
**5 Eier, getrennt
150 g Zucker
abgeriebene Schale von
1 Zitrone
2 EL Zitronensaft
125 g Mehl**

Creme für die Roulade:
**150 g Butter
100 g Puderzucker
4 Eigelb
2 EL Rum**

Füllung für die Bombe:
**5 Eigelb
120 g Zucker
2 Päckchen Vanillinzucker
1/2 TL gemahlener Zimt
4 EL Kakaopulver
1/4 l Milch
100 g Blockschokolade
9 Blatt weiße Gelatine
250 g Schlagsahne
2 EL Rum**

Eine Biskuitrolle nach dem Grundrezept von Seite 313 zubereiten und zum Abkühlen wie beschrieben mit einem Küchentuch aufrollen.

Für die Creme Butter und Puderzucker schaumig rühren. Das Eigelb nach und nach dazugeben, zuletzt den Rum einrühren.

Die Biskuitroulade auseinanderrollen, gleichmäßig mit der Creme bestreichen und wieder vorsichtig aufrollen. In Alufolie gewickelt einige Stunden, am besten über Nacht, kühl stellen.

Für die Füllung Eigelb mit Zucker, Vanillinzucker, Zimt und Kakao schaumig rühren.

Die Milch aufkochen und zerkleinerte Schokolade darin schmelzen. Unter ständigem Rühren die Eigelbmasse langsam zugeben und einmal aufkochen. Gelatine in kaltem Wasser einweichen, ausdrücken und in der noch warmen Füllung auflösen. Unter gelegentlichem Rühren erkalten lassen, bis die Creme zu gelieren beginnt.

Die Sahne steif schlagen und vorsichtig unter die Creme heben (etwas Sahne zum Garnieren übriglassen).

Die Biskuitroulade in etwa 1 cm dicke Scheiben schneiden und eine halbrunde Schüssel damit auslegen. Die Hälfte der Schokoladencreme einfüllen, glattstreichen und Biskuitscheiben darauflegen. Darüber die restliche Creme verteilen.

Sind noch Biskuitscheiben übrig, diese als Abschluß auf die Creme legen. Die Bombe zugedeckt 3 bis 4 Stunden kühl stellen.

Biskuit

Vor dem Servieren auf eine Tortenplatte stürzen (dazu die Form einige Sekunden in heißes Wasser tauchen) und mit Rum beträufeln.

Restliche Sahne in einen Spritzbeutel mit Sterntülle füllen und den Rand der Bombe damit dekorieren (eventuell Haselnußkerne auf die Sahne setzen).

Nährwerte pro Portion/Stück	
Kilokalorien	*370*
Kilojoule	*1560*
Eiweiß/g	*7*
Kohlenhydrate/g	*36*
Fett/g	*20*
Ballaststoffe/g	*0,7*

Biskuit

Erdbeerkuchen

20 Stück

Teig:
**5 Eier, getrennt
150 g feiner Zucker
abgeriebene Schale von
1 Zitrone
2 EL Zitronensaft
125 g Mehl**

Belag:
**1 kg Erdbeeren
1 Päckchen Vanille-
puddingpulver
1/2 l Milch
40 g Zucker
40 g Puderzucker**

Einen einfachen Biskuit, wie auf Seite 312 beschrieben, zubereiten.

Den Teig auf einem mit Backpapier ausgelegten Blech glatt verstreichen.

In dem auf 220°C vorgeheizten Backofen auf der mittleren Schiene 8 bis 10 Minuten goldgelb backen (Garprobe). Auf dem Blech abkühlen lassen.

Inzwischen die Erdbeeren waschen, putzen und halbieren.

Aus dem Puddingpulver, Milch und Zucker nach Packungsanleitung einen Pudding zubereiten.

Den lauwarmen, aber noch nicht festen Pudding auf den Biskuit streichen, mit Erdbeeren dicht belegen und diese mit Puderzucker bestäuben.

Den Pudding fest werden lassen, dann den Kuchen in Stücke schneiden.

Nährwerte pro Portion/Stück	
Kilokalorien	130
Kilojoule	540
Eiweiß/g	4
Kohlenhydrate/g	22
Fett/g	3
Ballaststoffe/g	1,2

Cassis-Quark-schnitten

16 Stück

Teig:
**7 Eier
210 g Zucker
abgeriebene Schale von
1/2 Zitrone
90 g Butter
230 g Mehl
60 g gemahlene Mandeln
Butter für das Kuchenblech
300 g Marmelade aus schwarzen Johannisbeeren**

Füllung:
**600 g Magerquark
240 g Zucker
3 Eier
abgeriebene Schale von
1/2 Zitrone
150 ml Milch
10 Blatt Gelatine
2 cl Rum
750 g Schlagsahne
Kakaopulver zum Bestäuben**

Für den Teig Eier, Zucker und die abgeriebene Schale von 1/2 Zitrone mit dem Schneebesen im heißen Wasserbad schaumig schlagen. Im kalten Wasserbad weiter locker aufschlagen, bis die Masse kalt ist.

Butter in einer kleinen Kasserolle schmelzen.

Nach und nach das Mehl mit einem Kochlöffel vorsichtig unter die Ei-Zuckermasse heben, anschließend die flüssige Butter und die gemahlenen Mandeln einrühren.

Ein ca. 40 x 37 cm großes Kuchenblech ausfetten und die Teigmasse gleichmäßig daraufstreichen. Im vorgeheizten Backofen auf der mittleren Schiene bei 180°C 11 Minuten backen.

Den Biskuit abkühlen lassen und in der Mitte einmal waagrecht durchschneiden. Auf den Boden die Johannisbeermarmelade streichen.

Magerquark in ein sauberes Tuch geben und fest ausdrücken. Den trockenen Quark in einer Schüssel mit Zucker, Eiern, der abgeriebenen Schale von 1/2 Zitrone und der Milch glattrühren.

Gelatine in kaltem Wasser einweichen, ausdrücken, mit dem Rum in einen kleinen Topf geben und bei schwacher Hitze auflösen. Anschließend unter die Quarkmasse rühren.

Sahne steif schlagen und unter die Quarkcreme heben. Die Quarkcreme auf dem mit Marmelade bestrichenen Boden verteilen und mit einer Palette glattstreichen. Den zweiten Biskuitboden darauf legen. Kakaopulver darübersieben

Biskuit

und bis zum Servieren kühl aufbewahren.

Nährwerte pro Portion/Stück	
Kilokalorien	520
Kilojoule	2180
Eiweiß/g	13
Kohlenhydrate/g	54
Fett/g	26
Ballaststoffe/g	1,4

Roulade mit Orangencreme

16 Stück

Teig:
2 unbehandelte Orangen
5 Eier
120 g Zucker
1 Prise Salz
80 g Mehl
60 g Speisestärke
Butter für das Backblech
Zucker zum Bestreuen

Füllung:
4 unbehandelte Orangen
6 Blatt weiße Gelatine
100 g Zucker
1 Prise Salz
4 Eigelb
250 g Schlagsahne
100 g Mandelblätter
100 g Aprikosenmarmelade

Biskuit

Die Orangen unter heißem Wasser gründlich abwaschen, Schale auf einer feinen Reibe abreiben. Die Eier trennen.

In einer Schüssel das Eigelb mit 60 g Zucker schaumig rühren. Anschließend Salz, 2 Teelöffel geriebene Orangenschale und 2 Eßlöffel Wasser unterrühren.

In einer zweiten Schüssel das Eiweiß steif schlagen, dabei nach und nach den restlichen Zucker zufügen. Auf die Eigelbmasse gleiten lassen.

Mehl und Speisestärke mischen und auf den Eischnee sieben. Vorsichtig unterheben.

Ein Backblech mit Pergamentpapier auslegen, das Papier fetten. Den Teig darauf verteilen und glattstreichen.

Im vorgeheizten Backofen auf der mittleren Schiene 10 bis 15 Minuten bei 200°C backen.

Ein sauberes Küchentuch mit Zucker bestreuen. Nach dem Backen den Biskuit sofort auf das Tuch stürzen. Pergamentpapier mit etwas kaltem Wasser bestreichen und abziehen. Den Biskuitboden von der Längsseite her zusammen mit dem Küchentuch einrollen. Auskühlen lassen.

Für die Füllung 1 Orange heiß abwaschen und die Schale abreiben. Den Saft von allen 4 Orangen auspressen.

Die Gelatine kurz in etwas kaltem Wasser einweichen.

In einer Schüssel ¼ l Orangensaft, Zucker, Salz und das Eigelb im heißen Wasserbad so lange schlagen, bis eine dickflüssige Creme entsteht. Schüssel aus dem Wasserbad nehmen. Die Gelatineblätter ausdrücken und unter die heiße Eicreme rühren. Auskühlen lassen, bis man auf der Creme Straßen ziehen kann. Dabei ab und zu umrühren.

In der Zwischenzeit die beiden Orangen, deren Schale für den Teig verwendet wurde, samt der weißen Innenhaut schälen. Mit einem Tomatenmesser die Orangenfilets aus den Trennhäutchen lösen und anschließend halbieren.

Sahne steif schlagen und unter die Creme ziehen, sobald sie anfängt, fest zu werden.

Den erkalteten Biskuitboden auseinanderrollen und mit der Orangencreme bestreichen, die Orangenfilets darauf verteilen. Den Biskuit wieder von der Längsseite her aufrollen. Dabei das Küchentuch anheben, dann geht es leichter.

Biskuitrolle mit der Nahtstelle nach unten auf ein Brett legen und kalt stellen.

In einer weiten, trockenen Pfanne mit schwerem Boden die Mandelblätter goldbraun rösten.

Die Aprikosenmarmelade in einer kleinen Kasserolle kurz aufkochen.

Die Biskuitrolle mit der heißen Marmelade bestreichen und die gerösteten Mandeln darüberstreuen.

Nährwerte pro Portion/Stück	
Kilokalorien	270
Kilojoule	1120
Eiweiß/g	6
Kohlenhydrate/g	28
Fett/g	14
Ballaststoffe/g	2

Biskuit

Kastanienstamm

braucht Zeit

ca. 12 Scheiben

Teig:
5 Eier, getrennt
120 g feiner Zucker
80 g Mehl
60 g Speisestärke
20 g Vanillinzucker
1 Messerspitze Backpulver
1 Prise Salz
2 EL Puderzucker
3 cl Kirschwasser

Füllung:
300 g Kastanienpüree
80 g Puderzucker
3 cl Rum
150 g Schlagsahne
80 g Butter

Zum Garnieren:
100 g Butter
50 g Puderzucker
1 Eigelb
2 EL Kakaopulver
5 Amaretti (Mandelmakronen)
12 Haselnußkerne

Das Eigelb mit dem Zucker und 2 Eßlöffel lauwarmem Wasser cremig-weiß schlagen, bis sich der Zucker gelöst hat.

Mehl, Speisestärke, Vanillinzucker und Backpulver mischen und in ein Sieb geben. Das Eiweiß mit dem Salz zu sehr steifem Schnee schlagen. Einen Teil der Mehlmischung in die Eimasse sieben, dann etwas Eischnee unterziehen. Abwechselnd die Zutaten unterziehen, bis sie aufgebraucht sind.

Ein Backblech mit Backpapier auslegen und die Masse darauf gleichmäßig verstreichen. Die Biskuitplatte im vorgeheizten Backofen bei 200°C auf der mittleren Schiene 10 bis 12 Minuten backen, ohne die Ofentür zu öffnen.

Ein Küchentuch mit dem Puderzucker bestäuben und die gebackene Biskuitplatte darauf stürzen. Das Backpapier abziehen und den Biskuit mit dem Kirschwasser beträufeln. Den Biskuit sofort samt dem Tuch aufrollen, in ein feuchtes Tuch einschlagen und auskühlen lassen.

Für die Füllung das Kastanienpüree mit Puderzucker, Rum und Schlagsahne verrühren. Die Butter mit dem Handrührgerät einarbeiten, so daß eine weiße, schaumige Masse entsteht.

Den Biskuit auseinanderrollen und die Kastaniencreme gleichmäßig darauf verstreichen, rundherum an den Rändern 2 bis 3 cm frei lassen. Den gefüllten Biskuit wieder eng zusammenrollen, in Alufolie wickeln und 1 Stunde in den Kühlschrank legen.

Inzwischen die Butter mit dem Puderzucker schaumig schlagen, dann das Eigelb und das Kakaopulver gründlich untermischen.

Zum Garnieren 3 Eßlöffel Kakaocreme in einen Spritzbeutel mit Sterntülle geben. Den Kastanienstamm mit der restlichen Creme gleichmäßig überziehen.

Biskuit

Die Mandelmakronen in einem Mörser zu Brösel stoßen und den Stamm damit bestreuen. Die Creme aus dem Beutel in Rosetten auf den Kastanienstamm spritzen und jede Rosette mit einer Haselnuß verzieren.

Nährwerte pro Scheibe	
Kilokalorien	320
Kilojoule	1340
Eiweiß/g	4
Kohlenhydrate/g	36
Fett/g	17
Ballaststoffe/g	1,9

Biskuit

Biskuit

Tiramisù

Am Vortag zubereiten

einfach

4 Portionen

2 Eigelb
150 g Zucker
4 EL Amaretto
50 g zartbittere
Schokolade
500 g Mascarpone
200 g Schlagsahne
24 Löffelbiskuits
½ l starker Espresso
Kakaopulver zum
Bestäuben

Das Eigelb mit dem Zucker und dem Amaretto so lange schaumig rühren, bis sich der Zucker gelöst hat.

Die Schokolade grob raspeln und mit dem Mascarpone in die Eimasse rühren.

Die Schlagsahne steif schlagen und unterheben.

Die Löffelbiskuits nur mit dem Rücken in den Espresso tauchen. Mit der Hälfte der Biskuits den Boden einer rechteckigen Form auslegen. Die Hälfte der Mascarponecreme darüber verteilen. Die restlichen Biskuits darauf legen und mit der Creme zustreichen. Zugedeckt im Kühlschrank über Nacht ziehen lassen.

Vor dem Servieren das Tiramisù dick mit Kakaopulver bestäuben.

Nährwerte pro Portion	
Kilokalorien	940
Kilojoule	3920
Eiweiß/g	19
Kohlenhydrate/g	59
Fett/g	63
Ballaststoffe/g	1,2

Beeren-Tiramisù

Beeren-Tiramisù am Vortag zubereiten. Es kann auch 2 Tage im Kühlschrank durchziehen.

einfach, braucht Zeit

4 Portionen

400 g vollreife
Brombeeren
150 g Puderzucker
100 ml Rotwein
2 EL Orangensaft
2 EL Kirschlikör
2 EL Cassis
1 Eigelb
1 Päckchen Vanillinzucker
2 EL Amaretto
250 g Mascarpone
250 g Schlagsahne
150 g Löffelbiskuits
40 g Mandelblättchen
300 g frische Himbeeren
1 TL Zitronensaft

Die Bromberen verlesen. Kurz durch stehendes, kaltes Wasser ziehen, gut trocknen und die Stielansätze auszupfen.

70 g Puderzucker in einer weiten Pfanne über guter Hitze schmelzen, bis er goldgelb wird. Karamel mit Rotwein löschen. Orangensaft, Kirschlikör und Cassis zugeben. Den Sirup klar kochen, die Brombeeren darin wenden und die Pfanne vom Herd nehmen. Brombeeren im Sirup auskühlen lassen.

Das Eigelb mit 60 g Puderzucker, Vanillinzucker und Amaretto schaumig schlagen, Mascarpone einrühren. Die Sahne steif schlagen und unterziehen.

Die Brombeeren aus der Pfanne heben. Die Hälfte der Löffelbiskuits im Sirup wenden und den Boden einer Form damit auslegen. Die Hälfte der Mascarponecreme darauf streichen und die Hälfte der Brombeeren darüber streuen.

Restliche Löffelbiskuits im Sirup tränken und in die Form legen. Jetzt erst die Beeren und dann die Creme einfüllen.

Die Mandelblättchen in einer trockenen, heißen Pfanne goldgelb rösten, mit 1 Teelöffel Puderzucker vermischen, bis er leicht karamelisiert. Mandelblättchen über die Speise streuen. Die Form mit Folie bedeckt mindestens 4 Stunden, am besten über Nacht, in den Kühlschrank stellen.

Die Himbeeren verlesen und pürieren. Dann mit 2 Eßlöffel Puderzucker und 1 Teelöffel Zitronensaft vermischen und durch ein Sieb streichen. Den restlichen Sirup – falls übriggeblieben – einrühren.

Zum Servieren rechteckige oder spitze Tortenstücke aus der Form stechen und dazu die Himbeersauce reichen.

Nährwerte pro Portion	
Kilokalorien	920
Kilojoule	3804
Eiweiß/g	16
Kohlenhydrate/g	83
Fett/g	50
Ballaststoffe/g	9,9

Biskuit

Zuppa inglese alla romana

einfach, braucht Zeit

16 Portionen

Konditorcreme:
1/2 l Milch
1/2 Vanilleschote
6 Eigelb
200 g Zucker
50 g Mehl
1 Tortenbiskuit vom Bäcker
8 cl Alchermes (Italienischer Likör)
50 g Zitronat
5 cl weißer Rum
4 EL Orangenmarmelade

Baiser:
6 Eiweiß
240 g Puderzucker

Für die Konditorcreme von der Milch 1/8 Liter abnehmen. Die restliche Milch mit der aufgeschlitzten und ausgekratzten Vanilleschote und ihrem Mark aufkochen.

Das Eigelb (Eiweiß für Baiser verwenden!) mit dem Zucker schlagen, bis sich der Zucker gelöst hat, das Mehl einsieben und 1/8 Liter kalte Milch in die Eimasse rühren.

Die aufgekochte Vanillemilch vom Herd nehmen, die Schote entfernen und die Eimasse in die heiße Milch rühren. Den Topf wieder auf den Herd stellen und die Creme bei mittlerer Hitze und unter ständigem Rühren 2 bis 3mal aufwallen lassen. Die Creme vom Herd nehmen, in eine Schüssel umfüllen und auskühlen lassen.

Von der Biskuittorte rundherum einen 2 cm breiten Rand abschneiden und den Biskuit waagerecht in 3 Platten teilen.

Nun die Torte aufbauen: Die Bodenplatte teelöffelweise mit 3 cl Alchermes beträufeln. Die Konditorcreme teilen und in eine Hälfte das fein gehackte Zitronat einrühren. Diese Creme auf die getränkte Bodenplatte streichen. Die zweite Biskuitplatte darauf setzen, mit dem Rum tränken und gleichmäßig mit der Orangenmarmelade bestreichen.

Die restliche Konditorcreme darüber verteilen und die letzte Biskuitplatte aufsetzen. 5 cl Alchermes teelöffelweise auf den Biskuit träufeln.

Den Backofen auf 200°C vorheizen, am besten mit Umluft.

Das Eiweiß steif schlagen und dabei die Hälfte des Puderzuckers einsieben. Den restlichen Puderzucker unter die steife Baisermasse ziehen. Das Baiser kuppelförmig auf die Torte häufen, auch den Rand bedecken und alles glattstreichen. Die restliche Baisermasse in einen Spritzbeutel mit mittlerer Sterntülle füllen und die Zuppa inglese nach Belieben dekorieren.

Die Torte im vorgeheizten Backofen auf der untersten Schiene etwa 8 Minuten überbacken, bis das Baiser Farbe annimmt.

Biskuit

Die Zuppa inglese aus dem Backofen nehmen und mit Hilfe einer Palette sofort auf die Kuchenplatte schieben. Sie soll schnell abkühlen! Dann in den Kühlschrank stellen.

Nährwerte pro Portion	
Kilokalorien	310
Kilojoule	1300
Eiweiß/g	7
Kohlenhydrate/g	53
Fett/g	5
Ballaststoffe/g	0,3

Biskuit

Biskuit-Omeletts mit Fruchtfüllung

einfach

12 Stück

4 Eier
120 g Zucker
90 g Mehl
30 g Speisestärke
Puderzucker zum
Bestäuben

Die Eier schaumig schlagen und dabei langsam den Zucker einrieseln lassen.

Das Mehl mit der Speisestärke mischen und vorsichtig mit dem Schneebesen unter den Eischaum heben.

Ein Backblech mit Backpapier auslegen. Den Biskuitteig in einen Spritzbeutel füllen und zu 12 Kreisen von je ca. 13 cm Durchmesser auf das Backpapier spritzen. Im vorgeheizten Backofen bei 220°C etwa 10 Minuten backen.

Die fertigen Biskuit-Omeletts auf ein Tuch stürzen, das Backpapier mit Wasser bestreichen und abziehen. Die Omeletts vorsichtig zusammenklappen und auskühlen lassen.

Die Omeletts mit einer der folgenden vier Sahnemischungen füllen und mit Puderzucker bestäubt servieren.

Biskuit

Pistaziensahne:
2 Kiwis
400 g Schlagsahne
1 Päckchen Sahnesteif
1 Päckchen Vanillin-
zucker
40 g Zucker
50 g gehackte Pistazien

Die Kiwis schälen, zuerst in Scheiben, dann in kleine Stücke schneiden.

Die Sahne mit Sahnesteif, Vanillinzucker und Zucker steif schlagen und mit den gehackten Pistazien vermischen.

Die Sahnecreme in einen Spritzbeutel geben und die Omeletts damit füllen. Mit den Kiwistücken belegen und sofort servieren

Nährwerte pro Portion/Stück	
Kilokalorien	280
Kilojoule	1170
Eiweiß/g	5
Kohlenhydrate/g	31
Fett/g	15
Ballaststoffe/g	0,6

Preiselbeersahne:
200 g rohe Preiselbeeren
400 g Schlagsahne
2 Päckchen Sahnesteif
80 g Zucker
2 cl Mandellikör

Die Preiselbeeren waschen, verlesen und abtropfen lassen. 2/3 der Früchte pürieren, die restlichen beiseite stellen.

Die Schlagsahne mit Sahnesteif und Zucker steif schlagen und zusammen mit dem Likör unter das Beerenpüree heben.

Die Preiselbeersahne in einen Spritzbeutel geben, die Omeletts damit füllen und mit den restlichen Früchten garnieren.

Nährwerte pro Portion/Stück	
Kilokalorien	270
Kilojoule	1130
Eiweiß/g	4
Kohlenhydrate/g	33
Fett/g	13
Ballaststoffe/g	0,9

Likörsahne:
400 g Schlagsahne
1 Päckchen Sahnesteif
2 cl Orangenlikör
1 Dose Mandarinen, 580 g

Die Sahne mit Sahnesteif steif schlagen und mit dem Orangenlikör abschmecken.

Die Mandarinen abtropfen lassen.

Die Likörsahne in einen Spritzbeutel geben und die Omeletts damit füllen. Mit den Mandarinen belegen und sofort servieren.

Nährwerte pro Portion/Stück	
Kilokalorien	260
Kilojoule	1090
Eiweiß/g	4
Kohlenhydrate/g	31
Fett/g	12
Ballaststoffe/g	0,5

Biskuit

Schokosahne:
400 g Schlagsahne
1 Päckchen Sahnesteif
50 g Zucker
2 cl Birnengeist
2 EL Kakao
1 Dose Birnen, 850 g

Die Schlagsahne mit dem Sahnesteif und dem Zucker steif schlagen und mit Birnengeist abschmecken. Den Kakao darüber sieben und unterheben.
Die Birnen abtropfen lassen und in kleine Stücke schneiden.
Die Schokosahne in einen Spritzbeutel geben und die Omeletts damit füllen.
Mit den Birnenstückchen belegen und sofort servieren.

Nährwerte pro Portion/Stück	
Kilokalorien	270
Kilojoule	1140
Eiweiß/g	4
Kohlenhydrate/g	33
Fett/g	13
Ballaststoffe/g	1,0

Bischofsbrot

16 Stück

120 g weiche Butter und Fett für die Form
140 g Zucker
6 Eier, getrennt
120 g (insgesamt) Walnußkerne, Mandeln, Haselnußkerne, getrocknete Quitten, Blockschokolade, Orangeat
140 g Mehl
1 Prise Salz
1 EL Puderzucker

Butter, Zucker und das Eigelb schaumig rühren. Die Nüsse und Früchte (Zusammensetzung nach Wunsch) grob zerkleinern, mit dem Mehl mischen und löffelweise unter die Eimasse rühren.
Eine Rehrücken- oder Napfkuchenform fetten und mit Mehl ausstreuen.
Das Eiweiß mit Salz steif schlagen und vorsichtig unter den Teig heben.
Teig in die Form geben, glattstreichen und in dem auf 150°C vorgeheizten Backofen auf der mittleren Schiene 55 bis 60 Minuten backen (trocknen).
In der Form erkalten lassen, stürzen und mit Puderzucker bestäuben.

Nährwerte pro Portion/Stück	
Kilokalorien	200
Kilojoule	820
Eiweiß/g	4
Kohlenhydrate/g	19
Fett/g	11
Ballaststoffe/g	1

Biskuit

93

Biskuit

Biskuit

Bûche de Noël

einfach, braucht Zeit

12 Stück

Biskuitteig:
**4 Eier, getrennt
80 g Zucker
100 g Mehl
20 g Speisestärke
1 Prise Salz
Fett für das Backblech
feiner Zucker zum Bestreuen
4 EL rotes Johannisbeergelee
2 EL Cognac**

Buttercreme:
**250 g Kuvertüre
150 g Butter
200 g Puderzucker
2 EL brauner Rum
abgeriebene Schale von
1 unbehandelten Orange**

Dekoration:
**30 g Pistazienkerne
Schokoladenblätter
Belegkirschen**

Das Eiweiß mit dem Zucker steif schlagen. Das Eigelb verquirlen und unter die Eiweißmasse ziehen.

Mehl und Speisestärke in eine Schüssel sieben. Nach und nach die Mehlmischung unter die Eimasse heben, das Salz zufügen.

Ein Backblech fetten und mit Pergamentpapier auslegen. Den Biskuitteig gleichmäßig in einem circa 25 x 35 cm großen Rechteck darauf streichen.

Im vorgeheizten Backofen bei 200°C auf der mittleren Schiene in 8 bis 10 Minuten hellgelb backen.

Ein Küchentuch mit feinem Zucker bestreuen. Den Biskuitboden auf das Tuch stürzen. Das Pergamentpapier mit etwas kaltem Wasser anfeuchten und abziehen. Den Biskuitboden mit Hilfe des Küchentuchs einrollen, damit er später nicht bricht, und abkühlen lassen.

In der Zwischenzeit die Buttercreme zubereiten. Dazu die Kuvertüre mit einem kräftigen, scharfen Messer zerkleinern und im Wasserbad unter Rühren auflösen. Aus dem Wasserbad nehmen und etwas abkühlen lassen.

Die zimmerwarme Butter mit dem Puderzucker schaumig schlagen. Rum, Orangenschale und Kuvertüre untermischen.

Das Johannisbeergelee mit dem Cognac auf mittlerer Hitze verrühren und auflösen.

Den Biskuitboden auseinanderrollen und mit dem Gelee bestreichen.

Ein Drittel der Buttercreme darauf verteilen und den Biskuit wieder fest zusammenrollen. Die Rolle in Alufolie wickeln und 1 Stunde in den Kühlschrank legen.

Die restliche Buttercreme in einen Spritzbeutel mit großer Sterntülle füllen und die Biskuitrolle in Längsrichtung mit der Creme so dekorieren, daß es an die Struktur einer Baumrinde erinnert.

Die Pistazien grob hacken und darüber streuen, dann den „Weihnachtsbaumstamm" mit den Blättern und den Kirschen verzieren.

Bis zum Servieren kühl stellen.

Nährwerte pro Stück	
Kilokalorien	380
Kilojoule	1610
Eiweiß/g	6
Kohlenhydrate/g	53
Fett/g	15
Ballaststoffe/g	1,8

HEFETEIG

Zwetschgendatschi

20 Stück

Teig:
**500 g Mehl
60 g Zucker
1 Prise Salz
1 Würfel Hefe, 40 g
¼ l lauwarme Milch
80 g Butter und Fett für das Blech
1 Ei**

Belag:
**2 kg Zwetschgen
50 g Löffelbiskuits
50 g Zucker
1 TL Zimt**

Den süßen Hefeteig nach Grundrezept Seite 326 zubereiten und auf doppeltes Volumen aufgehen lassen.

Inzwischen die Zwetschgen waschen, abtropfen lassen. Die Zwetschgen entsteinen, dazu die Zwetschgen längs einschneiden, den Kern entfernen. Die Hälften jeweils oben und unten einschneiden. Mit einem Entsteiner geht es noch einfacher.

Die Biskuits in eine Plastiktüte füllen, mit der Teigrolle krümelig walzen.

Den Hefeteig nochmals durchkneten und auf einem gefetteten Backblech ausrollen, einen kleinen Rand hochziehen. Mit Biskuitbröseln gleichmäßig bestreuen.

Die Zwetschgen schuppenförmig dicht darauflegen. Nochmals zugedeckt 10 Minuten gehen lassen.

In den auf 200°C vorgeheizten Backofen auf die mittlere Schiene schieben und etwa 35 Minuten backen, bis die Teigränder goldbraun sind (Garprobe am Rand).

Zucker und Zimt mischen, über den heißen Kuchen streuen. Auf dem Blech abkühlen lassen, in Stücke schneiden.

Nährwerte pro Portion/Stück	
Kilokalorien	220
Kilojoule	910
Eiweiß/g	4
Kohlenhydrate/g	37
Fett/g	5
Ballaststoffe/g	2,3

Hefeteig

Bienenstich

20 Stück

Teig:
**300 g Mehl
30 g Hefe
40 g Zucker
1/8 l Milch
1 Ei
1 Prise Salz
60 g Butter
Butter für das Backblech**

Puddingfüllung:
**1/2 l Milch
1 Päckchen Vanille-
puddingpulver
50 g Zucker
50 g Butter
250 g Schlagsahne**

Mandeldecke:
**125 g Schlagsahne
50 g Zucker
50 g Bienenhonig
300 g Mandelblätter**

Das Mehl in eine Backschüssel sieben. In die Mitte eine Mulde drücken und die Hefe hineinbröckeln. 1 Teelöffel Zucker darüberstreuen.

Die Milch nur leicht erwärmen und über die Hefe gießen. Mit einem Löffel aus Milch, Hefe und Zucker einen kleinen Vorteig anrühren. Schüssel zudecken und den Vorteig an einem warmen Ort 15 Minuten gehen lassen.

Den restlichen Zucker, das Ei und die weiche Butter in die Schüssel geben. Alle Zutaten kräftig verkneten und schlagen, bis der Teig locker und trocken ist und Blasen wirft.

Backblech leicht fetten. Teig darauf so ausrollen, daß er gut die Hälfte des Blechs bedeckt. Den Teig mit einer Gabel mehrmals einstechen und zugedeckt an einem warmen Ort nochmals 20 Minuten gehen lassen.

Für die Füllung 1/8 Liter kalte Milch mit dem Puddingpulver glattrühren. Die restliche Milch in einem Topf mit dem Zucker zum Kochen bringen. Das Puddingpulver mit dem Schneebesen unterrühren und kurz aufkochen lassen. Vom Herd nehmen und unter gelegentlichem Rühren abkühlen lassen.

Für die Mandeldecke Sahne, Zucker und Honig in einem Topf aufkochen, anschließend die Mandeln unterheben. Vom Herd nehmen, leicht abkühlen lassen und anschließend gleichmäßig auf den gegangenen Teig streichen.

Im vorgeheizten Backofen auf der mittleren Schiene bei 200°C etwa 30 Minuten backen, bis der Belag goldgelb ist.

Nach dem Backen den Kuchen vom Blech lösen und auf einem Kuchengitter auskühlen lassen. Dann auf die Arbeitsfläche legen und ringsum den Rand dünn abschneiden. Den Kuchen erst der Länge nach halbieren. Beide Hälften mit einem langen Messer waagrecht aufschneiden.

Den kalten Pudding mit der weichen Butter verrühren und durch ein Sieb streichen. Schlagsahne steif schlagen und unter den Pudding heben.

Auf die Kuchenhälften ohne Mandelbelag den Sahnepudding gleichmäßig verteilen.

Die anderen beiden Kuchenstreifen in je 10 gleich große Stücke schneiden. Dicht nebeneinander mit der Mandelmasse nach oben auf den Pudding setzen und leicht andrücken. Mit einem scharfen Messer den Bienenstich ganz durchschneiden. Dabei das Messer immer wieder in kaltes Wasser tauchen, damit die Füllung nicht daran kleben bleibt.

Bis zum Servieren kühl aufbewahren.

Nährwerte pro Portion/Stück	
Kilokalorien	320
Kilojoule	1350
Eiweiß/g	7
Kohlenhydrate/g	25
Fett/g	21
Ballaststoffe/g	2,5

Hefeteig

Hefeteig

Blechkuchen mit buntem Belag

einfach, braucht Zeit

20 Stück

Teig:
500 g Mehl
1 Prise Salz
1 Würfel Hefe, 42 g
1/4 l lauwarme Milch
80 g Zucker
80 g Butter
1 Ei

Belag:
500 g Pflaumen
500 g Aprikosen
500 g Pfirsiche
500 g Kirschen
Mehl für die Arbeitsfläche
150 g Marzipan-Rohmasse
100 g Puderzucker
1 Eigelb
100 g Mehl
100 g Zucker
75 g Butter
150 g Mandelblättchen

Das Mehl mit dem Salz in eine Schüssel sieben, in die Mitte eine Mulde drücken und die Hefe hineinbröckeln. Mit 2 Eßlöffeln der lauwarmen Milch und 1 Eßlöffel Zucker zu einem Vorteig verrühren und zugedeckt an einem warmen Ort etwa 15 Minuten gehen lassen.

Den restlichen Zucker auf den Rand streuen. Die Butter in der restlichen Milch auflösen, mit dem verquirlten Ei zum Hefeteig geben und alles zu einem glatten Teig verkneten. Zugedeckt an einem warmen Ort etwa 1 Stunde gehen lassen.

Hefeteig

Alle Früchte waschen und abtropfen lassen. Die Pflaumen und die Aprikosen halbieren und entsteinen. Die Pfirsiche heiß überbrühen, die Haut abziehen und die Früchte ebenfalls entsteinen. Die Kirschen entstielen und entsteinen.

Den Teig auf der bemehlten Arbeitsfläche ausrollen und auf ein mit Backpapier belegtes Blech legen. Auf dem Teig quer vier gleichgroße Teile markieren und mit jeweils einer Fruchtsorte belegen.

Die Marzipan-Rohmasse mit dem Puderzucker und dem Eigelb verkneten, in einen Spritzbeutel mit Sterntülle füllen und gitterartig auf die Aprikosen spritzen.

Das Mehl mit der Hälfte des Zuckers mischen und mit der Butter zu einer Art Streuselteig verkneten. Ebenfalls in einen Spritzbeutel geben und in Längsstreifen auf die Pfirsiche spritzen.

Die Kirschen mit den Mandelblättchen bestreuen. Den restlichen Zucker über die Pflaumen verteilen.

Den Kuchen 15 Minuten gehen lassen, dann im vorgeheizten Backofen bei 200° 30 bis 40 Minuten backen. Auf dem Blech auskühlen lassen.

Nährwerte pro Portion/Stück	
Kilokalorien	*380*
Kilojoule	*1570*
Eiweiß/g	*7*
Kohlenhydrate/g	*50*
Fett/g	*15*
Ballaststoffe/g	*3,9*

Hefeteig

Butterkuchen

20 Stück

Teig:
**500 g Mehl und Mehl zum Ausrollen
60 g Zucker
½ TL Salz
1 Würfel Hefe, 40 g
¼ l lauwarme Milch
60 g Butter und Fett für das Blech
2 Eier**

Belag:
**250 g Butter
100 g Zucker
50 g Mandelblättchen**

Den Hefeteig, wie auf Seite 326 beschrieben, herstellen und gehen lassen.

Teig nochmals kurz kneten, auf bemehlter Arbeitsfläche zu einem Rechteck ausrollen. Ein Backblech fetten, den Teig darauflegen, mit der Teigrolle der Blechgröße anpassen.

Die Ränder einschlagen und mit der Gabel andrücken. 10 Minuten zugedeckt gehen lassen.

Für den Belag ein Drittel der Butter schmelzen, Teig damit bepinseln.

Mit dem Daumen über den ganzen Teig verteilt viele Vertiefungen eindrücken.

Den Rest der Butter in Flöckchen in die Vertiefungen setzen. Mit Zucker und Mandelblättchen bestreuen.

In dem auf 200°C vorgeheizten Backofen auf der mittleren Schiene 20 bis 25 Minuten goldgelb backen (Garprobe).

Die Teigmenge ist für ein großes Blech von 40 x 45 cm berechnet. Bei kleineren Blechen müssen die Zutatenmengen entsprechend verringert werden.

Nährwerte pro Portion/Stück	
Kilokalorien	*280*
Kilojoule	*1150*
Eiweiß/g	*5*
Kohlenhydrate/g	*27*
Fett/g	*15*
Ballaststoffe/g	*1*

Hefeteig

Hefeschnecken

einfach, braucht Zeit

500 g Weizenvollkornmehl
1 Würfel Hefe, 42 g
200 ml lauwarme Milch
100 g Butter
100 g brauner Zucker
1 Ei
Mehl für die Arbeitsfläche
50 g Rosinen
50 g Korinthen
50 g Honig
50 g gehackte Mandeln
Fett für das Backblech
250 g Puderzucker
Saft von 1 Zitrone

Das Mehl in eine Schüssel sieben, in die Mitte eine Mulde drücken und die Hefe hineinbröckeln. Mit 4 Eßlöffeln der lauwarmen Milch zu einem Vorteig verrühren und zugedeckt an einem warmen Ort etwa 15 Minuten gehen lassen.

2/3 der Butter in der restlichen Milch auflösen und mit dem Zucker und dem verquirlten Ei zum Hefeteig geben. Alles zu einem glatten Teig verkneten und zugedeckt an einem warmen Ort etwa 30 Minuten gehen lassen.

Den Teig nochmals durchkneten und auf der bemehlten Arbeitsfläche zu einem Rechteck von 45 x 35 cm ausrollen.

Die restliche Butter zerlassen und die Teigplatte damit bestreichen. Die Rosinen, Korinthen, den Honig und die Mandeln verrühren und auf dem Teig verteilen. Von der kurzen Seite her aufrollen und in etwa 1 1/2 cm dicke Scheiben schneiden.

Die Teigscheiben auf ein gefettetes Backblech legen, leicht flachdrücken und etwa 15 Minuten gehen lassen. Im vorgeheizten Backofen bei 200°C auf der mittleren Schiene etwa 20 Minuten goldbraun backen. Dann zum Auskühlen auf ein Kuchengitter legen.

Für den Guß den Puderzucker mit so viel Zitronensaft verrühren, daß eine glatte, dickflüssige Masse entsteht. Die Hefeschnecken damit bestreichen.

Tip: Wer sich das Einfetten sparen will, kann stattdessen Backpapier verwenden. Dieses ist mit einer Antihaftschicht ausgestattet, die das Anbacken verhindert. Das Backpapier kann 2–3mal verwendet werden, wenn die Backtemperaturen nicht zu hoch sind.

Nährwerte insgesamt	
Kilokalorien	4790
Kilojoule	20090
Eiweiß/g	90
Kohlenhydrate/g	771
Fett/g	135
Ballaststoffe/g	62,5

Hefeteig

Hefeteig

Preßburger Hufeisen

braucht Zeit

ca. 35 Stück

Teig:
**15 g frische Hefe
200 ml Milch
60 g Zucker
250 g Butter
500 g Mehl
1 Prise Salz
1 Prise Zimt
abgeriebene Schale von
1 unbehandelten Zitrone
1 Ei**

Nußfüllung:
**50 ml Milch
50 g Zucker
100 g gemahlene Walnüsse
30 g Rosinen**

Mohnfüllung:
**50 ml Milch
30 g Zucker
1 EL Honig
100 g gemahlener Mohn**

Die Hefe in 3 Eßlöffel lauwarmer Milch und mit der Hälfte des Zuckers aufgehen lassen.

Die Butter in Würfel schneiden und mit dem Mehl, dem restlichen Zucker, dem Salz, dem Zimt, der Zitronenschale, dem Hefevorteig und so viel lauwarmer Milch verarbeiten, bis ein elastischer Teig entstanden ist.

Den Teig so lange kneten, bis er sich von der Hand löst. Eine Kugel formen, in Frischhaltefolie einwickeln und mindestens 30 Minuten ruhen lassen.

Für die Füllungen inzwischen jeweils die Milch mit dem Zucker aufkochen und einmal die gemahlenen Nüsse damit überbrühen, die Rosinen zugeben und alles gut vermischen. Für die Mohnfüllung in der anderen Zuckermilch den Honig auflösen und den gemahlenen Mohn damit begießen. Beide Füllungen abkühlen lassen.

Den Teig dünn zu kreisförmigen Platten ausrollen, in eigroße Dreiecke teilen, mit den erkalteten Füllungen bestreichen und zu unregelmäßigen Hörnchen-Hufeisen aufrollen.

Auf ein mit Backpapier ausgelegtes Backblech legen. Viel Abstand zwischen den Hufeisen lassen, da sie beim Backen stark aufgehen.

Das Ei verschlagen und mit der Hälfte davon die Hufeisen bestreichen. An einem warmen Ort etwa 30 Minuten aufgehen lassen. Nochmals mit dem restlichen Ei bestreichen.

Im vorgeheizten Backofen bei 200°C in 30 bis 35 Minuten goldbraun backen. Erkalten lassen.

Nährwerte pro Stück	
Kilokalorien	160
Kilojoule	670
Eiweiß/g	3
Kohlenhydrate/g	17
Fett/g	8
Ballaststoffe/g	0,7

Hefeteig

Hefeteig

Krapfen (Berliner Pfannkuchen)

einfach, braucht Zeit

18 Stück

500 g Mehl
50 g Zucker
1 gestrichener TL Salz
40 g Hefe
150 ml lauwarme Milch
2 Eier
2 EL Öl
2 EL Rum
Mehl für die Arbeitsfläche
1 Eiweiß
150 g Aprikosenkonfitüre
Fett für das Backblech
750 g Kokosfett zum Fritieren
Puderzucker zum Bestäuben

Das Mehl mit dem Zucker und dem Salz in eine Schüssel sieben, in die Mitte eine Mulde drücken und die Hefe hineinbröckeln. Mit der lauwarmen Milch zu einem Vorteig verrühren und zugedeckt an einem warmen Ort etwa 15 Minuten gehen lassen.

Die Eier mit dem Öl und dem Rum verquirlen, zum Hefeteig geben und alles zu einem glatten Teig verkneten. Zugedeckt an einem warmen Ort etwa 30 Minuten gehen lassen.

Den Hefeteig noch einmal durchkneten und auf der bemehlten Arbeitsfläche fingerdick ausrollen. Mit einem Glas oder einem runden Backförmchen Kreise von etwa 6 cm Durchmesser ausstechen. Die Hälfte der Teigkreise am Rand mit dem Eiweiß bestreichen und in die Mitte jeweils 1 Teelöffel Konfitüre geben. Die restlichen Teigkreise darüber legen und die Ränder fest zusammendrücken. Die Krapfen auf ein gefettetes Backblech setzen und zugedeckt an einem warmen Ort 15 Minuten gehen lassen.

Das Fett in einer Friteuse auf 175°C erhitzen und die Krapfen portionsweise unter häufigem Wenden 5 bis 7 Minuten goldbraun backen. Mit dem Schaumlöffel herausheben, auf Küchenpapier abtropfen lassen und dick mit Puderzucker bestäuben.

Nährwerte pro Stück	
Kilokalorien	324
Kilojoule	1357
Eiweiß/g	5
Kohlenhydrate/g	30
Fett/g	19
Ballaststoffe/g	1

Omas Teebrötchen

einfach, braucht Zeit

40 Stück

50 g Hefe
200 g Naturjoghurt, zimmerwarm
2 Eier
1 TL Salz
1/2 TL Kardamom
1100 g Mehl
200 g weiche Butter
65 g gehackte, kandierte Früchte
65 g Sultaninen
Mehl für die Arbeitsfläche
Fett für das Backblech
1 Eigelb
1 EL Schlagsahne

Die Hefe in 1/3 Liter lauwarmes Wasser bröckeln und unter Rühren auflösen. Den Joghurt, die Eier, Salz, Kardamom und 2/3 des Mehls zufügen und alles zu einem festen Teig verkneten. Dabei nach und nach das restliche Mehl und die Butter in Flöckchen einarbeiten. Den Teig kneten, bis er glänzt und schön glatt ist, zu einer Kugel formen und zugedeckt an einem warmen Ort 1 Stunde gehen lassen.

Den Teig noch einmal durchkneten und die kandierten Früchte und Sultaninen zugeben. Die Arbeitsfläche mit Mehl bestäuben, den Teig zu einer Rolle formen und in 40 gleich große Stücke schneiden. Die Teigstücke zu länglichen Brötchen formen, auf ein gefettetes Backblech setzen und noch einmal 10 Minuten gehen lassen.

Das Eigelb mit der Schlagsahne verquirlen und die Brötchen damit bestreichen. Im vorgeheizten Backofen auf der mittleren Schiene bei 220°C 20 bis 25 Minuten backen. Aus dem Ofen nehmen, mit einem Tuch zudecken und abkühlen lassen.

Tip: Auf den Boden des Backofens eine kleine Schale mit Wasser stellen, dann gehen die Brötchen besonders schön auf.

Nährwerte pro Stück	
Kilokalorien	160
Kilojoule	670
Eiweiß/g	4
Kohlenhydrate/g	23
Fett/g	5
Ballaststoffe/g	0,8

Hefeteig

Mohnbuchteln mit Birnensalat

Birnensalat 2 Stunden ziehen lassen

einfach, braucht Zeit

8 Portionen

Birnensalat:
**1 kg Birnen
Saft von 2 Zitronen
4 EL Weinbrand
2 EL Zucker
1 Päckchen Vanillinzucker
100 g Sultaninen**

Mohnbuchteln:
**375 ml Milch
25 g Hefe
500 g Mehl
2 Eier
50 g Zucker
100 g warme Butter
1 Prise Salz
150 g gemahlener Mohn
1 Ei
Schale von 1 Zitrone
3 EL Honig
Mehl für die Arbeitsfläche
Butter für die Form**

Schaumsauce:
**1 EL gemahlener Zimt
4 Eigelb
4 EL Zucker**

Die Birnen schälen, vierteln, entkernen und in dünne Scheiben schneiden. Sofort mit dem Zitronensaft und dem Weinbrand begießen.

Den Zucker mit dem Vanillinzucker vermischen und über die Birnen streuen.

Die Sultaninen waschen, abtropfen lassen und vorsichtig unter den Birnensalat heben. Im Kühlschrank zugedeckt 2 Stunden ziehen lassen.

1/4 Liter Milch in einem Topf erwärmen und die Hefe hineinbröckeln.

Das Mehl in eine Schüssel sieben und in die Mitte eine Mulde drücken. Die Hefemilch sowie die Eier, den Zucker, die Hälfte der Butter und das Salz hineingeben. Alles von innen nach außen zu einem glatten Teig verkneten und zugedeckt bei Zimmertemperatur 30 Minuten gehen lassen.

Die restliche Milch zum Kochen bringen, über den Mohn gießen und 15 Minuten quellen lassen. Dann das Ei, die abgeriebene Zitronenschale und den Honig unterrühren.

Eine tiefe, feuerfeste Form mit Butter bestreichen.

Den Teig auf der bemehlten Arbeitsfläche zu einer langen Rolle formen und in 16 Stücke teilen. Jedes Teigstück zu einer gut 1/2 cm hohen, runden Teigplatte formen und die Mohnfüllung darauf verteilen. Den Teig über der Füllung zusammendrücken und die Buchteln in die Form setzen. 20 Minuten gehen lassen.

Die restliche Butter zerlassen und die Buchteln damit bestreichen. Im vorgeheizten Backofen bei 200°C etwa 40 Minuten backen. Dann die Buchteln aus der Form stürzen und voneinander lösen.

Während der Backzeit den Birnensalat abgießen und die Marinade mit dem Zimt verrühren. Das Eigelb und den Zucker mit dem Handrührgerät im Wasserbad schaumig schlagen, die Marinade zugeben und die Sauce zu einem dicken, cremigen Schaum aufschlagen.

Aus dem Wasserbad heben und die Sauce bis zum Servieren ab und zu mit dem Schneebesen schlagen

Nährwerte pro Portion	
Kilokalorien	750
Kilojoule	3120
Eiweiß/g	7
Kohlenhydrate/g	97
Fett/g	26
Ballaststoffe/g	6,6

Rohrnudeln mit Zwetschgen

braucht Zeit

4 Portionen

Teig:
**500 g Mehl
40 g Hefe
60 g Zucker
1/4 l lauwarme Milch
Salz
40 g Butter
1 Ei
abgeriebene Schale von
1/2 Zitrone
50 g Sultaninen
Fett für die Form**

**12 Zwetschgen
12 Zuckerstücke
Zucker zum Bestreuen**

Für den Hefeteig das Mehl in eine Schüssel geben und in die Mitte eine Mulde drücken.

Die Hefe zerbröckeln und mit 2 Teelöffeln Zucker, der Häfte der lau-

Hefeteig

warmen Milch, einer Prise Salz und etwas Mehl in der Mulde verrühren. Diesen Vorteig 15 Minuten gehen lassen.

Dann die Butter in Flocken schneiden, mit den anderen Zutaten in die Schüssel geben und alles zu einem lockeren Hefeteig verarbeiten. Der Teig darf nicht mehr an der Schüssel haften. Mit etwas Mehl bestäuben, zudecken und an einem warmen Ort bis zur doppelten Menge gehen lassen.

Eine hohe Auflaufform reichlich mit Fett ausstreichen.

Die Zwetschgen trocken abwischen, einschneiden, entkernen und mit einem Zuckerstück füllen.

Den Hefeteig auf der bemehlten Arbeitsfläche ausrollen und in 12 gleichmäßige Teigstücke schneiden. Jedes Teigstück etwas ausziehen, in die Mitte eine Zwetschge setzen, den Teig darüber zusammenschlagen und rundlich formen.

Die Nudeln dicht nebeneinander in die gefettete Form legen und im vorgeheizten Backofen bei 200°C 20 bis 25 Minuten backen. Zuletzt mit Zucker bestreuen.

Heiße Vanillesauce schmeckt besonders gut dazu.

Nährwerte pro Portion	
Kilokalorien	650
Kilojoule	2700
Eiweiß/g	19
Kohlenhydrate/g	120
Fett/g	5
Ballaststoffe/g	5

Hefeteig

Brioches

Teig über Nacht ruhen lassen

einfach, braucht Zeit

3 Stück

500 g Mehl
20 g Hefe
6 Eier, Handelsklasse 3
10 g Salz
50 g Zucker
300 g zimmerwarme Butter
Mehl für die Arbeitsfläche
Butter für die Förmchen
1 Eigelb zum Bestreichen

Das Mehl auf die Arbeitsfläche sieben, in die Mitte eine Mulde drücken und die Hefe hineinbröckeln. Mit 4 Eßlöffeln lauwarmem Wasser zu einem Vorteig verrühren, mit etwas Mehl überdecken und etwa 15 Minuten gehen lassen.

Die Eier, Salz und Zucker zugeben. Mit der Hand die Zutaten von innen nach außen vermischen und nach und nach mit dem Teigschaber vom Außenrand das Mehl hineinschaufeln. Alles zu einem weichen Teig vermengen und kräftig durcharbeiten, damit reichlich Luft unter den Teig kommt.

Die weiche Butter in Flöckchen unterkneten. Damit der Teig locker und glänzend wird, den Teig öfter mit der Hand hochheben und auf die Arbeitsplatte zurückwerfen.

Den Briocheteig zugedeckt im Kühlschrank 2 Stunden gehen lassen. Dann nochmals durchkneten, zu einer Kugel formen und zugedeckt in einer Schüssel über Nacht im Kühlschrank ruhen lassen.

Den Teig in 3 gleiche Stücke schneiden. Von jedem Stück jeweils 1/3 der Teigmenge abschneiden. Die großen und die kleinen Teigstücke einzeln auf der bemehlten Arbeitsfläche in der hohlen, mit Mehl bestäubten Hand rund schleifen. Dabei mit der Hand kreisende Bewegungen ausführen, bis der Teig zu einer glatten Kugel geformt ist.

3 gerippte Briocheformen von 16 cm Durchmesser mit Butter ausstreichen (oder die Brioches nacheinander backen, wenn nur 1 Form vorhanden ist). Zuerst jeweils 1 große Kugel

Hefeteig

hineingeben und mit dem Finger eine tiefe Mulde in die Mitte drücken. Die kleine Kugel anspitzen, hineinsetzen und den Teigring rundherum unter der Kugel herausziehen, sonst hebt die Kugel ab. Bei Zimmertemperatur etwa 1 1/2 Stunden auf das doppelte Volumen aufgehen lassen.

Die Brioches mit verquirltem Eigelb bestreichen, den Rand viermal einschneiden und im vorgeheizten Backofen auf der untersten Schiene bei 220°C 25 bis 30 Minuten backen.

Tip: Briocheteig kann ohne großen Qualitätsverlust eingefroren werden. Deshalb gleich die doppelte Menge zubereiten und eine Hälfte Teig einfrieren.

Nährwerte pro Stück	
Kilokalorien	1650
Kilojoule	6900
Eiweiß/g	34
Kohlenhydrate/g	139
Fett/g	98
Ballaststoffe/g	4,1

Hefeteig

Savarin mit Früchten

16 Stück

Teig:
250 g Mehl
50 g Zucker
1 Prise Salz
1/2 Würfel Hefe, 20 g
4 EL lauwarme Milch
75 g Butter und Fett für die Form
2 Eier
Semmelbrösel für die Form

Füllung:
1 Dose ganze Aprikosen in Sirup, 400 g
4 cl Aprikosen- oder Orangenlikör
250 g Schlagsahne

Einen süßen Hefeteig, wie auf Seite 326 beschrieben, zubereiten und auf doppeltes Volumen aufgehen lassen.

Eine Ringform fetten und mit Semmelbröseln ausstreuen.

Den Teig nochmals kurz kneten, gleichmäßig in die Form füllen. Zugedeckt etwa 15 Minuten gehen lassen. In dem auf 200°C vorgeheizten Backofen auf der mittleren Schiene 30 bis 40 Minuten backen (nach 30 Minuten Garprobe an der dicksten Stelle).

Auf ein Kuchengitter stürzen und auskühlen lassen. Die Früchte in einem Sieb abtropfen lassen, dabei den Saft auffangen.

Den Savarin rundherum mit einer Stricknadel einstechen, wieder in die Form setzen. Etwa 1/8 Liter abgetropften Aprikosensirup und Likör mischen, über den Kuchen träufeln. 2 Stunden durchziehen lassen.

Den Savarin auf eine Kuchenplatte stürzen. Die Sahne steif schlagen und dekorativ auf dem Savarin verteilen. Die Aprikosen in die Mitte legen.

Nährwerte pro Portion/Stück	
Kilokalorien	210
Kilojoule	880
Eiweiß/g	3
Kohlenhydrate/g	24
Fett/g	10
Ballaststoffe/g	0,7

Warmer Savarin mit Brombeeren

einfach, braucht Zeit

16 Stück

250 g Mehl
50 g Zucker
1 Prise Salz
20 g Hefe
4 EL lauwarme Milch
75 g Butter
2 Eier
Fett für die Form
Semmelbrösel für die Form

... cl Rum
... /8 l Weißwein
...50 g Zucker
...00 g Brombeeren

Das Mehl mit dem Zucker und dem Salz in eine Schüssel sieben, in die Mitte eine Mulde drücken und die Hefe hineinbröckeln. Mit 2 Eßlöffeln der lauwarmen Milch zu einem Vorteig verrühren und zugedeckt an einem warmen Ort etwa 15 Minuten gehen lassen.

Die Butter in der restlichen Milch auflösen, mit den verquirlten Eiern zum Hefeteig geben und alles zu einem glatten Teig verkneten. Zugedeckt an einem warmen Ort etwa 30 Minuten gehen lassen.

Eine mittlere Kranzform ausfetten und mit Semmelbröseln ausstreuen.

Den Teig nochmals kurz durchkneten und gleichmäßig in die Form füllen. Zugedeckt etwa 15 Minuten gehen lassen. Im vorgeheizten Backofen bei 200°C auf der mittleren Schiene 35 bis 40 Minuten backen (nach 35 Minuten an der dicksten Stelle eine Garprobe machen).

Den Savarin aus dem Ofen nehmen und auf ein Kuchengitter stürzen.

Rum, Weißwein, 1/4 Liter Wasser und den Zucker in einer Kasserolle einmal aufkochen.

Den Savarin kopfüber hineinlegen, bis die gesamte Flüssigkeit aufgesogen ist.

Die Brombeeren verlesen, kurz unter fließendem Wasser abspülen und gut abtropfen lassen.

Den Savarin auf eine Kuchenplatte setzen und die Brombeeren in die Mitte füllen.

Nach Wunsch halbsteif geschlagene Sahne dazu reichen.

Nährwerte pro Stück	
Kilokalorien	*190*
Kilojoule	*780*
Eiweiß/g	*3*
Kohlenhydrate/g	*27*
Fett/g	*5*
Ballaststoffe/g	*1,4*

Hefeteig

Hefekorb

einfach,

braucht Zeit, zum Einfrieren

2 kg Mehl
1/2 TL Salz
4 Würfel Hefe à 42 g
1/2 l lauwarme Milch
300 g Butter
300 g Zucker
Mehl für die Arbeitsfläche
Fett für das Backblech
2 Eigelb
125 g Puderzucker
2 EL Zitronensaft

Das Mehl mit dem Salz in eine Schüssel sieben, in die Mitte eine Mulde drücken und die Hefe hineinbröckeln. Mit 2 Eßlöffeln der lauwarmen Milch zu einem Vorteig verrühren und zugedeckt an einem warmen Ort etwa 15 Minuten gehen lassen.

Die Butter in der restlichen Milch auflösen, mit dem Zucker zum Hefeteig geben und alles zu einem glatten Teig verkneten. Zugedeckt an einem warmen Ort etwa 30 Minuten gehen lassen, dann kräftig durchkneten.

Auf der bemehlten Arbeitsfläche aus gut der Hälfte des Teigs 15 bis 20 Stränge von ca. 35 cm Länge formen. Von der Mitte aus beginnend zu einem Gitter formen, das so groß sein muß, daß eine Schüssel von ca. 16 cm Durchmesser damit umhüllt werden kann.

Die Schüssel umgekehrt auf ein gefettetes Backblech setzen und dünn einfetten. Das Gitter darauflegen und die überstehenden Enden abschneiden.

Aus einem Teil des restlichen Teigs zwei etwa 35 cm lange Stränge formen und zu einer Kordel zusammendrücken. Als Rand um die Schüssel legen und gut an das Gitter drücken.

Das Eigelb mit etwas Wasser verquirlen und das Gitter und den Rand damit dünn bestreichen. Den Korb im vorgeheizten Backofen bei 200°C etwa 30 Minuten backen, dann auf der Schüssel auskühlen lassen.

Aus dem restlichen Teig 3 Stränge von 20 cm Länge und 3 Stränge von 25 cm Länge formen. Die jeweils gleichlangen Stränge zu einem Zopf flechten und als Kranz zusammenlegen. Auf ein gefettetes Backblech legen und mit dem restlichen Eigelb bestreichen. Bei 200°C 25 bis 30 Minuten backen.

Den Puderzucker mit dem Zitronensaft verrühren. Den oberen Korbrand und die beiden Kränze damit bestreichen. Den Korb auf den kleinen Kranz setzen und den großen Kranz als Abschluß auf den Korbrand kleben.

Den Hefekorb mit Früchten der Saison füllen und mit Sahnetupfern garnieren.

Nährwerte insgesamt	
Kilokalorien	*13790*
Kilojoule	*57720*
Eiweiß/g	*270*
Kohlenhydrate/g	*960*
Fett/g	*340*
Ballaststoffe/g	*98,1*

Hefeteig

Hefeteig

Rosentorte

12 Stück

Teig:
1 TL Zucker oder
2 Würfelzucker
100 ml lauwarme Milch
1 Würfel Hefe, 42 g
500 g Mehl und Mehl für die Arbeitsfläche
2 Eier und 1 Eigelb, zimmerwarm
40 g weiche Butter und Fett für die Form
50 g Puderzucker
abgeriebene Schale von 1 Zitrone
1 Prise Salz

Creme:
100 g Zucker
100 g weiche Butter

Außerdem:
1 Päckchen Vanillinzucker

Zucker in 3 Eßlöffel Milch einrühren, Hefe hineinbröckeln, auflösen und zugedeckt etwa 15 Minuten gehen lassen, bis sich Schaum gebildet hat.

Mit 100 g Mehl vermengen, eine Kugel formen und zugedeckt an einem warmen, zugfreien Ort etwa 30 Minuten gehen lassen.

Wenn der Vorteig auf die doppelte Größe aufgegangen ist, das restliche Mehl, Eier, Eigelb, Butter, Puderzucker, Zitronenschale und Salz nach und nach unter den Vorteig kneten. Der Teig soll weich sein und nicht kleben.

Für die Creme Zucker und Butter schaumig rühren, bis der Zucker sich gelöst hat.

Den Teig auf einer gut bemehlten Arbeitsfläche zu einem 1/2 cm dicken Rechteck ausrollen und mit der Creme bestreichen. Rechteck von der kurzen Seite der Länge nach nicht zu fest aufrollen.

Die Rolle in 3 bis 4 cm breite Stücke schneiden (ergibt 12 bis 15 Stück). Die Schnittflächen auf einer Seite etwas zusammendrücken, damit die Creme nicht herausläuft, und mit dieser Seite in eine gefettete Springform mit 26 cm Durchmesser setzen. Die „Rosen" sollen mit etwa 1 cm Abstand nebeneinander liegen.

Springform mit einem Küchentuch abdecken und an einen warmen Ort stellen, bis die „Rosen ineinanderwachsen".

In dem auf 200°C vorgeheizten Backofen auf der mittleren Schiene etwa 50 Minuten backen.

Vanillinzucker in der restlichen Milch auflösen, Torte damit bestreichen und nochmals 5 Minuten in den Backofen stellen, bis die Rosen goldbraun sind.

In der Form erkalten lassen, auf einer Tortenplatte servieren.

Variation: Die Rosen können anstatt mit der Buttercreme auch mit gezuckerten gemahlenen Nüssen gefüllt werden.

Nährwerte pro Portion/Stück	
Kilokalorien	320
Kilojoule	1350
Eiweiß/g	7
Kohlenhydrate/g	45
Fett/g	12
Ballaststoffe/g	1,2

Hefeteig

Hefeteig

Kulitsch – Russischer Osterkuchen

16 Stück

Teig:
**250 g Schlagsahne
30 g Hefe
600 g Mehl, Type 405
100 g Sultaninen
50 g gemischte kandierte Früchte
150 g weiche Butter
7 Eigelb
120 g Zucker
1 Prise Salz
1 g Safran
1 Messerspitze geriebene Muskatnuß
10 Kardamomsamen
50 g gemahlene Mandeln
Für eine Form von 20 cm Durchmesser:
Butter, Semmelbrösel und Backtrennpapier**

Garnierung:
**250 g Puderzucker
Saft von 1 Zitrone
2 EL Rum
bunte Zuckerperlen in verschiedenen Größen**

Die Sahne etwas anwärmen. Die Hefe zerbröckeln und in die lauwarme Sahne geben, die Hälfte des Mehls einrühren und diesen Vorteig zugedeckt an einem warmen Ort 30 Minuten gehen lassen.

Die Sultaninen mit heißem Wasser brühen, abgießen und auf Küchenpapier trocknen. Die kandierten Früchte fein würfeln.

Die Butter in großen Flocken, das Eigelb, Zucker, Salz und die Gewürze mit dem restlichen Mehl unter den Vorteig mischen und den Teig gründlich schlagen.

Dann die gemahlenen Mandeln, Sultaninen und kandierten Früchte zugeben und den Teig weiterhin mit den Händen schlagen und kneten, bis er Blasen wirft.

Den Teig zugedeckt an einem warmen Ort 2 Stunden gehen lassen.

Eine hohe, runde Auflaufform mit einer Manschette aus Backtrennpapier doppelt so hoch machen, fetten und mit Semmelbröseln ausstreuen.

Die Form halbvoll mit Teig füllen und den Teig noch einmal gehen lassen, bis die Form zu drei Viertel voll ist.

Den Kultisch im vorgeheizten Backofen bei 190°C mindestens 1 1/4 Stunden auf der unteren Schiene backen. Zur Garprobe anstechen!

Den gebackenen Kultisch zum Auskühlen aus der Form nehmen und auf ein Gitter setzen.

Inzwischen die Glasur anrühren: Den Puderzucker mit Zitronensaft und Rum in einer Schüssel mischen und ins warme Wasserbad setzen. Mit dem elektrischen Handrührgerät etwa 3 Minuten lang sämig schlagen.

Dann die Glasur aus dem Wasserbad nehmen und abkühlen lassen. Wenn sie dickflüssig ist, den Kulitsch damit so verzieren, daß die Glasur wie Eiszapfen über den Rand läuft und erstarrt.

Je dicker die Glasur ist, desto eigenwilligere Formen bildet sie.

Vor dem Erstarren der Glasur in die Mitte des Kuchens ein Loch stechen, um später eine Kerze hineinzudrücken, und bunte Zuckerperlen auf die Oberfläche des Kuchens streuen.

Hefeteig

Zum Servieren den Kulitsch waagrecht in dicke Scheiben schneiden und diese dann wiederum portionieren.

Nährwerte pro Portion/Stück	
Kilokalorien	440
Kilojoule	1840
Eiweiß/g	7
Kohlenhydrate/g	59
Fett/g	17
Ballaststoffe/g	1,9

Hefeteig

Hefeteig

Nuß- und Mohnrollen

2 Rollen

Teig:
500 g Mehl
150 g saure Sahne
20 g Hefe
1 EL Puderzucker
1 Prise Salz
250 g Butter
2 Eier

Nußfüllung:
50 g Rosinen
5 cl Rum
50 ml Milch
200 g Puderzucker
200 g gemahlene Walnüsse
20 g Vanillinzucker

Mohnfüllung:
50 g Rosinen
5 cl Rum
200 g Puderzucker
200 g gemahlener Mohn
1 unbehandelte Zitrone

Zum Bestreichen:
1 Ei, getrennt

Aus den genannten Zutaten nach dem Grundrezept Seite 326 einen Hefeteig herstellen und zugedeckt 1 Stunde gehen lassen. Inzwischen für beide Füllungen 100 g Rosinen in 100 ml Rum einweichen. Für die Nußfüllung die Milch aufkochen, den Puderzucker und die gemahlenen Nüsse einrühren. Die Mischung vom Herd nehmen, die Hälfte der Rosinen und des Rums und den Vanillinzucker untermischen.

Für die Mohnfüllung 50 ml Wasser aufkochen, den Puderzucker und den gemahlenen Mohn einrühren. Die Mischung vom Herd nehmen, Rosinen, Rum, geriebene Schale und Saft der Zitrone untermischen.

Aus dem Teig 2 gleich große Kugeln formen und jede auf der bemehlten Arbeitsfläche zu einem Rechteck ausrollen. Eine Teigplatte mit Nußmasse, die andere mit Mohnmasse bestreichen und dabei an den Rändern 2 bis 3 cm frei lassen.

Die gefüllten Teigstücke eng aufrollen, mit verquirltem Eigelb bestreichen und 30 Minuten ruhen lassen. Dann mit dem verquirlten Eiweiß bestreichen und weitere 30 Minuten ruhen lassen.

Die Rollen mit einer Gabel gleichmäßig einstechen und im vorgeheizten Backofen bei 180°C auf der mittleren Schiene 35 bis 40 Minuten backen.

Die gebackenen Rollen auf dem Kuchengitter auskühlen lassen und dann in etwa 1 cm breite Scheiben aufschneiden.

Nährwerte insgesamt	
Kilokalorien	8680
Kilojoule	36330
Eiweiß/g	150
Kohlenhydrate/g	920
Fett/g	460
Ballaststoffe/g	44

Hefeteig

Weihnachtskranz

einfach, braucht Zeit

ca. 12 Scheiben

Teig:
1 Würfel Hefe
1/8 l Milch
100 g weiche Butter
40 g feiner Zucker
1 Ei
2 Eigelb
Salz
1 Päckchen Vanillin-zucker
abgeriebene Schale von 1/2 unbehandelten Zitrone
400 g Mehl

Füllung:
50 g Sultaninen
4 EL Rum
1 Beutel fertige Mohn-mischung, 250 g
50 g gemahlene Mandeln
1 Eiweiß

Zum Bestreichen:
1 Ei, getrennt
1 EL Milch

Aus den Teigzutaten einen Hefeteig nach dem Grundrezept Seite 326 herstellen und 1 Stunde ruhen lassen.

Für die Füllung die Sultaninen hacken und in dem Rum marinieren. Nach circa 30 Minuten mit den restlichen Füllungszutaten gut vermischen.

Den Hefeteig zu einem Rechteck von 25 x 60 cm ausrollen und für die Schleife 10 cm vom schmalen Ende abschneiden. Den Teig in voller Länge und halber Breite mit der Füllung bestreichen.

Dann von der gefüllten Längsseite her aufrollen und die Rolle auf einem mit Backpapier ausgelegten Blech zum Ring legen.

Die Enden mit Eiweiß bestreichen und fest aneinanderdrücken. Den 10 cm breiten Streifen etwas länger ausrollen, um die Nahtstelle legen und knoten.

Das Eigelb und die Milch verrühren. Den Kranz und die Schleife damit bestreichen. Mit der Küchenschere ringsum im Zickzack kleine Einschnitte anbringen.

Im vorgeheizten Backofen bei 200°C circa 5 Minuten backen, dann die Hitze reduzieren und bei 180°C fertigbacken.

Tip: Der Kranz ist auch ohne weitere Verzierung sehr dekorativ. Mögliche Garnierungen: 100 g Puderzucker und 1 Eßlöffel Zitronensaft glattrühren, in den Spritzbeutel mit sehr feiner Lochtülle füllen und den Zackenrand des Kranzes in mehreren Linien nachziehen. Mit dem Kernhausausstecher ein Loch in den Knoten stechen und eine Kerze hineindrücken.

Nährwerte pro Scheibe	
Kilokalorien	*360*
Kilojoule	*1520*
Eiweiß/g	*10*
Kohlenhydrate/g	*38*
Fett/g	*17*
Ballaststoffe/g	*2,6*

Hefeteig

Festbrezel

einfach

ca. 20 Scheiben

600 g Mehl
1 Würfel Hefe
100 g Butter
¼ l Milch
2 Eier
120 g Zucker
1 TL Kardamom
½ geriebene Tonkabohne
Salz
abgeriebene Schale von
1 unbehandelten Orange

1 Eigelb zum Bestreichen
1 EL Milch
50 g ganze, geschälte Mandeln
Hagelzucker zum Bestreuen

Aus Mehl, Hefe, Butter, Milch, Eiern, Zucker, Kardamom, Tonkabohne, Salz und Orangenschale einen Hefeteig nach Grundrezept Seite 326 herstellen.

Den Teig nach dem Aufgehen zu einer langen Rolle formen und auf einem bemehlten Backblech zu einer Brezel legen. Mit einem Tuch abdecken und 20 Minuten ruhen lassen.

Das Eigelb und die Milch verrühren und die Brezel damit bestreichen. Mit den Mandeln belegen und mit dem Hagelzucker bestreuen.

Im vorgeheizten Backofen bei 180°C circa 40 Minuten backen.

Nährwerte pro Scheibe	
Kilokalorien	*210*
Kilojoule	*890*
Eiweiß/g	*5*
Kohlenhydrate/g	*30*
Fett/g	*7*
Ballaststoffe/g	*1,1*

Hefeteig

Skandinavisches Adventsgebäck

einfach, braucht Zeit

ca. 20 Stück

¾ l Milch
100 g frische Hefe
400 g Butter
5 g Safran
330 g Zucker
2 TL Salz
3 TL gestoßener Kardamom
2 Eier
1500 g Mehl
150 g geschälte, gemahlene Mandeln
150 g Rosinen

Zum Verzieren:
1 Eigelb
Rosinen

Die Milch erwärmen und mit der Hefe nach Grundrezept Seite 326 einen Vorteig zubereiten.

Die Butter, den Safran, den Zucker, das Salz, den Kardamom und die Eier einrühren. Die Hälfte des Mehls einarbeiten und die gemahlenen Mandeln zugeben. Die Rosinen überbrühen, trockentupfen und ebenfalls zugeben.

Das restliche Mehl nach und nach untermischen und den Teig schlagen, bis er geschmeidig und glatt ist.

Die Schüssel zugedeckt an einen warmen Ort stellen, bis der Teig zur doppelten Menge aufgegangen ist (circa 1 Stunde).

Den Teig auf ein bemehltes Backbrett legen und gut durchkneten. Den Teig aufteilen, lange Stränge ziehen und die verschiedenen Formen oder Weihnachtspuppen nach der Abbildung legen.

Die Hefestücke auf ein gefettetes Backblech legen. Mit verquirltem Eigelb bestreichen und mit Rosinen verzieren.

Das Gebäck im vorgeheizten Backofen bei 180°C in circa 20 Minuten goldbraun backen.

Variation: Aus diesem Teig, allerdings ohne Rosinen, lassen sich viele andere Figuren nach Schablone oder freier Phantasie schneiden. Nikolaus, Engelchen und Tannenbäume sind ein dauerhafter Schmuck am Christbaum.

Nährwerte pro Stück	
Kilokalorien	600
Kilojoule	2510
Eiweiß/g	12
Kohlenhydrate/g	78
Fett/g	24
Ballaststoffe/g	3,6

Hefeteig

Weihnachtsstollen

einfach, braucht Zeit

2 Stollen

1 kg Mehl
1/2 l lauwarme Milch
2 Würfel Hefe
20 g Vanillinzucker
200 g Zucker
1 Prise Salz
400 g Butter
2 Eier
400 g Sultaninen
5 cl Rum
geriebene Schale von je
1 unbehandelten Zitrone
und
1 unbehandelten Orange
150 g Zitronat, gehackt
150 g Orangeat, gehackt
100 g geschälte,
gemahlene Mandeln
je 1 TL Zimt, Nelkenpulver und geriebene Muskatnuß
150 g weiche Butter zum Bestreichen
150 g Puderzucker zum Bestäuben

Aus dem Mehl, der Milch, der Hefe, dem Vanillinzucker, dem Zucker, dem Salz, der Butter und den Eiern nach Grundrezept auf Seite 326 einen Hefeteig zubereiten.

Die Sultaninen in dem Rum durchziehen lassen. Die Zitronen- und Orangenschale, das Zitronat und Orangeat, die Mandeln, die Sultaninen und die Gewürze nacheinander in den Teig einarbeiten.

Den Teig gut kneten und ca. 30 Minuten gehen lassen. Dann wieder kneten und in 2 Hälften teilen. Jede Hälfte auf der bemehlten Arbeitsfläche zu einem etwa 25 cm langen Laib formen und in der Mitte der Länge nach mit dem Nudelholz flachdrücken. Einen Wulst so auf den anderen legen, daß die typische Stollenform entsteht.

Den Backofen auf 250°C vorheizen. Stollen auf ein mit gefettetem Backpapier ausgelegtes Backblech legen, mit einem Tuch bedecken und nochmals 15 Minuten gehen lassen. Dann in den vorgeheizten Backofen auf die mittlere Schiene stellen, die Temperatur reduzieren und die Stollen bei 180°C ca. 55 bis 60 Minuten backen.

Nach dem Backen die noch warmen Stollen mit der Butter bestreichen und mit Puderzucker bestäuben.

Hefeteig

Aus Mehl, Hefe, Milch, Butter, Salz, Zucker und Vanillinzucker einen Hefeteig nach Grundrezept auf Seite 326 zubereiten. Eventuell noch etwas Milch zugeben.

Nachdem der Hefeteig aufgegangen ist, Mandeln und gehacktes Zitronat zugeben und den Teig nochmals 10 bis 15 Minuten gehen lassen.

Zwei Stollen formen, indem man zunächst zwei Rollen formt, sie in der Mitte etwas ausrollt, so daß an den Längsseiten dicke Wülste stehen bleiben. Diese längs übereinanderklappen, damit die typische Stollenform entsteht.

Die Stollen auf das mit gefettetem Pergamentpapier ausgelegte Backblech legen, mit einem Tuch zudecken und 15 bis 20 Minuten gehen lassen. Dann in den vorgeheizten Backofen schieben und 60 bis 80 Minuten backen.

Den noch heißen Stollen von allen Seiten mit der flüssigen Butter bestreichen und dick mit Puderzucker bestreuen. Eine Woche stehen lassen und vor dem Anschneiden nochmals Puderzucker darüberstreuen.

Variation: *Marzipanstollen*

200 g Marzipan-Rohmasse mit 100 g Puderzucker und 2 Tropfen Bittermandelaroma kneten und zu einer Rolle in der Länge des Stollens formen. Das Marzipan in die flachgerollte Mitte des Stollenteigs legen und den Teig darüber zusammenschlagen.

Nährwerte pro Stollen	
Kilokalorien	5870
Kilojoule	24570
Eiweiß/g	88
Kohlenhydrate/g	704
Fett/g	276
Ballaststoffe/g	38,0

Butterstollen

2 Stollen

einfach, braucht Zeit

1 kg Mehl
60 g Hefe
300 ml Milch
350 g Butter
1/2 TL Salz
120 g Zucker
1 Päckchen Vanillinzucker
250 g geschälte, gehackte Mandeln
250 g Zitronat

Zum Bestreichen:
150 g Butter
100 g Puderzucker

Nährwerte pro Stollen	
Kilokalorien	5420
Kilojoule	22700
Eiweiß/g	86
Kohlenhydrate/g	580
Fett/g	285
Ballaststoffe/g	33,1

PLUNDERTEIG

Apfelsäckchen

Den Hefeteig am Vortag oder mindestens 8 Stunden vorher zubereiten.

2 Säckchen, 8 Portionen

Plunderteig:
1/8 l Milch und Wasser zu gleichen Teilen
15 g Hefe
1 Prise Salz
40 g Zucker
1 Ei
270 g Mehl
Mehl zum Verarbeiten
125 g Butter zum Einziehen

Füllung:
1 Apfel, 300 g
120 g Rosinen und kandierte Früchte, gemischt
abgeriebene Schale von 1/2 Zitrone
1 EL Zucker
1 Prise Zimt
100 g gemahlene Mandeln

Zum Bestreichen:
1 Eigelb
1 EL Sahne

Milch und Wasser sollten handwarm sein. Die zerbröckelte Hefe, Salz und Zucker darin auflösen. Das Ei in der Flüssigkeit verquirlen.

Das Mehl in eine Rührschüssel füllen und eine Mulde in die Mitte drücken. Die angerührten Zutaten hineingießen und mit dem elektrischen Rührgerät zu einem glatten, elastischen Teig verarbeiten, der sich von der Schüssel löst. Den Teig mit Mehl bestäuben, mit einem feuchten Tuch bedecken und 8 Stunden oder über Nacht in den Kühlschrank stellen.

Später oder am nächsten Tag den Teig auf der bemehlten Arbeitsfläche ausrollen, mit der Butter belegen und tourieren, wie im Grundrezept Seite 330 beschrieben.

Den Teig nach der ersten und dritten Tour mindestens 30 Minuten im Kühlschrank ruhen lassen.

Für die Füllung den Apfel schälen, achteln, entkernen und in feinste Scheibchen schneiden. Die Rosinen heiß brühen und trocknen. Die kandierten Früchte fein hacken. Alle Zutaten bis einschließlich Zimt mit den Apfelstückchen vermischen.

Den Plunderteig halbieren und jedes Stück zu einem Quadrat oder Kreis von 30 cm ausrollen. Zum Ausschneiden des Sterns aus jeder Teigplatte entweder eine Schablone auflegen oder die Eckpunkte der Zacken markieren und den Teig mit dem Rädchen ausschneiden. Zackenlänge: etwa 7 cm.

Die Sternmitte mit gemahlenen Mandeln bestreuen und jeweils die Hälfte der Apfelfüllung darauf legen.

Die Sternspitzen außen mit Wasser befeuchten, zur Mitte ziehen und mit einem Teigrest „zusammenkleben".

Achtung: Die Spitzen nicht übereinanderlegen, sonst bäckt der Teig nicht durch! Ebenfalls aus Teigresten eine Schleife, ein Windrad oder eine Rosette schneiden, mit Eigelb bestreichen und in die Mitte kleben. Eigelb und Sahne verrühren und die Säckchen damit bestreichen.

Apfelsäckchen im vorgeheizten Backofen bei 190°C etwa 20 Minuten auf der mittleren Schiene backen. Garprobe am „Knotenpunkt" machen!

Nährwerte pro Portion/Stück	
Kilokalorien	*450*
Kilojoule	*1860*
Eiweiß/g	*8*
Kohlenhydrate/g	*47*
Fett/g	*23*
Ballaststoffe/g	*4,2*

Plunderteig

Quarktaschen

Teig über Nacht ruhen lassen

braucht Zeit

16 Stück

Teig:
**1/8 l kaltes Wasser
1/8 l Milch
30 g Hefe
1 gestr. TL Salz
80 g Zucker
2 Eier
500 g Mehl
Mehl zum Bestäuben und Ausrollen
250 g Butter zum Einziehen**

Füllung:
**30 g Butter
400 g Magerquark
1 Ei
175 ml Milch
80 g Zucker
2 Päckchen Vanillinzucker
2 gestr. EL Speisestärke
150 g entsteinte Sauerkirschen, frisch oder aus dem Glas**

Außerdem:
**1 Ei zum Bestreichen
Fett für das Blech**

Das kalte Wasser mit der kalten Milch mischen, die Hefe hineinbröckeln und auflösen. Salz und Zucker untermischen. Die Eier zugeben und verquirlen.

Das Mehl in eine Schüssel geben, eine Mulde eindrücken und die Eier-Hefemilch hineingießen. Mit dem Rührgerät zu einem glatten, elastischen Teig verarbeiten, der nicht klebt. Mit Mehl bestäuben und mit einem feuchten Tuch zugedeckt über Nacht im Kühlschrank gehen lassen.

Am nächsten Tag den Teig auf bemehlter Arbeitsfläche zu einem Rechteck ausrollen, mit der Butter belegen und drei einfache Touren oder zwei einfache und eine doppelte Tour geben (ausführliche Beschreibung im Kapitel Blätterteig auf Seite 346). Den Teig nach der ersten und dritten Tour mindestens 30 Minuten im Kühlschrank ruhen lassen.

Inzwischen für die Füllung die Butter in einem kleinen Topf oder in der Mikrowelle schmelzen. In einer Schüssel den Quark, das Ei und die Milch glattrühren. Den Zucker, den Vanillinzucker und die Stärke dazugeben. Kirschen aus dem Glas in einem Sieb abtropfen lassen.

Den Teig auf bemehlter Arbeitsfläche zu einem Quadrat von etwa 45 x 45 cm ausrollen. In 16 Quadrate schneiden. Das Ei mit 1 Eßlöffel Wasser verquirlen und die Kanten damit bestreichen.

Die Füllung in die Mitte der Quadrate geben und

Plunderteig

die Kirschen darauf setzen. Jeweils die gegenüberliegenden Ecken über die Füllung klappen.

Aus den Teigresten mit einem Plätzchenausstecher Blüten oder ähnliches ausstechen, mit Ei bestreichen und auf die Taschen kleben.

Dann die ganzen Taschen mit Ei bestreichen.

Die Taschen auf einem gefetteten Backblech nochmals gehen lassen, bis der Backofen auf 190°C aufgeheizt ist. Auf der mittleren Schiene 15 Minuten backen.

Nährwerte pro Portion/Stück	
Kilokalorien	*350*
Kilojoule	*1480*
Eiweiß/g	*9*
Kohlenhydrate/g	*39*
Fett/g	*17*
Ballaststoffe/g	*0,9*

Plunderteig

Croissants

Teig über Nacht ruhen lassen

einfach, braucht Zeit, zum Einfrieren

18 Stück

**225 g Mehl
15 g Hefe
1/2 TL Salz
1 EL Zucker
110 g Butter
3 EL Milch
Mehl für die Arbeitsfläche
2 EL Schlagsahne**

Das Mehl in eine Schüssel sieben und in die Mitte eine Mulde drücken. Die zerbröckelte Hefe in 2 bis 3 Eßlöffel lauwarmem Wasser auflösen, in die Mulde gießen, mit 1/4 des Mehls vermengen und zu einer kleinen Kugel formen. Die Teigkugel kreuzweise einschneiden, in eine große Schüssel legen und mit lauwarmem Wasser bedecken.

Inzwischen das restliche Mehl mit Salz, Zucker, der Hälfte der Butter und der Milch zu einem geschmeidigen Teig verkneten.

Den Teig auf einer bemehlten Arbeitsfläche kneten und schlagen, bis er glatt und elastisch ist.

Wenn die Hefeteigkugel an die Wasseroberfläche gestiegen ist und ihr Volumen verdoppelt hat, die Kugel aus dem Wasser heben, abtropfen lassen und sorgfältig mit dem anderen Teig vermengen. Den Teig zu einer Kugel formen, in eine mit Mehl bestäubte Schüssel legen und zugedeckt an einem kühlen Ort über Nacht ruhen lassen.

Den Teig auf einer bemehlten Arbeitsfläche zu einem Rechteck ausrollen. Die restliche Butter zu einer flachen Platte formen und in die Mitte des Teigs legen. 1/3 des Teigs über die Butter falten und den Rest so darüber schlagen, daß der Teig in 3 Schichten übereinander liegt. Das Teigpaket um 90° drehen, in Richtung der offenen Ränder ausrollen, wie zuvor falten, umdrehen und nochmals ausrollen. Den Teig wieder falten, in ein Tuch wickeln und 15 Minuten kühl ruhen lassen. Ausrollen und wie zuvor zusammenfalten, diesen Vorgang noch zweimal wiederholen.

Den Teig zu einem etwa 3 mm dicken Rechteck ausrollen. Der Länge nach teilen und jeden Streifen in Dreiecke schneiden. Die Dreiecke von der breiten Seite her aufrollen, zu Hörnchen biegen und auf ein bemehltes Backblech legen. Die Hörnchen mit der Schlagsahne bestreichen und im vorgeheizten Backofen bei 220°C 5 Minuten backen. Dann die Hitze auf 200°C reduzieren und weitere 10 Minuten goldbraun backen. Die fertigen Croissants auf einem Kuchengitter auskühlen lassen.

Nährwerte pro Portion/Stück	
Kilokalorien	100
Kilojoule	430
Eiweiß/g	2
Kohlenhydrate/g	10
Fett/g	6
Ballaststoffe/g	0,3

Mohnzopf

Nicht nur kleine Teilchen, auch ein schöner, großer Frühstückszopf läßt sich aus Plunderteig backen. Im Gegensatz zum gewöhnlichen Hefezopf ist er unendlich zart und mürbe.

16 Stück

Plunderteig:
**1/8 l Wasser
1/8 l Milch
30 g Hefe
1 TL Salz
80 g Zucker
2 Eier
550 g Mehl
250 g Butter zum Einziehen
Mehl zum Ausrollen**

Mohnfüllung:
**1/4 l Milch
100 g Zucker
250 g gemahlener Mohn
4 Eigelb
4 EL Sultaninen**

Außerdem:
**1 Ei zum Bestreichen
Fett für das Blech**

Den Plunderteig wie auf Seite 330 beschrieben zubereiten und einige Stunden oder über Nacht gehen lassen.

Später oder am nächsten Tag die Butter in drei einfachen Touren oder einer doppelten Tour wie beschrieben einziehen. Den Teig nach der ersten und dritten Tour mindestens 30 Minuten ruhen lassen.

Inzwischen für die Mohnfüllung die Milch und den Zucker in einem Topf aufkochen, den Mohn einstreuen und einmal aufwallen lassen, den Herd ausschalten, den Mohn kurz

Plunderteig

der langen Seite her eng aufrollen, Nahtstellen gut andrücken.

Die drei Teigstränge nebeneinanderlegen. Die erste Zopfhälfte von der Mitte nach außen flechten und die Enden gut einschlagen. Den Zopf so drehen, daß die zweite Hälfte geflochten werden kann.

Ein Backblech fetten, den Zopf vorsichtig darauflegen. Die Seiten des Zopfes mit der flachen Hand andrücken, damit der Zopf eine gleichmäßige Form erhält und höher wird.

Den Zopf mit dem restlichen Ei bestreichen. In dem auf 190°C vorgeheizten Backofen auf der unteren Schiene 35 bis 40 Minuten backen (Garprobe).

Auf einem Kuchengitter auskühlen lassen und eventuell mit Puderzucker bestäuben.

Nährwerte pro Portion/Stück	
Kilokalorien	460
Kilojoule	1950
Eiweiß/g	11
Kohlenhydrate/g	46
Fett/g	25
Ballaststoffe/g	1,9

ausquellen lassen, bis die Masse dick ist. Topf vom Herd nehmen, Eigelb und Sultaninen einrühren.

Den Teig auf bemehlter Arbeitsfläche zu einem Quadrat von etwa 30 x 30 cm ausrollen. In drei gleiche Rechtecke schneiden.

Die Mohnfüllung in einen Spritzbeutel mit großer Lochtülle füllen und jeweils an eine lange Kante der drei Teigstreifen spritzen.

Die gegenüberliegende Kante mit dem verquirlten Ei bestreichen und jeden der drei Teigstreifen von

Variation: *Nußfüllung*

**150 g Haselnußkerne
125 g weiche Butter
75 g Zucker
1 Päckchen Vanillinzucker
50 g Marzipanrohmasse
50 g Biskuit- oder Keksbrösel
1 Prise Salz
1 Messerspitze Zimt**

Alle Zutaten in einer Schüssel zu einer gleichmäßigen Masse verkneten und mit Zimt abschmecken. Ist die Füllung zu fest, eventuell etwas Wasser einarbeiten.

Die Nußfüllung wie beschrieben in einen Spritzbeutel füllen, weiter arbeiten wie bei Mohnzopf.

Nährwerte pro Portion/Stück	
Kilokalorien	450
Kilojoule	1890
Eiweiß/g	7
Kohlenhydrate/g	40
Fett/g	28
Ballaststoffe/g	1,5

Plunderteig

Mohnstriezel

Teig über Nacht ruhen lassen

braucht Zeit, zum Einfrieren

12 Stück

Teig:
**1/8 l kaltes Wasser
1/8 l Milch
30 g Hefe
1 TL Salz
80 g Zucker
2 Eier
500 g Mehl
Mehl zum Bestäuben und Ausrollen
250 g Butter zum Einziehen**

Füllung:
**1/4 l Milch
100 g Zucker
250 g gemahlener Mohn
4 Eigelb
4 EL Sultaninen, gehackt**

Außerdem:
**1 Ei zum Bestreichen
Fett für das Blech**

Das kalte Wasser mit der kalten Milch mischen, die Hefe hineinbröckeln und auflösen. Salz und Zucker untermischen. Die Eier zugeben und verquirlen.

Das Mehl in eine Schüssel geben, eine Mulde eindrücken und die Eier-Hefemilch hineingießen. Mit dem Rührgerät zu einem glatten, elastischen Teig verarbeiten, der nicht klebt. Mit Mehl bestäuben und mit einem feuchten Tuch zugedeckt über Nacht im Kühlschrank gehen lassen.

Am nächsten Tag den Teig auf bemehlter Arbeitsfläche zu einem Rechteck ausrollen, mit der Butter belegen und drei einfache Touren oder zwei einfache und eine doppelte Tour geben (ausführliche Beschreibung im Kapitel Blätterteig Seite 346). Den Teig nach der ersten und dritten Tour mindestens 30 Minuten im Kühlschrank ruhen lassen.

Inzwischen für die Füllung die Milch und den Zucker in einem Topf aufkochen. Den Mohn einstreuen und einmal aufwallen lassen, auf dem ausgeschalteten Herd kurz ausquellen lassen, bis die Masse dick ist. Den Topf vom Herd nehmen, Eigelb und Sultaninen einrühren.

Den Teig auf bemehlter Arbeitsfläche zu einem etwa 20 x 50 cm großen Rechteck ausrollen und mit der Mohnfüllung bestreichen, dabei an einer Längsseite einen etwa 1 cm breiten Rand lassen.

Das Ei mit 1 Eßlöffel Wasser verquirlen und den Rand damit bestreichen. Von der anderen Längsseite her etwa 5 cm breit einschlagen, nicht rollen.

Das Teigpaket auf die Naht legen, vorsichtig in die Länge streichen und dabei etwas flachdrücken. Mit einem scharfen Messer in etwa 5 cm breite Stücke schneiden.

Jedes Stück mit einem dicken Kochlöffel in der Mitte einkerben.

Die Mohnstriezel auf ein gefettetes Backblech setzen und mit dem restlichen Ei bestreichen. Nochmal kurz gehen lassen bis der Ofen auf 190°C aufgeheizt ist. Auf der mittleren Schiene etwa 10 bis 12 Minuten backen.

Nährwerte pro Portion/Stück	
Kilokalorien	600
Kilojoule	2530
Eiweiß/g	14
Kohlenhydrate/g	57
Fett/g	33
Ballaststoffe/g	2,5

Plunderteig

Rhabarber-Pirogge

braucht Zeit

12 Stück

Teig:
**400 g Mehl
30 g Hefe
3 Eigelb
150 g Butter
je 1 Prise Salz und Zucker
1/8 l Milch
Mehl zum Verarbeiten
150 g Butter zum Einziehen**

Füllung:
**1,2 kg Rhabarber
100 g Zucker
200 g Marzipan-Rohmasse**

**Butter für die Form
1 Eigelb
1 EL Schlagsahne**

Für den Teig die Hälfte des Mehls in eine Schüssel sieben. Die Hefe in etwas lauwarmem Wasser auflösen, zum Mehl geben, mit einem Löffel alles gut verrühren. Die Schüssel mit einem Tuch zudecken und den Vorteig an einem warmen Ort 30 Minuten gehen lassen.

Eigelb mit Butter schaumig schlhagen, mit Salz und Zucker würzen und unter den Vorteig rühren. Die Milch zufügen und alles zu einem glatten Teig verarbeiten.

Das restliche Mehl darüber sieben, untermischen und den Teig nun auf die bemehlte Arbeitsfläche legen. Den Teig so lange heftig kneten, bis er nicht mehr klebt - eventuell noch etwas Wasser oder Mehl zugeben.

Den Teigkloß wieder in die bemehlte Schüssel legen, zudecken und an einem warmen Ort 1 1/2 bis 2 Stunden aufgehen lassen.

Den Hefeteig zum Tourieren in vier Stücke teilen und jeweils 3 bis 4 cm dick ausrollen. 10 Minuten ruhen lassen und noch dünner ausrollen (ca. 2 cm).

In die Mitte von drei Teigplatten je zwei dünne Scheiben Butter legen, aufeinanderschichten und mit der vierten Teigplatte abdecken. Die Ränder rundherum fest zusammendrücken.

Das Teigpaket 2 bis 3 cm dick ausrollen, die Hälfte mit Butterflöckchen belegen und den Teig darüber zusammenklappen.

Noch einmal die Hälfte mit Butter belegen, den Teig zu einem gleichmäßigen Paket zusammenklappen und leicht darüber rollen.

Den Teig mit Folie bedecken und mindestens 30 Minuten in den Kühlschrank stellen.

Inzwischen für die Füllung den Rhabarber waschen, abziehen und die Enden abschneiden. Die Stangen in gleichmäßige, etwa 4 cm lange Stücke schneiden, auf einem Tablett ausbreiten, mit dem Zucker bestreuen und den Rhabarber Saft ziehen lassen.

Die Marzipan-Rohmasse in nicht zu dünne Scheiben schneiden.

Eine Tarteform mit 24 cm Durchmesser leicht buttern.

Den Teig auf die bemehlte Arbeitsfläche legen und etwa 4 mm dick ausrollen. Den Teig mit Hilfe der Rolle über die Tarteform heben und die Form auslegen. Überstehende Teigränder mit der Rolle abdrücken.

Den Teigboden mit einer Gabel mehrmals einstechen, mit den Marzipanscheiben auslegen und darüber die abgetropften Rhabarberstücke in zwei Lagen schichten.

Plunderteig

Mit dem gezackten Teigrad aus den Teigresten lange Streifen schneiden und daraus ein Gitter über dem Rhabarber flechten. Die Enden der Streifen mit dem Teigrand fest zusammendrücken.

Das Eigelb mit der Sahne verrühren und den Teigrand damit einstreichen. Aus zwei langen Teigsträngen einen falschen Zopf winden und als Kranz um den Rand der Pirogge legen. Das Gitter und den Kranz mit Eigelb bestreichen.

Die Pirogge im vorgeheizten Backofen bei 190° auf der mittleren Schiene etwa 35 Minuten backen.

Die Rhabarber-Pirogge möglichst frisch gebacken mit halbsteif geschlagener Sahne servieren.

Tip: Es empfiehlt sich, den Plunderteig am Vortag zuzubereiten. In Folie gewickelt kann er über Nacht im Kühlschrank ruhen.

Nährwerte pro Stück	
Kilokalorien	490
Kilojoule	2050
Eiweiß/g	8
Kohlenhydrate/g	41
Fett/g	30
Ballaststoffe/g	4,2

QUARKÖLTEIG

Quarkkuchen mit Himbeeren

einfach, braucht Zeit

20 Stück

Teig:
**200 g Magerquark
1 Prise Salz
6–7 EL Milch
6–7 EL Öl
1 Ei
100 g Zucker
400 g Mehl
1 gestrichener TL Backpulver
Mehl für die Arbeitsfläche
Fett für das Backblech**

Belag:
**750 g Himbeeren
500 g Magerquark
200 g Zucker
1 Päckchen Vanille-Puddingpulver
1 Vanilleschote
2 Eigelb
50 g zerlassene Butter
50 g Speisestärke**

Baiser:
**2 Eiweiß
100 g Zucker
100 g Mandelblättchen**

Den Quark mit Salz, Milch, Öl, Ei und Zucker in einer Schüssel glattrühren.

Die Hälfte des Mehls mit dem Backpulver zu der Quarkmasse sieben und unterrühren, das restliche Mehl mit den Händen kräftig unterkneten. Den Teig auf der mit Mehl bestäubten Arbeitsfläche ausrollen.

Ein Backblech einfetten und den Teig darauf legen.

Die Himbeeren waschen und gut abtropfen lassen.

Den Quark für den Belag mit dem Zucker, dem Puddingpulver, dem Mark der Vanilleschote, Eigelb, der zerlassenen Butter und der Speisestärke verrühren.

Die Himbeeren vorsichtig darunterheben, die Masse gleichmäßig auf dem Teig verteilen und glattstreichen. Im vorgeheizten Backofen auf der mittleren Schiene bei 200°C etwa 30 Minuten backen.

Für das Baiser das Eiweiß steif schlagen und dabei langsam den Zucker einrieseln lassen.

Den Kuchen aus dem Ofen nehmen, die Baisermasse darauf streichen und die Mandelblättchen darüber streuen. Den Kuchen weitere 5 bis 10 Minuten backen, bis das Baiser zu bräunen beginnt.

Den Quarkkuchen auf dem Blech erkalten lassen, in Stücke schneiden.

Nährwerte pro Stück	
Kilokalorien	320
Kilojoule	1330
Eiweiß/g	9
Kohlenhydrate/g	43
Fett/g	10
Ballaststoffe/g	2,5

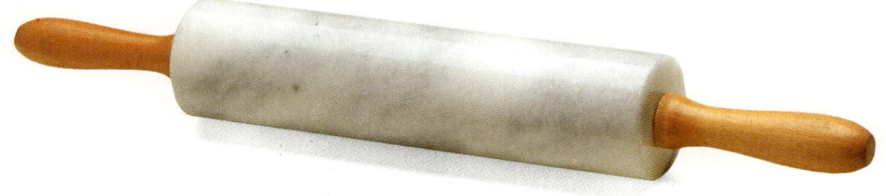

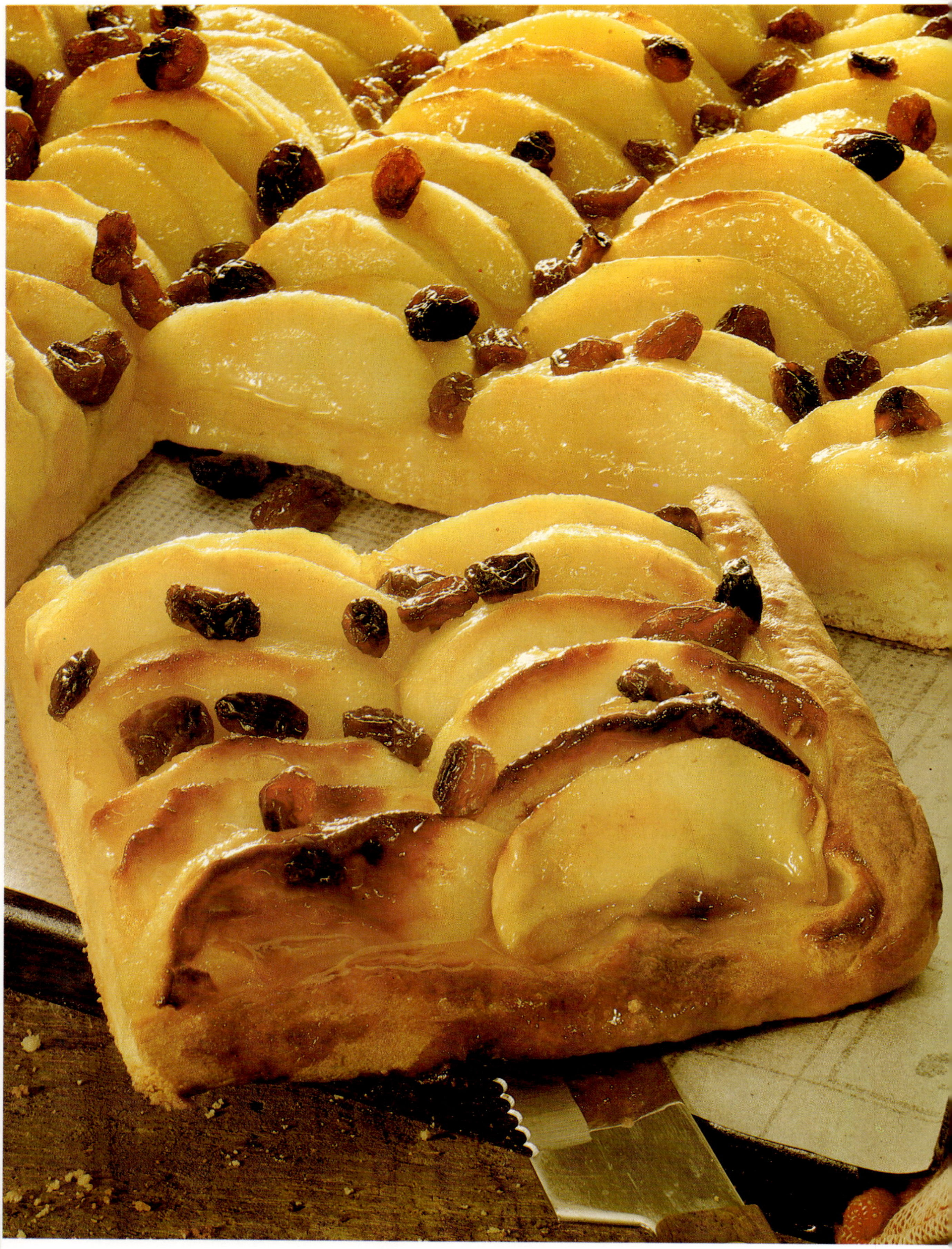

Quarkölteig

Plattenkuchen mit saftigem Belag

einfach, braucht Zeit, zum Einfrieren

20 Stück

Teig:
**200 g Magerquark
1 Prise Salz
5 EL Milch
7 EL Öl
1 Ei
100 g Zucker
2 gestrichene TL Backpulver
400 g Mehl
Mehl für die Arbeitsfläche
Fett für das Blech**

Belag:
**2 kg Äpfel, z. B. Boskop
100 g Sultaninen
80 g Zucker**

Den Quark mit Salz, Milch, Öl, dem Ei und dem Zucker glattrühren.

Die Hälfte des mit Backpulver vermischten Mehls unterrühren, den Rest mit den Händen kräftig unterkneten.

Den Teig auf der bemehlten Arbeitsfläche ausrollen und ein gefettetes Backblech damit auslegen.

Die Äpfel schälen, vierteln, entkernen und in schmale Spalten schneiden. Die Apfelspalten schuppenförmig auf dem Teig anordnen, mit den Sultaninen und dem Zucker bestreuen und im vorgeheizten Backofen bei 200°C etwa 40 Minuten backen.

Auf dem Blech auskühlen lassen.

Nährwerte pro Portion/Stück:	
Kilokalorien	*220*
Kilojoule	*920*
Eiweiß/g	*4*
Kohlenhydrate/g	*37*
Fett/g	*5*
Ballaststoffe/g	*3*

Blechkuchen mit Mandeln

einfach, zum Einfrieren

20 Stück

Teig:
**150 g Quark
6 EL Milch
6 EL Öl
75 g Zucker
1 Päckchen Vanillinzucker
1 Prise Salz
300 g Mehl
1 Päckchen Backpulver
Fett für das Backblech**

Für den Belag:
**150 g Butter
175 g Zucker
1 Päckchen Vanillinzucker
2 EL Milch
200 g Mandelblättchen
Saft von ½ Zitrone**

Den Quark mit der Milch und dem Öl verrühren. Den Zucker, den Vanillinzucker und das Salz mit dem Handrührgerät untermischen.

Das Mehl mit dem Backpulver vermischen, in eine zweite Schüssel sieben und gut die Hälfte davon in die Quarkmasse einrühren.

Das restliche Mehl zugeben und alles gründlich zu einem glatten Teig verkneten. Den Teig auf einem gefetteten Backblech ausrollen.

Für den Belag die Butter mit dem Zucker, Vanillinzucker und der Milch aufkochen. Vom Herd nehmen und die Mandelblättchen und den Zitronensaft unterrühren. Die Masse etwas abkühlen lassen und dann gleichmäßig auf dem Teig verteilen.

Bei 175°C im vorgeheizten Backofen etwa 30 Minuten backen. Auf dem Blech auskühlen lassen.

Nährwerte pro Portion/Stück	
Kilokalorien	*280*
Kilojoule	*1180*
Eiweiß/g	*4*
Kohlenhydrate/g	*27*
Fett/g	*17*
Ballaststoffe/g	*1,7*

Quarkölteig

Zuckerkuchen

einfach

20 Stück

Teig:
**150 g Quark
6 EL Milch
6 EL Öl
75 g Zucker
1 Päckchen Vanillin-
zucker
1 Prise Salz
300 g Mehl
1 Päckchen Backpulver
75 g Rosinen
Fett für das Backblech**

Belag:
**125 g Butter
75 g Zucker
1 Päckchen Vanillin-
zucker
50 g Mandelblättchen**

Den Quark mit der Milch und dem Öl verrühren. Den Zucker, den Vanillinzucker und das Salz mit dem Handrührgerät untermischen.

Das Mehl mit dem Backpulver vermischen, in eine zweite Schüssel sieben und gut die Hälfte davon in die Quarkmasse einrühren.

Das restliche Mehl zugeben und alles gründlich zu einem glatten Teig verkneten.

Die Rosinen waschen, gut abtropfen lassen und unter den Teig kneten. Den Teig auf einem gefetteten Backblech ausrollen.

Für den Belag die Butter in kleinen Flöckchen gleichmäßig auf dem Teig verteilen.

Den Zucker, den Vanillinzucker und die Mandeln mischen und auf den Teig streuen. Im vorgeheizten Backofen bei 175°C etwa 20 Minuten backen. Auf dem Blech auskühlen lassen.

Nährwerte pro Portion/Stück	
Kilokalorien	*210*
Kilojoule	*890*
Eiweiß/g	*3*
Kohlenhydrate/g	*23*
Fett/g	*11*
Ballaststoffe/g	*0,9*

Fettringe

einfach

**200 g Quark
6 EL Milch
1 Ei
1/8 l Öl
100 g Zucker
1 Päckchen Vanillin-
zucker
1 Prise Salz
400 g Mehl
1 Päckchen Backpulver
65 g Rum-Rosinen
Mehl für die Arbeits-
fläche
750 g Kokosfett zum
Fritieren
Puderzucker zum
Bestäuben**

Den Quark mit der Milch, dem Ei und dem Öl verrühren. Den Zucker, Vanillinzucker und das Salz mit dem Handrührgerät untermischen.

Das Mehl mit dem Backpulver vermischen, in eine zweite Schüssel sieben und gut die Hälfte davon in die Quarkmasse einrühren.

Das restliche Mehl zugeben und alles gründlich zu einem glatten Teig verkneten. Zum Schluß die Rum-Rosinen unter den Teig kneten.

Den Teig auf der bemehlten Arbeitsfläche etwa 1/2 cm dick ausrollen und mit einem Förmchen von 8 cm Durchmesser Kreise ausstechen. Mit einem kleineren Förmchen von 3 bis 4 cm Durchmesser das Innere aus den Kreisen ausstechen, so daß Teigringe entstehen.

Das Fritierfett auf 175°C erhitzen und die Teigringe portionsweise auf beiden Seiten hellbraun ausbacken. Mit dem Schaumlöffel herausheben und kurz auf Küchenpapier abtropfen lassen.

Die Ringe mit Puderzucker bestäuben und noch warm servieren.

Nährwerte insgesamt	
Kilokalorien	*4840*
Kilojoule	*20262*
Eiweiß/g	*50*
Kohlenhydrate/g	*349*
Fett/g	*345*
Ballaststoffe/g	*10,1*

Exquisite Schnecken

einfach

Teig:
**150 g Quark
6 EL Milch
6 EL Öl
75 g Zucker
1 Päckchen Vanillin-
zucker
1 Prise Salz
300 g Mehl
1 Päckchen Backpulver
Mehl für die Arbeits-
fläche**

Quarkölteig

Füllung:
50 g Rosinen
50 g Korinthen
50 g gehackte Mandeln
50 g Zucker
1 Päckchen Vanillin-
zucker

Zum Bestreichen:
50 g weiche Butter
100 g Marzipan-Roh-
masse

Guß:
175 g Puderzucker
2 EL Zitronensaft

Den Quark mit der Milch und dem Öl verrühren. Den Zucker, den Vanillinzucker und das Salz mit dem Handrührgerät untermischen.

Das Mehl mit dem Backpulver vermischen, in eine zweite Schüssel sieben und gut die Hälfte davon in die Quarkmasse einrühren.

Das restliche Mehl zugeben und alles gründlich zu einem glatten Teig verkneten.

Den Teig auf der bemehlten Arbeitsfläche zu einem Rechteck von 45 x 35 cm ausrollen.

Für die Füllung die Rosinen und die Korinthen waschen und gut abtropfen lassen. Dann mit den Mandeln, dem Zucker und dem Vanillinzucker mischen.

Die Butter mit dem Marzipan zu einer glatten Masse verrühren und auf das Teig-Rechteck streichen. Die Rosinenfüllung gleichmäßig darauf verteilen und den Teig von der kürzeren Seite her aufrollen.

Mit einem scharfen Messer etwa 1,5 cm breite Stücke von der Rolle abschneiden, auf ein mit Backpapier ausgelegtes Blech legen und leicht flachdrücken. Im vorgeheizten Backofen bei 175°C etwa 20 Minuten backen.

Für den Guß den gesiebten Puderzucker mit dem Zitronensaft glattrühren.

Die fertigen Schnecken sofort mit dem Guß bestreichen und zum Auskühlen auf ein Kuchengitter legen

Nährwerte insgesamt	
Kilokalorien	*4830*
Kilojoule	*20220*
Eiweiß/g	*71*
Kohlenhydrate/g	*649*
Fett/g	*201*
Ballaststoffe/g	*27*

Club-Teilchen

einfach

150 g Quark
6 EL Milch
6 EL Öl
75 g Zucker
1 Päckchen Vanillin-
zucker
1 Prise Salz
300 g Mehl
1 Päckchen Backpulver
Mehl für die Arbeits-
fläche
2–3 EL Konfitüre
2 EL Schlagsahne
Fett für das Backblech

Den Quark mit der Milch und dem Öl verrühren. Den Zucker, den Vanillinzucker und das Salz mit dem Handrührgerät untermischen.

Das Mehl mit dem Backpulver vermischen, in eine zweite Schüssel sieben und gut die Hälfte davon in die Quarkmasse einrühren.

Das restliche Mehl zugeben und alles gründlich zu einem glatten Teig verkneten.

Den Teig auf der bemehlten Arbeitsfläche etwa 1/2 cm dick ausrollen und mit dem Teigrad Quadrate ausschneiden. In die Mitte der Teigquadrate etwas Konfitüre geben und die Quadrate zu Dreiecken oder Taschen zusammenlegen.

Die Teilchen auf ein gefettetes Backblech setzen und mit etwas Schlagsahne bestreichen. Im vorgeheizten Backofen bei 175°C etwa 20 Minuten backen. Die fertigen Teilchen auf einem Kuchengitter auskühlen lassen.

Nährwerte insgesamt	
Kilokalorien	*2590*
Kilojoule	*10840*
Eiweiß/g	*50*
Kohlenhydrate/g	*349*
Fett/g	*99*
Ballaststoffe/g	*8,7*

Quarkölteig

Gewürzrollen

einfach

Teig:
150 g Quark
6 EL Milch
6 EL Öl
75 g Zucker
1 Päckchen Vanillinzucker
1 Prise Salz
300 g Mehl
1 Päckchen Backpulver
Mehl für die Arbeitsfläche

Füllung:
250 g Rosinen
100 g gehackte Haselnußkerne
75 g gewürfeltes Zitronat
1 gehäufter EL Zucker
1 Päckchen Vanillinzucker
4 EL Rum
1 Messerspitze Zimt

100 g weiche Butter
Fett für das Backblech

Guß:
125 g Puderzucker
2–3 EL Orangensaft
1 TL geriebene Orangenschale

Den Quark mit der Milch und dem Öl verrühren. Den Zucker, den Vanillinzucker und das Salz mit dem Handrührgerät untermischen.

Das Mehl mit dem Backpulver vermischen, in eine zweite Schüssel sieben und gut die Hälfte davon in die Quarkmasse einrühren. Das restliche Mehl zugeben und alles gründlich zu einem glatten Teig verkneten.

Den Teig auf der bemehlten Arbeitsfläche zu einem Rechteck von 30 x 60 cm ausrollen.

Für die Füllung die Rosinen waschen, gut abtropfen lassen und mit den restlichen Zutaten vermischen.

Das Teigstück mit der Butter bestreichen, die Füllung darauf verteilen und leicht andrücken. Den Teig in der Mitte durchschneiden, so daß zwei Hälften von 30 x 30 cm entstehen. Jedes Teigquadrat für sich aufrollen und beide Stücke nebeneinander auf ein gefettetes Backblech legen. Die Rollen der Länge nach etwa 2 1/2 cm tief einschneiden, etwas auseinanderziehen und die Seiten wieder andrücken. Im vorgeheizten Backofen bei 200°C etwa 25 Minuten backen.

Für den Guß den gesiebten Puderzucker mit dem Orangensaft und der Orangenschale glattrühren und das fertige Gebäck sofort damit bestreichen. Auf einem Kuchengitter auskühlen lassen.

Nährwerte insgesamt	
Kilokalorien	5350
Kilojoule	22400
Eiweiß/g	67
Kohlenhydrate/g	680
Fett/g	240
Ballaststoffe/g	32,2

Adventskranz

16 Stück

Teig:
180 g Magerquark
4 EL Milch
8 EL Öl
80 g Zucker
1 Päckchen Vanillinzucker
1 Prise Salz
abgeriebene Schale von 1 Zitrone
400 g Mehl
1 Päckchen Backpulver

Füllung:
300 g Marzipanrohmasse
150 ml Milch
4 EL Rum
300 g Rosinen
100 g Korinthen
200 g gemischte kandierte Früchte
100 g gemahlene Mandeln
200 g gemahlene Haselnüsse
1 Kranzform von 26 cm Durchmesser
Butter und Semmelbrösel für die Form

Garnierung:
1 Eigelb
50 g Mandelblättchen

Quarkölteig

Den Quark mit Milch, Öl, Zucker, Vanillinzucker, Salz und Zitronenschale verrühren. Das Mehl mit dem Backpulver mischen und gut die Hälfte davon in die Quarkmasse sieben, den Teig vermengen und auf der Arbeitsfläche mit dem restlichen Mehl gründlich, aber rasch verkneten.

Das Marzipan zerbröckeln und mit Milch und Rum cremig rühren.

Die Rosinen und Korinthen heiß brühen und trocknen. Die kandierten Früchte fein hacken.

Den Quarkölteig auf ein bemehltes Tuch legen und rechteckig ausrollen. Darauf die Marzipancreme nicht ganz bis zum Rand verstreichen. Die gemahlenen Mandeln und Haselnüsse darüberstreuen und dann die Früchte aufstreuen. Die Teigplatte mit Hilfe des Tuchs wie einen Strudel locker aufrollen.

Die Kranzform fetten und mit Semmelbröseln ausstreuen. Die Rolle in die Form legen und die Enden gut aneinanderdrücken. Die Teigoberfläche mit Eigelb bestreichen und mit Mandelblättchen bestreuen.

Den Adventskranz im vorgeheizten Backofen bei 200°C gut 50 Minuten auf der unteren Schiene backen. In der Form auskühlen lassen.

Nährwerte pro Portion/Stück	
Kilokalorien	550
Kilojoule	2320
Eiweiß/g	11
Kohlenhydrate/g	60
Fett/g	27
Ballaststoffe/g	5,9

STRUDELTEIG

Apfel-Nuß-strudel

8 Stück

Teig:
**250 g Mehl
1/8 l lauwarmes Wasser
1 Prise Salz
1 EL Essig
1 EL Öl
1 Ei**

Füllung:
**100 g Korinthen und
Sultaninen
3 EL Weinbrand
1 kg Äpfel
abgeriebene Schale von
1/2 unbehandelten
Zitrone
100 g Walnußkerne
100 g Zucker
1 Päckchen Vanillinzucker
1 TL Zimt**

**Mehl zum Ausrollen
60 g Butter
3 EL Semmelbrösel**

Das Mehl auf die Arbeitsfläche sieben. Das lauwarme Wasser mit Salz, Essig und Öl verrühren und in das Mehl mischen. Das Ei zugeben. Den Teig so lange kneten, bis er geschmeidig ist und glänzt. Zur Kugel formen und unter einer angewärmten Schüssel 30 Minuten ruhen lassen.

Korinthen und Sultaninen waschen, trocknen und in dem Weinbrand einweichen. Die Äpfel schälen, achteln und entkernen, dann in dünne Scheiben schneiden. Abgeriebene Zitronenschale, grob gehackte Walnüsse, Zucker, Vanillinzucker, Zimt, abgetropfte Korinthen und Sultaninen unter die Äpfel mischen.

Den Teig auf einem großen bemehlten Tuch zum Rechteck ausrollen und dann mit den Händen vorsichtig papierdünn ausziehen.

Die Butter schmelzen und auf den Teig streichen, mit den Semmelbröseln gleichmäßig bestreuen und 5 Minuten antrocknen lassen.

Die Apfel-Nußmischung darauf verteilen. An 3 Rändern etwa 5 cm frei lassen, am Ende 15 cm. Die schmale Kante über die Füllung schlagen und den Strudel mit Hilfe des Tuchs aufrollen. Von der restlichen Butter etwas auf das Blech streichen, den Strudel daraufrollen und die Teigenden einschlagen. Die Oberfläche des Strudels mit Butter bepinseln.

Den Apfel-Nußstrudel im vorgeheizten Backofen bei 200°C etwa 45 Minuten auf der mittleren Schiene backen.

Tip: Den Strudel in etwa 5 cm dicke Stücke aufschneiden und heiß oder lauwarm servieren. Eventuell Vanillesauce dazu reichen oder den Strudel dick mit Puderzucker bestäuben. Diesen Strudel kann man sehr gut einfrieren. Den eingefrorenen Strudel im Backofen bei 150°C auftauen lassen.

Nährwerte pro Portion/Stück	
Kilokalorien	400
Kilojoule	1690
Eiweiß/g	7
Kohlenhydrate/g	60
Fett/g	12
Ballaststoffe/g	5,2

Strudelteig

148

Strudelteig

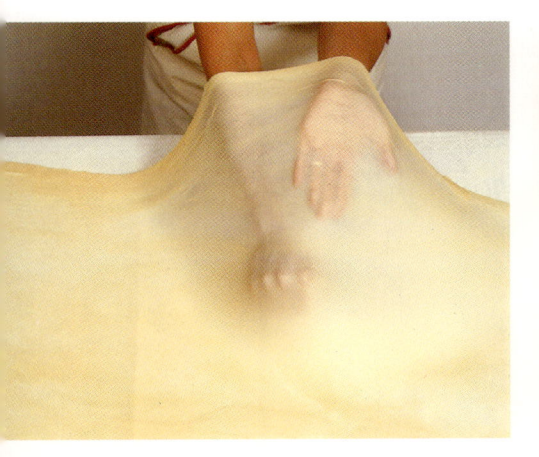

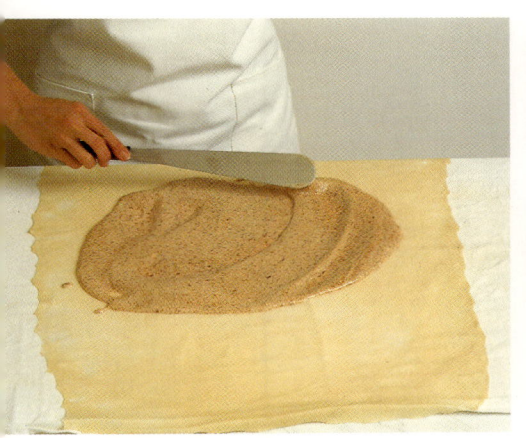

Mandel-Rahm-strudel

6 Portionen

Teig:
**200 g Mehl
40 g Zucker
1 Prise Salz
1 Ei
120 g Butter
Mehl zum Verarbeiten
1 EL Öl**

Füllung:
**100 g saftige, große Rosinen
140 g grobgemahlene Mandeln
70 g Butter
6 Eier, getrennt
2 Päckchen Vanillinzucker
2 TL Zimt
250 g saure Sahne
200 g Schlagsahne zum Übergießen
100 g Puderzucker**

Mehl, Zucker und Salz in eine Schüssel sieben und eine Mulde hineindrücken. 6 Eßlöffel lauwarmes Wasser mit dem Ei und mit 20 g flüssiger Butter verquirlen und zugießen. Alle Zutaten vermischen.

Der Teig ist zunächst weich und klebrig. Den Teig mit der Hand vom Schüsselrand ziehen und so lange durcharbeiten, bis er sich löst.

Arbeitsfläche bemehlen und den Teig etwa 10 Minuten kneten: Pressen, kräftig dehnen und schlagen, bis der Teig elastisch, glatt und seidig wirkt. Eine Kugel daraus formen und mit Öl bepinseln. Schüssel oder Topf mit kochendem Wasser ausspülen, trocknen und über den Teig stülpen. 30 bis 60 Minuten ruhen lassen.

Ein Leinentuch von 120 x 70 cm auf die Arbeitsfläche legen und gleichmäßig mit Mehl bestäuben.

149

Strudelteig

Die Teigkugel in die Mitte legen und erst längs, dann in die Breite zu einem Rechteck ausrollen.

Zum Ausziehen mit beiden Händen unter den Teig greifen und ihn von der Mitte nach außen über den Handrücken ziehen und dabei vorsichtig dehnen. Ringsum fortfahren, bis der Teig so groß wie das Tuch und durchsichtig ist. Die dickeren Teigränder abschneiden. Nach dem Ausziehen 10 Minuten antrocknen lassen.

In den 10 Minuten die Füllung zubereiten. Rosinen in warmem Wasser quellen lassen und trocknen. Mandeln in einer trockenen, schweren Pfanne rösten.

Butter, Eigelb, Vanillinzucker, Zimt, saure Sahne und die Mandeln verrühren. Eiweiß steifschlagen und unterziehen.

Den Teig mit weicher Butter bestreichen. Mandelschaum auf zwei Drittel des Strudelteigs streichen. Rosinen darüber streuen. Rundum einen Rand lassen und auf die Füllung schlagen. Den Strudel durch Anheben des Tuchs aufrollen.

Eine feuerfeste Form buttern und den Strudel vorsichtig hineinlegen. Restliche Butter schmelzen, den Strudel damit bestreichen.

Im vorgeheizten Backofen bei 190°C 30 Minuten backen. Dann mit der Sahne übergießen. Nach weiteren 15 Minuten ist der Strudel fertig.

Herausnehmen und 5 Minuten ruhen lassen. Portionsweise abstechen.

Nach Belieben mit Puderzucker bestäuben. Dazu schmeckt Pflaumenkompott.

Nährwerte pro Portion	
Kilokalorien	1160
Kilojoule	4850
Eiweiß/g	7
Kohlenhydrate/g	66
Fett/g	87
Ballaststoffe/g	5

Strudelteig

Obststrudel

4 Portionen

Teig:
200 g Mehl
1 Prise Salz
100 ml lauwarmes Wasser
1 EL Öl
1 TL Essig
1 Ei
100 g Butter zum Bestreichen

Apfelfüllung:
1 kg Äpfel
80 g Zucker
1 TL Zimt
3 EL Semmelbrösel
1 EL Butterschmalz
2 EL Mandelstifte
2 EL Puderzucker
50 g Sultaninen

Aprikosenfüllung:
500 g Aprikosen
50 g Mandelblättchen
30 g Pistazienkerne
100 g Biskuitbrösel
50 g Zucker
4 cl Aprikot Brandy
Fett für das Blech

Den Strudelteig aus den angegebenen Zutaten bis einschließlich Ei nach der Anleitung für „Mandel-Rahmstrudel" zubereiten. Während der Teig unter einer Schüssel ruht, eine der beiden folgenden Füllungen vorbereiten.

Apfelfüllung:

Äpfel schälen, achteln, entkernen und blättrig schneiden. Mit Zucker und Zimt vermischen. Semmelbrösel in Butterschmalz anrösten. Mandelstifte in einer trockenen, heißen Pfanne mit Puderzucker rösten. Sultaninen mit heißem Wasser brühen, kurz quellen und dann abtropfen lassen.

Aprikosenfüllung:

Aprikosen blanchieren, häuten und entkernen. Die Früchte sechsteln. Mandelblättchen in einer trockenen, heißen Pfanne goldgelb rösten. Mit Pistazien, Biskuitbröseln und Zucker unter die Aprikosen mischen. Mit Aprikot Brandy aromatisieren.

Den Strudelteig wie beschrieben ausziehen und 10 Minuten antrocknen lassen.

Butter schmelzen und $3/4$ der Teigfläche damit bestreichen.

Apfelstrudel:

Geröstete Semmelbrösel gleichmäßig auf den gebutterten Teig streuen. Darauf Äpfel, geröstete Mandeln und Rosinen verteilen. Rundum einen schmalen Teigrand lassen, der über die Füllung geschlagen wird.

Aprikosenstrudel:

Die Füllung auf das vordere Teigviertel verteilen. Rundherum einen Teigrand lassen, der über die Füllung geschlagen wird.

Zum Aufrollen beider Strudel den belegten Teig durch Anheben des Tuchs zügig zu einer Rolle formen. Den Strudel ebenfalls mit Hilfe des Tuchs auf das gefettete Backblech oder in eine Auflaufform heben. Die Teigenden der Rolle einschlagen und den Strudel mit der restlichen Butter bestreichen.

Apfelstrudel im vorgeheizten Backofen bei 200°C etwa 35 Minuten backen.

Aprikosenstrudel bei 220°C etwa 25 Minuten backen.

Beide Strudel können 10 Minuten vor Ende der Backzeit mit 150 g Crème fraîche oder mit derselben Menge Schlagsahne überzogen werden.

Den fertigen Strudel nach Belieben mit Puderzucker bestäuben. Am besten schmecken die Strudel lauwarm. Dazu paßt Vanillesauce oder Eis.

Nährwerte pro Portion	
Kilokalorien	720
Kilojoule	3020
Eiweiß/g	12
Kohlenhydrate/g	74
Fett/g	38
Ballaststoffe/g	6

Strudelteig

Topfenstrudel

einfach, braucht Zeit

8 Portionen

Teig:
**250 g Mehl
1 Prise Salz
1 EL Essig
1 EL Öl
1 Ei**

Füllung:
**80 g große Sultaninen
1 EL brauner Rum
4 Eier
100 g weiche Butter
120 g feiner Zucker
400 g Schichtkäse
125 g Sauerrahm
abgeriebene Schale von
1/2 Zitrone**

**Mehl für die Arbeitsfläche
Butter für die Form und zum Bestreichen
1/4 l Milch
Puderzucker zum Bestäuben**

Das Mehl auf die Arbeitsfläche sieben. 1/8 Liter lauwarmes Wasser mit Salz, Essig und Öl verrühren und in das Mehl mischen. Das Ei zugeben und den Teig so lange kneten, bis er geschmeidig ist und glänzt. Den Teig zu einer Kugel formen und unter einer angewärmten Schüssel 30 Minuten ruhen lassen.

Inzwischen für die Füllung die Sultaninen waschen, abtropfen und im Rum etwas ziehen lassen.

Die Eier trennen. Die Butter mit der Hälfte des Zuckers und dem Eigelb sehr schaumig aufschlagen. Nach und nach den Schichtkäse sowie den Sauerrahm unterrühren und die abgeriebene Zitronenschale zufügen.

Das Eiweiß sehr steif schlagen und unter die Quarkmasse heben.

Den Teig auf einem großen bemehlten Tuch zum Rechteck ausrollen und dann mit den Händen vorsichtig papierdünn ausziehen.

Die Füllung auf 2/3 des Strudelteigs streichen und rundum einen Rand lassen. Die Sultaninen über die Quarkmasse streuen und die schmalen Teigränder auf die Füllung schlagen. Den Strudel durch Anheben des Tuchs aufrollen.

Eine Backpfanne mit Butter ausstreichen. Den Strudel in pfannenbreite Stücke schneiden und eng nebeneinander in die Backpfanne setzen.

Den Teig mit flüssiger Butter bestreichen und den Strudel im vorgeheizten Backofen bei 200°C etwa 20 Minuten backen.

Die Milch zum Kochen bringen und über den Strudel gießen, mit dem restlichen Zucker bestreuen und weitere 20 Minuten backen.

Den Strudel in der Form auftragen und vor dem Servieren mit Puderzucker bestäuben.

Nährwerte pro Portion	
Kilokalorien	480
Kilojoule	2000
Eiweiß/g	15
Kohlenhydrate/g	52
Fett/g	21
Ballaststoffe/g	1,4

Pflaumen-Sesamstrudel

einfach, braucht Zeit

8 Portionen

Teig:
**200 g Weizenmehl
50 g Weizenvollkornmehl
1 Ei
1 EL Sonnenblumenöl**

Füllung:
**1 kg Pflaumen
75 g Sesamsamen
30 g Kokosraspel
75 g Rosinen
50 g gehackte Mandeln
4 EL Honig
50 g Zucker**

**Mehl für die Arbeitsfläche
2 EL zerlassene Butter
1 Eigelb**

Aus den beiden Mehlsorten, dem Ei, Öl und 1/8 Liter Wasser einen glatten Strudelteig (s. Seite 338) zubereiten. Den Teig in Frischhaltefolie wickeln und 2 Stunden ruhen lassen.

Die Pflaumen waschen, halbieren und entsteinen.

Sesamsamen, Kokosraspel, Rosinen, Mandeln, Honig und Zucker gut vermischen.

Den Strudelteig auf einem mit Mehl bestäubten Leinentuch ausrollen und über dem Handrücken hauchdünn ausziehen. Die Sesam-Honigmischung darauf streichen, die Pflaumen darauf verteilen und den Teig zu einem Strudel aufrollen.

Strudelteig

Ein Backblech mit Backpapier auslegen und den Strudel darauf setzen. Mit flüssiger Butter und dem Eigelb bestreichen und im Backofen bei 175°C etwa 50 Minuten backen.

Nährwerte pro Portion	
Kilokalorien	426
Kilojoule	1785
Eiweiß/g	9
Kohlenhydrate/g	56
Fett/g	16
Ballaststoffe/g	6

BLÄTTERTEIG

Maronentorte

8 Stück

6 Scheiben TK-Blätterteig

Vanillecreme:
**4 Eigelb
125 g Zucker
30 g Speisestärke
½ l Milch
1 Vanilleschote**

Maronencreme:
**70 g weiche Butter
70 g Puderzucker
1 Päckchen Vanillinzucker
1 Dose Maronenpüree, naturell, 435 g
1 EL Kakaopulver**

Garnierung:
Puderzucker

Die aufgetauten Blätterteigscheiben auf Backtrennpapier sehr dünn ausrollen. Eine Schablone oder einen Teller von ca. 22 cm Durchmesser darauf legen und den Teig mit einem scharfen Messer ausschneiden. Die Teigplatten vor dem Backen 15 Minuten ruhen lassen. Dann mit Wasser bepinseln, mit einer Gabel einstechen und im vorgeheizten Backofen bei 220°C ca. 5 Minuten backen. Die Teigplatten sollen goldgelb sein und leicht blättern.

Für die Vanillecreme Eigelb und Zucker hell und schaumig schlagen. Die Speisestärke einsieben. Von der Milch ⅛ Liter abnehmen und mit der Masse verrühren.

Die Vanilleschote aufschlitzen, auskratzen und Mark und Schote mit ⅜ Liter Milch zum Kochen bringen. Den Topf vom Herd nehmen, die Vanilleschote entfernen und die heiße Milch in die Eimasse rühren. Die Creme in den Topf umfüllen und unter ständigem Rühren einmal aufwallen lassen.

Die Creme zum Abkühlen in eine Schüssel füllen und immer wieder umrühren.

Für die Maronencreme Butter, Puderzucker und Vanillinzucker schaumig schlagen, das Maronenpüree einrühren und zuletzt mit Kakaopulver abschmecken.

Wenn die Vanillecreme ausgekühlt ist, drei Blätterteigböden mit Maronencreme bestreichen – etwas davon für die Verzierung zurückbehalten – und zwei Blätterteigböden mit Vanillecreme bestreichen. Die Tortenböden abwechselnd aufeinandersetzen, erste und letzte Schicht sind Maronencreme.

Den sechsten Blätterteigboden mit Puderzucker bestäuben und aus der restlichen Maronencreme acht Rosetten darauf spritzen. Diesen Deckel aufsetzen und die Torte vor dem Anschneiden etwa 1 Stunde in den Kühlschrank stellen.

Nährwerte pro Portion/Stück	
Kilokalorien	530
Kilojoule	2210
Eiweiß/g	7
Kohlenhydrate/g	64
Fett/g	25
Ballaststoffe/g	4,2

Blätterteig

Holländer Kirschschnitten

6 Stück

1 Packung TK-Blätterteig, 300 g
Mehl für die Arbeitsfläche

Füllung:
500 g entsteinte Sauerkirschen aus dem Glas
1 EL Speisestärke
3 Blatt weiße Gelatine
500 g Schlagsahne
50 g Zucker
2 cl Kirschwasser

Glasur:
4 EL Johannisbeerkonfitüre
100 g Puderzucker

Blätterteig, wie auf der Packung beschrieben, auftauen lassen. Arbeitsfläche oder Backbrett mit etwas Mehl bestäuben. Den aufgetauten Blätterteig zu einem Rechteck ausrollen, das ca. 14 cm breit, 40 cm lang und 2 mm dick sein sollte. Das Rechteck in zwei Streifen von 7 x 40 cm schneiden.

Ein Backblech kurz mit kaltem Wasser abspülen, nicht abtrocknen, die beiden Teigstreifen darauf legen und mehrfach einstechen. Im vorgeheizten Backofen auf der mittleren Schiene bei 220°C ca. 12 Minuten backen. Nach dem Backen die Blätterteigstreifen auf einem Kuchengitter auskühlen lassen.

Kirschen in ein Sieb gießen und dabei den Saft auffangen.

In einem Topf die Kirschen mit 4 Eßlöffel Saft erhitzen. Die Speisestärke mit etwas kaltem Wasser anrühren und zu den Kirschen geben. Umrühren und für 3 Minuten kochen lassen. Vom Herd nehmen und abkühlen lassen, bis die Masse gerade noch lauwarm ist.

Gelatineblätter in etwas kaltem Wasser einweichen. Ausdrücken und tropfnaß in einen Topf geben. Erhitzen, bis sich die Gelatine auflöst. Vom Herd nehmen und abkühlen lassen.

Sahne steif schlagen, dabei nach und nach Zucker, Kirschwasser und Gelatine zufügen.

Einen Blätterteigstreifen mit der Kirschmasse bestreichen, Sahne gleichmäßig darauf verteilen.

Den zweiten Blätterteigstreifen in sechs gleich große Stücke schneiden.

In einer Schüssel Johannisbeerkonfitüre, Puderzucker und 2 Eßlöffel heißes Wasser glattrühren und die 6 Blätterteigstücke damit glasieren. Trocknen lassen und anschließend dicht nebeneinander auf den Sahnestreifen setzen. Mit einem scharfen Messer, das man zwischendurch in kaltes Wasser taucht, 6 Kuchenstücke durchschneiden. Bis zum Servieren kühl aufbewahren.

Nährwerte pro Portion/Stück	
Kilokalorien	700
Kilojoule	2950
Eiweiß/g	5
Kohlenhydrate/g	71
Fett/g	41
Ballaststoffe/g	1,7

Puddingschnitten

12 Stück

2 Pakete TK-Blätterteig, à 300 g
Mehl zum Bestäuben der Arbeitsfläche
250 g rotes Johannisbeergelee
100 g Puderzucker
1 EL Zitronensaft
1 Eiweiß

Füllung:
4 Eier
120 g Zucker
1/2 l Milch
250 g Schlagsahne
1 Prise Salz
100 g Speisestärke
1 Vanilleschote

Blätterteig

Blätterteig, wie auf der Packung beschrieben, auftauen lassen. Die Arbeitsfläche mit etwas Mehl bestäuben, den Inhalt einer Packung Blätterteig zu einem Rechteck ausrollen, das 40 cm lang und 35 cm breit ist.

Ein Backblech mit kaltem Wasser abspülen, nicht abtrocknen und das Teigrechteck darauf legen, mehrmals mit einer Gabel einstechen. Im vorgeheizten Backofen bei 200°C etwa 15 Minuten backen.

Nach dem Backen den Blätterteig vorsichtig vom Blech lösen und auf einem Kuchengitter auskühlen lassen.

Das Backblech säubern und den Inhalt der zweiten Packung Blätterteig, wie beschrieben, ebenfalls ausrollen, backen und erkalten lassen.

100 g Johannisbeergelee in einem kleinen Topf kurz aufkochen.

Von beiden Teigböden jeweils einen Streifen abschneiden, der ein Drittel der Gesamtlänge mißt. Die beiden schmalen Streifen beiseite legen.

Einen Boden mit dem heißen Gelee bestreichen, den anderen mit den restlichen 150 g kalten Johannisbeergelee.

Puderzucker in eine Schüssel sieben, mit Zitronensaft und etwas Eiweiß glattrühren und auf den Boden mit dem gekochten Gelee streichen.

Die Eier trennen. Das Eiweiß mit 60 g Zucker sehr steif schlagen.

1/4 Liter Milch, Sahne und 1 Prise Salz in einen Topf geben und erhitzen.

Speisestärke in der restlichen Milch auflösen und mit dem Eigelb verquirlen.

Das Mark der Vanilleschote und den restlichen Zucker zur heißen Milch im Topf geben und zum Kochen bringen. Die Eigelb-Speisestärkemischung mit dem Schneebesen unterrühren und noch einmal kurz aufkochen, bis der Pudding dick zu werden beginnt.

Vom Herd nehmen und den Eischnee vorsichtig unterheben. Etwas abkühlen lassen und dann die Hälfte des Puddings auf den Blätterteig mit dem ungekochten Gelee streichen. Die beiden schmalen Teigstreifen nebeneinander darauf legen und leicht andrücken. Mit dem restlichen Pudding bestreichen.

Den glasierten Blätterteigboden mit einem nassen Messer in 12 gleich große Stücke schneiden. Dicht nebeneinander auf die obere Puddingschicht legen.

Bis zum Servieren kühl aufbewahren. Dann mit einem scharfen Messer, das man immer wieder in Wasser taucht, die Kuchenstücke ganz durchschneiden.

Nährwerte pro Portion/Stück	
Kilokalorien	*500*
Kilojoule	*2110*
Eiweiß/g	*7*
Kohlenhydrate/g	*59*
Fett/g	*25*
Ballaststoffe/g	*1,6*

Blätterteig

Prasselkuchen

20 Stück

Teig:
**450 g TK-Blätterteig oder selbstgemachter Blitzblätterteig, siehe Seite 34
Mehl zum Ausrollen**

Streusel:
**320 g Mehl
200 g Zucker
1 TL Zimt
200 g Butter**

Außerdem:
150 g Aprikosenkonfitüre

Die Teigplatten getrennt etwa 15 Minuten auftauen lassen. Auf bemehlter Arbeitsfläche zu einer rechteckigen Fläche aneinanderlegen. Die Enden mit einem feuchten Pinsel einstreichen, überlappend festdrücken. Zu Blechgröße ausrollen.

Das Blech mit kaltem Wasser spülen.

Die Teigplatte mit Mehl bestäuben, auf die Teigrolle oder einen dicken Kochlöffelstiel aufwickeln. Den Teig auf das Blech abrollen. Mit einer Gabel die Oberfläche dicht einstechen.

Für den Streusel das Mehl, Zucker und Zimt in einer Schüssel vermischen. Die Butter in einem kleinen Topf bei milder Hitze zerlassen und unter Rühren in die Mehl-Zuckermischung gießen.

Mit der Hand gleichmäßig zerkrümeln und auf dem Blätterteig verteilen.

Den Kuchen in dem auf 225°C vorgeheizten Backofen auf der mittleren Schiene etwa 30 Minuten backen.

Blätterteig

Die Marmelade mit [E]ßlöffel Wasser erhitzen. [D]en noch heißen Kuchen [d]amit bepinseln. Auf dem [B]lech abkühlen lassen, [d]ann in Stücke schneiden.

Nährwerte pro Portion/Stück	
Kilokalorien	300
Kilojoule	1240
Eiweiß/g	3
Kohlenhydrate/g	34
Fett/g	15
Ballaststoffe/g	0,9

Apfel im Schlafrock

einfach

4 Portionen

1 Paket TK-Blätterteig, 300 g
Mehl für die Arbeitsfläche
4 EL Rosinen
4 EL gehackte Mandeln
1 TL Zimt
4 EL Rum
4 Äpfel
3 EL Semmelbrösel
4 EL Zucker
1 Eigelb

Den Blätterteig nach Packungsanleitung auftauen lassen und auf der bemehlten Arbeitsfläche ausrollen.

Die Rosinen, Mandeln, Zimt und Rum für die Füllung vermischen.

Die Äpfel schälen, das Kerngehäuse ausstechen und die Äpfel mit der Rosinen-Nußmischung füllen.

4 Teigquadrate passend zum Apfelumfang ausschneiden, die Äpfel darauf setzen und mit den Semmelbröseln und dem Zucker bestreuen. Die Teigecken vorsichtig hochziehen und über den Äpfeln zusammenschlagen. Mit dem Eigelb bestreichen und in der Mitte festdrücken.

Aus den Teigresten 4 kleine Blüten formen, auf die Teighüllen setzen und den Teig rundum mit Eigelb bestreichen. Auf ein kalt abgespültes Backblech setzen und im vorgeheizten Backofen bei 200°C gut 20 Minuten backen.

Nährwerte pro Portion	
Kilokalorien	490
Kilojoule	2060
Eiweiß/g	6
Kohlenhydrate/g	52
Fett/g	27
Ballaststoffe/g	5,4

Blätterteig

Obsttaschen

einfach, braucht Zeit

8 Stück

500 g Mehl
1 Prise Salz
500 g Butter
Mehl für die Arbeitsfläche
1 Eigelb zum Bestreichen
2 EL Aprikosenkonfitüre
2 Scheiben Ananas aus der Dose
8 Kirschen aus dem Glas

Aus Mehl, Wasser, Salz und Butter nach dem Grundrezept (Seite 343) einen Blätterteig herstellen.

Den Teig auf der bemehlten Arbeitsfläche ausrollen und mit dem Teigrad oder einem scharfen Messer 8 gleich große Quadrate ausschneiden.

Die Teigquadrate an 2 Kanten etwa 2 cm vom Rand entfernt über Eck einschneiden. Den Teig mit verquirltem Eigelb bestreichen und das lose Dreieck diagonal einschlagen.

Ein Backblech mit Backpapier auslegen und die Teigtaschen darauf setzen. Die freie Innenfläche mit

Blätterteig

Im vorgeheizten Backofen auf der mittleren Schiene bei 220 °C etwa 15 Minuten backen. Die Obsttaschen auf einem Kuchengitter auskühlen lassen.

Nährwerte pro Stück	
Kilokalorien	740
Kilojoule	3110
Eiweiß/g	8
Kohlenhydrate/g	52
Fett/g	53
Ballaststoffe/g	1,7

Marmelade bestreichen und jedes Stück mit ¼ Ananasscheibe und einer Kirsche belegen.

Die Kreise auf ein kalt abgespültes Blech heben.
Marzipan-Rohmasse weich kneten, mit Eiweiß, Cointreau und Zitronenschale verrühren. In einen Spritzbeutel mit kleiner Sterntülle füllen und auf die Äpfel spritzen.
Auf der mittleren Schiene in den auf 200°C vorgeheizten Backofen stellen. Etwa 15 Minuten gratinieren, bis die Makronenmasse goldbraun ist. Abkühlen lassen und mit Puderzucker bestäuben.

Apfeltörtchen mit Marzipan

einfach

zum Einfrieren

4 Portionen

2 Platten TK-Blätterteig, 120 g
Mehl zum Ausrollen
2 große Äpfel
2 EL Zitronensaft
50 g Marzipan-Rohmasse
1 EL Eiweiß
1 TL Cointreau
½ TL abgeriebene Zitronenschale
Puderzucker zum Bestäuben

Den Blätterteig auftauen lassen. Die Platten an den Kanten übereinanderlegen, auf der leicht bemehlten Arbeitsfläche quadratisch ausrollen. 4 Kreise mit etwa 12 cm Durchmesser ausschneiden.
Die Äpfel schälen, entkernen und in Scheiben schneiden. In Zitronensaft wenden, auf die Teigkreise legen. Einen Rand aus dem Teig formen.

Nährwerte pro Portion	
Kilokalorien	480
Kilojoule	2000
Eiweiß	6
Kohlenhydrate	63
Fett	22
Ballaststoffe	3

BRANDTEIG

162

Profiteroles-Pyramide Croquembouche

Der Name dieses Prachtstücks – Croquembouche – ist französisch und bedeutet wörtlich übersetzt: „Es knackt im Mund". Daß es tatsächlich knuspert, wenn man darauf beißt, kommt von dem karamelisierten Zucker. Die feinen Fäden des goldenen Käfigs werden glashart.

Portionen

Brandteig:
250 ml Wasser
1 Prise Salz
80 g Butter
125 g Mehl
4 Eier

Blätterteigboden:
1 Platte TK-Blätterteig

Füllung:
200 g Schlagsahne
1 TL lösliches Kaffeepulver
1 Päckchen Sahnesteif
1 EL Zucker
1 Päckchen Vanillinzucker

Karamel:
200 g Zucker
5 EL Wasser
1 EL Essig

In einem Topf Wasser mit Butter und Salz zum Kochen bringen. Die Hitze zurückschalten und das gesiebte Mehl auf einmal zuschütten. Das Mehl mit einem Holzlöffel gründlich einrühren und den Herd auf mittlere Hitze hochstellen. Weiterrühren, bis sich ein dicker Kloß gebildet hat, und der Topfboden mit einem weißen Film überzogen ist. Den Teigkloß in eine kalte Rührschüssel umfüllen. Mit dem elektrischen Rührer oder Schneebesen die Eier einzeln unterrühren. Jedes Ei muß vollkommen von dem Teig aufgenommen sein, bevor das nächste Ei eingearbeitet wird.

Ein Backblech mit Backtrennpapier auslegen oder leicht fetten und mit Mehl bestäuben. Den Teig in einen Spritzsack mit Lochtülle füllen und walnußgroße Teighäufchen auf das Blech spritzen. Den Teig am besten mit einer nassen Messerklinge von der Tülle schneiden.

Die Profiteroles im vorgeheizten Backofen bei 220°C 12 bis 15 Minuten backen.

Solange die Profiteroles noch warm sind, auf der Unterseite mit einer sehr spitzen Tülle ein Loch in jedes Gebäckteil drücken. Die Profiteroles auskühlen lassen.

Inzwischen den aufgetauten Blätterteig auf Backtrennpapier sehr dünn ausrollen und mit einem scharfen Messer nach einer Schablone oder einem Teller eine runde Teigplatte von ca. 22 cm Durchmesser ausschneiden. Den Blätterteigboden 15 Minuten ruhen lassen, dann mit Wasser bestreichen, mit einer Gabel einstechen und im vorgeheizten Backofen bei 220°C 5 Minuten auf der mittleren Schiene backen.

Die Sahne mit Kaffeepulver, Sahnesteif, Zucker und Vanillinzucker sehr steif schlagen und in einen Spritzsack mit kleiner Lochtülle füllen. Die Mokkasahne in die Profiteroles spritzen und das Gebäck in den Kühlschrank stellen.

Den Zucker mit Wasser und Essig zu hellbraunem Karamel kochen. Die gefüllten Profiteroles darin eintauchen und auf dem Blätterteigboden pyramidenförmig aufeinanderschichten.

Achtung: Den heißen Karamel niemals mit den Fingern berühren!

Wenn die Pyramide steht, den Karamel eventuell nochmals etwas erwärmen – er soll flüssig sein. Den Topf mit dem Karamel neben die Pyramide halten, mit einer Gabel Fäden daraus ziehen und die Pyramide damit einspinnen.

Das Gebäck noch am selben Tag verspeisen, dazu trägt man die Profiteroles von oben nach unten portionsweise ab.

Nährwerte pro Portion/Stück	
Kilokalorien	370
Kilojoule	1540
Eiweiß/g	5
Kohlenhydrate/g	44
Fett/g	18
Ballaststoffe/g	0,4

Brandteig

Saint-Honoré-Torte

Diese Torte ist das Paradestück der Brandteigbäckerei. Sie ist in einer Pariser Bäckerei in der Rue Saint Honoré zum ersten Mal in den Backofen geschoben worden.

8 Stück

2 Platten TK-Blätterteig

Brandteig:
1/4 l Wasser
1 Prise Salz
60 g Butter
125 g Mehl
3 Eier

Karamel:
150 g Zucker
5 EL Wasser

Vanillecreme:
6 Eigelb
125 g Zucker
40 g Mehl
1/2 l Milch
1 Vanilleschote

Außerdem:
2–3 EL Puderzucker

Die Blätterteigplatten getrennt auftauen lassen. Den Brandteig, wie auf Seite 359 beschrieben, zubereiten und die Hälfte in einen Spritzbeutel mit großer Lochtülle füllen.

Den Blätterteig einmal kurz kneten, damit er nicht so stark aufgeht. Auf bemehlter Arbeitsfläche zu einem Kreis mit 20 cm Durchmesser ausrollen.

Auf ein mit Backpapier ausgelegtes Blech legen und mit einer Gabel mehrmals einstechen.

Den Brandteig mit dem Spritzbeutel spiralförmig auf den Blätterteigboden spritzen.

Den restlichen Teig in den Spritzbeutel füllen und 20 walnußgroße Häufchen mit Abstand auf das Blech spritzen.

In dem auf 200°C vorgeheizten Backofen auf der mittleren Schiene in 20 Minuten goldbraun backen. Die Häufchen herausnehmen und den Kreis weitere 10 Minuten backen. Alles auf einem Kuchengitter auskühlen lassen.

Für den Karamel den Zucker und das Wasser in einem Topf verrühren und bei mittlerer Hitze unter ständigem Rühren zu einem goldfarbenen Karamel kochen. Vom Herd nehmen.

Für die Verzierung mit einem Löffel etwas Karamel abnehmen und damit ein Gitter mit etwa 15 cm Durchmesser auf einer Marmorplatte oder einem kalten Backblech ziehen. Dazu den Karamel langsam aber zügig vom Löffel laufen lassen, dabei schlangenförmig ein Gitter formen. Auf der Fläche auskühlen lassen.

Gleich anschließend die Brandteigbällchen in den Karamel tauchen. Mit der Unterseite auf den Rand der Teigspirale kleben.

Für die Creme das Eigelb mit dem Zucker zu einer dicklichen, weißen Creme aufschlagen. Das Mehl und 1/8 Liter Milch unterrühren.

Die restliche Milch mit der aufgeschlitzten Vanilleschote aufkochen. Die Vanilleschote entfernen,

Brandteig

...masse zugeben und unter ständigem Rühren 2 Minuten kochen.

Creme in die Torte füllen und fest werden lassen. Dann den Puderzucker darüber sieben und auf der obersten Schiene des Backofens unter dem Grill 2 bis 5 Minuten bräunen. Dabei ständig beobachten, damit die Torte nicht verbrennt.

Die Torte sollte – gekühlt – möglichst bald verspeist werden.

Nährwerte pro Portion/Stück	
Kilokalorien	370
Kilojoule	1560
Eiweiß/g	8
Kohlenhydrate/g	48
Fett/g	15
Ballaststoffe/g	0,5

Brandteig

Flockentorte

12 Stück

Teig:
¼ l Wasser
50 g Butter
1 Prise Salz
150 g Mehl
5 Eier
Butter und Mehl für die Form

Füllung:
400 g Preiselbeerkompott
750 g Schlagsahne
1 Päckchen Vanillinzucker
1 EL Zucker
150 g entsteinte Sauerkirschen aus dem Glas
4 EL Puderzucker

In einem Topf Wasser mit Butter und Salz für den Teig aufkochen. Vom Herd nehmen. Mehl hineinschütten und mit dem Schneebesen gut verrühren. Wieder auf den Herd stellen und mit dem Kochlöffel so lange rühren, bis sich ein Kloß bildet und am Topfboden eine weiße Haut entsteht.

Wieder vom Herd nehmen und sofort 1 Ei unterrühren. Teig 5 Minuten abkühlen lassen und dann die restlichen Eier nach und nach unter den Teig mischen.

Eine Springform mit einem Durchmesser von 28 cm ausbuttern und mit Mehl ausstäuben. Den Boden mit einem Drittel der Teigmenge auslegen.

Im vorgeheizten Backofen bei 220°C auf der mittleren Schiene 20 bis 25 Minuten backen.

Aus dem Backofen nehmen und auf einem Kuchengitter auskühlen lassen.

Brandteig

Mit der restlichen Teigmenge zwei weitere Böden backen und ebenfalls auskühlen lassen.

Preiselbeerkompott in einem Sieb gut abtropfen lassen. Einen Kuchenboden mit der Hälfte des Kompotts bestreichen.

Die Sahne mit Vanillinzucker und Zucker steif schlagen. Die Hälfte davon auf das Preiselbeerkompott verteilen. Den zweiten Tortenboden darauf setzen. Restliche Preiselbeeren und Sahne darauf schichten, dabei etwas Sahne für die Garnierung übriglassen.

Sauerkirschen in ein Sieb gießen und abtropfen lassen.

Den dritten Teigboden zerbröckeln und auf der oberen Sahneschicht verteilen. Mit gesiebtem Puderzucker bestäuben. In die Mitte der Torte ein Sahnehäubchen setzen. Tortenrand und Mitte mit den Sauerkirschen verzieren.

Nährwerte pro Portion/Stück	
Kilokalorien	380
Kilojoule	1600
Eiweiß/g	6
Kohlenhydrate/g	28
Fett/g	26
Ballaststoffe/g	1,4

Brandteig

Brandteig

Muttertagsherz

6 Stück

Teig:
150 ml Milch
30 g Butter
1 Prise Zucker
1 Prise Salz
90 g Mehl
2 Eier
1 Eigelb

Glasur:
120 g Johannisbeergelee
200 g Puderzucker

Füllung:
500 g Schlagsahne
2 Päckchen Sahnesteif
500 g Erdbeeren

In einem Topf Milch, Butter, Zucker und Salz aufkochen. Vom Herd nehmen. Das Mehl auf einmal zuschütten. Den Topf wieder auf den Herd stellen und so lange rühren, bis ein Kloß entsteht und sich am Topfboden eine weiße Haut bildet. Dann vom Herd nehmen und nach und nach Eier und Eigelb unterrühren.

Den Teig in einen Spritzbeutel mit Sterntülle füllen. Das Backblech mit Backtrennpapier auslegen und ein Herz sowie ein kleines „M" darauf spritzen. Im vorgeheizten Backofen auf der mittleren Schiene bei 180°C etwa 30 Minuten backen.

Aus dem Backofen nehmen, mit dem Papier auf einem Kuchengitter etwas abkühlen lassen. Das Herz noch warm mit einem scharfen Messer vorsichtig waagrecht durchschneiden.

In einem kleinen Topf das Johannisbeergelee erwärmen. Die obere Herzhälfte und das „M" damit bestreichen.

Puderzucker und 2 Eßlöffel Wasser glattrühren, über das kalte Gelee streichen. Den Buchstaben mit der Glasur an das Herz kleben, trocknen lassen.

Die Sahne mit Sahnesteif sehr steif schlagen.

Erdbeeren waschen, trocknen und abzupfen.

Mit dem Spritzbeutel die Sahne auf dem Boden des Teigherzens verteilen. Erdbeeren darauf legen, dann die obere Herzhälfte aufsetzen. Kühl stellen und möglichst bald verspeisen.

Nährwerte pro Portion/Stück	
Kilokalorien	620
Kilojoule	2590
Eiweiß/g	8
Kohlenhydrate/g	65
Fett/g	34
Ballaststoffe/g	2,8

Brandteig

Liebesknochen

6 Stück

Teig:
170 ml Wasser
1 Prise Salz
40 g Butter
85 g Mehl
2 Eier

Füllung:
2 Orangen
250 g Schlagsahne
1 Päckchen Sahnesteif
50 g Zucker
1 Päckchen Vanillinzucker
1–2 EL Orangenlikör

In einem Topf Wasser mit Butter und Salz zum Kochen bringen. Die Hitze zurückschalten und das gesiebte Mehl auf einmal zuschütten. Das Mehl mit einem Holzlöffel gründlich einrühren und den Herd auf mittlere Hitze hochschalten. Rühren, bis sich ein dicker Kloß gebildet hat, und der Topfboden mit einem weißen Film überzogen ist. Den Teigkloß in eine kalte Rührschüssel umfüllen. Mit dem elektrischen Rührgerät oder dem Schneebesen die Eier einzeln unterrühren. Jedes Ei muß vollkommen von dem Teig aufgenommen sein, bevor das nächste Ei eingearbeitet wird.

Das Backblech mit Backtrennpapier auslegen. Den Teig in einen Spritzsack mit der größten Sterntülle füllen. 2 sehr langgezogene Knochenformen dicht nebeneinander auf das Papier spritzen, Länge mindestens 30 cm, der Teig geht noch auseinander.

Den Liebesknochen im vorgeheizten Backofen bei 220°C ca. 30 Minuten auf der mittleren Schiene backen.

Das Gebäck noch warm waagrecht aufschneiden und auskühlen lassen.

Inzwischen die Orangen samt der weißen Innenhaut schälen und die Filets aus den Häutchen schneiden. Das Orangenfleisch gut abtropfen lassen.

Schlagsahne mit Sahnesteif, Zucker und Vanillinzucker sehr steif schlagen und mit Orangenlikör abschmecken. Die Sahne in den Spritzsack mit großer Sterntülle füllen und gut die Hälfte davon in den Boden des Gebäcks spritzen.

Die Orangenfilets mit Küchenpapier abtupfen und auf das Sahnebett legen (siehe Abbildung). Die restliche Sahne über die Orangen spritzen und die obere Gebäckhälfte leicht aufdrücken. Den Liebesknochen möglichst bald verspeisen – Brandteig schmeckt frisch am besten!

Brandteig

Variation: Den Liebesknochen zuletzt mit Puderzucker bestäuben oder die Oberfläche mit glattgerührter Aprikosenkonfitüre bestreichen.

Tip: Mit Sahne gefülltes Gebäck läßt sich am besten mit dem elektrischen Messer aufschneiden.

Nährwerte pro Portion/Stück	
Kilokalorien	340
Kilojoule	1410
Eiweiß/g	5
Kohlenhydrate/g	27
Fett/g	21
Ballaststoffe/g	1

Brandteig

Ausgebackene Kringel

einfach

6 Portionen

**80 g Butter
1 Prise Salz
150 g Mehl
4 Eier
1 EL Rum
750 g Kokosfett zum Fritieren
100 g Puderzucker**

Die Butter in Stückchen schneiden und mit dem Salz in 1/4 Liter Wasser kurz aufkochen lassen. Vom Herd nehmen, das Mehl zufügen und mit einem Schneebesen gut verrühren. Wieder auf den Herd stellen und mit einem Holzlöffel so lange rühren, bis sich ein dicker Kloß gebildet hat, und der Topfboden mit einem weißen Film überzogen ist.

Den Topf wieder vom Herd nehmen und sofort 1 Ei unterrühren. Den Teig 5 Minuten abkühlen lassen und dann die restlichen Eier nach und nach unter den Teig mischen. Mit Rum würzen und nochmals kräftig rühren.

Das Fett in der Friteuse auf 175°C erhitzen.

Den Teig in einen Spritzbeutel füllen und auf Backpapier kleine Kringel spritzen. Im heißen Fett portionsweise etwa 6 Minuten goldgelb backen, dabei einmal wenden. Die Kringel gehen beim Fritieren etwas auf, deshalb nicht zu viele auf einmal in das Fett legen.

Die fertigen Kringel mit dem Schaumlöffel herausheben, auf Küchenpapier abtropfen und auskühlen lassen. Mit Puderzucker bestreut servieren.

Nährwerte pro Portion	
Kilokalorien	*780*
Kilojoule	*3290*
Eiweiß/g	*8*
Kohlenhydrate/g	*35*
Fett/g	*65*
Ballaststoffe/g	*0,6*

Schwan

einfach, braucht Zeit

**100 g Butter
300 g Mehl
60 g Speisestärke
10 Eier
2 gestrichene TL Backpulver
Fett zum Bestreichen
Mehl zum Bestäuben
80 g Puderzucker
2 Dosen Mandarinen
200 g Schlagsahne
1 Päckchen Sahnesteif
1 EL Zucker**

Die Butter mit 1/2 Liter Wasser in einem Topf zum Kochen bringen. Den Topf vom Herd nehmen, das Mehl und die Speisestärke hineingeben und alles zu einem glatten Kloß rühren. Auf dem Herd unter Rühren etwa 1 Minute erhitzen.

Den heißen Kloß in eine Schüssel geben und nach und nach die Eier unterrühren. Den Teig erkalten lassen und dann das Backpulver einrühren.

Ein Backblech fetten und mit Mehl bestäuben.

Den Teig in einen Spritzbeutel mit Sterntülle füllen und 2/3 des Teigs als Rosetten von ca. 4 cm Durchmesser auf das Backblech spritzen. Den Rest des Teigs für die Hälse als Fragezeichen spritzen. Im vorgeheizten Backofen bei 220°C etwa 25 Minuten backen.

Nach gut 15 Minuten die Hälse prüfen. Wenn sie schon gar sind, die Hälse vom Blech lösen und zum Abkühlen auf ein Kuchengitter legen.

Die fertigen Windbeutel vom Blech lösen, sofort waagrecht aufschneiden und die Deckel für die Flügel quer halbieren. Mit dem Puderzucker bestäuben.

Die Mandarinen gut abtropfen lassen.

Die Schlagsahne mit Sahnesteif und dem Zucker steif schlagen und in einen Spritzbeutel mit Sterntülle geben. Die Windbeutelböden als Schwanenkörper jeweils mit einem Eßlöffel Mandarinen und einem dicken Sahnetupfer füllen. Die Schwanenhälse und Flügel in die Sahne stecken und sofort servieren.

Nährwerte insgesamt	
Kilokalorien	*5580*
Kilojoule	*23370*
Eiweiß/g	*112*
Kohlenhydrate/g	*590*
Fett/g	*280*
Ballaststoffe/g	*24,8*

Brandteig

BAISER

Johannisbeer-Baisertorte

12 Stück

Teig:
**250 g Mehl
50 g Zartbitter-
schokolade
100 g grob gemahlene
Mandeln
1 Messerspitze Zimt
200 g Butter
100 g Zucker
2 Eigelb**

**750 g Johannisbeeren
Butter für die Form**

Belag:
**8 Eiweiß
320 g Zucker
20 g Mandelblätter
20 g Puderzucker**

Das Mehl auf ein Backbrett oder die Arbeitsfläche sieben. Die Schokolade reiben und 50 g gemahlene Mandeln dazugeben, mit Zimt bestreuen. Vermischen und in die Mitte eine Vertiefung drücken. Die Butter in Flöckchen in die Mitte geben, ebenso den Zucker und das Eigelb. Von außen nach innen schnell einen Teig kneten. Mindestens 1 Stunde an einem kühlen Ort ruhen lassen.

Die Johannisbeeren waschen, verlesen und von den Stielen streifen.

Eine Springform mit einem Durchmesser von 30 cm ausbuttern.

Den Teig ausrollen, die Form damit auslegen, Teig am Rand hochziehen, andrücken und mehrmals einstechen. Im vorgeheizten Backofen auf der mittleren Schiene 20 Minuten bei 180°C backen. In der Form abkühlen lassen und mit den restlichen gemahlenen Mandeln bestreuen.

Eiweiß in einer Schüssel sehr steif schlagen, dabei den Zucker langsam einrieseln lassen. Die Johannisbeeren mit einem Kochlöffel unter den Eischnee ziehen.

Die Schaummasse leicht kuppelförmig auf den Teigboden häufen und unregelmäßige Spitzen hochziehen – Mandelblätter darüber streuen und mit Puderzucker bestäuben.

Die Torte auf der untersten Schiene nochmals in den Backofen schieben und bei 250°C so lange überbacken, bis die Baisermasse goldbraune Spitzen hat.

Nährwerte pro Portion/Stück	
Kilokalorien	520
Kilojoule	2180
Eiweiß/g	7
Kohlenhydrate/g	75
Fett/g	20
Ballaststoffe/g	3,6

Baiser

Himmelstochter

8 Stück

Teig:
**100 g weiche Butter
300 g Zucker
1 Päckchen Vanillinzucker
4 Eier, getrennt
125 g Mehl
1/2 Päckchen Backpulver
Butter und Mehl für die Form
100 g Mandelblättchen**

Füllung:
**500 g Schlagsahne
1 Päckchen Vanillinzucker
2 Päckchen Sahnesteif
1 große Dose Mandarinen**

Die Butter, 100 g Zucker und den Vanillinzucker schaumig rühren. Das Eigelb unter Rühren einzeln zugeben.

Das Mehl mit dem Backpulver mischen und löffelweise unterrühren.

Die Böden von zwei Springformen mit 24 cm Durchmesser fetten und mit Mehl bestäuben. Den Teig auf die beiden Formen verteilen und glattstreichen. (Wenn nur eine Form zur Verfügung steht, müssen die Zutaten für den zweiten Kuchen kühl gestellt und die Böden nacheinander gebacken werden.)

Das Eiweiß 1/2 Minute auf der mittleren Stufe des Handrührgeräts schaumig schlagen, den restlichen Zucker einrieseln lassen und auf der höchsten Stufe zu einem glänzenden Schnee schlagen.

Auf den Teig in den beiden Formen streichen, Mandelblättchen darauf streuen.

In dem auf 175°C vorgeheizten Backofen auf der mittleren Schiene 30 Minuten backen. Auf einem Kuchengitter auskühlen lassen.

Die Sahne mit Vanillinzucker und Sahnesteif schlagen.

Den ersten Kuchen auf eine Tortenplatte setzen, die Hälfte der Mandarinen darauf verteilen. Die Sahne aufstreichen, restliche Mandarinen auf die Sahne legen.

Den zweiten Kuchen in 8 Tortenstücke schneiden und auf der Sahnetorte wieder zusammensetzen.

Nährwerte pro Portion/Stück	
Kilokalorien	670
Kilojoule	2790
Eiweiß/g	9
Kohlenhydrate/g	64
Fett/g	40
Ballaststoffe/g	2,6

Baiser

Fragilité

Die Baisermasse für die Böden nacheinander von jeweils der halben Menge herstellen, da die Backzeit so lange dauert, daß der empfindliche Eiweißteig inzwischen zusammenfallen könnte.

Die Schokosahne am Vortag oder 4 Stunden vor dem Backen mischen.

20 Stück

Füllung:
500 g Zartbitterschokolade
500 g Schlagsahne
1 EL lösliches Kaffeepulver
2 EL Cognac

Zum Backen und Stürzen:
4 Blätter Backtrennpapier, in der Größe des Backblechs zugeschnitten weitere 4 Blätter Backtrennpapier oder Butterbrotpapier in derselben Größe, mit Puderzucker besiebt

Böden:
125 g Marzipan-Rohmasse
2 EL Milch
8 Eiweiß
425 g Zucker
100 g Mandelblättchen

Garnierung:
100 g Blockschokolade

Baiser

weiß zu steifem Schnee schlagen. Nach und nach unter weiterem Schlagen den Zucker einrieseln lassen.

Zunächst die Hälfte des Eischnees mit der Marzipanmasse vermischen, dann den restlichen Schnee vorsichtig unterziehen. Die Masse zu gleichen Teilen auf die Backpapiere verteilen und innerhalb der Markierungen gleichmäßig glattstreichen. Mit Mandelblättchen bestreuen.

Die Böden nacheinander im vorgeheizten Backofen bei 150°C auf der mittleren Schiene gut 20 Minuten backen, bis die Masse trocken ist und leicht Farbe annimmt. Die Böden breiten sich dabei über die Markierungen aus.

Jeden Boden sofort nach dem Backen auf ein mit Puderzucker bestäubtes Papier stürzen und das Backpapier abziehen. Falls es klebt, von der Rückseite her mit einem Pinsel befeuchten.

Während die Böden auskühlen, die Schokosahne für die Füllung mit dem elektrischen Handquirl schaumig aufschlagen.

Den schönsten Boden als Tortendeckel reservieren, die drei anderen Böden gleichmäßig mit Schokosahne bestreichen und aufeinandersetzen, den Deckel auflegen.

Zum Garnieren die Blockschokolade grob hacken und im Wasserbad schmelzen. Die Schokolade in einen Spritzbeutel mit sehr feiner Lochtülle füllen und die Torte nach Belieben oder wie auf dem Bild verzieren.

Zum Aufschneiden das Rechteck der Länge nach halbieren und jede Hälfte quer in 10 schmale Streifen schneiden.

Nährwerte pro Portion/Stück	
Kilokalorien	390
Kilojoule	1650
Eiweiß/g	6
Kohlenhydrate/g	40
Fett/g	22
Ballaststoffe/g	3,4

Die Schokolade für die Füllung fein hacken. Die Schlagsahne einmal aufkochen lassen und das Kaffeepulver und die Schokolade unter Rühren darin auflösen. Mit Cognac abschmecken. Die Schokosahne abkühlen lassen und dann in den Kühlschrank stellen, mindestens 4 Stunden, am besten über Nacht.

Auf 4 Backtrennpapieren Rechtecke von 20 x 25 cm markieren.

Die Marzipan-Rohmasse zerbröckeln und mit der Milch glattrühren. Das Ei-

Baiser

Marzipanbaiser mit Ingwerbirnen

6 Stück

Boden:
200 g Marzipan-Rohmasse
3 Eiweiß

Baiser:
2 Eiweiß
125 g Puderzucker

Belag:
6 Birnenhälften aus der Dose
4 EL Orangenmarmelade
1 in Sirup eingelegte Ingwerpflaume

Das Marzipan grob raffeln, das Eiweiß zu steifem Schnee schlagen und beides miteinander vorsichtig verrühren.

Den Marzipanteig auf Backtrennpapier zu einem runden Boden von 24 cm Durchmesser ausstreichen. Im vorgeheizten Backofen bei 175°C 15 Minuten auf der mittleren Schiene vorbacken.

Inzwischen 2 Eiweiß sehr steif schlagen und den Puderzucker unterziehen.

Den Marzipanboden aus dem Backofen nehmen und die Baisermasse darauf verteilen (siehe Abbildung).

Baiser

Den Kuchen weitere 20 Minuten bei derselben Temperatur backen, dann auskühlen lassen.

Die Birnenhälften aus der Dose abtropfen lassen. Die Orangenmarmelade, möglichst ohne große Schalenstücke, bei schwacher Hitze geschmeidig rühren. Den Ingwer fein hacken und in die Marmelade rühren.

Die trockengetupften Birnenhälften dick mit der Marmelade bestreichen. Die restliche Marmelade in den inneren Kreis des ausgekühlten Kuchens geben. Die Birnenhälften gleichmäßig darauf anordnen (siehe Abbildung) und leicht in die Marmelade drücken.

Diesen Kuchen noch am selben Tag essen.

Tip: Statt mit Birnen kann der Kuchen auch mit Pfirsichhälften oder Mangospalten belegt werden.

Nährwerte pro Portion/Stück	
Kilokalorien	360
Kilojoule	1490
Eiweiß/g	8
Kohlenhydrate/g	52
Fett/g	12
Ballaststoffe/g	3,2

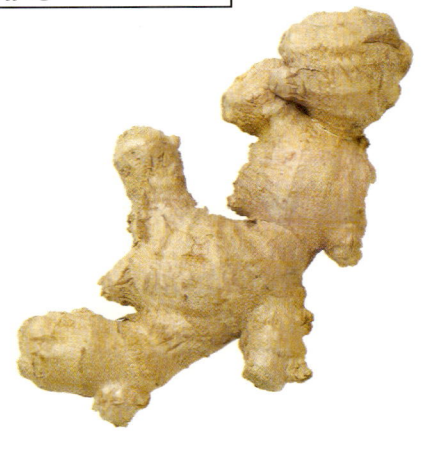

Baiser

Eis-Baisertorte

12 Stück

Teig:
250 g gemahlene Mandeln
250 g Zucker
8 Eiweiß
Butter und Semmelbrösel für die Form

Füllung:
1 l Vanilleeis

Garnierung:
250 g Schlagsahne
1 Päckchen Sahnesteif
1 Päckchen Vanillinzucker
200 g frische Himbeeren

Die gemahlenen Mandeln mit dem Zucker vermischen. Das Eiweiß zu sehr steifem Schnee schlagen und vorsichtig unter die Mandel-Zuckermischung heben.

Eine gefettete Springform, Durchmesser 22 cm, mit Semmelbröseln ausstreuen. Die Hälfte der Baisermasse darauf etwa 2 cm dick verteilen und im vorgeheizten Backofen bei 175°C ca. 25 Minuten auf der mittleren Schiene goldbraun backen. Die restliche Masse inzwischen kalt stellen.

Das gebackene Baiser vorsichtig aus der Form lösen und auskühlen lassen. Den zweiten Baiserboden ebenso backen.

Das Vanilleeis aus der Packung nehmen und kurz antauen lassen, es soll streichfähig, aber nicht flüssig sein!

Die Springform waschen, trocknen und einen der beiden ausgekühlten Böden wieder hineinsetzen. Das Vanilleeis gleichmäßig darauf verstreichen und die Form ins Tiefkühlgerät stellen, bis das Eis wieder ganz fest ist.

Inzwischen die Sahne mit Sahnesteif und Vanillinzucker sehr steif schlagen. Die Himbeeren verlesen. Die Schlagsahne dekorativ auf den zweiten Baiserboden häufen, in der Mitte eine Mulde formen und die Himbeeren leicht hineindrücken.

Die Eistorte aus der Springform lösen, auf eine Tortenplatte setzen und den Tortendeckel auf dem Eis leicht andrücken. Sofort servieren!

Variation: Die Torte mit Nußeis füllen, mit Mokkasahne krönen und mit Krokant bestreuen.

Nährwerte pro Portion/Stück	
Kilokalorien	420
Kilojoule	1770
Eiweiß/g	10
Kohlenhydrate/g	44
Fett/g	21
Ballaststoffe/g	4

Baiser

Baiser

Baisertorte mit Pfirsichen

12 Stück

Teig:
100 g Butter
125 g Zucker
4 Eigelb
1–2 EL Wasser
150 g Mehl
1/2 TL Backpulver

Baiser:
160 g Zucker

Zum Bestreuen:
100 g Mandelblättchen

Belag:
1 Dose Pfirsiche (800 g)
2 Becher Schlagsahne (400 g)
1 Päckchen Sahnesteif
2 Päckchen Vanillinzucker

Butter schaumig rühren. Zucker, Eigelb und Wasser nach und nach zugeben.

Das mit Backpulver gemischte Mehl eßlöffelweise unterrühren.

Eine Hälfte des Teiges auf einen gefetteten Springformboden (28 cm Durchmesser) streichen und im vorgeheizten Backofen bei 175°C ca. 20 Minuten goldgelb backen.

Nach dem Backen sofort vom Springformboden lösen und auf einem Kuchengitter abkühlen lassen. Den

Baiser

restlichen Teig auf die gleiche Weise backen.

Für die Baisermasse Eiweiß steif schlagen, dabei langsam den Zucker einrieseln lassen.

Baisermasse auf die zwei ausgekühlten Böden streichen, jeweils mit Mandelblättchen bestreuen und im vorgeheizten Backofen bei 175°C nochmals ca. 15 Minuten backen, bis das Baiser eben zu bräunen beginnt.

Pfirsiche auf einem Sieb abtropfen lassen, in Achtel schneiden und einen Boden damit belegen.

Sahne mit Sahnesteif und Vanillinzucker steif schlagen. Auf die Pfirsiche geben und glattstreichen.

Den zweiten Boden in Tortenstücke schneiden und die Torte damit abdecken.

Variante: Statt Pfirsichen können Sie auch in etwas Wein und mit reichlich Zucker gedünstete Stachelbeeren oder Reineclauden aus dem Glas verwenden.

Nährwerte pro Portion/Stück:	
Kilokalorien	*420*
Kilojoule	*1770*
Eiweiß/g	*5*
Kohlenhydrate/g	*44*
Fett/g	*24*
Ballaststoffe/g	*1,8*

Knuspertorte

16 Stück

Teig:
8 Eiweiß
250 g Zucker
200 g Puderzucker
30 g Speisestärke

Belag:
1 Dose Pfirsiche (800 g)
100 g Johannisbeeren

Eiweiß steif schlagen, dabei langsam den Zucker einrieseln lassen.

Puderzucker und Speisestärke darüber sieben und mit dem Schneebesen vorsichtig unterheben.

²/₃ der Baisermasse in einen Spritzbeutel mit großer Tülle füllen und schneckenförmig zu einem Kreis von 28 cm Durchmesser auf ein mit Backpapier ausgelegtes Blech spritzen.

Die restliche Masse als Tupfen auf den Kreisrand setzen und den Boden im vorgeheizten Backofen bei 100°C gut 4 Stunden backen und über Nacht trocknen lassen.

Pfirsiche auf einem Sieb abtropfen lassen und in Stücke teilen, Johannisbeeren waschen, abtropfen lassen und die Beeren von den Rispen ziehen.

Den Baiserboden sehr dicht mit den Pfirsichspalten belegen und mit Johannisbeeren garnieren.

Tip: Der Baiserboden schmeckt besonders gut, wenn Sie gemahlene Mandeln oder Haselnüsse in die Masse geben.

Wenn Sie mögen, können Sie die Früchte zusätzlich noch mit einem Guß überziehen, für den Sie den Pfirsichsaft mit klarem Tortenguß oder etwas Gelatine binden.

Nährwerte pro Portion/Stück:	
Kilokalorien	*150*
Kilojoule	*638*
Eiweiß/g	*2,5*
Kohlenhydrate/g	*36*
Fett/g	*0*
Ballaststoffe/g	*0,5*

Baiser

Die Schlagsahne mit dem Zucker steif schlagen. In eine Hälfte der Sahne das Pfirsichmus rühren, in die andere Hälfte die Curubas und den Cognac.

Eine Meringe auf ein Tablett legen und mit der Pfirsichsahne bestreichen. Die zweite Meringe darauf setzen und mit der Curubasahne bedecken. Mit den Curubakernen garnieren und sofort servieren.

Variation: Die Curuba-Meringe mit Kokosflocken bestreuen

Nährwerte pro Portion	
Kilokalorien	405
Kilojoule	1725
Eiweiß/g	6
Kohlenhydrate/g	60
Fett/g	17
Ballaststoffe/g	5

Curuba-Meringe

Meringen 2 Stunden vorher zubereiten

einfach, braucht Zeit

8 Portionen

8 Eiweiß
400 g Puderzucker
1/2 TL Backpulver
2 Pfirsichhälften aus der Dose
4 Curubas, ersatzweise
8 Passionsfrüchte
400 g Schlagsahne
2 EL Zucker
1 EL Cognac

Für die Meringe das Eiweiß sehr steif schlagen, dabei nach und nach den Puderzucker und das Backpulver einrieseln lassen

Zwei rechteckige Backformen mit Backpapier auslegen, den Eischnee gleichmäßig hineinstreichen und im vorgeheizten Backofen bei 100°C 1 Stunde backen.

Die fertigen Meringen mit dem Papier aus den Formen heben und auf einem Kuchengitter auskühlen lassen.

Die Pfirsichhälften mit der Gabel zerdrücken. Das Fruchtfleisch der Curubas aus der Schale lösen und die Kerne von 1/2 Curuba für die Dekoration beiseite stellen.

Mont Blanc

einfach, Blitzrezept

6 Portionen

100 g Zucker
1 Dose ungesüßtes Maronenpüree, 435 g
250 g Schlagsahne
1 Päckchen Sahnesteif
1 Päckchen Vanillinzucker
6 runde Meringen vom Bäcker
Puderzucker zum Bestäuben

Den Zucker mit 2 Eßlöffel Wasser klarkochen und den Sirup bis zum „Faden" einkochen.

Baiser

Den Sirup etwas abkühlen lassen und nach und nach in das Maronenpüree rühren (mehrere Minuten!). Das Püree soll so geschmeidig werden, daß es durch eine Lochtülle zu Spaghetti gespritzt werden kann. Wenn das Püree zu hart ist brechen die Spaghetti, wenn es zu weich ist rutschen die Spaghetti vom Mont Blanc ab.

Die Sahne mit Sahnesteif und Vanillinzucker sehr steif schlagen und kuppelförmig auf die Meringen häufen.

Das Maronenpüree in einen Spritzbeutel mit mittelfeiner Lochtülle füllen und Spaghetti kreuz und quer über den Sahneberg spritzen.

Mont Blanc mindestens 30 Minuten im Kühlschrank kalt stellen und vor dem Servieren leicht mit Puderzucker bestäuben.

Nährwerte pro Portion	
Kilokalorien	440
Kilojoule	1840
Eiweiß/g	4
Kohlenhydrate/g	71
Fett/g	14
Ballaststoffe/g	5,0

Baiser

Omelette surprise

einfach

8 Portionen

**2 Biskuitböden von
28 cm Durchmesser
1 l Kirscheis
6 cl Orangenlikör
4 Eiweiß
160 g Puderzucker
2 EL Mandelblättchen**

Die Biskuitböden passend zu einer ovalen feuerfesten Form zuschneiden, und zwar etwas größer als der Eisblock.

Die Biskuitovale mit dem Orangenlikör beträufeln und eine Platte in die Form legen. Aus der zweiten Platte an den Längsseiten links und rechts einen kleinen Keil herausschneiden, damit sie sich wölben läßt, ohne zu brechen.

Den Eisblock etwas in Form schneiden, auf die erste Biskuitplatte setzen und mit der zweiten Platte zudecken. 30 Minuten in das Gefrierfach stellen.

Das Eiweiß steif schlagen, dabei nach und nach die Hälfte des Puderzuckers einrieseln lassen. Den restlichen Puderzucker darüber sieben und mit einem Metallöffel unterziehen.

Die Form aus dem Gefrierfach nehmen und das Baiser so darauf verteilen, daß der Biskuitdeckel vollständig bedeckt ist. Mit den Mandelblättchen bestreuen.

Baiser

Im vorgeheizten Backofen bei 220°C etwa 5 Minuten backen.

Das Omelette surprise aus dem Ofen nehmen und sofort in der Form servieren.

Nährwerte pro Portion	
Kilokalorien	490
Kilojoule	2050
Eiweiß/g	13
Kohlenhydrate/g	79
Fett/g	11
Ballaststoffe/g	0,7

Variation: Das Eis ohne Biskuitdeckel nur auf der Bodenplatte 1 Stunde gefrieren. Wie oben beschrieben mit dem Baiser bestreichen und überbacken.

KUCHEN-SPEZIALITÄTEN

Mandelwaffeln

In vielen Familien ist das Weihnachtsgebäck vor dem Fest tabu – und wehe dem, der nascht! Wie wäre es da inzwischen mit Vollwertwaffeln? Sie passen hervorragend in die Weihnachtszeit und sollen möglichst frisch gebacken verspeist werden.

einfach, Blitzrezept

ca. 7 Stück

**150 g Butter
3 Eier, getrennt
4 EL Honig
1/2 TL Zimt
2 Prisen Naturvanille (Reformhaus)
3 EL Crème fraîche
100 g Weizenmehl
100 g gemahlene Mandeln
1 TL Backpulver
1/8 l Mineralwasser mit Kohlensäure
1 Prise Salz
50 g Sesamsamen
Öl zum Einfetten**

Die Butter sehr schaumig rühren, dabei nach und nach das Eigelb, den Honig, den Zimt, die Vanille und die Crème fraîche einrühren.

Das Weizenmehl mit den gemahlenen Mandeln und dem Backpulver mischen und einrühren. Die Hälfte des Mineralwassers zugeben und den Teig 30 Minuten quellen lassen.

Das restliche Mineralwasser mit dem gequollenen Teig verrühren. Das Eiweiß mit dem Salz steif schlagen und mit den Sesamsamen unter den Teig ziehen.

Das Waffeleisen nach Gebrauchsanweisung erhitzen und einfetten. 2 Eßlöffel voll Teig hineingeben, verstreichen und das Eisen schließen. Jede Waffel insgesamt circa 5 Minuten von beiden Seiten hellbraun werden lassen. Entweder gleich verspeisen oder nebeneinander auf ein Kuchengitter legen.

Dazu passen Crème fraîche und Preiselbeeren oder eine andere Konfitüre, Apfelmus, Schlagsahne, Sirup, Honig oder einfach Zimt und Zucker.

Nährwerte pro Stück	
Kilokalorien	440
Kilojoule	1860
Eiweiß/g	9
Kohlenhydrate/g	22
Fett/g	34
Ballaststoffe/g	2,7

Kuchen-Spezialitäten

Blättertorte mit Chirimoya

½ Tag vorher zubereiten

einfach

8 Stück

**500 g Chirimoyafruchtfleisch
750 g Zucker
3 EL Zitronensaft
4 große Oblaten
100 g gehackte Rosinen
2 EL gehacktes Zitronat
100 g gehackte Mandeln
2 EL Kokosflocken**

Das Fruchtfleisch mit dem Zucker und dem Zitronensaft in einem schweren Topf bei mittlerer Hitze unter Rühren zu einem dicken Brei kochen. Vom Herd nehmen und etwas abkühlen lassen.

Eine Oblate mit einem Drittel des Fruchtbreis bestreichen und ein Drittel der übrigen Zutaten darauf verteilen.

Mit einer Oblate bedecken, wie oben beschrieben belegen und den Vorgang ein drittes Mal wiederholen. Alles leicht zusammendrücken und mindestens 4 Stunden in den Kühlschrank stellen.
Variation: Den Sirup mit gehackten Erdnüssen, Pistazien und kandierten Früchten bestreuen.

Nährwerte pro Portion	
Kilokalorien	530
Kilojoule	2230
Eiweiß/g	3
Kohlenhydrate/g	112
Fett/g	8
Ballaststoffe/g	7,2

Heidelbeertorte

einfach, braucht Zeit

12 Stück

**100 g Weizenvollkornmehl
1 Prise Salz
2 Eier
100 g saure Sahne
60 g Butter
2 EL brauner Zucker
500 g frische Heidelbeeren
1 Päckchen Vanille-Puddingpulver
1 EL Honig
250 g Schlagsahne
2 cl Eierlikör**

Aus Mehl, Salz, Eiern, saurer Sahne, 20 g Butter und 1 Eßlöffel braunem Zucker nach Grundrezept einen dickflüssigen Teig herstellen und 20 Minuten ruhen lassen.

Mit der restlichen Butter aus dem Teig 3 große Pfannkuchen backen.

Die Heidelbeeren verlesen und einige Früchte zur Dekoration beiseite stellen. Die anderen Früchte mit dem restlichen Zucker und 100 ml Wasser einmal aufkochen lassen, mit dem in etwas Wasser angerührten Puddingpulver binden, den Honig einrühren und erkalten lassen.

2 Pfannkuchen mit dem Heidelbeermus bestreichen übereinanderlegen und mit dem dritten Pfannkuchen abdecken.

Die Schlagsahne steif schlagen, den Eierlikör unterheben und die Torte damit überziehen. Mit den restlichen Heidelbeeren garnieren und sofort servieren.

Tip: Heidelbeertorte auf diese Weise hergestellt, ist auch eine köstliche, süße Hauptmahlzeit, die mit Himbeeren oder Erdbeeren je nach Jahreszeit variiert werden kann. Statt der steif geschlagenen Sahne kann man warme Vanillesauce dazu reichen oder zart abgeschmeckten Vanille-Quark.

Nährwerte pro Stück	
Kilokalorien	230
Kilojoule	950
Eiweiß/g	3
Kohlenhydrate/g	21
Fett/g	13
Ballaststoffe/g	2,8

Kuchen-Spezialitäten

Pischinger Torte

2 Stück

Creme:
140 g weiche Butter
140 g Puderzucker
140 g Blockschokolade
75 g gehackte Mandeln

Außerdem:
8 große Karlsbader Oblaten
250 g Schokoladenglasur

Die Butter mit dem Puderzucker schaumig rühren. Die Blockschokolade fein reiben, unter die Butter-Zuckermischung mischen.

Die Mandeln in einer Pfanne ohne Fett unter Rühren goldbraun rösten, die Hälfte mit der Creme vermengen.

Drei Oblaten mit je einem Drittel der Creme bestreichen. Aufeinandersetzen, leicht andrücken. Die letzte Oblate darauf legen.

Die Schokoladenglasur nach Packungsanleitung schmelzen. Die Oberfläche und die Seiten mit einem Pinsel gleichmäßig damit bestreichen.

Den Guß 10 Minuten antrocknen lassen, restliche Mandeln darauf streuen. Glasur mindestens 4 Stunden, am besten über Nacht, fest werden lassen.

Nährwerte pro Portion/Stück	
Kilokalorien	310
Kilojoule	1300
Eiweiß/g	2
Kohlenhydrate/g	26
Fett/g	21
Ballaststoffe/g	1,5

Apfelhut

braucht Zeit

4 Portionen

Ein traditioneller englischer Pudding im Teigmantel, der im Wasserbad gegart wird. Für die angegebene Menge braucht man eine Puddingform von 1 Liter Inhalt oder eine entsprechend große Eisbombenform, wie sie hier benutzt wird.

Butter zum Bestreichen

Teig:
225 g Mehl
2 TL Backpulver
1 Prise Salz
1 Päckchen Vanillinzucker
abgeriebene Schale von
1 unbehandelten Zitrone
125 g Butter
6–8 EL kaltes Wasser

Füllung:
600 g Kochäpfel
2 EL Zucker
abgeriebene Schale von
1 unbehandelten Zitrone
1 Messerspitze gestoßene Nelken
1 TL Zimt
3 Löffelbiskuits

Die Form mit Butter ausstreichen und in den Kühlschrank stellen, damit die Butter nicht am Boden der Form zusammenläuft.

Kuchen-Spezialitäten

Mehl mit Backpulver, Salz und Vanillinzucker in eine Schüssel sieben.
Zitronenschale zugeben. Butter in Flocken unter das Mehl hacken und mit den Fingern abbröseln. Kaltes Wasser zugeben und alles rasch zu einem leichten Teig kneten.
Das Wasserbad in einem großen Topf vorbereiten.
Den Teig kreisrund und etwa 1/2 cm dick ausrollen.
Reichlich Mehl darüberstäuben und die Teigplatte in der Mitte falten. In jede Hälfte eine Falte legen, die zur Mitte spitz zuläuft. Dann die Falten von der Spitze zum Rand hin ausrollen, so daß sich eine Tasche bildet. Mit der Faust in die Teigtasche fahren und sie in die vorbereitete Form heben. Überschüssiges Mehl abwischen.
Für die Füllung die Äpfel schälen, sechsteln oder achteln, entkernen und in dünne Scheiben schneiden. 1 Eßlöffel Zucker, Gewürze und Biskuitbrösel untermischen.

Kuchen-Spezialitäten

Den Teigmantel damit füllen und den restlichen Zucker darüberstreuen. Die Teigränder anfeuchten, über der Apfelfüllung zusammenziehen und in der Mitte festdrücken.

Die Form mit gebuttertem Pergamentpapier und mit Alufolie wie folgt verschließen: In ein Blatt Butterbrotpapier zwei im rechten Winkel zueinanderstehende Falten legen, etwa 3 cm tief. Das Papier mit Butter bestreichen und die Form damit zudecken. Ein Blatt Alufolie ebenso falten, darüberlegen und mit Küchengarn fest zubinden. Weit überstehende Blattenden in Form schneiden.

Den Pudding in das heiße, aber nicht sprudelnd kochende Wasserbad setzen. Die Form soll zu ¾ Höhe im Wasser stehen. Den Kochtopf fest verschließen. Garzeit im heißen Wasser: 2 ½ Stunden.

Den fertigen Apfelhut in der Form aus dem Wasserbad heben und vor dem Stürzen 5 Minuten ruhen lassen.

Zum Servieren kann der Apfelhut mit Puderzucker bestäubt werden. Dazu paßt halbsteif geschlagene Sahne oder Vanillesauce.

Variation: Dieser Pudding kann auch mit einer Mischung aus Äpfeln und Brombeeren, mit Stachelbeeren oder Johannisbeeren gefüllt werden.

Nährwerte pro Portion	
Kilokalorien	600
Kilojoule	2530
Eiweiß/g	7
Kohlenhydrate/g	69
Fett/g	30
Ballaststoffe/g	5,0

Saftiger Käsekuchen ohne Boden

einfach

braucht Zeit

12 Stück

**125 g Butter
Butter und 2 EL Grieß für die Form
150 g Zucker
2 Päckchen Vanillinzucker
5 Eier
2 TL Speisestärke oder Vanillepuddingpulver
abgeriebene Schale von 1 unbehandelten Zitrone
1 kg Quark, 20 % Fett
Puderzucker zum Bestäuben**

Die Butter rechtzeitig aus dem Kühlschrank nehmen, sie soll sehr weich sein.

Den Boden und die Wand einer Springform von 22 cm Durchmesser mit Butter bestreichen und den Grieß gleichmäßig über den Boden streuen.

Die weiche Butter in kleine Scheiben schneiden und mit dem Zucker, dem Vanillinzucker und einem Ei in einer Schüssel mit dem Handrührgerät vermischen.

Die restlichen 4 Eier, die Speisestärke (Vanillepuddingpulver) und die Zitronenschale einrühren. Den Quark abtropfen lassen und nach und nach unter die Eiercreme rühren.

Die Quarkmasse in die Springform füllen und im vorgeheizten Backofen bei 180°C etwa 70 Minuten backen.

Kuchen-Spezialitäten

Die Springform nach 30 Minuten mit Alufolie abdecken, damit der Kuchen nicht zu braun wird. Nach 70 Minuten den Backofen abstellen, die Tür halb öffnen und den Kuchen langsam abkühlen lassen. Der Käsekuchen setzt sich dabei.

Den lauwarmen Käsekuchen aus der Springform lösen und mit Puderzucker bestäuben.

Dazu schmeckt ein Aprikosenpüree aus abgetropften Kompottfrüchten, mit Aprikosenlikör oder Grand Marnier abgeschmeckt.

Nährwerte pro Portion	
Kilokalorien	270
Kilojoule	1140
Eiweiß/g	13
Kohlenhydrate/g	18
Fett/g	15
Ballaststoffe/g	0

Kuchen-Spezialitäten

Kartoffeltorte

Kartoffeln schon am Vortag kochen.

12 Stück

500 g mehlige Kartoffeln
5 Eier
250 g Zucker
1 ungespritzte Zitrone
100 g gemahlene Mandeln
Butter und Semmelbrösel für die Form

Am Vortag die Kartoffeln schälen, waschen und vierteln. Ohne Salz kochen, abgießen und noch warm durch eine Kartoffelpresse drücken. Die Masse zugedeckt im Kühlschrank aufbewahren.

Die Eier trennen. Das Eigelb mit dem Zucker schaumig schlagen.

Die Zitrone unter heißem Wasser gut abwaschen, die Schale fein reiben und die Zitrone auspressen. Saft, Schale und die Mandeln zur Eimasse geben.

Das Eiweiß sehr steif schlagen.

Die Kartoffeln mit der Eimasse mischen, zuletzt den Eischnee vorsichtig unterziehen.

Eine Springform mit 26 cm Durchmesser fetten, mit Semmelbröseln ausstreuen und den Kuchenteig einfüllen. Im vorgeheizten Backofen bei 175°C ca. 1 Stunde auf der mittleren Schiene backen.

Nährwerte pro Portion/Stück	
Kilokalorien	210
Kilojoule	890
Eiweiß/g	6
Kohlenhydrate/g	29
Fett/g	7
Ballaststoffe/g	2,1

Möhren-Käsekuchen

Den gebackenen Kuchen am besten 1 Tag lang ruhen lassen.

12 Stück

1 kg Möhren
Salz
1/4 l Milch
2 EL Zucker
7 Eier
250 g Butter
250 g geriebener Emmentaler
100 g Semmelbrösel
200 g Sultaninen
1 Messerspitze geriebene Muskatnuß
1 TL Zimt
Butter und Mehl für die Form

Die Möhren waschen, schälen und in ca. 1 cm dicke Scheiben schneiden. In Salzwasser ca. 30 Minuten kochen, bis sie weich sind. Abgießen und abkühlen lassen.

Die Möhren mit der Milch im Mixer pürieren.

Das Eigelb vom Eiweiß trennen und mit dem Zucker schaumig schlagen. Die Butter in kleine Stücke schneiden und unter die Eimasse arbeiten. Möhrenpüree, Käse, Semmelbrösel, Sultaninen, Muskatnuß und Zimt zufügen und gut vermischen.

Eiweiß mit 1 Prise Salz sehr steif schlagen. Vorsichtig unter die Teigmasse heben.

Eine Springform mit 24 cm Durchmesser ausfetten und mit etwas Mehl bestäuben. Kuchenteig hineingeben und im vorgeheizten Backofen bei 220°C ca. 1 Stunde auf der zweiten Schiene von unten backen. Garprobe!

Den Kuchen 10 Minuten in der Form abkühlen lassen, dann auf ein Kuchengitter stürzen.

Nährwerte pro Portion/Stück	
Kilokalorien	420
Kilojoule	1760
Eiweiß/g	13
Kohlenhydrate/g	25
Fett/g	28
Ballaststoffe/g	3,8

Kuchen-Spezialitäten

Schweizer Rüblitorte

12 Stück

Teig:
**6 Eier
10 cl Kirschwasser
200 g Zucker
250 g gemahlene Haselnüsse
1 Päckchen Backpulver
50 g Semmelbrösel
1 Messerspitze Zimt
1 ungespritzte Orange
250 g Möhren
Butter für die Form**

Garnierung:
**250 g Marzipan-Rohmasse
gelbe und rote Speisefarbe
50 g geschälte Pistazienkerne**

Glasur:
**250 g Puderzucker
Saft von 1 Zitrone**

Die Eier trennen und das Eigelb mit 6 Eßlöffel Wasser, 6 cl Kirschwasser und 100 g Zucker schaumig schlagen, bis es fast weiß ist.

Dann nach und nach die gemahlenen Haselnüsse, das Backpulver, Semmelbrösel und Zimt unterrühren.

Orangenschale fein abreiben, Orange auspressen, Schale und Saft der Masse zufügen.

Möhren waschen und putzen, sehr fein reiben und sofort unter den Teig mischen, damit die Möhren nicht trocken werden und an Aroma verlieren.

Das Eiweiß mit dem restlichen Zucker sehr steif schlagen und vorsichtig unter die Masse heben.

Eine Springform mit 24 cm Durchmesser ausfetten, den Teig hineingeben und glattstreichen.

Im vorgeheizten Backofen bei 180°C auf der mittleren Schiene 45 Minuten backen. Herausnehmen und auf einem Kuchengitter ganz auskühlen lassen.

Für die Rübli das Marzipan mit je 1 Tropfen gelber und roter Speisefarbe verkneten. Eventuell noch einen kleinen Tropfen Farbe nachgeben. Um die Finger nicht zu verfärben, mit Kunststoffhandschuhen arbeiten. Aus dem gefärbten Marzipan lange, fingerdicke Würste formen, in 4 cm lange Stücke teilen und zu Rübli drehen. In das dicke Ende zwei Pistazienhälften stecken, mit einem Messerrücken Rillen ziehen. Die restlichen Pistazien grob hacken.

Für die Glasur das restliche Kirschwasser mit dem Puderzucker und dem Saft einer Zitrone glattrühren. Die erkaltete Rüblitorte mit der Glasur überziehen. Einen Papierstreifen zu einem Ring mit 15 cm Durchmesser schließen und in die Mitte der Torte setzen. Den inneren Kreis mit den gehackten Pistazien ausstreuen. Die Rübli um den Rand verteilen.

Nährwerte pro Portion/Stück	
Kilokalorien	500
Kilojoule	2080
Eiweiß/g	10
Kohlenhydrate/g	53
Fett/g	25
Ballaststoffe/g	3,7

Kuchen-Spezialitäten

Elisenlebkuchen

braucht Zeit

20 Stück

5 Eigelb
350 g Zucker
5 Eiweiß
170 g gemahlene Mandeln
100 g Zitronat
70 g Orangeat
1 TL Zimt
½ TL Nelkenpulver
½ TL Kardamom
½ TL Muskatblüte
250 g Mehl
1 g Natron
20 Oblaten
50 g ganze, geschälte Mandeln zum Garnieren

Das Eigelb mit dem Zucker verrühren. Das Eiweiß zu steifem Schnee schlagen, zu der Eigelbmasse geben und alles 15 Minuten rühren.

Dann die Mandeln, das Zitronat, das Orangeat, die Gewürze und zum Schluß das Mehl und das Natron zugeben und verrühren. Es muß ein ziemlich fester Teig entstehen.

Die Masse auf die Oblaten streichen und mit den Mandeln verzieren, über Nacht trocknen lassen.

Die abgetrockneten Lebkuchen im vorgeheizten Backofen bei 175°C circa 20 Minuten hellbraun backen.

Nährwerte pro Stück	
Kilokalorien	230
Kilojoule	960
Eiweiß/g	5
Kohlenhydrate/g	33
Fett/g	8
Ballaststoffe/g	2

Kuchen-Spezialitäten

Vollkornfrüchtebrot

Trockenfrüchte 2 Stunden einweichen

einfach, braucht Zeit, zum Einfrieren

ca. 30 Scheiben

**250 g getrocknete Feigen
250 g getrocknete Pflaumen
125 g getrocknete Aprikosen
75 g Zitronat
75 g Orangeat
250 g Rosinen
250 g Haselnußkerne
50 g Ahornsirup
4 Eier
4 cl Obstler
1 TL Zimt
1/2 TL gemahlene Nelken
1 Prise Salz
125 g Vollkornmehl
2 EL Semmelbrösel
Butter für die Form**

Die Feigen, die Pflaumen und die Aprikosen grob hacken und in 1/2 Liter lauwarmem Wasser 2 Stunden einweichen. Das Zitronat, das Orangeat und die Rosinen fein hacken.

Die Haselnüsse auf einem Backblech auf der mittleren Schiene im Backofen bei 175°C 10 Minuten rösten, damit die Häutchen aufplatzen. Nüsse auf ein Küchentuch schütten und so lange reiben, bis die Häutchen ganz abgelöst sind.

Die eingeweichten Früchte in ein Sieb schütten und abtropfen lassen. Dann in eine große Schüssel umfüllen, Zitronat, Orangeat, Rosinen und die ganzen Haselnüsse dazugeben. Den Ahornsirup, die Eier, Obstler, Zimt, Nelken und Salz gut untermischen. Das Mehl darüber sieben, die Semmelbrösel zufügen. Alles gründlich zu einem lockeren Teig vermengen.

Eine große Kastenform mit reichlich Butter ausstreichen und den Früchteteig hineinfüllen. Im vorgeheizten Backofen bei 175°C auf der mittleren Schiene circa 45 Minuten backen.

Das fertige Früchtebrot in der Form 10 Minuten abkühlen lassen, dann zum Auskühlen auf ein Kuchengitter stürzen. Danach zum Aufbewahren in Alufolie wickeln. Zum Servieren in circa 1/2 cm dicke Scheiben schneiden.

Tip: Die doppelte Menge herstellen und 1 Früchtebrot einfrieren.

Nährwerte pro Scheibe	
Kilokalorien	*190*
Kilojoule	*780*
Eiweiß/g	*4*
Kohlenhydrate/g	*26*
Fett/g	*6*
Ballaststoffe/g	*3,7*

Kuchen-Spezialitäten

Kuchen-Spezialitäten

Kletzenbrot

Birnen über Nacht einweichen

Früchteteig über Nacht ziehen lassen

einfach, braucht Zeit

ca. 40 Scheiben

600 g getrocknete Birnen
1/8 l Rotwein
1 EL Butter
30 g Zitronat
100 g Walnußkerne
250 g Korinthen
1 TL Zimt
1 Messerspitze gemahlene Nelken
1 EL Rosenwasser
10 cl Kirschwasser

Brotteig:
500 g Mehl
15 g Hefe
30 g Zucker
1/4 l lauwarme Milch
1 Ei
30 g Butter
1 Prise Salz
abgeriebene Schale von 1 unbehandelten Zitrone
Mehl zum Bestäuben
Butter für das Backblech
1 Ei zum Bestreichen

Die Birnen über Nacht in einer großen Schüssel in 1/2 Liter Wasser einweichen. Am nächsten Morgen die Birnen in einem Topf mit der Hälfte des Einweichwassers, dem Rotwein und der
Butter in circa 25 Minuten weich kochen. Dann in ein Sieb abschütten.

Birnen, Zitronat und Walnußkerne grob hacken. Alles mit Korinthen, Zimt, Nelken, Rosenwasser und Kirschwasser in einer Schüssel vermischen.

Schüssel mit Folie abdecken und die Zutaten über Nacht an einem warmen Ort ziehen lassen.

Am nächsten Tag für den Brotteig das Mehl in eine Schüssel sieben und in die Mitte eine Mulde drücken. Die Hefe hineinbröckeln und etwas Zucker darauf streuen. Mit 1 Eßlöffel lauwarmer Milch und etwas Mehl wie nach dem Grundrezept Seite 326 einen Vorteig herstellen. Zugedeckt 15 Minuten gehen lassen. Dann die restlichen Zutaten einkneten. Alles so lange zu einem Teig schlagen, bis er Blasen wirft. Zugedeckt noch einmal 20 Minuten gehen lassen.

Die Hälfte des Brotteigs mit der Birnenmasse verkneten. Aus dem Früchteteig vier gleich große Brotlaibe formen.

Den restlichen Hefeteig auf einer bemehlten Arbeitsfläche 1 1/2 cm dick ausrollen und in 4 Rechtecke schneiden. Jedes Früchtebrot so in ein Teigrechteck wickeln, daß die Einschlagstelle auf der Unterseite liegt. Die obere glatte Teigfläche mehrmals mit einer Gabel einstechen.

Ein Backblech mit Butter einfetten und mit Mehl bestäuben. Die 4 Brote mit Abstand auf das Blech legen und 10 Minuten gehen lassen. Dann mit dem verquirlten Ei bestreichen.

Im vorgeheizten Backofen auf der mittleren Schiene bei 200°C 1 Stunde backen.

Das fertige Kletzenbrot aus dem Backofen nehmen und auf einem Kuchengitter auskühlen lassen. Nach 2 Tagen zum Aufbewahren in Alufolie wickeln.

Zum Servieren in 1 1/2 cm dicke Scheiben schneiden.

Tip: Die Zutaten können je nach Bedarf reduziert werden. Doch der Zeitaufwand bei der Herstellung ist so groß, daß sich das Backen von 4 oder mehr Broten auf einmal lohnt. Das Kletzenbrot ist sehr lange haltbar und eignet sich gut als Weihnachtsgeschenk.

Nährwerte pro Scheibe	
Kilokalorien	140
Kilojoule	570
Eiweiß/g	3
Kohlenhydrate/g	24
Fett/g	2
Ballaststoffe/g	2,8

Kuchen-Spezialitäten

Nikolausbrot

einfach, braucht Zeit

2 Brote

250 g Mandeln
50 g Haselnüsse
50 g Orangeat
3 Eier
250 g Puderzucker
1 Prise Salz
1 TL Zimt
1 Messerspitze Nelkenpulver
1 Messerspitze Kardamom
1 TL Hirschhornsalz
Schale von 1/2 Zitrone
Schale von 1/2 Orange
300 g Mehl
Mehl für die Arbeitsfläche
Fett für das Backblech
2 TL Schlagsahne

Kuchen-Spezialitäten

Die Mandeln und die Haselnüsse grob mahlen, das Orangeat hacken.

2 Eier mit dem Puderzucker und 2 Eßlöffel Wasser in einer großen Schüssel schaumig rühren. Alle Gewürze, Hirschhornsalz, Mandeln, Nüsse, Orangeat, und die abgeriebene Schale von Zitrone und Orange zugeben.

Das Mehl dazu sieben und alles zu einem glatten Teig verkneten. Den Teig halbieren und auf der bemehlten Arbeitsfläche zu 2 Rollen von 4 bis 5 cm Durchmesser formen.

Die Brote auf ein gefettetes Backblech legen. Das dritte Ei trennen, das Eigelb mit Sahne verquirlen und die Brote damit bestreichen. Im vorgeheizten Backofen auf der mittleren Schiene bei 175°C etwa 45 Minuten knusprig backen.

Das noch heiße Gebäck mit einem sehr scharfen Messer in dünne Scheiben schneiden.

Nährwerte pro Brot	
Kilokalorien	2180
Kilojoule	9130
Eiweiß/g	52
Kohlenhydrate/g	265
Fett/g	93
Ballaststoffe/g	22,9

Kuchen-Spezialitäten

Früchtekuchen

Die Früchte sollten 2 Stunden in Rum ziehen

ca. 24 Scheiben

**125 g Zitronat
125 g Orangeat
250 g getrocknete Feigen
400 g getrocknete Datteln
200 g getrocknete Aprikosen
500 g Sultaninen
100 ml Rum
500 g ungeschälte Haselnußkerne**

Teig:
**3 Eier
125 g Zucker
1 TL Zimt
1/2 TL Nelkenpulver
1/2 TL Kardamom
abgeriebene Schale von je 1 unbehandelten Zitrone und Orange
200 g Mehl
1 Päckchen Backpulver**

Das Zitronat und das Orangeat fein hacken. Feigen, Datteln und Aprikosen halbieren. Früchte und Sultaninen in den Rum legen und mindestens 2 Stunden ziehen lassen. Die Haselnußkerne grob zerteilen.

Die Eier und den Zucker mindestens 5 Minuten lang schaumig schlagen, die Gewürze und die Zitrusschalen einrühren. Das Mehl mit dem Backpulver vermischen und nach und nach unter die Masse mischen. Die Früchte samt dem Rum und die Nüsse dazugeben.

Zwei kleine lange Kastenformen mit Backpapier auslegen und den Teig einfüllen. Die Früchtekuchen im vorgeheizten Backofen bei 180°C auf der untersten

Kuchen-Spezialitäten

Schiene 65 bis 70 Minuten backen.

Die fertigen Kuchen sofort auf ein Kuchengitter stürzen, die Formen abnehmen und auch das Papier von den noch warmen Kuchen abziehen.

Die völlig ausgekühlten Kuchen in Zellophantüten oder in Folie packen. Sie sollen mindestens 1 bis 2 Wochen ruhen.

Wird er zu Weihnachten gewünscht, kann der Früchtekuchen 3 bis 4 Wochen vorher gebacken werden.

Nährwerte pro Scheibe	
Kilokalorien	393
Kilojoule	1660
Eiweiß/g	7
Kohlenhydrate/g	56
Fett/g	14
Ballaststoffe/g	7

PLÄTZCHEN

Feine Bärentatzen

einfach

ca. 35 Stück

**250 g weiche Butter
125 g Puderzucker
1/2 Päckchen Vanillinzucker
1 Ei
125 g gemahlene Mandeln
1/2 TL gemahlener Ingwer
1/2 TL gemahlener Piment
1/2 TL getrocknete, geriebene Orangenschale
300 g Mehl
150 g Aprikosenkonfitüre
150 g Kuvertüre**

Die weiche Butter mit dem Puderzucker und dem Vanillinzucker glattrühren. Das Ei, die Mandeln, die Gewürze und zum Schluß das Mehl löffelweise untermischen. Es entsteht eine feste Masse. In der Schüssel circa 30 Minuten kühl stellen.

In einen Spritzbeutel mit großer Sterntülle geben und auf ein mit Backpapier ausgelegtes Backblech 3 cm lange Streifen aufspritzen.

Im vorgeheizten Backofen bei 200°C circa 15 Minuten backen.

Auskühlen lassen und eweils 2 Streifen mit etwas Aprikosenkonfitüre zusammenkleben.

Die Kuvertüre nach Vorschrift erwärmen, die Bärentatzen jeweils zur Hälfte hineintauchen und trocknen lassen.

Nährwerte pro Stück	
Kilokalorien	*150*
Kilojoule	*650*
Eiweiß/g	*2*
Kohlenhydrate/g	*16*
Fett/g	*8*
Ballaststoffe/g	*1*

Spritzgebäck

einfach, Blitzrezept

ca. 30 Stück

**125 g Butter
125 g Zucker
1 Päckchen Vanillinzucker
1 Ei
1 Eiweiß
250 g Mehl**

Zum Verzieren:
**15 kandierte Kirschen
50 g Fettglasur**

Alle Zutaten mit Ausnahme des Mehls gut schaumig rühren, das Mehl hinzusieben und unterrühren, so daß ein nicht zu fester Teig entsteht.

Verschiedene Formen auf ein gefettetes, mit Mehl bestäubtes Blech spritzen und im vorgeheizten Backofen bei 175°C circa 15 Minuten backen.

Wenn das Spritzgebäck fertig ist, aus dem Backofen nehmen, etwas abkühlen lassen und mit den kandierten Kirschen verzieren oder in die erwärmte Fettglasur tauchen.

Nährwerte pro Stück	
Kilokalorien	*100*
Kilojoule	*420*
Eiweiß/g	*1*
Kohlenhydrate/g	*13*
Fett/g	*4*
Ballaststoffe/g	*0,2*

Plätzchen

Mandel-Sahne-brezeln

einfach, braucht Zeit

40 Stück

375 g Weizenmehl
80 g brauner Zucker
1 TL gemahlener Zimt
125 g saure Sahne
250 g kalte Butter
Mehl für die Arbeitsfläche
2 EL Schlagsahne
100 g Hagelzucker
80 g gehackte Mandeln
Fett für das Backblech

Das Mehl auf die Arbeitsfläche sieben, in die Mitte eine Mulde drücken, Zucker, Zimt und die saure Sahne hineingeben. Die Butter in Flöckchen auf den Rand setzen und alles rasch von außen nach innen zu einem glatten Teig verarbeiten. Den Teig zu einer Kugel formen, in Frischhaltefolie wickeln und 30 Minuten im Kühlschrank ruhen lassen.

Den Teig in 4 Stücke teilen, jedes Stück wiederum in 10 Teile schneiden. Jedes Teil auf der bemehlten Arbeitsfläche zu einer langen, dünnen Rolle formen und zu einer kleinen Brezel legen.

Die Brezeln mit der Schlagsahne bestreichen. Den Hagelzucker mit den gehackten Mandeln vermischen und die Brezeln mit der Oberseite hineindrücken. Auf ein gefettetes Backblech legen und im vorgeheizten Backofen bei 200°C etwa 10 Minuten goldgelb backen. Die fertigen Brezeln auf einem Kuchengitter auskühlen lassen.

Nährwerte pro Stück	
Kilokalorien	120
Kilojoule	500
Eiweiß/g	2
Kohlenhydrate/g	12
Fett/g	7
Ballaststoffe/g	0,5

Grießplätzchen

einfach

ca. 40 Stück

100 g Grieß
100 ml Milch
100 g Zucker
80 g Butter
1 Päckchen Vanillinzucker
1 Prise Salz
100 g Mehl
1 TL Backpulver

Den Grieß in der Milch 30 Minuten einweichen. In der Zwischenzeit den Zucker mit der zimmerwarmen Butter, dem Vanillinzucker und 1 Prise Salz schaumig rühren, bis eine dickflüssige Masse entstanden ist.

Plätzchen

Das Mehl mit dem Backpulver in eine Schüssel sieben. Nach und nach das Mehl und den Grieß zu der Buttercreme geben und unterrühren.

Ein Backblech mit Backpapier auslegen. Aus dem Teig mit einem Teelöffel kleine Portionen abstechen und zu Kugeln formen. Die Teigkugeln weit auseinander auf das Backblech setzen, da sie beim Backen zu breiten Platten auseinanderlaufen.

Im vorgeheizten Backofen auf der mittleren Schiene bei 175°C 10 bis 12 Minuten backen. Dann aus dem Ofen nehmen, die Grießplätzchen mit dem Papier vom Blech ziehen und auskühlen lassen.

Nährwerte pro Stück	
Kilokalorien	50
Kilojoule	190
Eiweiß/g	1
Kohlenhydrate/g	6
Fett/g	2
Ballaststoffe/g	0,1

Plätzchen

Plätzchen

Mandelgebäck

einfach, zum Einfrieren

ca. 40 Stück

250 g Mehl
150 g Butter
100 g gemahlene -Mandeln
100 g Zucker
1 Päckchen Vanillinzucker
1 Ei, getrennt
100 g Himbeerkonfitüre
Puderzucker zum Bestäuben

Das Mehl in eine Schüssel sieben, die Butter in Flocken zugeben und vermengen.
    Die Mandeln, den Zucker, den Vanillinzucker und das Eigelb zugeben und alles zu einem glatten Teig kneten und zu einer Kugel formen.
    Den Teig, in Frischhaltefolie gewickelt, im Kühlschrank 1 Stunde ruhen lassen. Dann auf einer bemehlten Arbeitsfläche ausrollen und beliebige Formen ausstechen. Von jeder Form eine gerade Anzahl.
    Die Plätzchen mit Eiweiß bestreichen, auf ein Backblech legen und im vorgeheizten Backofen bei 175°C circa 10 Minuten backen.
    Die Plätzchen mit der Konfitüre bestreichen, mit einem zweiten Plätzchen belegen und mit Puderzucker bestäuben.

Nhrwerte pro Stück	
Kilokalorien	90
Kilojoule	360
Eiweiß/g	1
Kohlenhydrate/g	3
Fett/g	5
Ballaststoffe/g	0,7

Teeplätzchen

einfach

30 Stück

300 g Mehl
1 TL Backpulver
100 g Zucker
100 g Kokosraspel
1 Ei
$1/2$ TL Salz
150 g Butter
Mehl für die Arbeitsfläche
Fett für das Backblech

Das Mehl und das Backpulver auf die Arbeitsfläche sieben und in die Mitte eine Mulde drücken. Den Zucker, die Kokosraspel, das Ei und das Salz hineingeben, die Butter in Flöckchen an den Rand setzen. Alles rasch von außen nach innen zu einem glatten Teig verarbeiten.
    Auf der bemehlten Arbeitsfläche den Teig zu einer langen Rolle formen und in 30 Stücke teilen. Jedes Stück dünn ausrollen und auf ein gefettetes Backblech legen. Im vorgeheizten Backofen auf der mittleren Schiene bei 225°C etwa 8 Minuten goldbraun backen. Die Teeplätzchen auf einem Kuchengitter auskühlen lassen.

Variation: Einen kleinen Teil Mehl durch die gleiche Menge feiner Haferflocken austauschen.

Nährwerte pro Stück	
Kilokalorien	100
Kilojoule	430
Eiweiß/g	1
Kohlenhydrate/g	11
Fett/g	6
Ballaststoffe/g	0,6

Plätzchen

Finger-golatschen

einfach

ca. 50 Stück

360 g Butter
180 g Zucker
4 Eigelb
1 unbehandelte Zitrone
2 Stück Würfelzucker
400 g Mehl
1/2 Glas Himbeer-
konfitüre
2 Eigelb zum Bestreichen
50 g gehackte Mandeln
Butter zum Einfetten

Die Butter in einer großen Schüssel gründlich schaumig rühren. Zucker nach und nach zugeben und die Masse so lange rühren, bis sich der Zucker auflöst.
Das Eigelb nacheinander einrühren. Die Zitronenschale mit dem Würfel-

Plätzchen

zucker abreiben und in die Schüssel geben.

Das Mehl einsieben und den Teig geschmeidig und glattrühren.

Aus dem Teig mit den Händen kleine Knödelchen formen und auf ein gefettetes Backblech setzen. Jede Teigkugel in der Mitte mit dem Finger leicht eindrücken. Das restliche Eigelb verquirlen und über die Fingergolatschen pinseln. Jeweils mit 1/2 Teelöffel Himbeerkonfitüre füllen.

Die Mandeln darüber streuen und die Plätzchen im vorgeheizten Backofen bei 180°C circa 12 Minuten backen.

Tip: Die Himbeerkonfitüre soll möglichst fest sein, damit sie nicht aus den Plätzchen herausläuft.

Nährwerte pro Stück	
Kilokalorien	*120*
Kilojoule	*520*
Eiweiß/g	*2*
Kohlenhydrate/g	*12*
Fett/g	*7*
Ballaststoffe/g	*0,6*

Spitzbuben

einfach, braucht Zeit

375 g Mehl
150 g Zucker
1 Päckchen Vanillinzucker
125 g gemahlene Mandeln
250 g Butter
Mehl für die Arbeitsfläche
125 g Johannisbeergelee
30 g Puderzucker

Das Mehl auf die Arbeitsfläche sieben und in die Mitte eine Mulde drücken. Zucker, Vanillinzucker und Mandeln hineingeben und die Butter in Flöckchen an den Rand setzen. Alles rasch von außen nach innen zu einem glatten Teig verarbeiten. Den Teig zu einer Kugel formen, in Frischhaltefolie wickeln und im Kühlschrank 30 Minuten ruhen lassen.

Den Teig auf der bemehlten Arbeitsfläche dünn ausrollen und mit einem runden Backförmchen Plätzchen ausstechen. In die Hälfte der Plätzchen in die Mitte jeweils 2 kleine Löcher stechen.

Ein Backblech mit Backpapier auslegen und die Plätzchen darauf setzen. Im vorgeheizten Backofen auf der mittleren Schiene bei 200°C 10 bis 15 Minuten goldbraun backen. Die Plätzchen auf einem Kuchengitter auskühlen lassen.

Die Plätzchen ohne Löcher mit dem Johannisbeergelee bestreichen, die anderen Plätzchen darauf legen, leicht andrücken und mit Puderzucker bestreuen.

Variation: Das Gebäck statt mit Puderzucker mit Schokoladenglasur überziehen.

Nährwerte insgesamt	
Kilokalorien	*5120*
Kilojoule	*21460*
Eiweiß/g	*65*
Kohlenhydrate/g	*549*
Fett/g	*279*
Ballaststoffe/g	*30,1*

Plätzchen

Walnußplätzchen

einfach

30 Stück

**250 g Walnußkerne
125 g Zucker
2 Eiweiß
Fett für das Backblech
Zucker zum Bestreuen**

Die Walnußkerne fein mahlen. Den Zucker und das ungeschlagene Eiweiß unterrühren und alles gut vermischen, bis die Masse glatt und locker ist.

Aus dem Teig kleine Bällchen formen und auf ein gefettetes Backblech setzen. Im vorgeheizten Backofen bei 175°C auf der mittleren Schiene 20 Minuten nicht zu dunkel backen.

Die fertigen Plätzchen auf ein Kuchengitter legen, mit Zucker bestreuen und auskühlen lassen.

Tip: Walnußplätzchen zum Tee oder als Gebäck zum Espresso nach dem Essen reichen.

Nährwerte pro Stück	
Kilokalorien	*43*
Kilojoule	*182*
Eiweiß/g	*1*
Kohlenhydrate/g	*6*
Fett/g	*2*
Ballaststoffe/g	*0,4*

Mandelbrezeln

Teig über Nacht ruhen lassen

einfach, braucht Zeit

40 Stück

**300 g Marzipan-Rohmasse
150 g Butter
1 Ei
350 g Weizenmehl
Mehl für die Arbeitsfläche
1 Eiweiß
75 g gehackte Mandeln
Fett für das Backblech**

Das Marzipan reiben und mit der Butter zu einer geschmeidigen Masse verrühren. Das Ei und das Mehl zufügen und alles gut miteinander verkneten. Den Teig zu einer Kugel formen und zugedeckt über Nacht an einem kühlen Platz ruhen lassen.

Den Teig in 4 Stücke teilen, jedes Stück wiederum in 10 Teile schneiden. Jedes Teil auf der bemehlten Arbeitsfläche zu einer etwa 20 cm langen, dünnen Rolle formen und zu kleinen Brezeln legen. Die Brezeln mit dem geschlagenen Eiweiß bestreichen und mit den Mandeln bestreuen.

Die Mandelbrezeln auf ein gefettetes Backblech setzen und bei 150°C auf der mittleren Schiene etwa 15 Minuten goldgelb backen. Auf dem Backblech auskühlen lassen.

Nährwerte pro Stück	
Kilokalorien	*120*
Kilojoule	*490*
Eiweiß/g	*2*
Kohlenhydrate/g	*10*
Fett/g	*7*
Ballaststoffe/g	*0,9*

Nußkugeln

einfach

ca. 40 Stück

**200 g kandierte Früchte
200 ml Rum
150 g gemahlene Haselnüsse
150 g grob gehackte Haselnüsse
2 Päckchen Vanillinzucker
3 Eigelb
Fett für das Backblech**

Die kandierten Früchte grob hacken. In einer Kasserolle mit dem Rum, den gemahlenen Haselnüssen, dem Vanillinzucker und dem Eigelb mischen.

Auf kleiner Hitze unter Rühren erwärmen. So lange rühren, bis ein fester Teig entstanden ist. Dann die Kasserolle vom Herd nehmen und die Masse etwas abkühlen lassen.

Aus der Nußmasse walnußgroße Kugeln drehen und auf ein gefettetes Backblech legen. Im vorgeheizten Backofen bei 75°C 15 Minuten trocknen lassen.

Die fertigen Nußkugeln aus dem Backofen nehmen und auf einem Kuchengitter auskühlen lassen. In Konfekthütchen setzen und in Blechdosen schichten. Kühl und nicht länger als 14 Tage lagern.

Nährwerte pro Stück	
Kilokalorien	*80*
Kilojoule	*350*
Eiweiß/g	*1*
Kohlenhydrate/g	*5*
Fett/g	*5*
Ballaststoffe/g	*0,6*

Plätzchen

Plätzchen

Plätzchen

Nußprinten

einfach

ca. 35 Stück

125 g Honig oder Sirup
50 g brauner Zucker
50 g Butter
1 Ei
abgeriebene Schale von
1 unbehandelten Zitrone
je 1/2 TL Zimt, Kardamom
und gemahlene Nelken
50 g Semmelbrösel
250 g Mehl
1/2 Päckchen Backpulver

Zum Garnieren:
100 g geschälte Haselnußkerne
50 g Fettglasur

Den Honig, den Zucker und die Butter erwärmen, auflösen und wieder abkühlen lassen.

Unter die fast erkaltete Masse das Ei, die Gewürze, die Semmelbrösel und die Hälfte des Mehls rühren.

Das restliche Mehl mit dem Backpulver vermischen und unterkneten.

Den Teig gut 1 Stunde ruhen lassen, dann etwa 1/2 cm dick ausrollen und in fingerlange, circa 3 cm breite Streifen schneiden.

Die Streifen auf ein gefettetes Backblech legen und dicht mit den halbierten Haselnußkernen belegen.

Im vorgeheizten Backofen bei 175°C circa 15 Minuten backen. Erkalten lassen. Die Fettglasur erwärmen und mit dem Löffel unregelmäßige Streifen über die Plätzchen laufen lassen.

Nährwerte pro Stück	
Kilokalorien	90
Kilojoule	370
Eiweiß/g	1,5
Kohlenhydrate/g	11
Fett/g	3,5
Ballaststoffe/g	0,4

Florentiner

einfach

20 Stück

50 g Butter
100 g Zucker
65 g Mehl
125 g Schlagsahne
100 g gehackte Mandeln
40 g feingehacktes Orangeat
100 g zartbittere Schokolade

Die Butter mit dem Zucker, dem Mehl und der Schlagsahne in einer Kasserolle unter ständigem Rühren zum Kochen bringen. Vom Herd nehmen, die Mandeln und das Orangeat einrühren und die Masse abkühlen lassen.

Ein Backblech mit Backpapier auslegen und die Masse mit 2 Teelöffeln in kleinen Häufchen auf das Backpapier setzen. Zwischen den Häufchen genügend Abstand halten, da die Masse zerläuft. Im vorgeheizten Backofen bei 175°C auf der mittleren Schiene 15 Minuten backen.

Sofort vom Blech lösen und auf ein Kuchengitter legen.

Die Schokolade in kleine Stücke brechen und im Wasserbad langsam schmelzen. Die Unterseite der Florentiner mit der Schokolade bestreichen und mit dem Boden nach oben trocknen lassen.

Variation: Mit Buttercreme oder Vanillecreme füllen.

Tip: Ohne Schokoladenglasur und ungefüllt können die Florentiner eingefroren werden.

Nährwerte pro Stück	
Kilokalorien	130
Kilojoule	560
Eiweiß/g	2
Kohlenhydrate/g	12
Fett/g	8
Ballaststoffe/g	1,2

Plätzchen

Vanillekipferl

einfach

ca. 60 Stück

280 g Mehl
210 g Butter
100 g geschälte, gemahlene Mandeln
70 g feiner Kristallzucker
10 EL Puderzucker
3 Päckchen Vanillinzucker

Das Mehl auf das Backbrett sieben, die Butter einhacken und mit den Fingern abbröckeln.

Die gemahlenen Mandeln und den Zucker untermischen und rasch alles zu einem Teig kneten. Den Teig 30 Minuten im Kühlschrank ruhen lassen.

Aus dem Teig eine Rolle formen und Scheiben davon abschneiden. Zuerst zu Kugeln, dann zu Würstchen rollen. Die Würstchen zu Kipferln biegen.

Kipferl auf ein Backblech legen und im vorgeheizten Backofen bei 175°C etwa 15 Minuten backen.

Inzwischen Puderzucker und Vanillinzucker mischen und auf eine große Servierplatte sieben. Die noch warmen Kipferl in das Zuckerbett einlegen, ganz bedecken und darin auskühlen lassen.

Nährwerte pro Stück	
Kilokalorien	70
Kilojoule	280
Eiweiß/g	1
Kohlenhydrate/g	7
Fett/g	4
Ballaststoffe/g	0,3

Plätzchen

Zimtsterne

einfach

ca. 80 Stück

600 g Mandeln
5 Eiweiß
500 g Puderzucker
abgeriebene Schale von
1 unbehandelten Zitrone
4 EL Zitronensaft
4 TL gemahlener Zimt
1 Messerspitze Nelkenpulver
Zucker und Mehl zum Ausrollen
Butter zum Einfetten

Die ungeschälten Mandeln mahlen.

Das Eiweiß sehr steif schlagen, den Puderzucker dazusieben und mit der Zitronenschale und dem Zitronensaft unterheben. Etwa 10 Eßlöffel davon für den Guß in den Kühlschrank stellen. Unter den restlichen Eischnee die Mandeln und die Gewürze mischen.

Den Teig auf die mit Zucker und ganz wenig Mehl bestreute Arbeitsfläche legen und leicht durchkneten. Die Arbeitsfläche mit einem Teigschaber säubern und wieder mit Zucker und Mehl bestreuen.

Den Teig circa $1/2$ cm dick ausrollen und Sterne ausstechen. Die Ausstechform zwischendurch immer wieder in Mehl tauchen.

Die Zimtsterne auf gefettete Bleche legen, dünn mit Guß bestreichen und im vorgeheizten Backofen auf der mittleren Schiene bei 150°C etwa 20 Minuten backen. Auf Kuchengittern auskühlen lassen.

Nährwerte pro Stück	
Kilokalorien	70
Kilojoule	280
Eiweiß/g	2
Kohlenhydrate/g	7
Fett/g	3
Ballaststoffe/g	0,9

Plätzchen

Mandelzwickel

einfach

20 doppelte Plätzchen

Teig:
**100 g Mandelblättchen
100 g Butter
115 g Zucker
60 g Mehl
2 EL Milch**

Buttercreme:
**50 g Butter
2 EL Puderzucker
1 Eigelb
2 TL Vanillinzucker**

Die Mandelblättchen grob hacken. Die Butter in einem Topf bei kleiner Hitze schmelzen. Vom Herd nehmen und die gehackten Mandeln, den Zucker, das Mehl und die Milch einrühren.

Ein Backblech mit Backtrennpapier auslegen und den Teig mit einem Teelöffel in kleinen Häufchen auf das Papier setzen. Etwas flachdrücken und im vorgeheizten Backofen bei 175°C auf der mittleren Schiene 8 bis 10 Minuten backen.

Das Gebäck auf dem Blech auskühlen lassen und dann vom Papier lösen.

Für die Buttercreme die Butter und den Puderzucker mit dem Handrührgerät schaumig schlagen, das Eigelb zugeben und die Creme mit Vanillinzucker abschmecken.

Die Hälfte der Plätzchen mit Buttercreme bestreichen und die restlichen Plätzchen darauf legen.

Nährwerte pro Stück	
Kilokalorien	*130*
Kilojoule	*560*
Eiweiß/g	*1*
Kohlenhydrate/g	*10*
Fett/g	*9*
Ballaststoffe/g	*0,8*

Weiße Lebkuchen

einfach, braucht Zeit

ca. 60 Stück

**4 Eier, getrennt
250 g Zucker
1 Prise Salz
75 g Zitronat
75 g Orangeat
1 TL Zimt
1 Messerspitze Nelkenpulver
1 Messerspitze Pottasche
6 cl Kirschgeist
400 g Mehl
10 Belegkirschen
20 halbe Walnußkerne
30 g Zucker
30 g gemahlene Walnüsse
1 Eigelb
1 EL Milch**

Das Eigelb mit dem Zucker gut 10 Minuten mit dem Handrührgerät schaumig schlagen. Dann das Eiweiß mit dem Salz sehr steif schlagen und unter die Zucker-Eimasse heben.

Das Zitronat und das Orangeat sehr fein hacken. Zimt, Nelken, Zitronat und Orangeat zur Eimasse geben. Die Pottasche im Kirschgeist auflösen.

Das Mehl nach und nach über die Zucker-Eimasse sieben und untermengen. Zuletzt die aufgelöste Pottasche mit dem Kirschgeist unterrühren. Den Teig 1 Stunde ruhen lassen.

Inzwischen die Kirschen und die Walnußkerne halbieren, den Zucker mit den gemahlenen Nüssen auf einem Teller vermischen.

Den Teig auf einer bemehlten Arbeitsfläche etwa 1,5 cm dick ausrollen und mit einer Form von 6 cm Durchmesser Lebkuchenblüten ausstechen.

Das Eigelb mit der Milch verrühren und die Blüten damit bestreichen, jeweils ein Stück Kirsche oder einen Nußkern darauf setzen. Ein Backblech mit Backpapier auslegen und die Lebkuchen im vorgeheizten Backofen bei 175°C auf der mittleren Schiene in 10 bis 12 Minuten hell backen.

Die fertigen Lebkuchen vom Blech nehmen und auf einem Kuchengitter auskühlen lassen.

Nährwerte pro Stück	
Kilokalorien	*60*
Kilojoule	*260*
Eiweiß/g	*1,4*
Kohlenhydrate/g	*11*
Fett/g	*1*
Ballaststoffe/g	*0,3*

Plätzchen

Plätzchen

Honigplätzchen

Teig 1 Tag ruhen lassen

einfach

ca. 140 Stück

200 g Honig
150 g brauner Zucker
50 g Butter
1 TL Zimt
½ TL Nelkenpulver
1 Messerspitze Natron
400 g Weizenvollkornmehl
4 Eier

Mehl für die Arbeitsfläche
einige kandierte Früchte, Mandeln, Sultaninen und etwas Hagelzucker zum Verzieren

Plätzchen

Den Honig in einem Topf erwärmen. Unter Rühren den Zucker und die Butter dazugeben und so lange weiterrühren, bis die Butter geschmolzen ist. Dann Zimt, Nelken und Natron beifügen, vom Herd nehmen und etwas abkühlen lassen.

Das Mehl auf eine Arbeitsfläche sieben und in die Mitte eine Mulde drücken. Die Honigmasse und die Eier hineingeben und alle Zutaten zu einem glatten Teig verkneten. Teig in eine Schüssel legen und zugedeckt bei Zimmertemperatur 24 Stunden ruhen lassen.

Dann auf einer bemehlten Arbeitsfläche circa 4 mm dick ausrollen und mit Ausstechförmchen Plätzchen ausstechen. Dabei die Förmchen immer wieder in Mehl tauchen.

Ein Backblech mit Backpapier auslegen, die Plätzchen darauf legen und verzieren. Im vorgeheizten Backofen auf der mittleren Schiene bei 175°C 12 bis 15 Minuten goldbraun backen.

Aus dem Backofen nehmen und die Plätzchen auf einem Kuchengitter auskühlen lassen. In Blechdosen kühl aufbewahren.

Nährwerte pro Stück	
Kilokalorien	30
Kilojoule	110
Eiweiß/g	1
Kohlenhydrate/g	4
Fett/g	1
Ballaststoffe/g	0,3

Knusperlis

einfach

100 g Haferflocken
70 g weiche Butter
120 g Honig
1 Ei
1 Eigelb
1/4 TL gemahlene Muskatnuß
100 g Rum-Rosinen
80 g Hirse
100 g Weizen
80 g Mandelstifte
Fett für das Backblech

Die Haferflocken in einer trockenen Pfanne unter Rühren goldgelb rösten.

Die Butter mit dem Honig, Ei und Eigelb schaumig rühren. Die gerösteten Haferflocken, Muskatnuß und die Rum-Rosinen untermischen.

Die Hirse und den Weizen mahlen und mit den Mandelstiften unter die Haferflocken-Eimasse heben. Den Teig etwa 20 Minuten quellen lassen.

Mit 2 Teelöffeln kleine Häufchen auf ein gefettetes Backblech setzen und im vorgeheizten Backofen bei 200°C etwa 20 Minuten goldbraun backen. Die Knusperlis auf einem Kuchengitter auskühlen lassen.

Nährwerte insgesamt	
Kilokalorien	2830
Kilojoule	11830
Eiweiß/g	57
Kohlenhydrate/g	340
Fett/g	125
Ballaststoffe/g	47,8

Abb. siehe Seite 229

Sesam Toffee

einfach

32 Stück

150 g Sesamsamen
1/2 TL Vanillinzucker
1 Prise Salz
50 g Butter
170 g Zucker
220 g heller Sirup
Fett für das Backblech

Die Sesamsamen in einer erhitzten, trockenen Pfanne unter Wenden goldgelb rösten.

Die gerösteten Samen abkühlen lassen und mit Vanillinzucker und Salz mischen.

Die Butter in einer beschichteten Pfanne zerlassen, den Zucker und den Sirup zufügen und unter Rühren so lange kochen, bis die Masse karamelartig ist. Vom Herd nehmen und die Sesamsamen schnell unterrühren. Sofort dünn auf ein gefettetes Backblech streichen und etwas auskühlen lassen.

Das Toffee mit einem gefetteten Messer in Stücke schneiden, bevor es fest wird und auf dem Blech erkalten lassen.

Nährwerte pro Stück	
Kilokalorien	82
Kilojoule	345
Eiweiß/g	1
Kohlenhydrate/g	11
Fett/g	4
Ballaststoffe/g	0,6

Plätzchen

Sesam-Plätzchen

einfach, braucht Zeit

**100 g Sesamsamen
175 g Weizenvollkorn-
mehl
1 TL Zimt
1 Prise gemahlene
Nelken
1 Vanilleschote
100 g dickflüssiger Honig
175 g Butter
Mehl für die Arbeits-
fläche
Fett für das Backblech
1 Eiweiß
Haselnußkerne zum
Dekorieren**

Die Sesamsamen in einer trockenen Pfanne unter Rühren goldgelb rösten und auskühlen lassen.

Das Mehl mit Zimt, gemahlenen Nelken, dem Mark der Vanilleschote und den gerösteten Sesamsamen mischen und auf die Arbeitsfläche geben. Den Honig darüber gießen und die Butter in Flöckchen darauf setzen. Alles zu einem glatten Teig verkneten und zu einer Kugel formen. In Frischhaltefolie verpacken und im Kühlschrank 1 Stunde ruhen lassen.

Den Teig auf der bemehlten Arbeitsfläche etwa 5 mm dick ausrollen und mit dem Teigrad Quadrate von 4 x 4 cm ausschneiden. Die Teigstücke auf ein gefettetes Backblech setzen, mit dem verquirlten Eiweiß bestreichen und jeweils einen Haselnußkern in die Mitte drücken.

Im vorgeheizten Backofen bei 220°C auf der mittleren Schiene 10 Minuten backen. Die Plätzchen auf einem Kuchengitter auskühlen lassen.

Nährwerte insgesamt	
Kilokalorien	*3260*
Kilojoule	*13670*
Eiweiß/g	*54*
Kohlenhydrate/g	*202*
Fett/g	*237*
Ballaststoffe/g	*32,7*

Sonnenblumen-Häufchen

einfach

**250 g Sonnenblumen-
kerne
3 Eiweiß
100 g Honig
1/2 TL Zimt
1 Vanilleschote
Saft von 1 Zitrone
40 g Weizenvollkornmehl
Fett für das Backblech
Mehl zum Bestäuben**

200 g Sonnenblumenkerne fein mahlen, die restlichen Kerne hacken.

Das Eiweiß sehr steif schlagen, dabei nach und nach den Honig zugießen. Zimt, das Mark der Vanilleschote und den Zitronensaft vorsichtig unter die Schaummasse rühren. Dann das Mehl unterheben.

Ein Backblech fetten und mit Mehl bestäuben. Mit 2 Teelöffeln kleine Häufchen auf das Blech setzen, mit den gehackten Sonnenblumenkernen bestreuen und im vorgeheizten Backofen auf der mittleren Schiene bei 180°C etwa 20 Minuten backen. Die fertigen Kekse auf einem Kuchengitter auskühlen lassen.

Nährwerte insgesamt	
Kilokalorien	*1980*
Kilojoule	*8290*
Eiweiß/g	*78*
Kohlenhydrate/g	*125*
Fett/g	*121*
Ballaststoffe/g	*20,6*

229

Plätzchen

Mohnmakronen

einfach

ca. 60 Stück

1 Beutel fertige Mohn-mischung, 250 g
100 g Marzipanrohmasse
3 EL Rum
60 g Rosinen
1 TL Zimt
200 g gemahlene Mandeln
5 Eiweiß
50 g Zucker
ca. 30 abgezogene Mandeln

Die Mohnmischung mit dem zerbröckelten Rohmarzipan und dem Rum verrühren. Die Rosinen grob hacken, mit Zimt und Mandeln untermischen.

Das Eiweiß mit dem Zucker zu steifem Schnee schlagen und vorsichtig unterheben.

Plätzchen

Die Mohn-Mandelmasse portionsweise in einen Spritzbeutel mit weiter Lochtülle füllen. Auf ein mit Backpapier ausgelegtes Backblech kleine Häufchen spritzen und mit halbierten Mandeln garnieren.

Die restliche Masse bis zur Weiterverarbeitung in den Kühlschrank stellen.

Die Makronen im vorgeheizten Backofen bei 175°C auf der mittleren Schiene circa 20 Minuten backen.

Nährwerte pro Stück	
Kilokalorien	60
Kilojoule	270
Eiweiß/g	2
Kohlenhydrate/g	4
Fett/g	4
Ballaststoffe/g	1

Schmandtaler

einfach, Blitzrezept

ca. 80 Stück

125 g Mehl
2 EL Schmand oder Crème double
100 g Butter
1 Prise Salz
2 Eigelb
50 g Hagelzucker
Butter zum Einfetten

Das Mehl, den Schmand, die Butter und das Salz schnell verkneten. In Frischhaltefolie einwickeln und für 2 Stunden in den Kühlschrank stellen.

Die Arbeitsfläche mit Mehl bestäuben und den Teig dünn ausrollen. Mit einem runden Ausstecher Plätzchen ausstechen, mit dem Eigelb bestreichen und mit dem Hagelzucker bestreuen.

Auf ein mit Backpapier ausgelegtes Backblech legen und im vorgeheizten Backofen bei 180°C circa 15 Minuten backen.

Nährwerte pro Stück	
Kilokalorien	20
Kilojoule	90
Eiweiß/g	0,3
Kohlenhydrate/g	2
Fett/g	1,4
Ballaststoffe/g	0

Kartenblätter

einfach

ca. 30 Stück

375 g Mehl
125 g Zucker
1 Päckchen Vanillinzucker
1 TL Zimt
1 Prise Salz
1 großes Ei
250 g Butter
Mehl für die Arbeitsfläche
1 Eigelb zum Bestreichen
200 g geschälte Mandeln

Das Mehl auf eine Arbeitsfläche sieben und in die Mitte eine Mulde drücken. Zucker, Vanillinzucker, Zimt, Salz und das Ei hineingeben. Die zimmerwarme Butter in kleinen Stücken auf den Mehlrand setzen. Alles von außen nach innen rasch zu einem geschmeidigen Teig verarbeiten. Den Teig zu einer Kugel formen, in Frischhaltefolie wickeln und mindestens 1 Stunde im Kühlschrank ruhen lassen.

Die Arbeitsfläche dünn mit Mehl bestäuben. Den Teig circa 4 mm dick ausrollen und in Kartenform gleich große Stücke ausschneiden.

Ein Backblech mit Backpapier auslegen. Die Kartenblätter mit genügend Abstand voneinander darauf legen.

Das Eigelb verquirlen und die Kartenblätter damit bestreichen.

Die Mandeln halbieren und die Kartenblätter damit verzieren. Im vorgeheizten Backofen auf der mittleren Schiene bei 200°C in 8 bis 10 Minuten goldbraun backen.

Kartenblätter auf einem Kuchengitter auskühlen lassen und zum Aufbewahren in Blechdosen mit Pergamentpapier schichten.

Nährwerte pro Stück	
Kilokalorien	170
Kilojoule	730
Eiweiß/g	3
Kohlenhydrate/g	14
Fett/g	11
Ballaststoffe/g	1,2

BROT

Nuß- und Kräuterbrot

einfach, braucht Zeit

2 Brote

**60 g Hefe
2 TL Salz
1 EL brauner Zucker
200 g Roggenmehl
200 g Weizenmehl
200 g Weizenschrot
Mehl für die Arbeitsfläche
2 TL Rosmarin
2 TL Thymian
2 EL Sesamsamen
1 EL Sesamöl
2 TL getrocknetes Bohnenkraut
100 g gehackte Walnußkerne
1 EL Walnußöl
2 EL Schlagsahne
Sonnenblumenkerne oder Sesamsamen zum Bestreuen**

Die Hefe zerbröckeln und in 100 ml lauwarmem Wasser auflösen. Salz, Zucker und 400 ml Wasser einrühren. Das Roggen- und das Weizenmehl zugeben und den Teig mit dem Handrührgerät kräftig rühren. Dann den Weizenschrot mit der Hand einarbeiten und alles zu einem geschmeidigen Teig ver-

Brot

kneten. Zugedeckt an einem warmen Ort 30 Minuten gehen lassen.
Den Teig auf der bemehlten Arbeitsfläche noch einmal durchkneten und

Brot

halbieren. In eine Hälfte den Rosmarin, Thymian, die Sesamsamen und das Sesamöl einkneten. Unter die andere Teighälfte das Bohnenkraut, die Walnußkerne und das Walnußöl mischen. Die Teighälften zu Brotlaiben formen und zugedeckt 30 Minuten aufgehen lassen.

Die Brotlaibe auf ein gefettetes Backblech legen und mit einem scharfen Messer auf der Oberseite schräg einschneiden. Mit der Schlagsahne bestreichen und mit Sonnenblumenkernen oder Sesamsamen bestreuen.

Eine Tasse Wasser in den Ofen stellen! Die Brote im vorgeheizten Backofen auf der unteren Schiene bei 210°C etwa 40 Minuten backen. Die Brote zum Auskühlen auf ein Kuchengitter legen.

Nährwerte Nußbrot	
Kilokalorien	1440
Kilojoule	6050
Eiweiß/g	51
Kohlenhydrate/g	210
Fett/g	36
Ballaststoffe/g	32,5

Nährwerte Kräuterbrot	
Kilokalorien	1220
Kilojoule	5120
Eiweiß/g	39
Kohlenhydrate/g	200
Fett/g	22
Ballaststoffe/g	28,5

Brotsonne mit Mohn, Kümmel und Salz

einfach, braucht Zeit

1 Laib

375 g Roggen-Vollkornschrot
375 g Weizen-Vollkornschrot
1 1/2 TL Salz
1 Würfel Hefe, 42 g
1 TL Zucker
150 g Natur-Sauerteig (Fertigprodukt)
Mehl für die Arbeitsfläche
Mohn, grobes Salz oder Kümmel zum Bestreuen

Das Roggen- und das Vollkornschrot mit dem Salz in eine Schüssel geben, in die Mitte eine Mulde drücken und die Hefe hineinbröckeln. Mit 2 Eßlöffel lauwarmem Wasser und dem Zucker zu einem Vorteig verrühren und zugedeckt an einem warmen Ort etwa 15 Minuten gehen lassen.

200 ml lauwarmes Wasser und den Sauerteig zugeben und alles zu einem glatten Teig verkneten. Zugedeckt an einem warmen Ort etwa 1 Stunde gehen lassen.

Den Teig auf der bemehlten Arbeitsfläche noch einmal kurz durchkneten und zu kleinen Kugeln formen. Die Kugeln auf einem mit Backpapier ausgelegten Blech zu einer Sonnenform zusammensetzen. Mit Wasser bestreichen und mit Mohn, grobem Salz oder Kümmel bestreuen.

Im vorgeheizten Backofen bei 250°C auf der mittleren Schiene 10 Minuten backen. Dann die Temperatur auf 175°C reduzieren und die Brotsonne noch weitere 45 Minuten backen. Mit dem Backpapier vom Blech heben und auf einem Kuchengitter auskühlen lassen.

Nährwerte insgesamt	
Kilokalorien	2740
Kilojoule	11470
Eiweiß/g	100
Kohlenhydrate/g	502
Fett/g	21
Ballaststoffe/g	90

Brot

Graham-Laib und -Brötchen

einfach, braucht Zeit

1 Laib oder 24 Brötchen

**400 g Weizenvollkornmehl
250 g Weizenmehl
1 TL Salz
50 g Hefe
1/4 l lauwarme Milch
50 g Butter
40 g Honig
Mehl für die Arbeitsfläche
Fett für das Backblech**

Beide Mehlsorten mit dem Salz in eine Schüssel sieben, in die Mitte eine Mulde drücken und die Hefe hineinbröckeln. Mit 2 Eßlöffel der lauwarmen Milch zu einem Vorteig verrühren und zugedeckt an einem warmen Ort etwa 15 Minuten gehen lassen.

Die Butter und den Honig in der restlichen Milch auflösen, zum Hefeteig geben und alles zu einem glatten Teig verkneten. Zugedeckt an einem warmen Ort etwa 30 Minuten gehen lassen.

Den Teig auf einer bemehlten Arbeitsfläche noch einmal kneten und zu einem Brotlaib formen. Für die Brötchen den Teig in 4 Stücke teilen, zu Rollen formen, jede Rolle in 6 Stücke schneiden und daraus Brötchen formen.

Ein Backblech fetten, mit Mehl bestäuben und den Brotlaib oder die Brötchen darauf setzen. Zugedeckt an einem warmen Ort nochmals 20 bis 30 Minuten gehen lassen. Mit Wasser bestreichen und im vorgeheizten Backofen bei 225°C 50 Minuten (Brotlaib) oder 20 Minuten (Brötchen) backen. Eine Tasse Wasser in den Ofen stellen.

Nährwerte insgesamt	
Kilokalorien	2560
Kilojoule	10730
Eiweiß/g	89
Kohlenhydrate/g	470
Fett/g	21
Ballaststoffe/g	45,5

Anisbrot

einfach, braucht Zeit

1 Laib

**375 g Roggenschrot
375 g Weizenschrot
1 TL Salz
1 TL Zucker
1 Würfel Hefe, 42 g
150 g Sauerteig
(Fertigprodukt)
1 EL Anissamen
1/2 TL gemahlener Anis
Fett für das Backblech
Mehl zum Bestäuben**

Das Mehl mit dem Salz und dem Zucker in eine Schüssel sieben, in die Mitte eine Mulde drücken und die Hefe hineinbröckeln. Mit 2 Eßlöffel lauwarmem Wasser zu einem Vorteig verrühren und zugedeckt an einem warmen Ort etwa 15 Minuten gehen lassen.

400 bis 450 ml lauwarmes Wasser, den Sauerteig, Anissamen und Anis zum Hefeteig geben und alles zu einem glatten Teig verkneten. Zugedeckt an einem warmen Ort 1 Stunde gehen lassen.

Brot

Aus dem Teig einen Brotlaib formen und auf ein gefettetes, mit Mehl bestäubtes Backblech setzen. Im vorgeheizten Backofen bei 250°C 10 Minuten backen, dann die Temperatur reduzieren und das Anisbrot bei 175°C noch 1 Stunde backen. Eine Tasse Wasser in den Ofen stellen. Das fertige Brot auf einem Kuchengitter auskühlen lassen.

Nährwerte pro Laib	
Kilokalorien	2750
Kilojoule	11500
Eiweiß/g	100
Kohlenhydrate/g	500
Fett/g	18
Ballaststoffe/g	105

Brot

Gewürzkloben

einfach, braucht Zeit

1 Laib

**250 g Weizenmehl
250 g Roggenmehl
1 TL Salz
25 g Hefe
50 g Butter
75 g flüssiger Natursauerteig (Fertigprodukt, 1/2 Packung)
2 EL Sirup
1 EL Essig
1 TL Kümmel
1 Prise gemahlener Anis
1/4 TL Fenchelsamen
Fett für das Backblech
Mehl zum Bestäuben**

Die beiden Mehlsorten mit dem Salz in eine Schüssel sieben, in die Mitte eine Mulde drücken und die Hefe hineinbröckeln. Mit 2 Eßlöffel lauwarmem Wasser zu einem Vorteig verrühren und zugedeckt an einem warmen Ort etwa 15 Minuten gehen lassen.

Die Butter zerlassen und etwas abkühlen lassen. Die Butter, 1/8 Liter lauwarmes Wasser, den Sauerteig, Sirup, Essig, Kümmel, Anis und Fenchel zum Hefeteig geben und alles zu einem glatten Teig verkneten. Zugedeckt an einem warmen Ort etwa 1 Stunde gehen lassen.

Aus dem Teig eine Kugel formen, auf ein gefettetes Backblech legen, auf der Oberseite kreuzweise einschneiden und mit Mehl bestäuben.

Im vorgeheizten Backofen auf der mittleren Schiene 70 bis 80 Minuten backen. 1 Tasse Wasser in den Backofen stellen.

Den Gewürzkloben zum Auskühlen auf ein Kuchengitter legen.

Nährwerte pro Laib	
Kilokalorien	2280
Kilojoule	9550
Eiweiß/g	61
Kohlenhydrate/g	370
Fett/g	50
Ballaststoffe/g	47,3

Hefe-Safranzopf

einfach, braucht Zeit

1 Zopf

**500 g Mehl
1 TL Salz
2 EL Zucker
25 g Hefe
1/4 l lauwarme Milch
100 g Butter
1 Eigelb
1/2 TL Safranfäden
1/2 TL Zimt
1/2 TL geriebene Muskatnuß
Mehl für die Arbeitsfläche
Fett für das Backblech**

Brot

Das Mehl mit dem Salz und dem Zucker in eine Schüssel sieben, in die Mitte eine Mulde drücken und die Hefe hineinbröckeln. Mit 2 Eßlöffel der lauwarmen Milch zu einem Vorteig verrühren und zugedeckt an einem warmen Ort etwa 15 Minuten gehen lassen.

Die Butter zerlassen und etwas abkühlen lassen. Das Eigelb mit der restlichen Milch und den Safranfäden verquirlen und mit der flüssigen Butter zum Hefeteig geben. Zimt und Muskat zufügen und alles zu einem glatten Teig verkneten.

Zugedeckt an einem warmen Ort etwa 25 Minuten gehen lassen.

Den Teig in drei gleich große Stücke teilen, diese auf der bemehlten Arbeitsfläche zu drei langen Rollen formen und zu einem Zopf ineinanderflechten.

Ein Backblech fetten und den Zopf darauf legen. Zugedeckt nochmals 25 Minuten gehen lassen. Dann im vorgeheizten Backofen bei 175°C auf der mittleren Schiene etwa 1 Stunde backen.

Den gebackenen Hefezopf mit einem Tuch bedecken und abkühlen lassen.

Nährwerte pro Zopf	
Kilokalorien	*2960*
Kilojoule	*12400*
Eiweiß/g	*68*
Kohlenhydrate/g	*407*
Fett/g	*103*
Ballaststoffe/g	*12,7*

Holzfäller-brötchen

einfach, braucht Zeit

20 Stück

325 g Weizenmehl
325 g Roggenmehl
1 TL Salz
1 Würfel Hefe, 42 g
150 g Sauerteig (Fertigprodukt)
2 EL Sirup
1 EL gemischte, gehackte Kräuter
Fett für das Backblech
1 EL Mohn
1 EL Kümmel
1 EL Sesamsamen

Die beiden Mehlsorten mit dem Salz in eine Schüssel sieben, in die Mitte eine Mulde drücken und die Hefe hineinbröckeln. Mit 2 Eßlöffel lauwarmem Wasser zu einem Vorteig verrühren und zugedeckt an einem warmen Ort etwa 15 Minuten gehen lassen.

$1/2$ Liter lauwarmes Wasser, den Sauerteig, Sirup und die gehackten Kräuter zum Hefeteig geben und alles zu einem glatten Teig verarbeiten. Zugedeckt an einem warmen Ort etwa 1 Stunde gehen lassen.

Aus dem Teig 20 gleich große Kugeln formen und nebeneinander auf ein gefettetes Backblech setzen. Die Brötchen mit etwas kaltem Wasser bestreichen und mit Mohn, Kümmel oder Sesam bestreuen. Im vorgeheizten Backofen auf der mittleren Schiene bei 175°C etwa 50 Minuten backen. 1 Tasse Wasser in den Backofen stellen.

Die fertigen Brötchen mit einem Tuch bedeckt abkühlen lassen.

Nährwerte pro Stück	
Kilokalorien	*90*
Kilojoule	*370*
Eiweiß/g	*3*
Kohlenhydrate/g	*17*
Fett/g	*1*
Ballaststoffe/g	*1,6*

Brot

Gewürzbrot

einfach, braucht Zeit

1 Laib

**250 g Weizenmehl
250 g Roggenmehl
2 TL Salz
1 TL Zucker
1 Würfel Hefe, 42 g
1/8 l lauwarme Milch
50 g Butter
1 1/2 EL Kümmel
1 1/2 EL Koriander
1 EL Anis
1 EL Fenchelsamen
Mehl für die Arbeitsfläche
Fett für das Backblech**

Das Mehl mit dem Salz und dem Zucker in eine Schüssel sieben, in die Mitte eine Mulde drücken und die Hefe hineinbröckeln. Mit 2 Eßlöffel der lauwarmen Milch zu einem Vorteig verrühren und zugedeckt an einem warmen Ort etwa 15 Minuten gehen lassen.

Die Butter in 1/8 l Wasser erwärmen und mit der restlichen Milch zum Vorteig gießen. Kümmel, Koriander, Anis und Fenchelsamen dazugeben und alles zu einem glatten Teig verkneten. Den Teig auf der bemehlten Arbeitsfläche zu einem Brot formen.

Ein Backblech einfetten, das Brot darauf legen und zugedeckt 1 Stunde gehen lassen.

Im vorgeheizten Backofen auf der mittleren Schiene bei 200°C 10 Minuten backen, dann die Temperatur auf 175°C reduzieren und das Gewürzbrot weitere 45 Minuten backen. Eine Tasse Wasser in den Ofen stellen.

Das Brot zum Auskühlen auf ein Kuchengitter legen.

Nährwerte pro Laib	
Kilokalorien	*2210*
Kilojoule	*9270*
Eiweiß/g	*65*
Kohlenhydrate/g	*337*
Fett/g	*55*
Ballaststoffe/g	*50,5*

Bauernfladen

einfach, braucht Zeit

2 Fladen

**1/4 l Milch
50 g Butter
2 EL Honig
25 g Hefe
1/2 TL Salz
200 g Roggenmehl
220 g Weizenvollkornmehl
Mehl für die Arbeitsfläche
Fett für das Backblech**

Die Milch etwas erwärmen und die Butter darin schmelzen. Den Honig und die zerbröckelte Hefe zugeben und so lange rühren, bis alles in der Milch aufgelöst ist.

Das Salz und die beiden Mehlsorten zugeben, alles zu einem glatten Teig verarbeiten und zugedeckt an einem warmen Ort bis zur doppelten Größe aufgehen lassen.

Den Teig noch einmal kurz durchkneten, teilen und jede Hälfte auf der bemehlten Arbeitsfläche zu etwa 2 cm dicken Fladen ausrollen. Die Fladen mit einer Gabel mehrmals einstechen.

Ein Backblech ausfetten und die Teigfladen darauf setzen. 10 Minuten ruhen lassen. Dann mit Wasser bestreichen und im vorgeheizten Backofen bei 225°C etwa 15 Minuten backen. Eine Tasse Wasser in den Ofen stellen.

Die gebackenen Fladen mit einem Tuch bedeckt auf einem Kuchengitter abkühlen lassen.

Nährwerte pro Fladen	
Kilokalorien	*1010*
Kilojoule	*4250*
Eiweiß/g	*30*
Kohlenhydrate/g	*145*
Fett/g	*30*
Ballaststoffe/g	*27*

Sonnenblumenbrot

einfach, braucht Zeit

1 Laib

**50 g Hefe
50 g Butter
1/2 l lauwarme Milch
1 TL Salz
300 g Roggenmehl
450 g Weizenvollkornmehl
50 g geschälte Sonnenblumenkerne
1 EL Kümmel
Mehl für die Arbeitsfläche
1 Ei**

Brot

Die Hefe in eine große Schüssel bröckeln.

Die Butter in der Milch zerlassen, das Salz zufügen und über die Hefe gießen.

Das Roggen- und das Weizenmehl in eine Schüssel sieben und gut die Hälfte davon unter die Hefemilch rühren. Den Teig mit den Händen oder mit dem Knethaken des Handrührgeräts gut durcharbeiten und kneten. Dabei nach und nach das restliche Mehl einarbeiten. Zuletzt die Hälfte der Sonnenblumenkerne und den Kümmel zugeben und den Teig kräftig durcharbeiten.

Zugedeckt an einem warmen Ort 30 Minuten gehen lassen.

Den Teig auf einer bemehlten Arbeitsfläche noch einmal durchkneten und zu einem großen Laib formen. Auf ein mit Backpapier ausgelegtes Blech setzen und weitere 20 Minuten gehen lassen.

Das Brot mit dem verquirlten Ei bestreichen und mit den restlichen Sonnenblumenkernen bestreuen. Im vorgeheizten Backofen auf der unteren Schiene bei 200°C etwa 40 Minuten backen. Eine Tasse Wasser in den Ofen stellen. Dann mit einem Holzstäbchen probieren, ob das Brot fertig ist. Das Sonnenblumenbrot auf einem Kuchengitter auskühlen lassen.

Nährwerte pro Laib	
Kilokalorien	3540
Kilojoule	14820
Eiweiß/g	129
Kohlenhydrate/g	470
Fett/g	106
Ballaststoffe/g	95

Schwedisches Vollkornbrot

Die Roggenkörner über Nacht einweichen.

einfach, braucht Zeit, zum Einfrieren

2 Laibe

150 g Roggenkörner
100 g Hefe
40 g Butter
350 g Roggenmehl
450 g Roggenschrot
4 TL Salz
2 EL dunkler Sirup
350 g Weizenmehl
Mehl für die Arbeitsfläche
Butter für die Form

Die Roggenkörner einweichen und über Nacht quellen lassen.

Die Hefe in eine große Schüssel bröckeln. Die Butter in 3/4 Liter warmem Wasser schmelzen, über die Hefe gießen und rühren, bis sie aufgelöst ist.

Das Roggenmehl, den Roggenschrot, die vorgeweichten Roggenkörner, Salz, Sirup und gut die Hälfte des Weizenmehls zufügen. Den Teig mit den Händen oder mit dem Knethaken des Handrührgeräts gut durcharbeiten und kneten. Dabei nach und nach das restliche Weizenmehl einarbeiten.

Den Teig zu einer Kugel formen und zugedeckt an einem warmen Ort 1 1/2 Stunden gehenlassen.

Den Teig auf einer bemehlten Arbeitsfläche nochmals durchkneten, teilen und zu 2 Broten formen.

2 Kastenformen mit Butter ausfetten, die Brote hineinlegen und nochmals 20 bis 30 Minuten gehen lassen.

Die Brote mit Wasser bestreichen und gut 1 Stunde im vorgeheizten Backofen bei 175°C auf der unteren Schiene backen. Eine Tasse Wasser in den Ofen stellen. Die fertigen Brote während des Auskühlens mit einem Tuch abdecken.

Tip: Das Vollkornbrot kann in Folie verpackt aufbewahrt oder tiefgefroren werden.

Nährwerte pro Laib	
Kilokalorien	3340
Kilojoule	13990
Eiweiß/g	114
Kohlenhydrate/g	560
Fett/g	52
Ballaststoffe/g	156

Brot

Estragonbrot

einfach, braucht Zeit

1 Laib

700 g Weizenmehl
300 g Roggenmehl
2 gestrichene TL Salz
2 Würfel Hefe à 42 g
175 ml lauwarme Milch
150 g Butter
1 gestr. EL Estragon
½ TL gemahlener Kümmel
¼ TL geriebene Muskatnuß
Mehl für die Arbeitsfläche
Fett für das Backblech

Das Mehl mit dem Salz in eine Schüssel sieben, in die Mitte eine Mulde drücken und die Hefe hineinbröckeln. Mit 2 Eßlöffel der lauwarmen Milch zu einem Vorteig verrühren und zugedeckt an einem warmen Ort etwa 15 Minuten gehen lassen.

Die Butter in der restlichen Milch auflösen und mit dem Estragon, Kümmel und Muskat zum Hefeteig geben. Alles zu einem glatten Teig verkneten und zugedeckt an einem warmen Ort etwa 2 Stunden gehen lassen.

Den Teig auf einer bemehlten Arbeitsfläche noch einmal durchkneten, zu einem Brot formen und auf ein gefettetes Backblech legen. Im vorgeheizten Backofen auf der mittleren Schiene bei 250°C 10 Minuten backen.

Dann die Temperatur auf 175°C reduzieren und das Brot noch 1 Stunde backen. Das fertige Brot auf einem Kuchengitter auskühlen lassen.

Nährwerte pro Laib	
Kilokalorien	*4780*
Kilojoule	*20000*
Eiweiß/g	*124*
Kohlenhydrate/g	*688*
Fett/g	*144*
Ballaststoffe/g	*69*

Fenchel-Zwiebelbrötchen

einfach, braucht Zeit

20 Stück

2 große Zwiebeln
110 g Butter
300 g Weizenmehl
200 g Roggenmehl

Brot

1 TL Salz
1 Würfel Hefe, 42 g
200 ml lauwarme Milch
1 Ei
2 EL Fenchelsamen
Fett für das Backblech

Die Zwiebeln abziehen, fein hacken und in 1 Eßlöffel Butter knusprig braun braten.

Die Zwiebelwürfel auf Küchenpapier abkühlen lassen.

Die beiden Mehlsorten mit dem Salz in eine Schüssel sieben, in die Mitte eine Mulde drücken und die Hefe hineinbröckeln. Mit 2 Eßlöffel der lauwarmen Milch zu einem Vorteig verrühren und zugedeckt an einem warmen Ort etwa 15 Minuten gehen lassen.

Die restliche Butter in der Milch auflösen. Das Ei mit dem Fenchel verquirlen. Alles zum Hefeteig geben und zu einem glatten Teig verkneten. Den Teig bis zum doppelten Volumen aufgehen lassen. Die Zwiebelwürfel zufügen und den Teig noch einmal gut durchkneten.

Aus dem Teig mit bemehlten Händen 20 Brötchen formen, auf ein gefettetes Backblech setzen und nochmals aufgehen lassen. Im vorgeheizten Backofen bei 175°C 35 Minuten backen.

Nährwerte pro Stück	
Kilokalorien	140
Kilojoule	600
Eiweiß/g	4
Kohlenhydrate/g	18
Fett/g	6
Ballaststoffe/g	2,3

Weißes Kastenbrot

einfach, braucht Zeit

2 Laibe

1/2 l lauwarme Magermilch
1 TL Salz
2 TL Zucker

60 g Hefe
900 g Weizenmehl
50 g Butter
Mehl für die Arbeitsfläche
Butter für die Form
2 EL Schlagsahne

Die Milch mit Salz, Zucker und der zerbröckelten Hefe verrühren. Die Hälfte des Mehls einrühren und mit dem Knethaken des Handrührgeräts gut durcharbeiten. Die Butter in Flöckchen zugeben und mit dem restlichen Mehl von Hand einkneten. Den Teig zugedeckt an einem warmen Ort etwa 1 Stunde bis zum doppelten Volumen aufgehen lassen.

Den Teig auf einer bemehlten Arbeitsfläche nochmals gut durchkneten und teilen. Jede Hälfte zu einem Brotlaib formen.

2 Kastenformen mit Butter ausfetten und mit Mehl ausstäuben. Die Brote hineinlegen und nochmals 15 Minuten gehen lassen.

Die Brote mit der Schlagsahne bestreichen und im vorgeheizten Backofen auf der unteren Schiene bei 225°C etwa 30 Minuten goldbraun backen.

Nährwerte pro Laib	
Kilokalorien	2040
Kilojoule	8520
Eiweiß/g	60
Kohlenhydrate/g	345
Fett/g	34
Ballaststoffe/g	12

Brot

Baguettes

einfach, braucht Zeit, zum Einfrieren

2 Stück

**25 g Hefe
350 g Weizenmehl
1/2 EL Salz
Mehl für die Arbeitsfläche**

In einer großen Schüssel die Hefe in etwa 6 Eßlöffel lauwarmem Wasser auflösen. Die Hälfte des Mehls und das Salz zufügen. Den Teig mit den Händen oder mit dem Knethaken des Handrührgeräts gut durcharbeiten und kneten. Dabei nach und nach das restliche Mehl und eventuell noch etwas Wasser zufügen.

Den Teig zu einer Kugel formen und zugedeckt an einem warmen Ort 1 Stunde gehen lassen, dabei nach der Hälfte der Zeit noch einmal kurz durchkneten.

Den Teig auf einer bemehlten Arbeitsfläche zu 2 langen Stangen formen.

Ein Backblech mit Backpapier auslegen, die Baguettes darauf legen und weitere 10 Minuten gehen lassen. Die Baguettes mit einer scharfen Klinge mehrmals diagonal einschneiden und mit Wasser bestreichen. Im vorgeheizten Backofen auf der mittleren Schiene bei 250°C 10 bis 15 Minuten goldgelb backen. Die Brote auf einem Kuchengitter auskühlen lassen.

Tip: Beim Backen auf den Backofenboden eine flache Schale mit heißem Wasser stellen.

Tip: Es lohnt sich, die doppelte Teigmenge zuzubereiten und 4 Baguettes zu backen, um 2 einzufrieren. Diese aber dann nur 7 bis 8 Minuten backen, in Gefrierfolie wickeln und vor dem Einfrieren auskühlen lassen.

Nährwerte pro Brot	
Kilokalorien	640
Kilojoule	2690
Eiweiß/g	20
Kohlenhydrate/g	128
Fett/g	2
Ballaststoffe/g	4,7

Fines herbes-Brotsonne

einfach, braucht Zeit

1 Laib

**500 g Weizenvollkornmehl
1 gestrichener TL Salz
1 Würfel Hefe, 42 g
1/8 l lauwarme Milch
80 g Butter
1 Knoblauchzehe
100 g Frühstücksspeck
1 EL Fines herbes
Mehl für die Arbeitsfläche**

Das Mehl mit dem Salz in eine Schüssel sieben, in die Mitte eine Mulde drücken und die Hefe hineinbröckeln. Mit 2 Eßlöffel der lauwarmen Milch zu einem Vorteig verrühren und zugedeckt an einem warmen Ort etwa 15 Minuten gehen lassen.

Die Butter in der restlichen Milch auflösen, zum Hefeteig geben und alles zu einem glatten Teig verkneten. Zugedeckt an einem warmen Ort etwa 30 Minuten gehen lassen.

Die Knoblauchzehe abziehen und zerdrücken. Den Frühstücksspeck in kleine Würfel schneiden. Knoblauch, Speckwürfel und die Fines herbes unter den Teig kneten und den Teig zu kleinen Kugeln formen. Die Kugeln auf einem mit Backpapier ausgelegten Backblech zu einer Sonnenform zusammensetzen und nochmals 15 Minuten gehen lassen.

Die Brotsonne mit etwas Wasser bestreichen und im vorgeheizten Backofen bei 200°C auf der mittleren Schiene 35 bis 40 Minuten backen. Mit dem Backpapier vom Blech heben und auf einem Kuchengitter auskühlen lassen.

Nährwerte pro Laib	
Kilokalorien	3030
Kilojoule	12710
Eiweiß/g	79
Kohlenhydrate/g	310
Fett/g	148
Ballaststoffe/g	48

Brot-Zwiebeltorte

einfach, braucht Zeit, zum Einfrieren

6 Portionen

**200 g Roggenbrotscheiben
5 Zwiebeln
2 EL Öl**

Brot

250 g deutsche
Mortadella oder
Knoblauchfleischwurst
in Scheiben
Fett für die Form
2 Knoblauchzehen
200 g roher Schinken
200 g Weißbrotscheiben
1/8 l Milch
4 Eier
250 g Crème fraîche
100 g geriebener Käse,
z. B. Gouda
frisch gemahlener Pfeffer
1 Bund Schnittlauch

Die Roggenbrotscheiben von der Rinde befreien. Die Zwiebeln abziehen und fein hacken.

Das Öl in einer großen Pfanne erhitzen und die Brotscheiben, Zwiebeln und die Wurstscheiben anrösten.

Eine Auflaufform ausfetten, die Brotscheiben hineinlegen und Wurst und Zwiebel darauf geben.

Die Knoblauchzehen abziehen und dazu pressen.

Den rohen Schinken klein schneiden, darüber verteilen und mit den Weißbrotscheiben bedecken.

Die Milch mit den Eiern, der Crème fraîche und dem geriebenen Käse mischen und über die Weißbrotscheiben gießen. Mit Pfeffer würzen und im vorgeheizten Backofen bei 175°C etwa 1 Stunde backen.

Den Schnittlauch waschen, trockenschütteln und in Röllchen schneiden. Vor dem Servieren über die Brot-Zwiebeltorte streuen.

Nährwerte pro Portion	
Kilokalorien	720
Kilojoule	3000
Eiweiß/g	28
Kohlenhydrate/g	37
Fett/g	47
Ballaststoffe/g	4,7

PIZZA, TARTES UND PASTETEN

Thunfisch-Champignon-Pizza

einfach, braucht Zeit

2 Portionen

**250 g Weizenmehl
1/2 TL Zucker
Salz
30 g Butter oder Margarine
75 g Naturjoghurt, 3,5 % Fett
15 g Hefe
300 g Champignons
1 große Gemüsezwiebel
2 EL Öl
frisch gemahlener Pfeffer
1 Knoblauchzehe
1 Bund Petersilie
1 EL Pinienkerne
Mehl für die Arbeitsfläche
Fett für das Backblech
2 Dosen Thunfisch natur à 150 g
200 g Blauschimmelkäse
1 Bund Schnittlauch**

Das Mehl, den Zucker und 1/2 Teelöffel Salz in eine große Schüssel sieben und in die Mitte eine Mulde drücken.

Die Butter in 5 Eßlöffel Wasser erwärmen, den Joghurt einrühren und die Hefe dazu bröckeln. In die Mulde geben und mit den Händen oder dem Knethaken des Handrührgeräts zu einem glatten Teig verkneten.

Den Teig zu einer Kugel formen und zugedeckt an einem warmen Ort gut 1 Stunde bis zum doppelten Volumen aufgehen lassen.

Inzwischen für den Belag die Champignons putzen und in Scheiben schneiden. Die Zwiebel abziehen und in dünne Ringe schneiden.

1 Eßlöffel Öl erhitzen und die Zwiebel andünsten. Die Champignons untermischen und so lange dünsten, bis alle Flüssigkeit verdampft ist. Mit Salz und Pfeffer würzen und abkühlen lassen.

Die Knoblauchzehe abziehen. Die Petersilie waschen und trockenschleudern. Beides mit den Pinienkernen fein hacken und mit dem restlichen Öl verrühren.

Den Hefeteig auf einer bemehlten Arbeitsfläche noch einmal durchkneten und zu einer Teigplatte ausrollen. Auf ein gefettetes Backblech legen und mit der Petersilienmischung bestreichen. Die Champignon-Zwiebelmasse darauf verteilen.

Den Thunfisch gut abtropfen lassen und auf die Pizza geben, den Blauschimmelkäse darüber bröckeln. Im vorgeheizten Backofen auf der mittleren Schiene bei 200°C etwa 30 Minuten backen.

Den Schnittlauch waschen, trockenschleudern und in feine Röllchen schneiden. Vor dem Servieren über die heiße Pizza streuen.

Nährwerte pro Portion	
Kilokalorien	1400
Kilojoule	5880
Eiweiß/g	81
Kohlenhydrate/g	103
Fett/g	65
Ballaststoffe/g	8,5

Pizza, Tartes und Pasteten

Pizza mit Artischockenherzen

einfach, braucht Zeit

1 Portion

**125 g Mehl
1 Prise Salz
1 Prise Zucker
10 g Hefe
4 EL lauwarme Milch
30 g Margarine
Mehl für die Arbeitsfläche
Fett für das Backblech
30 g Gorgonzola
1 EL Crème fraîche
1 Dose Artischockenherzen, 400 g
3 kleine Tomaten
50 g Champignons
2 hartgekochte Eier
100 g Kasseler in dünnen Scheiben
1 EL grüner Pfeffer
1 TL getrocknete italienische Kräuter
150 g Mozzarella**

Das Mehl mit dem Salz und dem Zucker in eine Schüssel sieben, in die Mitte eine Mulde drücken und die Hefe hineinbröckeln.
Mit der lauwarmen Milch zu einem Vorteig verrühren und zugedeckt an einem warmen Ort etwa 15 Minuten gehen lassen.
Die Margarine zum Hefeteig geben und alles zu einem glatten Teig verkneten. Zugedeckt an einem warmen Ort etwa 30 Minuten gehen lassen.
Den Teig auf einer bemehlten Arbeitsfläche nochmals durchkneten, zu einer runden Platte von etwa 26 cm Durchmesser ausrollen und auf ein gefettetes Backblech legen.
Den Gorgonzola mit der Crème fraîche verrühren und auf dem Teigboden verteilen.
Die Artischocken gut abtropfen lassen und halbieren. Die Tomaten waschen und halbieren, die Champignons abreiben und in dicke Scheiben schneiden, die Eier halbieren.
Alles zusammen mit den Kasselerscheiben auf dem Pizzaboden verteilen und mit dem grünen Pfeffer und den Kräutern würzen.
Den Mozzarella in Scheiben schneiden, auf die Pizza legen und im vorgeheizten Backofen auf der mittleren Schiene bei 200°C etwa 40 Minuten backen.

Tip: Statt Kasseler kann auch gekochter Schinken verwendet werden.

Nährwerte pro Portion	
Kilokalorien	1890
Kilojoule	7930
Eiweiß/g	94
Kohlenhydrate/g	120
Fett/g	104
Ballaststoffe/g	13

Abb. Seite 246

Pizza Napoli

einfach, braucht Zeit

1 Portion

**125 g Mehl
1 Prise Zucker
Salz
10 g Hefe
4 EL lauwarme Milch
30 g Margarine
1 große Fleischtomate
Mehl für die Arbeitsfläche
Fett für das Backblech
2 TL Sardellenpaste
75 g Salami in Scheiben
frisch gemahlener Pfeffer
150 g Mozzarella
14 schwarze Oliven
1 Zweig Basilikum**

Das Mehl mit dem Zucker und 1 Prise Salz in eine Schüssel sieben, in die Mitte eine Mulde drücken und die Hefe hineinbröckeln. Mit der lauwarmen Milch zu einem Vorteig verrühren und zugedeckt an einem warmen Ort etwa 15 Minuten gehen lassen.
Die Margarine zum Hefeteig geben und alles zu einem glatten Teig verkneten. Zugedeckt an einem warmen Ort etwa 30 Minuten gehen lassen.
Inzwischen die Tomate waschen und in Scheiben schneiden.
Den Teig noch einmal durchkneten, auf einer bemehlten Arbeitsfläche zu einem Oval ausrollen und auf ein gefettetes Backblech legen.

Pizza, Tartes und Pasteten

Den Teig mit der Sardellenpaste bestreichen, mit den Tomaten- und Salamischeiben belegen und mit Salz und Pfeffer würzen.

Den Mozzarella in dünne Scheiben schneiden und mit den Oliven auf der Pizza verteilen. Die Basilikumblätter in feine Streifen schneiden und darüber streuen. Die Pizza noch einmal kurz gehen lassen und dann im vorgeheizten Backofen auf der mittleren Schiene bei 200°C etwa 30 Minuten backen.

Nährwerte pro Portion	
Kilokalorien	1600
Kilojoule	6700
Eiweiß/g	74
Kohlenhydrate/g	104
Fett/g	89
Ballaststoffe/g	6,8

Pizza, Tartes und Pasteten

Pizza Venezia

einfach, braucht Zeit, zum Einfrieren

4 Portionen

Teig:
500 g Mehl
1/2 TL Salz
2 Päckchen Trockenhefe
80 g Butter
200 ml lauwarme Milch
Mehl für die Arbeitsfläche
Fett für die Formen

Belag:
3 EL Knoblauchöl
1 TL Oregano
2 grüne Paprikaschoten
12 dünne Scheiben roher Schinken, etwa 200 g
1 große Dose geschälte Tomaten, 800 g
100 g grüne Oliven mit Paprika gefüllt
Salz
frisch gemahlener Pfeffer
200 g geriebener Käse, z. B. Edamer

Das Mehl und das Salz in eine Schüssel sieben, mit der Trockenhefe vermischen und in die Mitte eine Mulde drücken.

Die Butter in der Milch auflösen, zum Mehl gießen und alles zu einem glatten Teig verkneten. Zugedeckt an einem warmen Ort 30 Minuten gehen lassen.

Den Teig auf der bemehlten Arbeitsfläche ausrollen und 4 eingefettete Pizzaformen damit auslegen.

Das Knoblauchöl mit dem Oregano verrühren und den Teig damit bestreichen.

Die Paprikaschoten waschen, halbieren und entkernen. Die Schoten in

Pizza, Tartes und Pasteten

schmale Streifen schneiden. Paprikastreifen, die Schinkenscheiben und die abgetropften Tomaten bunt auf dem Teig anordnen. Mit Salz, Pfeffer und dem geriebenen Käse bestreuen und nochmals kurz gehen lassen.

Die Pizzen im vorgeheizten Backofen bei 200°C 35 bis 40 Minuten backen. Aus den Formen nehmen und sofort servieren.

Variation: Dieser leckere Belag paßt auch sehr gut zu einem Blätterteig. Verwenden Sie dann 1 Päckchen TK-Teig (300 g) und formen Sie daraus eine Pizza, für die Sie nur etwa die Hälfte der Belagzutaten benötigen. Sie können die Pizza dann wie eine Torte aufschneiden und für 6 Personen als Vorspeise servieren.

Tip: Pizzen sind bei den meisten Kindern mindestens ebenso beliebt wie Spaghetti mit Tomatensauce. Was Kinder jedoch weniger mögen, sind Oliven. Damit die Pizza aber doch ein wenig Grün enthält, was schon aus optischen Gründen wichtig ist, kann man die fertige Pizza mit Gurkenscheiben garnieren. Besonders hübsch sieht es aus, wenn mit Garnierausstechern kleine Formen aus den Gurkenscheiben gestochen werden.

Nährwerte pro Portion	
Kilokalorien	*1120*
Kilojoule	*4690*
Eiweiß/g	*41*
Kohlenhydrate/g	*101*
Fett/g	*55*
Ballaststoffe/g	*7,5*

Pizza, Tartes und Pasteten

Pizza frutti di mare

einfach, braucht Zeit

4 Portionen

250 g Mehl
Salz
250 g Magerquark
125 g Butter
1 grüne Paprikaschote
1 rote Paprikaschote
2 Zwiebeln
1 EL Öl
250 g gekochte, geschälte Garnelen
250 g Muscheln aus der Dose
200 g Kräuter-Schmelzkäse
frisch gemahlener Pfeffer
Mehl für die Arbeitsfläche
Fett für das Backblech
150 g Gouda

Das Mehl auf die Arbeitsfläche sieben und eine Mulde hineindrücken. 1 Prise Salz und den Magerquark in die Mulde geben, die Butter in Flöckchen auf den Rand setzen und alles rasch von außen nach innen zu einem glatten Teig verkneten. Den Teig zu einer Kugel formen und kurz ruhen lassen.

Inzwischen die Paprikaschoten waschen, halbieren, entkernen und in feine Streifen schneiden. Die Zwiebeln abziehen und in dünne Ringe schneiden.

Die Paprika und die Zwiebeln in Öl andünsten. Die Garnelen und die Muscheln vorsichtig unterheben, den Schmelzkäse zufügen und alles mit Salz und Pfeffer würzen.

Den Teig noch einmal durchkneten, teilen und auf einer bemehlten Arbeitsfläche zu 2 runden Platten von etwa 26 cm Durchmesser ausrollen. Die Platten auf ein gefettetes Backblech legen und mehrmals mit der Gabel einstechen. Die Meeresfrüchtemischung darauf verteilen.

Den Gouda grob raspeln und über den Belag streuen. Im vorgeheizten Backofen bei 225°C etwa 30 Minuten backen.

Nährwerte pro Portion	
Kilokalorien	1060
Kilojoule	4430
Eiweiß/g	50
Kohlenhydrate/g	57
Fett/g	63
Ballaststoffe/g	3,2

Pizza mit Hackfleisch

einfach, braucht Zeit

4 Portionen

500 g Mehl
1/2 TL Salz
2 Päckchen Trockenhefe
1/4 l lauwarme Milch
80 g Butter
1 Ei
4 Zwiebeln
2 Knoblauchzehen
2 EL Öl
1 kg Rinderhackfleisch
200 g gehackte Tomaten (Fertigprodukt)
2 EL Tomatenmark
Salz
frisch gemahlener Pfeffer
Tabasco
Mehl für die Arbeitsfläche
Fett für das Backblech
2 grüne Paprikaschoten
200 g geschnittene Champignons aus der Dose

Das Mehl mit dem Salz in eine Schüssel sieben, in die Mitte eine Mulde drücken und die Hefe hineinbröckeln. Mit 2 Eßlöffel der lauwarmen Milch zu einem Vorteig verrühren und zugedeckt an einem warmen Ort etwa 15 Minuten gehen lassen.

Die Butter in der restlichen Milch auflösen, etwas abkühlen lassen, mit dem verquirlten Ei zum Hefeteig geben und alles zu einem glatten Teig verkneten. Zugedeckt an einem warmen Ort etwa 30 Minuten gehen lassen.

Inzwischen die Zwiebeln und die Knoblauchzehen abziehen und hacken. Das Öl erhitzen, Zwiebel und Knoblauch glasig dünsten und das Hackfleisch zufügen. Unter Rühren braten, bis das Hackfleisch bröselig ist. Die gehackten Tomaten und das Tomatenmark untermischen und mit Salz, Pfeffer und Tabasco würzen.

Den Hefeteig noch einmal durchkneten und auf einer bemehlten Arbeitsfläche zu einer Platte ausrollen. Auf ein gefettetes Backblech legen und mit der Hackfleischmasse bestreichen.

Die Paprikaschoten waschen, halbieren, entkernen und in schmale Streifen schneiden. Mit den Champignons auflegen und die Pizza noch einmal 10 Minuten gehen lassen.

Pizza, Tartes und Pasteten

Die Pizza im vorgeheizten Backofen auf der mittleren Schiene bei 200°C ca. 35 Minuten backen.

Nährwerte pro Portion	
Kilokalorien	1380
Kilojoule	5770
Eiweiß/g	74
Kohlenhydrate/g	102
Fett/g	65
Ballaststoffe/g	7,5

Tarte mit Scampi und Trüffeln

einfach, braucht Zeit

3 Portionen

300 g TK-Blätterteig im Block
2 schwarze Trüffel aus dem Glas
6 gekochte Scampi oder Garnelenschwänze
50 g Gemüsealgen
2 Schalotten
10 g Butter
1/8 l konzentrierter Fischfumet
150 g Crème fraîche
2 kleine Eier
Salz
frisch gemahlener Pfeffer

Den Blätterteig nach Packungsanleitung auftauen lassen und dann ausrollen. Eine kalt ausgespülte Tarteform mit dem Teig auslegen und den Boden mehrmals einstechen.

Die Trüffel in dünne Scheiben schneiden. Mit den Scampischwänzen und den rohen Gemüsealgen auf dem Blätterteigboden verteilen.

Die Schalotten abziehen, fein hacken und in der Butter glasig dünsten. Mit dem Fischfumet ablöschen, vom Herd nehmen, die Crème fraîche und die Eier unterrühren und die Sauce kräftig mit Salz und Pfeffer abschmecken. Die Tarte fast bis zum Teigrand mit der Sauce auffüllen und im vorgeheizten Backofen bei 220°C etwa 20 Minuten backen. Sehr heiß in der Form servieren.

Nährwerte pro Portion	
Kilokalorien	760
Kilojoule	3190
Eiweiß/g	23
Kohlenhydrate/g	39
Fett/g	53
Ballaststoffe/g	2,4

Pizza, Tartes und Pasteten

Tarte Bordelaise

einfach, braucht Zeit

6 Portionen

Mürbeteig:
**150 g Mehl
100 g kalte Butter
1 Prise Salz
1 Prise Zucker
1 kleines Eigelb
Mehl für die Arbeitsfläche
Butter für die Form
1 kg getrocknete Hülsenfrüchte zum Blindbacken**

Füllung:
**2–3 Markknochen
2 Schalotten
1/8 l Rotwein
1/2 TL Thymian
frisch gemahlener Pfeffer
1 Päckchen Bratensauce (Fertigprodukt)
300 g gekochter Schinken
Salz
300 g frische Steinpilze
75 g Butter
3 EL Semmelbrösel
1 Bund glatte Petersilie**

Für die Tarte aus den Teigzutaten nach Grundrezept einen Mürbteig herstellen, eine Tarteform von 22 cm Durchmesser auslegen und den Tarteboden blindbacken.

Die Markknochen etwa 2 Minuten in den heißen Backofen stellen, bis das Mark an den Rändern zu schmelzen beginnt. Das Mark mit dem Daumen herausdrücken und in kleine Würfel schneiden.

Die Schalotten abziehen und fein hacken. In einer kleinen Kasserolle den Rotwein mit den Schalotten, Thymian und Pfeffer etwa 10 Minuten kochen, bis nur noch ein Drittel der Flüssigkeit übrig ist.

1/4 Liter Bratensauce nach Packungsanleitung zubereiten und zur Rotweinsauce geben. Die Sauce noch 5 Minuten kochen lassen.

Den Schinken fein würfeln, mit den Markwürfeln in die Sauce geben, mit Salz und Pfeffer abschmecken und vom Herd nehmen.

Die Steinpilze putzen und in dünne Scheiben schneiden. Kurz in 1 Eßlöffel Butter dünsten.

Zuerst die Schinkenmischung in die Tarteform füllen, darauf die gedünsteten Steinpilze legen und mit den Semmelbröseln bestreuen. Die restliche Butter in Flöckchen darauf setzen. Im vorgeheizten Backofen bei 200°C auf der unteren Schiene etwa 30 Minuten backen.

Die Petersilie waschen, trockenschütteln und hacken. Die fertige Tarte mit Petersilie bestreuen und sehr heiß in der Form servieren.

Nährwerte pro Portion	
Kilokalorien	*510*
Kilojoule	*2150*
Eiweiß/g	*17*
Kohlenhydrate/g	*27*
Fett/g	*35*
Ballaststoffe/g	*2,2*

Pizza, Tartes und Pasteten

Pizza, Tartes und Pasteten

Italienische Tomaten-Hackfleischtorte

einfach, zum Einfrieren

6 Portionen

Teig:
200 g Mehl
1 Eigelb
Salz
150 g Butter
Mehl für die Arbeitsfläche

Füllung:
1 große Zwiebel
200 g Rinderhack
3 Eier
2 EL Semmelbrösel
Salz
frisch gemahlener Pfeffer
1 TL Thymian
1 TL Estragon
8 kleine Tomaten
100 g Schafskäse
8 schwarze Oliven
2 Bund Schnittlauch
1 großes Bund Basilikum
150 g Schlagsahne

Das Mehl auf eine Arbeitsfläche sieben. Eine Mulde in die Mitte drücken.

Das Eigelb, Salz und 2 Eßlöffel kaltes Wasser hineingeben. Die Butter in Flöckchen darauf setzen. Von außen nach innen schnell zu einem Teig verkneten. Teig in einem feuchten Tuch ca. 30 Minuten im Kühlschrank ruhen lassen.

Den Teig auf einer gemehlten Fläche ausrollen. In eine Tarteform mit 28 cm Durchmesser legen und an den Rändern hochziehen. Den Boden mit einer Gabel mehrmals einstechen.

Im vorgeheizten Backofen bei 200°C ca. 10 Minuten vorbacken. Aus dem Ofen nehmen und abkühlen lassen.

Die Zwiebel abziehen und fein hacken.

In einer Schüssel das Rinderhack mit 1 Ei, den Semmelbröseln und der Zwiebel verkneten. Mit Salz, Pfeffer, Thymian und Estragon kräftig würzen.

Die Tomaten brühen, häuten, halbieren und entkernen.

Den Schafskäse in Würfel schneiden.

Aus der Hackfleischmasse 8 kleine Kugeln formen, den Rest auf dem Teigboden verteilen. Tomaten mit der Schnittfläche nach unten am Rand entlang legen. Zwischen je zwei Tomaten ein Hackfleischbällchen setzen und die Käsewürfel in den freigebliebenen Raum in der Mitte streuen. Die Tarte mit Oliven garnieren.

Schnittlauch und Basilikum waschen, trockenschütteln und fein schneiden.

Die Schlagsahne mit den restlichen Eiern, Salz und Pfeffer verquirlen. Kräuter unterrühren und die Sauce auf den Kuchen gießen.

Pizza, Tartes und Pasteten

Im vorgeheizten Backofen bei 200°C ca. 50 Minuten backen.
Vor dem Anschneiden etwas abkühlen lassen.

Nährwerte pro Portion	
Kilokalorien	750
Kilojoule	3150
Eiweiß/g	27
Kohlenhydrate/g	34
Fett/g	52
Ballaststoffe/g	3,2

Pizza, Tartes und Pasteten

Gemüsetarte

braucht Zeit

6 Portionen

100 g Weizenmehl,
Type 405
50 g Weizenvollkornmehl
100 g kalte Butter
Salz
1 Prise Zucker
1 kleines Eigelb
eventuell 2–3 EL eiskaltes
Wasser
Mehl zum Ausrollen
Fett für die Form
1 kg getrocknete Hülsenfrüchte und Backpapier
zum Blindbacken
600 g Gemüse
(z. B. Löwenzahn)
2 Zwiebeln
1 Knoblauchzehe
75 g Frühstücksspeck in
dünnen Scheiben
2 EL Öl
frisch gemahlener
schwarzer Pfeffer
frisch geriebene Muskatnuß
4 Eier
300 g Crème fraîche

Aus beiden Mehlsorten, der kalten Butter in kleinen Stücken, je 1 Prise Salz und Zucker und dem Eigelb schnell einen glatten Mürbteig kneten. Eiswasser dazugeben, bis der Teig zusammenhält, aber nicht klebt.

Zur Kugel formen, in Folie gewickelt mindestens 1 Stunde im Kühlschrank ruhen lassen.

Auf der leicht bemehlten Arbeitsfläche 3 bis 4 mm dick ausrollen und in die gefettete Tarteform (22 cm Durchmesser) heben. Aus Teigresten eine kleine Teigquaste formen und damit den Teig innen am Rand entlang andrücken.

Mit der Teigrolle über die Form rollen, um den überstehenden Teig abzutrennen. Den Boden mehrmals mit einer Gabel einstechen.

Mit Backpapier bedecken, Hülsenfrüchte gleichmäßig darauf geben. Auf der untersten Schiene in den vorgeheizten Backofen stellen, etwa 15 Minuten bei 200°C blindbacken.

Inzwischen das Gemüse waschen, putzen und kleinschneiden. Zwiebeln und Knoblauch abziehen und klein würfeln.

Den Speck in einer Pfanne ausbraten, auf Küchenpapier abtropfen lassen. Das Öl in die Pfanne geben, Zwiebeln und Knoblauch darin glasig werden lassen, das Gemüse einrühren und bei milder Hitze bißfest garen. Mit Salz, Pfeffer und Muskat würzen.

Pizza, Tartes und Pasteten

Papier und die Hülsenfrüchte von der Tarte entfernen. Den Speck auf den vorgebackenen Boden legen, das Gemüse abtropfen lassen und darauf verteilen.

Eier, Crème fraîche, Salz, Pfeffer und Muskat verquirlen, darüber verteilen. Auf der untersten Schiene ca. 30 Minuten goldbraun backen.

Nährwerte pro Portion	
Kilokalorien	570
Kilojoule	2400
Eiweiß/g	13
Fett/g	51
Kohlenhydrate/g	18
Ballaststoffe/g	3

Pilzpirogge

Reis und Ei vorher kochen

braucht Zeit

4 Portionen

500 g TK-Blätterteig
500 g frische Pilze
1 kleine Zwiebel
2 EL Butter
1 Bund Dill
1 hartes Ei
4 EL gekochter Reis
Salz
weißer Pfeffer aus der Mühle
3 EL Schlagsahne
1 Ei

Blätterteig nach Packungsvorschrift auftauen.

Pilze putzen, unter fließendem Wasser waschen, abtropfen lassen und fein hacken. Die Zwiebel abziehen und ebenfalls fein hacken.

Die Butter in einer großen Pfanne zerlassen und die Pilze und Zwiebeln so lange darin braten, bis alle Flüssigkeit verdampft ist. Dabei gelegentlich umrühren.

Dill waschen, trockenschütteln und hacken.

Das harte Ei grob hacken. Gekochten Reis, Dill, Ei, Salz, Pfeffer und 2 Eßlöffel Sahne unter die Pilzmasse rühren. Die Füllung abschmecken und vom Herd nehmen.

Den Blätterteig zu einem Rechteck ausrollen. Pilzfüllung der Länge nach in die Mitte häufen und zu einem Laib formen. Die Seiten des Teiges mit dem Teigrädchen schräg in Streifen schneiden. Streifen abwechselnd so über die Füllung legen, daß die Pirogge wie geflochten wirkt.

Das Ei mit der restlichen Sahne verquirlen.

Das Backblech mit etwas Wasser anfeuchten. Die Pirogge darauf legen und mit der Eiersahne bestreichen.

Im vorgeheizten Backofen bei 250°C auf der mittleren Schiene 15 bis 20 Minuten backen. Herausnehmen und etwas abkühlen lassen. Die Pirogge vom Blech heben und warm servieren.

Als Beilage dazu eine große Schüssel bunten Salat reichen.

Nährwerte pro Portion/Stück	
Kilokalorien	510
Kilojoule	2130
Eiweiß/g	9
Kohlenhydrate/g	32
Fett/g	36
Ballaststoffe/g	3

Tartelettes

einfach, braucht Zeit

4 Portionen

Hefeteig:
250 g Weizenmehl
1 TL Salz
20 g Hefe
Mehl für die Arbeitsfläche
Fett für die Formen

Füllung:
400 g Kalbsbries
250 g frische Pfifferlinge
150 g Frühstücksspeck
2 Schalotten
50 ml Weißwein
250 g Crème double
3 Eier
1 EL gehackte gemischte Kräuter
Salz
frisch gemahlener Pfeffer

Das Mehl mit dem Salz in eine Schüssel sieben, in die Mitte eine Mulde drücken und die Hefe hineinbröckeln. Mit 2 Eßlöffel lauwarmem Wasser zu einem Vorteig verrühren und zugedeckt an einem warmen Ort etwa 15 Minuten gehen lassen.

200 ml lauwarmes Wasser zum Hefeteig geben und alles zu einem glatten Teig verkneten. Zugedeckt an einem warmen Ort etwa 30 Minuten gehen lassen, dann auf der bemehlten Arbeitsfläche ausrollen.

4 kleine Tarteletteformen fetten und mit dem Hefeteig auslegen. Noch einmal kurz gehen lassen.

Inzwischen das Kalbsbries waschen, trockentupfen und die innere Röhre entfernen. Die groben Häute entfernen und das Bries in kleine Würfel schneiden.

Pizza, Tartes und Pasteten

Die Pfifferlinge putzen, größere Pilze halbieren oder vierteln. Den Frühstücksspeck in schmale Streifen schneiden. Die Schalotten abziehen und fein hacken.

Den Speck in einer trockenen Pfanne auslassen und die Schalotten darin glasig dünsten. Das Kalbsbries und die Pfifferlinge zufügen und kurz anrösten. Mit dem Weißwein ablöschen und vom Herd nehmen.

Die Pfifferling-Speckmischung auf den Teigböden verteilen.

Die Crème double mit den Eiern verquirlen, die Kräuter untermischen und mit Salz und Pfeffer würzen. Die Creme in die Tarteletteformen einfüllen und im vorgeheizten Backofen bei 220°C 15 bis 20 Minuten backen.

Variation 1: Die Tarteletteböden mit einem Ring aus Kalbsbrät auslegen, mit gedünstetem Lauch füllen, mit einer Sauce Hollandaise übergießen und, wie im Rezept vorher beschrieben, backen.

Variation 2: Für den Belag ein Ragout aus Hühnerfleisch mit Spargelstücken zubereiten. In die Tarteletesböden füllen, mit Käsesauce übergießen und mit Spargelköpfen garnieren. 15 bis 20 Minuten, wie oben beschrieben, backen.

Nährwerte pro Portion	
Kilokalorien	910
Kilojoule	3800
Eiweiß/g	36
Kohlenhydrate/g	49
Fett/g	58
Ballaststoffe/g	2,8

Pizza, Tartes und Pasteten

Badischer Zwiebelkuchen

einfach, braucht Zeit, zum Einfrieren

8 Stück

**250 g Mehl
125 g Margarine
4 Eier
Salz
500 g Zwiebeln
200 g Frühstücksspeck in Scheiben
1 EL Schmalz
Margarine für die Form
Mehl für die Arbeitsfläche
150 g Schlagsahne
frisch gemahlener Pfeffer
2 TL Kümmel**

Das Mehl auf die Arbeitsfläche sieben und in die Mitte eine Mulde drücken. Die Margarine in Flöckchen auf den Rand setzen. 1 Ei und 1 Prise Salz in die Mulde geben.

Alles schnell zu einem glatten Teig verkneten. Zu einer Kugel formen, in Frischhaltefolie oder in ein feuchtes Tuch wickeln und 30 Minuten im Kühlschrank ruhen lassen.

Die Zwiebeln abziehen und grob hacken. Den Frühstücksspeck in schmale Streifen schneiden.

Das Schmalz in einer tiefen Pfanne erhitzen. Den Speck auslassen. Die Zwiebeln untermischen und glasig dünsten. Vom Herd nehmen und etwas abkühlen lassen.

Eine Springform von 26 cm Durchmesser ausfetten.

Den Teig auf einer mit Mehl bestäubten Arbeitsfläche ausrollen. Teig in die Springform legen und am Rand hochziehen. Die Zwiebelmischung darauf verteilen.

Die restlichen Eier mit der Schlagsahne, Salz und Pfeffer verquirlen und über den Zwiebelkuchen gießen, mit dem Kümmel bestreuen. Im vorgeheizten Backofen bei 220°C etwa 40 Minuten backen.

Nährwerte pro Stück	
Kilokalorien	540
Kilojoule	2270
Eiweiß/g	10
Kohlenhydrate/g	28
Fett/g	41
Ballaststoffe/g	2,4

Pizza, Tartes und Pasteten

Zwiebeltorte

einfach, braucht Zeit

6 Portionen

150 g Mehl
75 g Butter
1 Ei
Salz
500 g Gemüsezwiebeln
2 EL Olivenöl
12 Sardellenfilets
1–2 Knoblauchzehen
Pfeffer
1 TL gerebelter Majoran
Butter für die Form
150 g schwarze Oliven
Olivenöl zum Beträufeln

Mehl, Butter, Ei und 1 Prise Salz verkneten und den Teig anschließend für etwa 2 Stunden in den Kühlschrank stellen.

Für den Kuchenbelag die Zwiebeln abziehen, halbieren und in feine Scheiben schneiden.

In Olivenöl hellblond anlünsten, vom Herd nehmen und abkühlen lassen.

Sardellenfilets 20 Minuten wässern.

Knoblauchzehen abziehen, zu den Zwiebeln pressen, Salz, Pfeffer und Majoran daruntermischen.

Eine Springform von 22 cm Durchmesser ausbuttern.

Den Teig ca. 1/2 cm dünn auswellen, die Kuchenform damit auslegen, am Rand hochziehen. Mit den Zwiebeln belegen.

Oliven entsteinen und halbieren. Den Kuchen mit den abgetropften Sardellenfilets und Oliven garnieren, und etwas Olivenöl darüberträufeln.

Im vorgeheizten Backofen auf der mittleren Schiene bei 200°C ca. 30 Minuten backen.

Die Zwiebeltorte lauwarm mit gemischtem Salat servieren.

Nährwerte pro Portion	
Kilokalorien	330
Kilojoule	1370
Eiweiß/g	8
Kohlenhydrate/g	23
Fett/g	21
Ballaststoffe/g	3,2

Pizza, Tartes und Pasteten

Fischpastete

einfach, braucht Zeit

6 Portionen

Teig:
500 g Mehl
1 TL Salz
200 g Schweineschmalz

Füllung:
400 g Schellfischfilet
Salz
Saft von 1 Zitrone
1 Bund Schnittlauch
2 Eier
4 EL Semmelbrösel
frisch gemahlener
weißer Pfeffer
200 g Blattspinat
6 frische Jakobsmuscheln
Mehl für die Arbeitsfläche
1 Eigelb zum Bestreichen

Das Mehl mit dem Salz auf eine Arbeitsfläche sieben und in die Mitte eine Mulde drücken. 1 bis 2 Eßlöffel kaltes Wasser in die Mulde geben, das Schmalz in Flöckchen auf den Rand setzen. Alles rasch von innen nach außen zu einem glatten Teig verarbeiten, dabei eventuell noch etwas Wasser zufügen.

Den Teig zu einer Kugel formen, in Frischhaltefolie wickeln und 30 Minuten im Kühlschrank ruhen lassen.

Inzwischen das Fischfilet säubern, salzen und mit dem Zitronensaft säuern. 10 Minuten ziehen lassen. Dann den Fisch in eine Bratfolie legen, die Folie verschließen und den Fisch im vorgeheizten Backofen bei 180°C etwa 15 Minuten garen.

Den Schnittlauch waschen, trockenschleudern und in Röllchen schneiden.

Das Fischfilet im Mixer pürieren, durch ein Sieb streichen und mit dem Schnittlauch, den Eiern und den Semmelbröseln vermischen. Die Masse mit Salz und Pfeffer abschmecken.

Den Blattspinat verlesen, waschen und abtropfen assen. Die Jakobsmuscheln in Scheiben schneiden.

Den Teig auf einer bemehlten Arbeitsfläche etwa 5 mm dick ausrollen und teilen. Auf ein Teigstück die Hälfte der Fischfarce streichen. Die Hälfte des Spinats und der Jakobsmuscheln darauf legen, dann die restliche Fischfarce und zum Schluß die restlichen Muscheln und den Spinat. Mit dem zweiten Teigstück abdecken und alles zu einem Fisch formen.

Aus den Teigresten Schuppen ausstechen und einen Schwanz formen. Mit etwas verquirltem Eigelb bestreichen und auf den Fisch kleben. Den Fisch mit dem restlichen Eigelb bestreichen, auf ein mit Backpapier ausgelegtes Blech setzen und im vorgeheizten Backofen bei 180°C knapp 1 Stunde backen.

Die Fischpastete schmeckt warm oder kalt.

Tip: Die Pastete mit in Würfel geschnittenem Madeiragelee garnieren. Dazu 1/4 Liter Fleischbrühe mit 1/8 Liter Madeirawein erwärmen und 5 zuvor in kaltem Wasser eingeweichte

Gelatineblätter darin auflösen. Auf einer flachen Platte erstarren lassen und in kleine Würfel schneiden.

Nährwerte pro Portion	
Kilokalorien	780
Kilojoule	3280
Eiweiß/g	31
Kohlenhydrate/g	68
Fett/g	38
Ballaststoffe/g	2,6

Pizza, Tartes und Pasteten

Fleischpastete

Füllung über Nacht ziehen lassen

einfach, braucht Zeit

6 Portionen

Füllung:
300 g Frühstücksspeck am Stück
750 g Rindfleisch
1 Zwiebel
3 Lorbeerblätter
6 Gewürznelken
8 Wacholderbeeren
1 TL Koriander
3/4 l Weißwein
1/8 l milder Weinessig

Teig:
500 g Mehl
1 TL Salz
1 Würfel Hefe, 42 g
1/8 l lauwarme Milch
80 g Butter
1 Ei
Mehl für die Arbeitsfläche

3 EL Semmelbrösel
250 g Bratwurstmasse
1 Ei
1 Eiweiß
200 g saure Sahne
2 EL gehackte, gemischte Kräuter
Salz
frisch gemahlener Pfeffer
1 TL Paprikapulver edelsüß
1 Eigelb zum Bestreichen

Den Frühstücksspeck und das Fleisch in etwa 2 cm große Würfel schneiden. Die Zwiebel abziehen und fein hacken. Alles in eine Schüssel geben und die Lorbeerblätter, Nelken, die zerdrückten Wacholderbeeren und den Koriander untermischen. Mit dem Weißwein und dem Essig übergießen und zugedeckt im Kühlschrank über Nacht ziehen lassen.

Das Mehl mit dem Salz in eine Schüssel sieben, in die Mitte eine Mulde drücken und die Hefe hineinbröckeln. Mit 2 Eßlöffel der lauwarmen Milch zu einem Vorteig verrühren

Pizza, Tartes und Pasteten

und zugedeckt an einem warmen Ort etwa 15 Minuten gehen lassen.

Die Butter in der restlichen Milch auflösen, mit dem verquirlten Ei zum Hefeteig geben und alles zu einem glatten Teig verkneten. Zugedeckt an einem warmen Ort etwa 30 Minuten gehen lassen.

Den Teig auf einer bemehlten Arbeitsfläche ausrollen und mit 2/3 des Teigs Boden und Rand einer mit Backpapier ausgelegten Springform mit 26 cm Durchmesser auskleiden.

Das Fleisch und den Speck aus der Marinade heben, trockentupfen und mit den Semmelbröseln, der Bratwurstmasse, Ei und Eiweiß, der sauren Sahne und den Kräutern vermischen. Mit Salz, Pfeffer und Paprika abschmecken und auf dem Teig verteilen. Den restlichen Teig darüber legen und an den Rändern gut andrücken.

Aus Teigresten Verzierungen ausstechen, dünn mit Wasser bestreichen und auf die Pastete setzen. Die Pastete mit Eigelb bestreichen und im vorgeheizten Backofen bei 175°C auf der mittleren Schiene etwa 1 1/2 Stunden backen.

Die fertige Pastete in der Form etwas abkühlen lassen und noch warm servieren.

Nährwerte pro Portion	
Kilokalorien	1230
Kilojoule	5150
Eiweiß/g	54
Kohlenhydrate/g	67
Fett/g	75
Ballaststoffe/g	2,6

Gefüllte Blätterteigpastetchen

einfach

4 Portionen

1/2 gegrilltes Brathähnchen
3 EL Butter
200 g TK-Erbsen
200 g TK-Möhren, gewürfelt
Salz
frisch gemahlener weißer Pfeffer
1 Prise Zucker
2 Päckchen Instant-Béchamelsauce
200 ml Milch
Saft von 1/2 Zitrone
Worcestershiresauce zum Abschmecken
8 Blätterteigpastetchen

Für die Füllung die Haut vom Brathähnchen entfernen, das Fleisch von den Knochen lösen und in kleine Würfel schneiden.

1 Eßlöffel Butter in einer Kasserolle zerlassen. Die Erbsen und die Möhren andünsten, mit Salz und Pfeffer würzen. 5 Eßlöffel Wasser zufügen und das Gemüse zugedeckt bei mittlerer Hitze 15 Minuten dünsten.

Die Béchamelsauce nach Packungsanleitung mit der Milch, 200 ml Wasser und der restlichen Butter zubereiten.

Hühnerfleisch samt Garflüssigkeit untermischen und einige Minuten ziehen lassen. Mit Zitronensaft und Worcestershiresauce abschmecken.

Die Blätterteigpastetchen im vorgeheizten Backofen bei 180°C 5 Minuten aufbacken, auf vorgewärmte Teller setzen und mit der Hühnerfleisch-Gemüsemischung füllen. Deckel darauf setzen und die restliche Füllung getrennt dazu reichen.

Nährwerte pro Portion	
Kilokalorien	860
Kilojoule	3600
Eiweiß/g	34
Kohlenhydrate/g	52
Fett/g	52
Ballaststoffe/g	7,2

Pizza, Tartes und Pasteten

Schüsselpastete mit Schweinefleisch

Dieses Rezept ist etwas langwierig, aber nicht schwierig zuzubereiten. Zur Bewirtung von Gästen lohnt sich der Aufwand, zumal Teig und Füllung im voraus fertiggestellt werden können.

6 Portionen

Teig:
**250 g Butter
500 g Mehl
Salz**

Füllung:
**500 g Schweinefleisch aus Keule oder Schulter
150 g geräucherter Schweinebauch
1 EL Butterschmalz
3 Frühlingszwiebeln
Salz
Pfeffer
500 g Schweinehack
12 Schalotten
1/4 l helles Bier
2 EL Tomatenmark
250 g Kartoffeln
1/2 rote Paprikaschote
1 Knoblauchzehe
frisch geriebene Muskatnuß
1/2 TL getrockneter Majoran
1/2 Bund glatte Petersilie
12 große feste Champignons**

Zum Bestreichen:
**1 Eigelb
1 EL Sahne**

Für den Mürbteig die Butter zu Flöckchen zerkleinern. Mit dem Mehl, Salz und 4 Eßlöffel eiskaltem Wasser vermischen. Zu einem glatten Teig verkneten, zu einer Kugel formen, in Folie wickeln und mindestens 30 Minuten in den Kühlschrank legen.

Das Schweinefleisch in große Würfel, den Schweinebauch in kleine Würfel schneiden. Butterschmalz zerlassen und beide Fleischsorten anbraten. Frühlingszwiebeln waschen, abziehen und hacken. Zwiebeln in die Pfanne geben und alles mit Salz und Pfeffer bestreuen. Das Schweinehack einrühren und krümelig braten. Schalotten abziehen und dem Ganzen zugeben. Weitere 5 Minuten alles gut durchbraten, dann mit dem Bier löschen und das Tomatenmark einrühren.

Während die Fleischmischung auf schwacher Hitze köchelt, die Kartoffeln schälen und roh zum Fleisch reiben. Paprikaschote putzen, entkernen und sehr fein würfeln. Zusammen mit der abgezogenen, gepreßten Knoblauchzehe in das Fleisch rühren. Mit geriebener Muskatnuß, Majoran und gehackter Petersilie würzen. Zuletzt mit Salz und Pfeffer abschmecken. Die Champignons waschen, putzen und ganz lassen, sie werden roh in die gefüllte Pastete gesteckt.

Den Mürbteig halbieren, jede Hälfte auf der bemehlten Arbeitsfläche etwa 4 mm dick ausrollen. Zwei runde Platten ausschneiden: eine um 2 cm größer im Durchmesser als die Öffnung der Pastetenschüssel, die zweite Teigplatte um weitere 4 cm größer.

Die größere der beiden Teigplatten wird in die Pastetenschüssel gelegt, so daß sie gleichmäßig übersteht. Die abgekühlte Fleischmischung einfüllen und die Champignonköpfe hineinstecken. Die zweite

Pizza, Tartes und Pasteten

Teigplatte als Deckel darüber legen. Beide Teigplatten entlang dem Rand der Form fest aufeinanderdrücken und den unteren Rand über den Deckel nach innen schlagen. Mit einem Löffelstiel beide Teigränder fest aufeinanderdrücken und dabei in gleichmäßigen Abständen verzieren.

Mit einem Ausstecher in die Mitte des Teigdeckels ein Loch stechen, aus Alufolie einen passenden Kamin drehen und hineinstecken. Aus Teigresten können Verzierungen angebracht werden.

Eigelb und Sahne verrühren und den Teig damit gleichmäßig einstreichen.

Die Schüsselpastete im vorgeheizten Backofen bei 200°C auf der zweiten Schiene von unten ca. 30 Minuten goldbraun backen.

Nährwerte pro Portion	
Kilokalorien	1350
Kilojoule	5670
Eiweiß/g	48
Kohlenhydrate/g	73
Fett/g	89
Ballaststoffe/g	4

Pizza, Tartes und Pasteten

Lauchstrudel

braucht Zeit

4 Portionen

Teig:
**180 g Mehl
1 Ei
1/2 TL Öl
1/2 TL Zitronensaft
Salz**

Füllung:
**6 mittlere Stangen Lauch
150 g Reibkäse,
z. B. Emmentaler
2 Eier
Salz
frisch gemahlener
schwarzer Pfeffer
Muskatnuß
200 g gekochter
Schinken in Scheiben
20 g Butter für das Blech
1 Eigelb
Kümmel**

Das Mehl mit Ei, Öl, Zitronensaft, 1 Prise Salz und so viel lauwarmem Wasser verkneten, daß der Teig nicht mehr klebt. Eine Kugel formen, zudecken und 30 Minuten ruhen lassen.

Den Lauch gut waschen, dunkelgrüne Enden abschneiden. Jede Stange in 4 Stücke teilen und in 1/2 Liter Salzwasser 10 Minuten halbgar dünsten. Gut abtropfen und abkühlen lassen.

Den Reibkäse mit den Eiern, Salz und Pfeffer schlagen und eine Spur Muskatnuß zugeben.

Ein Küchentuch bemehlen und darauf den Strudelteig zu einer dünnen, rechteckigen Teigplatte ausrollen. Mit Schinken belegen, am Teigrand je 3 cm frei lassen. Die Lauchstücke darauf verteilen und mit der Eimasse bestreichen.

Mit Hilfe des Küchentuchs den Teig nicht zu fest zusammenrollen, die Teigränder ausziehen, etwas andrücken und die Teigenden unter die Strudelrolle stecken, damit die Füllung beim Backen nicht herausrinnt.

Die Strudelrolle auf ein mit Butter gefettetes Blech geben, oben mit Eigelb bepinseln und reichlich mit Kümmel bestreuen. In dem auf 180°C vorgeheizten Backofen etwa 35 Minuten backen, bis der Strudel oben schön braun ist.

5 bis 10 Minuten abkühlen lassen, damit der Strudel sich besser aufschneiden läßt. Warm servieren.

Nährwerte pro Portion	
Kilokalorien	610
Kilojoule	2560
Eiweiß/g	4
Kohlenhydrate/g	39
Fett/g	32
Ballaststoffe/g	6

Pizza, Tartes und Pasteten

Hackfleischstrudel mit Weinblättern

4 Portionen

Teig:
300 g Mehl
2 Eier
100 g Butter
Salz

Füllung:
2 Zwiebeln
1 Knoblauchzehe
1 Bund Petersilie
3 EL Öl
500 g mageres Rinderhackfleisch
75 g Pinienkerne
40 g Tomatenmark
250 g Magerquark
weißer Pfeffer
1 Prise Cayennepfeffer
100 g Weinblätter
2 EL Milch

Das Mehl, 1 Ei, die Butter, etwa 3 Eßlöffel Wasser und Salz zu einem glatten Teig verarbeiten.

Die Zwiebeln und den Knoblauch abziehen und fein hacken. Die Petersilie waschen, trockenschleudern, ebenfalls fein hacken.

Das Öl in einer Pfanne erhitzen. Das Hackfleisch mit den Zwiebeln darin anrösten. Die Petersilie, die Pinienkerne, das Tomatenmark, den Knoblauch und den Quark zugeben. Mit Salz, Pfeffer und Cayennepfeffer kräftig würzen.

Den Teig auf einem bemehlten Küchentuch dünn ausrollen.

Die Weinblätter abtropfen lassen, mit Haushaltspapier abtupfen und auf dem Teigrechteck auslegen. Die Hackfleischmischung darauf verteilen.

Das zweite Ei trennen. Alle Teigränder gut mit Eiweiß bestreichen, mit Hilfe des Handtuchs eine Rolle formen und die Ränder fest andrücken.

Den Backofen auf 220°C vorheizen.

Die Rolle auf ein gefettetes Backblech legen. Das Eigelb mit der Milch verrühren, die Teigrolle damit einpinseln und im heißen Backofen 40 Minuten backen.

Nährwerte pro Portion	
Kilokalorien	1090
Kilojoule	4580
Eiweiß/g	53
Kohlenhydrate/g	64
Fett/g	63
Ballaststoffe/g	3,7

PIKANTES KLEINGEBÄCK

Vollkornkäsetaschen aus Quarkblätterteig

Den Teig am Vorabend zubereiten

einfach, braucht Zeit

12 Stück

Teig:
200 g weiche Butter
250 g Magerquark
1 TL Salz
250 g Weizenvollkornmehl

Füllung:
100 g geriebener Emmentaler
40 g weiche Butter
2 Eier, getrennt
1–2 EL trockener Weißwein
1 Knoblauchzehe
Salz
frisch gemahlener schwarzer Pfeffer
Paprika rosenscharf
frisch geriebene Muskatnuß
1 Bund gemischte Kräuter
1 Eigelb
1 EL Milch
Fett für das Backblech

Die Butter mit dem Quark gründlich verrühren. Das Salz mit dem Mehl mischen und unter die Butter-Quarkmischung kneten. Den Teig zu einer Kugel formen, zugedeckt über Nacht kühlstellen.

Dann für die Füllung den Käse mit der Butter, dem Eigelb und dem Wein verrühren.

Den Knoblauch abziehen, durch die Presse drücken und unter die Füllung mischen. Mit Salz, Pfeffer, Paprika und Muskat würzen. Die feingehackten Kräuter untermischen.

Den Teig auf der bemehlten Arbeitsfläche 2 bis 3 mm dick ausrollen. Mit einem Messer oder einem Teigrad etwa 10 cm große Quadrate schneiden.

Das Eiweiß steif schlagen und unter die Füllung heben. Mit einem Löffel in die Mitte der Teigquadrate geben, die Ecken zur Mitte einschlagen und die Spitzen und Ränder festdrücken. 1 Stunde kühlstellen.

Das Eigelb und die Milch verrühren. Die Taschen auf ein gefettetes Backblech setzen und mit der Eigelbmilch bestreichen. Im vorgeheizten Backofen bei 200°C auf der mittleren Schiene ca. 20 Minuten backen.

Tip: Um den Teig besonders blättrig zu machen, können beim Ausrollen am nächsten Tag einige Touren gegeben werden wie bei echtem Blätterteig. Das ist aber nicht unbedingt nötig, da die Milchsäure des Quarks dem Teig bereits Triebkraft verleiht.

Nährwerte pro Portion/Stück	
Kilokalorien	*300*
Kilojoule	*1250*
Eiweiß/g	*9*
Kohlenhydrate/g	*14*
Fett/g	*21*
Ballaststoffe/g	*2*

Pikantes Kleingebäck

Käsemonde

einfach, braucht Zeit

**250 g Mehl
¼ TL Salz
1 EL TK-Schnittlauchröllchen
125 g geriebener Parmesan
1 Ei
125 g Butter
Mehl für die Arbeitsfläche
1 Eigelb
Sesamsamen oder Mohn zum Bestreuen**

Das Mehl auf die Arbeitsfläche sieben und in die Mitte eine Mulde drücken. Salz, Schnittlauch, den geriebenen Parmesan und das Ei hineingeben. Die Butter in Flöckchen an den Rand setzen und alles von außen nach innen rasch zu einem glatten Teig verkneten.

Den Teig zu einer Kugel formen, in Frischhaltefolie wickeln und 30 Minuten im Kühlschrank ruhen lassen.

Den Teig auf der bemehlten Arbeitsfläche ausrollen und mit Backförmchen Halbmonde und Zungen ausstechen.

Ein Blech mit Backpapier auslegen und die Plätzchen darauf setzen. Das Eigelb mit etwas Wasser verquirlen und die Plätzchen damit bestreichen. Mit den Sesamsamen oder mit Mohn bestreuen und im vorgeheizten Backofen auf der mittleren Schiene bei 200°C 15 bis 20 Minuten backen. Die Plätzchen auf einem Kuchengitter auskühlen lassen.

Nährwerte insgesamt	
Kilokalorien	2580
Kilojoule	10810
Eiweiß/g	86
Kohlenhydrate/g	189
Fett/g	151
Ballaststoffe/g	7

Käsestangen mit Salz oder Sesam

einfach, braucht Zeit

25 Stück

**250 g Mehl
3 EL gehackte, gemischte Kräuter
125 g geriebener Emmentaler
1 Ei
¼ TL Salz
125 g Butter
Mehl für die Arbeitsfläche
1 Eigelb
grobes Salz oder Sesamsamen zum Bestreuen**

Das Mehl auf die Arbeitsfläche sieben und in die Mitte eine Vertiefung drücken. Die gehackten Kräuter, den Käse, das Ei und das Salz hineingeben. Die Butter in Flöckchen auf den Rand setzen und alles schnell von außen nach innen zu einem glatten Teig verarbeiten. Den Teig zu einer Kugel formen und in Frischhaltefolie verpackt 30 Minuten im Kühlschrank ruhen lassen.

Den Teig auf der bemehlten Arbeitsfläche ausrollen und mit einem gezackten Teigrad Streifen ausschneiden. Die Teigstreifen zu Stangen drehen.

Das Eigelb mit etwas Wasser verquirlen, die Teigstangen damit bestreichen und mit grobem Salz oder Sesamsamen bestreuen. Auf ein mit Backpapier ausgelegtes Blech legen und im vorgeheizten Backofen bei 200°C etwa 15 Minuten backen.

Pikantes Kleingebäck

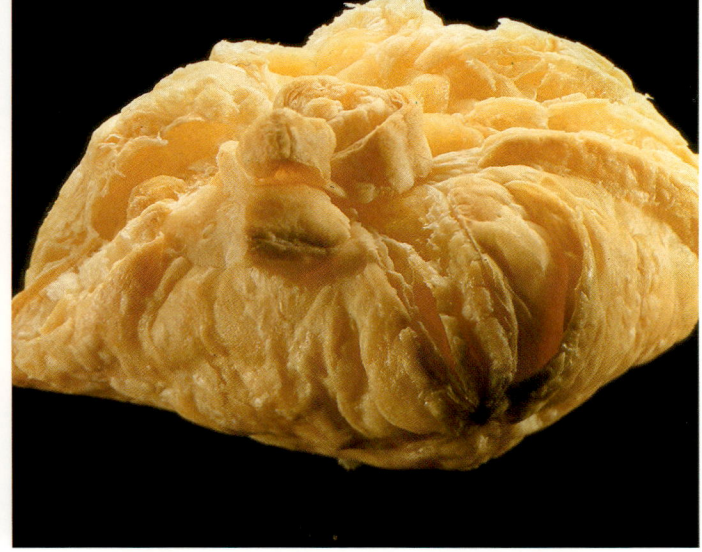

Die Käsestangen warm oder kalt servieren.

Nährwerte pro Stück	
Kilokalorien	110
Kilojoule	460
Eiweiß/g	3
Kohlenhydrate/g	8
Fett/g	7
Ballaststoffe/g	0,4

Käsesäckchen

einfach, braucht Zeit

250 g Mehl
Salz
250 g Magerquark
125 g Butter
Mehl für die Arbeitsfläche
200 g Emmentaler in Scheiben
2 Eier
6 EL Schlagsahne
frisch gemahlener Pfeffer
1 Eigelb

Das Mehl und 1/4 Teelöffel Salz auf die Arbeitsfläche sieben und in die Mitte eine Vertiefung drücken. Den Quark hineingeben und die Butter in Flöckchen auf den Rand setzen. Alles schnell von außen nach innen zu einem glatten Teig verarbeiten. Den Teig zu einer Kugel formen und in Frischhaltefolie verpackt 30 Minuten im Kühlschrank ruhen lassen.

Den Teig auf einer bemehlten Arbeitsfläche ausrollen und Quadrate ausschneiden. Die Ecken zur Mitte hin leicht einschneiden und hochziehen.

Den Emmentaler in kleine Würfel schneiden und auf die Teigquadrate verteilen.

Die Eier mit der Schlagsahne, Salz und Pfeffer verquirlen und über den Käse gießen. Die Teigecken zur Mitte hin einschlagen. Aus den Teigresten kleine Bällchen formen und auf die Teigtaschen setzen.

Ein Backblech mit Backpapier auslegen und die Teigtaschen darauf setzen.

Das Eigelb mit etwas Wasser verrühren und die Taschen damit bestreichen. Im vorgeheizten Backofen auf der mittleren Schiene bei 200°C etwa 15 Minuten backen.

Nährwerte insgesamt	
Kilokalorien	3430
Kilojoule	14340
Eiweiß/g	135
Kohlenhydrate/g	201
Fett/g	213
Ballaststoffe/g	5,5

Pikantes Kleingebäck

Käsehörnchen

einfach, braucht Zeit

250 g Mehl
¼ TL Salz
1 TL gehackte Petersilie
2 Eier
175 g geriebener Käse, z. B. Greyerzer
125 g Butter
Mehl für die Arbeitsfläche
Fett für das Backblech
1 Eigelb
Paprikapulver zum Bestreuen

Das Mehl und das Salz auf die Arbeitsfläche sieben und in die Mitte eine Vertiefung drücken. Die Petersilie, 1 Ei und 125 g geriebenen Käse hineingeben und die Butter in Flöckchen auf den Rand setzen. Alles schnell von außen nach innen zu einem glatten Teig verarbeiten. Den Teig zu einer Kugel formen und in Frischhaltefolie verpackt 30 Minuten im Kühlschrank ruhen lassen.

Den Teig auf der bemehlten Arbeitsfläche ausrollen und mit dem Teigrad Dreiecke ausschneiden. Die Teigdreiecke von der breiten Seite her aufrollen und zu Hörnchen formen.

Ein Backblech einfetten und die Käsehörnchen darauf setzen.

Das Eigelb mit etwas Wasser verrühren, die Hörnchen damit bestreichen und mit dem restlichen Käse oder Paprikapulver bestreuen. Im vorgeheizten Backofen auf der mittleren Schiene bei 200°C etwa 15 bis 20 Minuten backen.

Nährwerte insgesamt	
Kilokalorien	2890
Kilojoule	12090
Eiweiß/g	96
Kohlenhydrate/g	185
Fett/g	181
Ballaststoffe/g	5,5

Käsetaschen

einfach, braucht Zeit

250 g Mehl
¼ TL Salz
250 g Magerquark
125 g Butter
Mehl für die Arbeitsfläche
1 Ei
100 g geriebener Emmentaler
Sesamsamen oder Mohn zum Bestreuen

Das Mehl und das Salz auf die Arbeitsfläche sieben und in die Mitte eine Vertiefung drücken. Den Quark hineingeben und die Butter in Flöckchen auf den Rand setzen. Alles schnell von außen nach innen zu einem glatten Teig verarbeiten. Den Teig zu einer Kugel formen und in Frischhaltefolie verpackt 30 Minuten im Kühlschrank ruhen lassen.

Pikantes Kleingebäck

Grougères

einfach

1 Prise Salz
60 g Butter
125 g Mehl
3 Eier
100 g geriebener, würziger Käse wie Appenzeller oder Gruyère

Aus den Teigzutaten nach Grundrezept, Seite 359, einen Brandteig herstellen und zum Schluß den Käse unterrühren.

Den Teig in einen Spritzbeutel mit Sterntülle füllen. Ein Backblech mit Backpapier auslegen und walnußgroße Rosetten darauf setzen, dabei den Teig am besten mit einer nassen Messerklinge von der Tülle schneiden. Im vorgeheizten Backofen bei 220°C 15 Minuten backen.

Das fertige Käsegebäck auf einem Kuchengitter auskühlen lassen.

Nährwerte insgesamt	
Kilokalorien	1620
Kilojoule	6780
Eiweiß/g	64
Kohlenhydrate/g	94
Fett/g	101
Ballaststoffe/g	2,8

Den Teig auf der bemehlten Arbeitsfläche ausrollen und mit runden Förmchen Kreise ausstechen. Auf ein mit Backpapier ausgelegtes Blech legen, mit dem verquirlten Ei bestreichen und jeweils eine Hälfte der Teigkreise mit Käse bestreuen. Die andere Teighälfte darüberklappen, am Rand festdrücken, die Oberfläche mit dem restlichen Ei bestreichen und mit Sesamsamen oder Mohn bestreuen.

Im vorgeheizten Backofen auf der mittleren Schiene bei 200°C etwa 15 Minuten backen.

Nährwerte insgesamt	
Kilokalorien	2660
Kilojoule	11130
Eiweiß/g	98
Kohlenhydrate/g	196
Fett/g	150
Ballaststoffe/g	7,3

Käseschleifen

einfach

300 g TK-Blätterteig
Mehl für die Arbeitsfläche
1 Ei
100 g geriebener Parmesan
Kümmel oder Mohn zum Bestreuen

Den Blätterteig nach Packungsanleitung auftauen lassen.

Die Platten auf der bemehlten Arbeitsfläche ausrollen und mit einem gezackten Teigrädchen Rechtecke ausschneiden. Die Rechtecke in der Mitte einritzen und je eine Teigseite von unten nach oben durch den jeweiligen Schlitz ziehen.

Die Schleifen auf ein mit kaltem Wasser abgespültes Backblech legen, mit dem verquirlten Ei bestreichen und mit Parmesan und Kümmel oder Mohn bestreuen. Im vorgeheizten Backofen auf der mittleren Schiene bei 220°C 15 bis 20 Minuten backen. Die Käseschleifen auf einem Kuchengitter auskühlen lassen.

Nährwerte insgesamt	
Kilokalorien	1920
Kilojoule	8030
Eiweiß/g	60
Kohlenhydrate/g	113
Fett/g	126
Ballaststoffe/g	5,4

Pikantes Kleingebäck

Nährwerte insgesamt	
Kilokalorien	2730
Kilojoule	11440
Eiweiß/g	78
Kohlenhydrate/g	191
Fett/g	170
Ballaststoffe/g	7,3

Käseplätzchen

einfach, braucht Zeit

**250 g Mehl
1 Prise Salz
1 Messerspitze Paprikapulver edelsüß
125 g geriebener Käse, z. B. Emmentaler
1 Ei
4 EL saure Sahne
125 g Butter
Mehl für die Arbeitsfläche
1 Eigelb
Mohn, Kümmel oder Sesamsamen zum Bestreuen**

Das Mehl auf die Arbeitsfläche sieben und in die Mitte eine Mulde drücken. Salz, Paprikapulver, den geriebenen Käse, das Ei und die saure Sahne hineingeben. Die Butter in Flöckchen an den Rand setzen und alles von außen nach innen rasch zu einem glatten Teig verkneten. Den Teig zu einer Kugel formen, in Frischhaltefolie wickeln und 30 Minuten im Kühlschrank ruhen lassen.

Den Teig auf der bemehlten Arbeitsfläche ausrollen und mit Backförmchen beliebige Formen ausstechen.

Ein Blech mit Backpapier auslegen und die Plätzchen darauf setzen. Das Eigelb mit etwas Wasser verquirlen und die Plätzchen damit bestreichen. Mit Mohn, Kümmel oder Sesamsamen bestreuen und im vorgeheizten Backofen auf der mittleren Schiene bei 200°C 15 bis 20 Minuten backen. Die Plätzchen auf einem Kuchengitter auskühlen lassen.

Dänische Käsestangen

einfach, braucht Zeit

25 Stück

**250 g Mehl
¼ TL Salz
3 EL gehackte, gemischte Kräuter
125 g geriebener Käse, z. B. Esrom
2 Eier
1 TL Kümmel
¼ TL gemahlener Kümmel
125 g Butter
Mehl für die Arbeitsfläche
Kümmel zum Bestreuen**

Das Mehl und das Salz auf die Arbeitsfläche sieben und in die Mitte eine Vertiefung drücken. Die gehackten Kräuter, den Käse, 1 Ei, den Kümmel und den gemahlenen Kümmel hineingeben. Die Butter in Flöckchen auf den Rand setzen und alles schnell vor außen nach innen zu einem glatten Teig verarbeiten. Den Teig zu einer Kugel formen und in Frischhaltefolie verpackt 30 Minuten im Kühlschrank ruhen lassen.

Pikantes Kleingebäck

Curry-Gebäck

einfach, braucht Zeit

250 g Mehl
1 gestrichener TL Curry
125 g geriebener Käse, z. B. mittelalter Gouda
1 Ei
¼ TL Salz
125 g Butter
Mehl für die Arbeitsfläche
2 Eigelb
Currypulver zum Bestreuen
1 TL Sesamsamen
1 TL Kümmel oder Mohn

Das Mehl auf die Arbeitsfläche sieben und in die Mitte eine Mulde drücken. Curry, den geriebenen Käse, das Ei und Salz in die Mulde geben, die Butter in Flöckchen an den Rand setzen. Alles von außen nach innen rasch zu einem glatten Teig verkneten. Den Teig zu einer Kugel formen, in Frischhaltefolie wickeln und im Kühlschrank 30 Minuten ruhen lassen.

Den Teig auf der bemehlten Arbeitsfläche ausrollen und mit Backförmchen beliebige Formen ausstechen.

Ein Backblech mit Backpapier auslegen und das Gebäck darauf setzen. Mit dem verquirlten Eigelb bestreichen und mit Curry, Sesamsamen, Kümmel oder Mohn bestreuen. Im vorgeheizten Backofen bei 200°C etwa 15 Minuten backen. Das Gebäck auf einem Kuchengitter auskühlen lassen.

Den Teig auf der bemehlten Arbeitsfläche ausrollen und mit einem gezackten Teigrad Streifen ausschneiden. Die Teigstreifen zu Stangen drehen.

Das zweite Ei verquirlen, die Teigstangen damit bestreichen und mit Kümmel bestreuen. Auf ein mit Backpapier ausgelegtes Blech setzen und im vorgeheizten Backofen bei 200°C etwa 15 Minuten backen.

Nährwerte pro Stück	
Kilokalorien	100
Kilojoule	420
Eiweiß/g	3
Kohlenhydrate/g	8
Fett/g	6
Ballaststoffe/g	0,3

Nährwerte insgesamt	
Kilokalorien	2580
Kilojoule	10800
Eiweiß/g	73
Kohlenhydrate/g	187
Fett/g	158
Ballaststoffe/g	6,2

Pikantes Kleingebäck

Lachswindbeutel

einfach

4 Portionen

Brandteig:
**1 Prise Salz
60 g Butter
125 g Mehl
3 Eier**

Füllung:
**50 g Räucherlachs
1 Bund Dill
250 g Schlagsahne
1/2 TL geriebener Meerrettich**

Aus den Teigzutaten nach Grundrezept, Seite 359, einen Brandteig herstellen.

Den Teig in einen Spritzbeutel mit Sterntülle füllen. Auf ein mit Backpapier ausgelegtes Blech walnußgroße Rosetten setzen, dabei den Teig am besten mit einer nassen Messerklinge von der Tülle schneiden. Im vorgeheizten Backofen bei 220°C 12 bis 15 Minuten backen.

Die goldbraunen Windbeutel noch warm aufschneiden und auskühlen lassen.

Für die Füllung den Räucherlachs fein würfeln. Den Dill waschen, trockenschleudern und hacken. Die Schlagsahne steif schlagen und den Meerrettich, den Räucherlachs und den Dill untermischen.

Die kleinen Windbeutel erst kurz vor dem Servieren mit der Lachssahne füllen.

Nährwerte pro Portion	
Kilokalorien	*530*
Kilojoule	*2220*
Eiweiß/g	*14*
Kohlenhydrate/g	*25*
Fett/g	*39*
Ballaststoffe/g	*0,8*

Blätterteigschnecken mit Oliven

einfach, braucht Zeit

30 Stück

**1 Paket TK-Blätterteig, 300 g
Mehl für die Arbeitsfläche
20 schwarze Oliven ohne Stein
150 g Frühstücksspeck
Salz
frisch gemahlener Pfeffer
1/2 TL grob gestoßener Kümmel**

Die Blätterteigplatten nach Packungsanleitung auftauen lassen und auf einer bemehlten Arbeitsfläche etwas ausrollen.

Die Oliven grob hacken, den Frühstücksspeck in feine Würfel schneiden. Oliven und Speck auf die Blätterteigplatten verteilen und mit Salz, Pfeffer und Kümmel würzen. Die Platten einzeln aufrollen, die Enden gut festdrücken und die Rollen in fingerdicke Scheiben schneiden.

Ein Backblech mit Backtrennpapier auslegen und die Scheiben darauf legen. Im vorgeheizten Backofen auf der mittleren Schiene bei 200°C 12 bis 15 Minuten backen. Die Blätterteigschnecken warm servieren.

Pikantes Kleingebäck

250 g Mehl
1 Päckchen Backpulver
Mehl für die Arbeitsfläche

Füllung:
200 g gekochter Schinken in dünnen Scheiben
100 g geriebener Emmentaler oder Gouda

1 Eigelb
1 EL Milch

Die Milch mit dem Quark, dem Öl, dem Ei und dem Salz verrühren. Die Hälfte des Mehls hineinrühren. Das restliche Mehl und das Backpulver unterkneten.

Den Teig auf einer bemehlten Arbeitsfläche ausrollen und mit einem Teigrad Dreiecke ausschneiden. Jedes Teigstück mit gekochtem Schinken belegen und mit geriebenem Käse bestreuen.

Das Eigelb mit der Milch verquirlen und die Teigränder damit bestreichen. Die Dreiecke von der breiten Seite her aufrollen und zu Hörnchen biegen.

Ein Backblech mit Backpapier auslegen, die Hörnchen darauf setzen und mit dem restlichen Eigelb bestreichen. Im vorgeheizten Backofen auf der mittleren Schiene bei 175°C 20 bis 30 Minuten backen.

Die Käse-Schinkenhörnchen können warm oder kalt serviert werden.

Tip: Die Blätterteigschnecken können in einer Keksdose einige Tage aufbewahrt werden. Kurz vor dem Servieren im Backofen oder in der Mikrowelle aufwärmen.

Nährwerte pro Portion	
Kilokalorien	80
Kilojoule	340
Eiweiß/g	1
Kohlenhydrate/g	4
Fett/g	7
Ballaststoffe/g	0,2

Käse-Schinkenhörnchen

einfach

16 Stück

Teig:
3 EL Milch
125 g Magerquark
6 EL Öl
1 Ei
¼ TL Salz

Nährwerte pro Stück	
Kilokalorien	170
Kilojoule	720
Eiweiß/g	8
Kohlenhydrate/g	12
Fett/g	9
Ballaststoffe/g	0,3

Pikantes Kleingebäck

Kurländer Speckkuchen

einfach, braucht Zeit

**500 g Mehl
1/2 TL Salz
30 g Hefe
1/4 l lauwarme Milch
200 g Frühstücksspeck
1 Zwiebel
1 Bund glatte Petersilie
grob gestoßener
schwarzer Pfeffer
Mehl für die Arbeitsfläche
1 Ei
Fett für das Backblech**

Das Mehl mit dem Salz in eine Schüssel sieben, in die Mitte eine Mulde drücken und die Hefe hineinbröckeln. Mit 2 Eßlöffel der lauwarmen Milch zu einem Vorteig verrühren und zugedeckt an einem warmen Ort etwa 15 Minuten gehen lassen.

Das Ei mit der restlichen Milch verquirlen, zum Hefeteig geben und alles zu einem glatten Teig verkneten. Zugedeckt an einem warmen Ort etwa 30 Minuten gehen lassen.

Den Frühstücksspeck fein würfeln. Die Zwiebel abziehen und hacken.

Die Petersilie waschen, trockenschleudern und fein hacken. Speck, Zwiebel und Petersilie mit dem Pfeffer mischen.

Den Teig auf einer bemehlten Arbeitsfläche etwa 5 mm dick ausrollen und mit einem Glas kleine Kreise ausstechen. Auf die Hälfte eines jeden Kreises etwas von der Speck-Zwiebelmischung setzen.

Das Ei trennen und die Teigränder mit dem Eiweiß bestreichen. Die Teighälften über die Füllung klappen und mit Gabelzinken die Ränder fest zusammendrücken.

Ein Backblech ausfetten und die Speckkuchen darauf setzen. Mit dem verquirlten Eigelb bestreichen und im vorgeheizten Backofen auf der mittleren Schiene bei 200°C 20 bis 25 Minuten goldgelb backen.

Nährwerte insgesamt	
Kilokalorien	3400
Kilojoule	14240
Eiweiß/g	91
Kohlenhydrate/g	380
Fett/g	150
Ballaststoffe/g	14,8

Piroschki

braucht Zeit

6 Portionen

Russischer Hefeteig:
**400 g Mehl
30 g Hefe
3 Eigelb
150 g Butter
je 1 Prise Salz und Zucker
1/8 l Milch
Mehl zum Verarbeiten**

Füllung:
**500 g Champignons
100 g Butter
2 Bund Frühlingszwiebeln
je 1 Bund glatte Petersilie und Dill
150 g saure Sahne
Salz
frisch gemahlener Pfeffer**

Zum Bestreichen:
**1 Eigelb
1 EL Sahne**

Für den Hefeteig die Hälfte des Mehls in eine Schüssel sieben. Die Hefe in etwas lauwarmem Wasser auflösen, zum Mehl geben und mit einem Löffel alles gut verrühren. Die Schüssel mit einem Tuch zudecken und den Vorteig an einem warmen Ort 30 Minuten gehen lassen.

Eigelb mit Butter schaumig schlagen, mit Salz und Zucker würzen und unter den Vorteig rühren. Die Milch zufügen und alles zu einem glatten Teig verarbeiten. Das restliche Mehl darüber sieben, untermischen und den Teig nun auf eine bemehlte Arbeitsfläche legen. Den Hefeteig so lange heftig kneten, bis er nicht mehr klebt – eventuell noch etwas Wasser oder Mehl zugeben.

Den Teigkloß wieder in die bemehlte Schüssel legen, zudecken und an einem warmen Ort 1 1/2 bis 2 Stunden aufgehen lassen.

Für die Füllung die Champignons putzen, waschen, trocknen und blättrig schneiden.

Die Butter in einer weiten Pfanne zerlassen und die Pilze darin dünsten.

Die Frühlingszwiebeln putzen und den weißen Teil sehr fein hacken. Petersilie und Dill waschen, trockenschleudern, von den Stengeln zupfen und ebenfalls fein hacken.

Frühlingszwiebeln und Kräuter zu den Pilzen in die Pfanne geben, die saure Sahne einrühren und mit Salz und Pfeffer würzen. Die Mischung soll geschmeidig, aber ziemlich fest sein.

Den aufgegangenen Hefeteig auf der bemehlten Arbeitsfläche noch einmal

Pikantes Kleingebäck

kräftig durchkneten und möglichst dünn ausrollen.

Aus dem Teig runde Fladen von 8 bis 12 cm Durchmesser stechen.

Einen Löffel voll Pilzfüllung jeweils in die Mitte setzen.

Eigelb und Sahne verrühren und die Ränder der Teigfladen damit dünn bestreichen. Den Teig über der Füllung zu einem Halbkreis zusammenklappen und die Ränder mit den Zinken einer Gabel fest andrücken. Die Piroschki mit der Eimischung bestreichen und im vorgeheizten Backofen bei 180°C etwa 30 Minuten backen (Garprobe an einem Gebäckstück!).

Tip: Piroschki lassen sich gut vorbereiten, das heißt am Vortag entweder nur den Hefeteig machen oder die Piroschki fertigstellen und vor dem Servieren wieder aufbacken. Jedenfalls schmecken sie warm besser als kalt.

Nährwerte pro Portion	
Kilokalorien	*710*
Kilojoule	*2990*
Eiweiß/g	*15*
Kohlenhydrate/g	*57*
Fett/g	*44*
Ballaststoffe/g	*4,3*

Pikantes Kleingebäck

Gemüsepastetchen

einfach, braucht Zeit

4 Stück

Teig:
**300 g Mehl
1/2 TL Salz
1 kleines Ei
150 g kalte Butter**

Füllung:
**150 g Mais aus der Dose
200 g feine Erbsen aus der Dose
250 g gekochter Schinken
3 EL gehackte gemischte Kräuter
Salz
frisch gemahlener Pfeffer**

**Mehl für die Arbeitsfläche
1 Eigelb
100 g grüne Oliven, mit Paprika gefüllt**

Das Mehl auf eine Arbeitsfläche sieben und in die Mitte eine Mulde drücken. Salz, das Ei und 4 bis 6 Eßlöffel kaltes Wasser hineingeben. Die Butter in Flöckchen auf den Rand setzen und alles rasch von außen nach innen zu einem glatten Teig verkneten. Den Teig zu einer Kugel formen, in Frischhaltefolie wickeln und 30 Minuten im Kühlschrank ruhen lassen.

Den Mais und die Erbsen gut abtropfen lassen.

Den Schinken in feine Streifen schneiden, mit dem Mais, den Erbsen und den Kräutern vermischen und mit Salz und Pfeffer würzen.

Den Teig auf einer bemehlten Arbeitsfläche etwa 5 mm dick ausrollen und

Pikantes Kleingebäck

mit einem Glas 4 Kreise von etwa 10 cm markieren. In die Mitte jeweils etwas Füllung geben.

Das Eigelb mit etwas Wasser verquirlen und die Teigränder um die Füllung damit einpinseln. Aus dem restlichen Teig 4 Teigplatten von etwa 14 cm Durchmesser mit einem Teigrädchen ausschneiden und über die Platten mit der Füllung legen. Den Teig an den Rändern fest andrücken.

Aus den Teigresten mit einem gezackten Teigrädchen Verzierungen ausschneiden.

Die Oliven in Scheiben schneiden und die Pasteten mit den Teigstreifen und den Olivenscheiben verzieren.

Ein Blech mit Backpapier auslegen und die Pasteten darauf setzen. Im vorgeheizten Backofen bei 200°C etwa 35 Minuten backen. Sehr heiß servieren.

Tip: Die doppelte Menge Teig zubereiten und eine Hälfte einfrieren.

Tip: Diese Pastetchen sind ideal, wenn plötzlich Überraschungsgäste vor der Tür stehen, denn die Zutaten für die Füllung hat man fast immer im Haus. Oder man nimmt z. B. Thunfisch und Gemüse oder Schinken- und Käsewürfel mit hartgekochtem Ei und Kräutern oder Fleischreste mit Paprika und Oliven.

Nährwerte pro Stück	
Kilokalorien	840
Kilojoule	3500
Eiweiß/g	27
Kohlenhydrate/g	67
Fett/g	47
Ballaststoffe/g	5,5

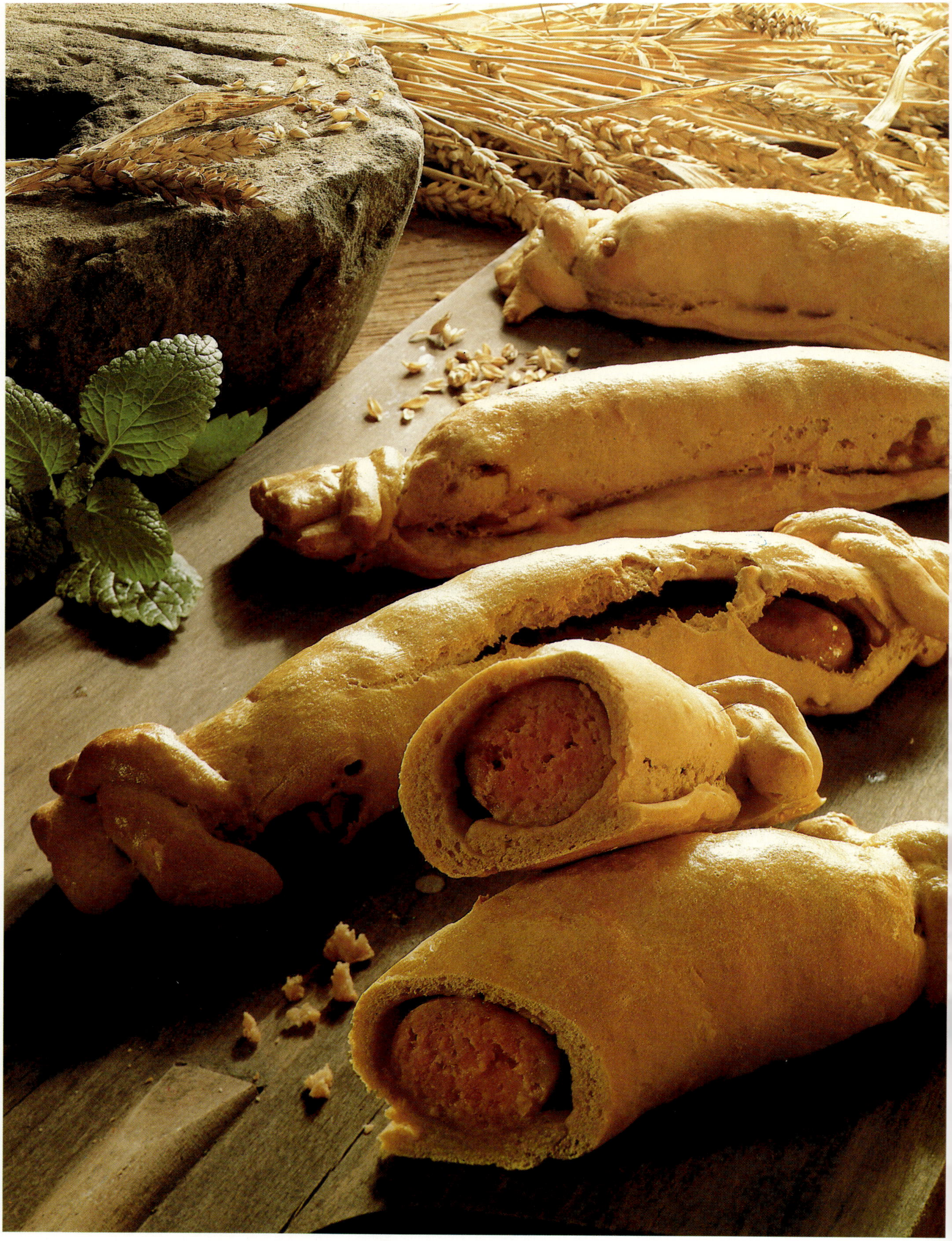

Pikantes Kleingebäck

Bratwürstchen im Brotteig

einfach

4 Portionen

½ Packung dunkle Brotmischung, 500 g (Fertigprodukt)
2 Knoblauchzehen
1 große Zwiebel
175 g Frühstücksspeck
4 große Bratwürste, je etwa 150 g
Mehl für die Arbeitsfläche

Die Brotmischung nach Packungsanleitung herstellen.
Die Knoblauchzehen und die Zwiebel abziehen, Knoblauch fein hacken, die Zwiebel halbieren und in Scheiben schneiden.
Den Frühstücksspeck fein würfeln und in einer trockenen Pfanne auslassen. Knoblauch und Zwiebel zufügen und anrösten.
Von den Bratwürsten die Haut abziehen.
Den Brotteig auf einer bemehlten Arbeitsfläche ausrollen und in 4 gleich große Quadrate schneiden. Auf jedes Teigstück ¼ der Speck-Zwiebelmischung streichen und 1 Bratwurst darauf legen. Den Teig darüber zusammenrollen und an den Enden fest zusammendrücken.

Ein Blech mit Backpapier auslegen, die Würste darauf setzen und im vorgeheizten Backofen bei 200°C etwa 30 Minuten backen. Sehr heiß servieren.

Nährwerte pro Portion	
Kilokalorien	1150
Kilojoule	4840
Eiweiß/g	48
Kohlenhydrate/g	82
Fett/g	63
Ballaststoffe/g	12

Würstchen im Quarkölteig

einfach

12 Stück

125 g Quark
2 EL Milch
1 Ei
4 EL Öl
1 gestrichener TL Salz
300 g Mehl
1 Päckchen Backpulver
Mehl für die Arbeitsfläche
1 Eiweiß
12 Würstchen, z. B. Wiener Würstchen
Fett für das Backblech
1 EL Schlagsahne

Den Quark mit der Milch, dem Ei, dem Öl und dem Salz verrühren.
Das Mehl mit dem Backpulver vermischen, in eine zweite Schüssel sieben und gut die Hälfte davon in die Quarkmasse einrühren.
Das restliche Mehl zugeben und alles gründlich zu einem glatten Teig verkneten.

Den Teig auf der bemehlten Arbeitsfläche etwa 3 mm dick ausrollen und mit dem Teigrad 12 Rechtecke von 16 x 10 cm ausschneiden. Die Ränder der Teigstücke mit Eiweiß bestreichen und je ein Würstchen in ein Teigstück wickeln.
Die Stücke auf ein gefettetes Backblech legen und im vorgeheizten Backofen bei 200°C etwa 15 Minuten backen. Aus dem Ofen nehmen und sofort servieren.

Nährwerte pro Portion/Stück:	
Kilokalorien	370
Kilojoule	1550
Eiweiß/g	15
Kohlenhydrate/g	19
Fett/g	24
Ballaststoffe/g	0,6

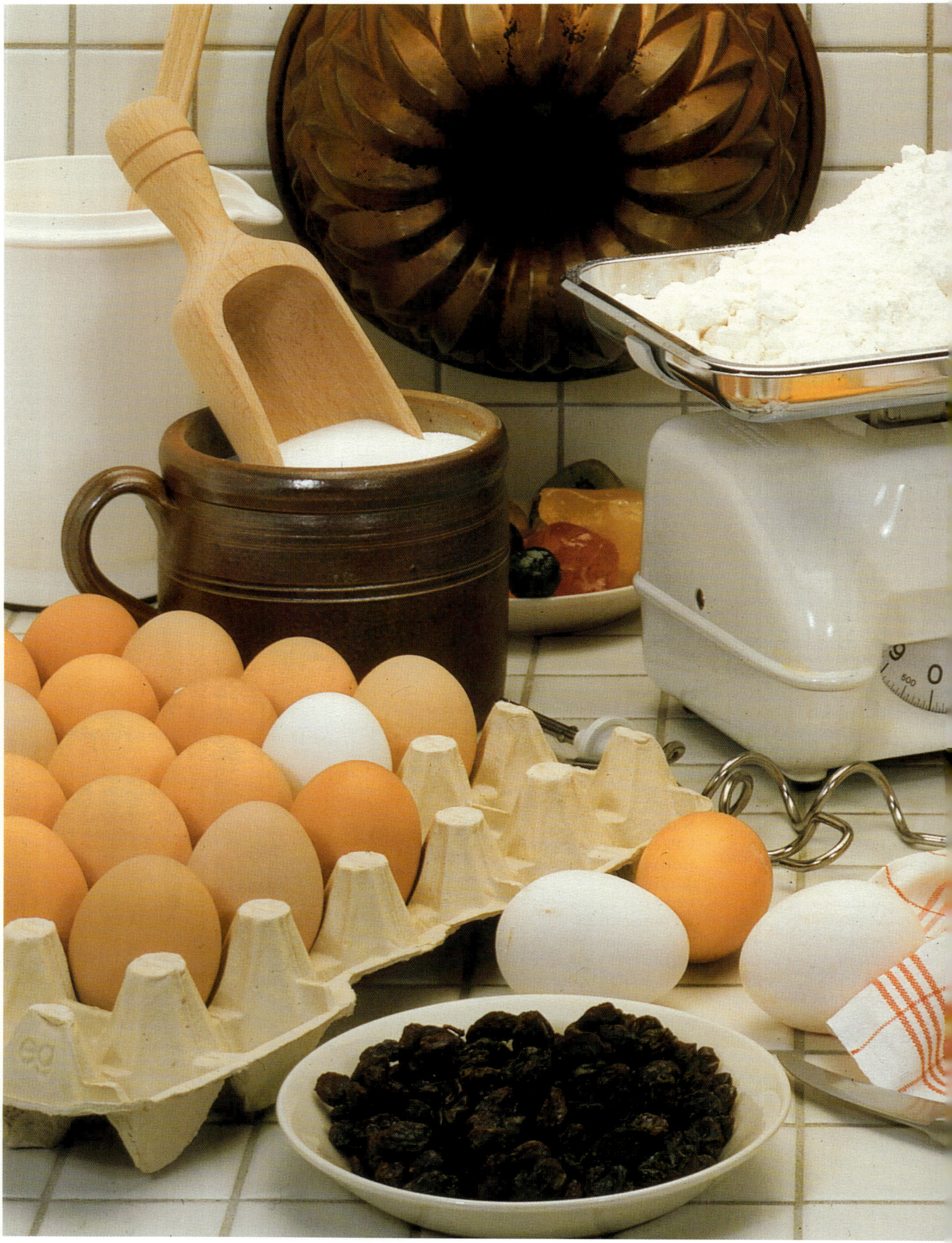

BACKSCHULE

TEIGE UND MASSEN

Mürbteig, einfach und gut

Zart und trotzdem robust, knusprig und zugleich schmelzend, das ist Mürbteig. Ein guter Boden, eine feine Decke oder mürbe Plätzchen – mit diesem Teig gelingen auch erste Konditorversuche!

Mürbteig zubereiten

Ob der Teig mehr oder weniger süß oder salzig zubereitet wird, hängt von der Füllung ab. Die Arbeitsweise, das Kneten mit oder ohne Hacken, ist immer dieselbe. Für süßes Gebäck empfehlen sich folgende **Grundrezepte:**

Wenig gezuckerter Mürbteig

eignet sich als Boden unter süßen Cremetorten, Käse- oder Obstkuchen.

**500 g Mehl
220 g Butter
2 EL Zucker
1/2 TL Salz
2 Eier**

(Manche Rezepte geben statt des zweiten Eis 2 bis 3 Eßlöffel Milch an.)

Süßer Mürbteig

für Boden und Decke von Kuchen mit leicht säuerlicher Fruchtfüllung:

**500 g Mehl
250 g Butter
170 g Puderzucker
1 Prise Salz
1 Ei**

Das Mehl auf die Arbeitsfläche sieben, in die Mitte eine weite Mulde drücken, weiche Butter, grob gewürfelt, Zucker, Salz und Ei zugeben.

Mit den Fingerspitzen die Zutaten in der Mulde verarbeiten, dabei vor allem die Butter zerdrücken. Nach und nach das Mehl einarbeiten.

Den Teig rasch kneten. Je schneller das geht, um so geschmeidiger wird der Teig. Sollte er trotzdem rissig werden, zur Rettung wenig kaltes Eiweiß oder Wasser einarbeiten.

Den fertigen Teig zu einer Kugel formen (das verkleinert die Oberfläche) und in Klarsicht- oder Alufolie wickeln (schützt vor Austrocknen und fremden Gerüchen). Im Kühlschrank mindestens 30 Minuten ruhen lassen.

Zart und trotzdem robust, knusprig und zugleich schmelzend, das ist Mürbteig.

Geriebener Teig

Eine andere Methode ist die unseren Großmüttern geläufige Zubereitung eines geriebenen Teiges. Er heißt so, weil man Mehl und Fett mit den Händen bröselig abreibt, bevor alle anderen Zutaten eingearbeitet werden.

Hacken (Abb. 5 + 6) ersetzt einen Teil des Knetens, und die Zutaten kommen nicht länger als notwendig mit den warmen Händen in Berührung. Wie oben beginnen und die Zutaten mit den feuchten Bestandteilen vermischen. Den Teig mit den Händen schnell zu einem Kloß formen und verkneten – je schneller das geht, desto geschmeidiger wird er.

Das Mehl auf die Arbeitsfläche sieben, Butter in kleinen Stückchen darauf verteilen. Beides sorgfältig mit den Händen zerbröseln, so daß sich Mehl und Fett grob miteinander verbinden.

gleichmäßig kreuz und quer hacken, dann die Streusel rasch verkneten.

Gewürzter Mürbteig

Den süßen Mürbteig kann man zusätzlich mit Vanille, Zimt, abgeriebener Zitronenschale, Nelken oder Kardamom würzen oder einen Teil des Mehls durch geriebene Mandeln oder Nüsse ersetzen.

In den Krümelberg eine Mulde drücken und alle restlichen Zutaten hineingeben. Von außen nach innen arbeiten und die Krümel nach und nach

Tip:

Zutaten, Hände und Raumtemperatur sollen kühl sein, denn Mürbteig mag keine Wärme. Er wird dann klebrig, weich und bricht bzw. kommt steinhart aus dem Ofen.

Noch sichtbare Butterspuren im Teig machen nichts. Lieber zu wenig als zu lange kneten!

Der fertige Teig soll vor dem Verarbeiten mindestens 30 Minuten besser 1 Stunde oder länger, **im Kühlschrank** oder an einem wirklich kühlen Ort (10 bis 12°C) ruhen. So hat das Mehl Zeit, seinen Kleber zu entwickeln. Der Teig wird wieder fest und läßt sich leichter verarbeiten.

Mürbteig ist bestens zum Einfrieren geeignet! Möglichst im Kühlschrank auftauen lassen, damit er nicht zu weich wird. Im Kühlschrank hält sich Mürbteig, in Folie gewickelt, gut 1 Woche. Auch gebackener Mürbteig hält sich gut. Vorgebackene Torteletts, zum Beispiel, kann man in fest schließenden Blechdosen 3 bis 4 Wochen aufheben.

Mürbteig

Mürbteig für Plätzchen

**400 g Mehl
150 g Puderzucker
250 g Butter
1 Prise Salz
1 großes Ei**

Formen: Den Teig auf bemehlter Arbeitsfläche nach Geschmack sehr dünn oder etwas dicker, auf jeden Fall gleichmäßig ausrollen.

Am besten ist es, Rauten auszuradeln, weil dabei keine Teigreste bleiben.

Oder Blechförmchen in Mehl tauchen und dicht an dicht Plätzchen ausstechen und auf das vorbereitete Backblech legen.

Wichtig bei allen Plätzchen: Abstand lassen, weil sie beim Backen etwas auseinanderlaufen. Teigreste zusammenkneten, kühlen und wieder ausrollen.

Der Mürbteig für Plätzchen wird mit gemahlenen Nüssen oder Mandeln besonders reich im Geschmack. Die gemahlenen Kerne trocken in der Pfanne anrösten, das lockt die Geschmacksreserve hervor.

Es kann ein Ausstechmürbteig sein unter Zugabe von 150 g Nüssen oder Mandeln.

Der gleiche Teig kann statt ausgestochen nur ausgerollt werden, im ganzen gebacken und anschließend zerteilt (z. B. Linzer Plätzchen).

Oder die gleichen Zutaten werden zu einer weicheren Masse verarbeitet und mit der Tülle aufs Blech gespritzt.

Für solches Spritzgebäck, wie zum Beispiel Bärentatzen, wird sehr weiche Butter mit Puderzucker glattgerührt.

Noch eine Möglichkeit: Den Teig zu einer langen Wurst formen, kühlen, anschließend in Scheiben schneiden, die von Hand zu Hörnchen oder Brezeln geformt werden (z. B. Vanillekipferl).

Mürbteig backen

Der Teig enthält so viel Fett, daß es nicht nötig ist, das Blech oder die Form zusätzlich zu buttern. Die Temperatur für Torteletts oder blindgebackenen Mürbteigboden beträgt ca. 200°C.

Belegter Mürbteig wird bei 180°C gebacken. Manchmal wird auch heiß (200°C) angebacken und dann die Hitze reduziert.

Plätzchen werden bei 200°C je nach Teigstärke 5 bis 12 Minuten gebacken.

Hier zwei Beispiele für Kuchen mit vorgebackenen bzw. rohem Teigboden:

Mangokuchen

12 Stück

Teig:
**500 g Mehl und Mehl zum Ausrollen
250 g Butter
170 g Puderzucker
1 Prise Salz
1 Ei**

Füllung:
**2 reife Mangos
1 Stück frischer Ingwer
200 g Apfelmus
abgeriebene Schale von
1 Zitrone
2 EL Honig
50 g Pistazienkerne, gehackt**

Den Mürbteig wie beschrieben zubereiten und mindestens 30 Minuten kühl stellen.

Inzwischen die Mangos schälen und halbieren, dabei den Kern entfernen. Die Mangohälften in 2 cm große Würfel schneiden.

Mürbteig

Den Ingwer schälen und fein hacken. Die Mangostücke mit Ingwer, Apfelmus, Zitronenschale, Honig und Pistazien mischen und ziehen lassen.

²/₃ des Teiges auf bemehlter Arbeitsfläche etwa 1/2 cm dick ausrollen, mit der umgedrehten Springform 1 Teigplatte ausstechen, eventuell mit einem Messer nachschneiden.

Die Teigplatte auf die Teigrolle legen und auf den Boden der Form abrollen.

Aus den Teigresten einen langen Streifen formen, zur Schnecke aufrollen und in die Form heben. Daraus den Teigrand rundherum formen und am Boden gut andrücken.

Den Boden mehrmals mit einer Gabel einstechen.

In dem auf 200°C vorgeheizten Backofen auf der mittleren Schiene 10 Minuten vorbacken.

Inzwischen den restlichen Teig auf bemehlter Arbeitsfläche ausrollen und mit einem gezackten Teigrädchen 14 Streifen für das Gitter schneiden.

Die Springform aus dem Ofen nehmen, Hitze auf 180°C reduzieren. Den Boden 2 Minuten abkühlen lassen und die Mangofüllung darauf verteilen.

Aus den Teigstreifen ein Gitter auf die Oberfläche legen und den Kuchen weitere 40 Minuten backen.

In der Form abkühlen lassen, dann auf eine Tortenplatte heben.

Damit der Boden nicht durchweicht, wird er 10 Minuten vorgebacken. Die Fruchtfüllung auf den etwas abgekühlten Boden verteilen.

Mit einem Gitter aus Teigresten verzieren und weitere 40 Minuten bei 180°C fertig backen.

Nährwerte pro Portion/Stück	
Kilokalorien	430
Kilojoule	1810
Eiweiß/g	5
Kohlenhydrate/g	58
Fett/g	18
Ballaststoffe/g	1,8

Mürbteig

Gedeckter Rhabarberkuchen

12 Stück

Teig:
500 g Mehl und Mehl zum Ausrollen
250 g Butter
170 g Puderzucker
1 Prise Salz
1 Ei

Füllung:
200 g Marzipan-Rohmasse
120 g Puderzucker
500 g Rhabarber
80 g Zucker

Außerdem:
1 Eigelb
2 EL Sahne

Den Mürbteig wie beschrieben zubereiten und mindestens 30 Minuten kühl stellen.

Die Marzipanrohmasse mit dem Puderzucker glatt verkneten, zur Kugel geformt beiseite stellen.

Den Rhabarber waschen, putzen und schälen. In 1 cm dicke Stücke schneiden, in einer Schüssel mit dem Zucker mischen und ziehen lassen.

Den Teig auf bemehlter Arbeitsfläche 3 mm dick ausrollen, mit der umgedrehten Springform 2 Teigplatten ausstechen, eventuell mit einem Messer nachschneiden.

Eine Teigplatte auf die Teigrolle legen und auf den Boden der Form abrollen.

Aus den Teigresten einen langen Streifen formen, zur Schnecke aufrollen und in die Form heben. Daraus den Teigrand rundherum formen und am Boden gut andrücken.

Den Boden mehrmals mit einer Gabel einstechen.

Das Marzipan ebenfalls ausrollen und in der Größe der Springform ausschneiden. Wie den Teig auf die Teigrolle heben und auf den Boden legen.

Den Rhabarber ohne den Saft in der Form gleichmäßig verteilen.

Die zweite Teigplatte darauf legen und die Ränder andrücken. Die Teigdecke einstechen. Eventuell zur Verzierung Teigreste ausstechen, mit etwas Eiweiß aufkleben.

Das Eigelb mit der Sahne verquirlen, die Oberfläche des Kuchens damit bepinseln.

In den auf 200°C vorgeheizten Backofen auf die mittlere Schiene stellen. Nach 20 Minuten die Hitze auf 180°C reduzieren, weitere 20 Minuten backen (Garprobe).

In der Form abkühlen lassen und dann auf eine Tortenplatte heben.

Nährwerte pro Portion/Stück	
Kilokalorien	550
Kilojoule	2300
Eiweiß/g	8
Kohlenhydrate/g	68
Fett/g	25
Ballaststoffe/g	2,9

Mürbteig

Den Teig am besten auf einer bemehlten Marmorplatte 3 mm dick ausrollen und die Backform darauf abdrücken.

Die Teigplatte ausschneiden, über die bemehlte Teigrolle legen und über die Form heben. Den Teig auf den Boden der Form abrollen lassen.

Aus den Teigresten eine lange Wurst formen. Zur Schnecke aufgerollt, läßt sie sich gut in die Form heben. Den Teigrand rundum andrücken und den Boden mehrmals mit einer Gabel einstechen.

Den Kuchen bis knapp unter den Teigrand füllen. Die zweite Teigplatte darauf legen und die Ränder andrücken.

Die Teigdecke einstechen. Verzierungen aus Teigresten stechen und mit Eiweiß aufkleben. Die Decke mit der Eigelb-Sahnemischung bepinseln.

Mürbteig

Blindbacken

Blindbacken ist der Fachausdruck, wenn Teigböden oder -hüllen leer gebacken werden. Entweder bäckt man sie fertig und belegt sie nach dem Auskühlen mit einer Füllung, die nicht mehr gebacken werden muß (Obst, Beeren, Kompottfrüchte, Creme), oder der Teig wird kurz vorgebacken, um unter einer feuchten Füllung nicht durchzuweichen (Beispiel: Mangokuchen).

Damit sich der Teig nicht wirft, schrumpft oder vom Rand der Form herabgleitet, wird der Boden mit einer Ersatzfüllung gebacken. Dazu eignen sich getrocknete Hülsenfrüchte, die man mehrmals verwenden kann.

Das Beispiel blindgebackener Torteletts verdeutlicht den Vorgang: Eine Teigplatte ausschneiden, die für Boden plus Rand plus Saum reicht. In die Form legen und mit einer bemehlten Teigquaste andrücken. Überstehenden Teigrand mit einem großen Messer oder der Palette abdrücken. Boden einstechen. Teigplatte mit dünnem Pergamentpapier oder mit Backpapier belegen und die Form mit Hülsenfrüchten füllen. Torteletts bei 200°C 10 Minuten hell vorbacken oder in 15 Minuten fertig backen. Papier samt Hülsenfrüchten abheben, Torteletts aus den Förmchen lösen und auf einem Kuchengitter abkühlen lassen.

Deutlicher Unterschied bei gleichem Teig und gleichem Förmchen: oben mit Hülsenfrüchten blindgebacken, unten ohne Ersatzfüllung gebacken.

Mürbteig

So weicht der Boden nicht durch

Am Beispiel dieser vorgebackenen Torteletts werden die verschiedenen Möglichkeiten gezeigt, Mürbteigboden so zu isolieren, daß er auch mit feuchtem Belag einige Stunden hält.

Die Beispiele zeigen von links unten nach rechts unten im Uhrzeigersinn:

Blindgebackener Mürbteig:
Wenn die Füllung nicht sehr feucht ist, genügt es, den Mürbteig leer vorzubacken.

Eine Schicht Gelee:
Es sollte geschmacklich zur Füllung passen. Das Gelee erwärmen, den gebackenen Teigboden damit bestreichen und mit dem Belegen warten, bis das Gelee fest geworden ist (Kühlschrank!).

Mit Butter ausstreichen:
Weiche Butter auf den gebackenen Teig streichen und im Kühlschrank fest werden lassen, ehe der Belag daraufkommt.

Ein Schokoladenboden:
Den gebackenen Mürbteig mit flüssiger Kuvertüre überziehen. Auch sie sollte vor dem Belegen fest sein.

Mit Puddingcreme gefüllt:
Vanillepudding kochen und abgekühlt mit etwas Butter verrühren. Die Creme über den Boden verteilen, belegen und gut kühlen. Kaltgerührter Vanillepudding (Fertigprodukt) eignet sich nicht gut, er gibt zu schnell Flüssigkeit ab.

Ein Bett aus Krümeln:
Kuchen- oder Biskuitbrösel, zerkrümelter Zwieback, Semmelbrösel oder gemahlene Nüsse und Mandeln können Feuchtigkeit aus dem Belag aufnehmen.

Marzipan isoliert und schmeckt:
Eine kühle Arbeitsfläche mit Puderzucker bestäuben, etwas Marzipan-Rohmasse dünn ausrollen und auf den gebackenen Teigboden legen.

Mürbteig

So kann isolierter Mürbteig belegt werden

Die Beispiele zeigen von links unten nach rechts unten im Uhrzeigersinn:

Johannisbeer-Baiser:
Ein Teil der Beeren und der Baisermasse wurden vermengt und auf den vorgebackenen Mürbteigboden gehäuft. Das restliche Baiser ist dekorativ aufgespritzt und mit

Mürbteig

Johannisbeeren bestreut. Auf höchster Stufe im vorgeheizten Backofen oder unter dem Grill Farbe annehmen lassen.

Sauerkirschen mit Haselnußkrokant:
Das Gelee darunter hält den Kirschsaft vom Mürbteigboden ab.

Rhabarber-Baiser auf Butter:
Gedünstete und abgetropfte Rhabarberstückchen füllen das Tortelett. Das aufgespritzte Baisergitter wurde einen Augenblick unter dem vorgeheizten Infragrill abgeflämmt.

Frische Erdbeeren
sitzen auf der Kuvertüre. Für den Rand wurde weichgerührtes Marzipan durch eine kleine Sterntülle gespritzt.

Rohe Früchte
liegen und schmecken gut auf Puddingcreme. Mit klarem Tortenguß überziehen.

Gedünstete Apfelscheiben
liegen auf Biskuitbröseln. Darüber klarer Tortenguß, in Rum mazerierte Sultaninen und Sahnerosette.

Pochierter Pfirsich,
gehäutet und in Spalten geschnitten, liegt auf Marzipan. Mit klarem Tortenguß überzogen, Mandelblättchen am Rand.

Mürbteig für pikante Bäckerei

Bei Mürbteig denken viele an süße Obstkuchen. Der Mürbteig für Pasteten und salzige Kuchen wird natürlich nicht gezuckert. Je nach Verwendungszweck variieren die Grundbestandteile, also Mehl, Fett und Flüssigkeit. Viel Fett und wenig Flüssigkeit ergeben einen außerordentlich mürben Teig, der allerdings schwer zu verarbeiten ist, er bricht leicht. Mit etwas mehr Wasser wird er geschmeidiger und läßt sich leichter falten und in die Form drücken.

Die Fettsorten sind Butter oder Schweineschmalz. Für die traditionellen englischen Pies wird Rindertalg bevorzugt.

Leicht und blättrig wird der Teig mit Rindertalg, dem Nierenfett. Allerdings sollte Talg nur für Pasteten verwendet werden, die man heiß ißt.

Rindertalg kurz in den Kühlschrank legen, dann läßt sich das Fett leicht aus den Häuten bröckeln. Anschließend mit Mehl bestäuben und mit einem großen, scharfen Messer hacken. Selbstverständlich kann der Teig auch noch zusätzlich gewürzt werden. Das Aroma sollte sich nach der Füllung richten.

Bei deftigen Landpasteten passen Pfeffer oder Muskat in den Teig. Bei zarten Fisch- und Kalbfleischfüllungen etwas gemahlener Ingwer. Der Teig wird wie der süße Mürbteig zubereitet und muß mindestens 1 Stunde im Kühlschrank ruhen.

Grundrezept

500 g Mehl
250 g Butter
1 TL Salz
ca. 8 EL Wasser
1 Ei

Gut zu verarbeiten ist Mürbteig mit Schmalz zubereitet, er wird außerdem besonders knusprig.

500 g Mehl
200 g Schweineschmalz
1 TL Salz
2 EL Wasser

Die angegebenen Teigmengen genügen für eine Pastetenform von 1 Liter Inhalt und alle gewünschten Verzierungen.

Mürbteig

Rehpastete

16 Scheiben

Pastetenteig:
500 g Mehl
200 g Schweineschmalz
1 TL Salz
2 EL Wasser

Farce:
2 Rehfilets, 250 g
1 Prise Pastetensalz
1/2 EL Butter
30 g gewürfelte Schalotten
3 cl Cognac
200 ml Wildfond
5 Wacholderbeeren
abgeriebene Schale von je 1 unbehandelten Orange und Zitrone
300 g schieres Rehfleisch
200 g schieres Schweinefleisch
200 g frischer Speck
15 g Pastetensalz
30 g gehackte Pistazien
50 g gekochter Schinken, gewürfelt
20 g Trüffel, gehackt
50 g rohe Champignons
1 Eigelb zum Bepinseln

Gelee zum Ausgießen:
1/4 l Portwein
1/4 l Rotwein
8 Blatt Gelatine

Den Pastetenteig kneten, in Folie schlagen und im Kühlschrank ruhen lassen.

Den Fleischwolf und die feine Scheibe ca. 2 bis 3 Stunden ins Tiefkühlfach legen. Die Rehfilets mit Pastetensalz würzen und kurz auf allen Seiten in der Butter anbraten. Die Filets in eine Schüssel legen.

Die Schalotten abziehen, fein würfeln und im Bratensatz andünsten, mit dem Cognac ablöschen, den Wildfond angießen und mit den Wacholderbeeren und mit der Hälfte der Zitrusschalen dickflüssig einkochen.

Die Rehfilets mit der etwas abgekühlten Marinade begießen und kalt stellen.

Das Fleisch und den Speck in gleichmäßige Streifen schneiden, mit Pastetensalz und den restlichen Zitrusschalen bestreuen und vor dem Durchdrehen noch einmal im Kühlschrank kalt stellen.

Die Fleischstreifen, abwechselnd Reh und

Mürbteig

Schwein, dreimal durch die feine Scheibe drehen. Dann den Speck und zuletzt ein Stück Pergamentpapier, um allen Speck aus dem Fleischwolf zu drücken. Das Papier bleibt vor der Lochscheibe hängen und läßt sich gut von der Welle entfernen.

Fleisch und Speck rasch von Hand vermengen. Die Masse mit einer Timbalform oder dem Metallschaber durch ein Sieb streichen, damit die Fasern hängenbleiben. Die Farce gleich wieder auf Eis kühlen, alle restlichen Zutaten gleichmäßig einarbeiten.

Mürbteig

Das Auslegen der Form:

Zum Backen kann man so gut wie alle Formen verwenden, auch normale Kasten- und Springformen. Selbst Terrinen aus Ton können mit Teig ausgefüttert werden. Profis geben aber dünneren Formen aus Metall den Vorzug, weil der Teig darin gleichmäßiger und knuspriger bäckt und brauner wird. Um die gebackene Pastete mühelos und schonend herauszunehmen, eignet sich das abgebildete Modell besonders gut, man kann es auseinanderklappen.

Die Form in den Teig drücken und ihre Maße markieren: Drei lange Platten und die beiden kurzen Seitenstücke kleiden die Form aus. Eine vierte lange Platte braucht man später für den Deckel.

Die Säume an den kurzen Enden einbücken und die Seitenteile einschlagen. Dann die beiden langen Seiten darüber falten.

Den Teig gleichmäßig ausrollen. Wenn man öfter Pasteten zubereitet, lohnen sich als Hilfe 2 Holzleisten von gleicher Stärke (ca. 3 bis 4 mm).

Den übrigen Teig mit dem Rädchen abschneiden und zum Garnieren des Deckels aufbewahren. An allen Kanten der kurzen Seitenstücke und an den langen Kanten etwas „Saum" zugeben.

So zusammengelegt, läßt sich der Teig problemlos in die Form heben. Obwohl der Teig sehr fett ist, sollte die Form leicht mit Butter ausgestrichen sein, dann haftet der Teig besser an den Seitenwänden.

Mürbteig

Die langen Seiten hochschlagen, die kurzen Seiten besonders an den Säumen und den Ecken mit Eigelb bepinseln, damit sie gut kleben und Fett oder Saft der Füllung nicht entweichen können.

Die Hälfte der Farce in die Form füllen. Mit einem Löffel gut in die Ecken streichen, die Ränder etwas hochziehen und in die Mitte eine Rinne drücken.

Die Form auf einem nassen Tuch mehrmals fest aufstoßen, damit keine Hohlräume in der Farce bleiben.
Die Teigsäume einschlagen und mit Eigelb bepinseln.

Aus den Resten eine Teigquaste formen, in Mehl tauchen und damit den Teig in die Form drücken. So wird der Teig schonender behandelt als mit Händen und Fingernägeln. Die Ecken besonders gründlich ausdrücken!

Von den Rehfilets die dünnen Enden abschneiden, die Filets in die Rille legen, mit Marinade beträufeln und die restliche Farce darüberstreichen.

Die Pastete mit einer dünnen Teigplatte in der Größe der Form bedecken. Die Teigränder andrücken und mit einem Teigkneifer, Gabelzinken oder 2 Löffelstielen verzieren.

Der Teig sollte rundherum gleich lang die Form überlappen. Eventuell mit einer Schere egalisieren. Restlichen Teig für Deckel und Garnierung in Folie packen und bis zur weiteren Verarbeitung im Kühlschrank aufbewahren.

Mürbteig

Mit einem Ausstecher 2 Öffnungen für den Dampfabzug in die Teigdecke stechen. Die Öffnung kann auch mit einem kleinen, spitzen Messer geschnitten werden.

Aus den Teigresten Verzierungen stechen, mit Eigelb aufkleben und die gesamte Oberfläche mit Eigelb bepinseln. Alufolie rund rollen und als Kamine in die Öffnungen stecken. Sie verhindern, daß austretender Fleischsaft die Oberfläche unansehnlich macht.

Die Pastete im vorgeheizten Backofen auf der untersten Schiene erst 15 Minuten bei 220°C, dann 30 Minuten bei 180°C backen.

Inzwischen das Gelee zum Ausgießen der Pastete zubereiten.

Für das Gelee die Gelatine 10 Minuten in Wasser einweichen, ausdrücken, in wenig Wein auflösen und unter den restlichen Wein rühren. Das Gelee soll kalt, aber noch flüssig sein, wenn es in die Pastete gefüllt wird.

Die gebackene Pastete bei Zimmertemperatur auskühlen lassen. Die Geleeflüssigkeit langsam einfüllen, bis sie in beiden Kaminöffnungen steigt. Die Pastete sofort in den Kühlschrank stellen, damit das Gelee möglichst schnell fest wird.

Vor dem Anschneiden sollte die Pastete mehrere Stunden im Kühlschrank ruhen, am besten über Nacht. Sie hält mindestens eine Woche und nach dem Anschneiden noch zwei Tage ohne auffallenden Qualitätsverlust.

Nährwerte pro Scheibe	
Kilokalorien	400
Kilojoule	1690
Eiweiß/g	16
Kohlenhydrate/g	23
Fett/g	25
Ballaststoffe/g	1,1

Garprobe

Das Rezept muß nicht falsch sein, wenn die Pastete nach der angegebenen Backzeit noch nicht gar ist. Viele Faktoren spielen eine Rolle, deshalb sollten Sie eine Garprobe machen: Beobachten Sie den Fleischsaft im Kamin, er muß absolut klar sein.

Ausgießen mit Gelee

Es ist unbedingt notwendig, die gebackene, kalte Pastete mit Gelee auszugießen. Es hält die Farce frisch und saftig und verhindert das Einbrechen der Decke beim Anschneiden. Die Gelees können je nach Rezept mit verschiedenen Weinen aromatisiert sein.

Vor dem Einfüllen des Gelees die Teigkruste auf Risse überprüfen. Mögliche Löcher mit Butter zustreichen und die Pastete in den Kühlschrank stellen, damit die Butter hart wird.

Mürbteig

Mürbteig für Quiche und Co.

Eine Quiche ist eine flache Torte mit pikanter Füllung. Häufig wird sie auch als „Tarte" bezeichnet, weil diese flachen Kuchen am besten in der klassischen Tarteform gebacken werden.

Grundrezept

250 g Mehl
1 Eigelb
1 Prise Salz
80 g Butter
75 ml kaltes Wasser

Mehl, Eigelb, Salz und die Butter wie bei süßem Mürbteig beschrieben verkneten, dabei nach und nach das Wasser zugeben.

Mürbteigboden, in einer Tarteform blindgebacken

Den Teig nach dem Ruhen auf der bemehlten Arbeitsfläche ausrollen. Die Teigplatte soll etwas größer als die Tarteform sein. Teig über die Rolle legen und über der ungefetteten, trockenen Form wieder abrollen.

Aus einem Rest eine kleine Teigquaste formen, in Mehl tauchen und damit den Teig innen am Rand entlang andrücken, so vermeiden Sie, den Teig mit den Fingern einzureißen.

Dann mit der Rolle einmal kräftig über den Rand der Form fahren, um den überstehenden Teigrand gleichmäßig abzudrücken.

Den Boden mehrmals mit einer Gabel einstechen und mit passendem Backtrennpapier oder mit Alufolie auslegen. Linsen oder Erbsen (mindestens 500 g) einfüllen, damit sich der Boden beim Backen nicht hebt. Den Gitterrost auf den Boden des vorgeheizten Backofens legen und den Mürbteig bei 200°C backen. Nach 15 Minuten blindbacken das Papier mit den Linsen abnehmen und den Boden weitere 5 Minuten durchbacken.

Vor dem Belegen sollte der Teigboden ausgekühlt sein!

Mürbteig

Quiche Lorraine

einfach, braucht Zeit

6 Portionen

Mürbteig:
**150 g Mehl
100 g kalte Butter
1 Prise Salz
1 Prise Zucker
1 kleines Eigelb
Mehl für die Arbeitsfläche
Butter für die Form
1 kg getrocknete Hülsenfrüchte zum Blindbacken**

Füllung:
**250 g Frühstücksspeck in dünnen Scheiben
10 g Butter
4 Eier
300 g Crème fraîche
Salz
frisch gemahlener Pfeffer
geriebene Muskatnuß**

Für die Quiche aus den Teigzutaten nach Grundrezept einen Mürbteig herstellen, eine Tarteform von 22 cm Durchmesser auslegen und blindbacken.

Für die Füllung den Frühstücksspeck 4 Minuten blanchieren, mit Küchenpapier trockentupfen und in der Butter bei kleiner Hitze 2 bis 3 Minuten braten. Den Teigboden damit auslegen.

Die Eier mit der Crème fraîche verquirlen und kräftig mit Salz, Pfeffer und Muskatnuß abschmecken. Die Mischung bis fast zum Teigrand einfüllen.

Im vorgeheizten Backofen auf der unteren Schiene bei 200°C etwa 30 Minuten backen. Die Quiche sehr heiß in der Form servieren.

Nährwerte pro Portion	
Kilokalorien	720
Kilojoule	3030
Eiweiß/g	13
Kohlenhydrate/g	20
Fett/g	63
Ballaststoffe/g	0,6

Mürbteig

Ob Kinderbuchillustration oder Firmenschild eines Konditors - der Napfkuchen aus Rührteig hat Symbolcharakter.

Rührteig

Rotkäppchens Kuchen für die Großmutter war bestimmt ein Rührkuchen in Gugelhupfform mit Rosinen drin. Genau der gleiche Kuchen landet auf dem „Tischlein-deck-dich".

Ob Kinderbuchillustration oder Firmenschild eines Konditors – der Napfkuchen aus Rührteig hat Symbolcharakter.

Marmor-, Sand- oder Königskuchen, Rehrücken, Frankfurter Kranz oder Sachertorte, sie alle gehören zur großen Familie der Rührkuchen.

Einen Sandkuchen aus der Kastenform oder einen Marmorkuchen als Gugelhupf hat wohl jeder, der überhaupt bäckt, schon einmal fabriziert. Das ist ja auch ganz einfach, zumal mit Rührmaschine und Backpulver.

Richtig, so geht es auch! Aber genau an diesem Punkt scheiden sich die Geister, denn Rührkuchen ist natürlich nicht gleich Rührkuchen. Die feinsten werden immer noch von Hand gerührt – ganz ohne künstliche Treibmittel.

Es gibt verschiedene Möglichkeiten, Rührteig von Hand zuzubereiten. Wundern Sie sich also nicht über teils recht unterschiedliche Rezeptanleitungen.

> Schwere, gehaltvolle Rührkuchen brauchen ein künstliches Treibmittel. Früchte und Nüsse werden meist mit Mehl und Stärke zusammen unter die Butter-Eimasse gehoben. Marzipan-Rohmasse hingegen wird gleich zu Beginn mit Butter und Zucker schaumig gerührt.

Im Hausgebrauch heißt Rührteig auch Eischwerteig, weil man die Menge der Zutaten nach dem Gewicht der Eier bemißt: Butter, Zucker und Mehl – jeweils im gleichen Gewicht wie die Eier.

Rührteig

Grundrezept

300 g weiche Butter
300 g Zucker
5 Eier
300 g Mehl
Butter und Semmelbrösel für die Form

Alle Zutaten sollten Zimmertemperatur haben, sie verbinden sich dann besser miteinander. Die weiche Butter mit der Hälfte des Zuckers schaumig rühren, dann 1 Eigelb nach dem anderen zugeben.

Das Eiweiß steif schlagen und dabei den restlichen Zucker einrieseln lassen. Durch Eischnee wird der Kuchen locker. Etwa ein Drittel des Schnees mit dem Holzspatel vorsich-

Rührteig

...ig unter die Butter-Eigelbmasse heben und vollständig vermischen.

Den restlichen Eischnee zusammen mit dem gesiebten Mehl vorsichtig unterheben. Gründliches Rühren ist für das Gelingen des Kuchens zwar wichtig, aber wenn das Mehl zugefügt wurde, darf nicht mehr gerührt werden, sonst wird der Teig klebrig.

Formen vorbereiten: Am einfachsten ist es, die Formen einzufetten und zusätzlich auszustreuen (Mehl, Semmelbrösel, gemahlene Mandeln). Auch das Auslegen mit Backpapier ist einfach

(geeignet für Spring- und Kastenformen sowie Backbleche).

Den Rührteig einfüllen und die Oberfläche mit dem Teigschaber glattstreichen.

Nach Vorschrift backen, meist bei 180 °C bis 200 °C. Am Ende der angegebenen Backzeit mit einem Holzstäbchen die Garprobe machen.

Rührteig ohne besondere Zutaten ist in durchschnittlich 1 Stunde gar. Den fertigen Kuchen herausholen, nach 10 Minuten auf ein Kuchengitter stürzen und vor dem Anschneiden mindestens 1 Stunde auskühlen lassen.

Der ganz schnelle Rührteig

mit Küchenmaschine und Backpulver:
   Backofen vorheizen – sonst steht der fertige Teig unnötig lang herum.

400 g Mehl
1 Päckchen Backpulver
250 g Butter
250 g Zucker
1 Prise Salz
4 Eier
abgeriebene Schale von 1 Zitrone
1/8 l Milch

Zutaten in die Schüssel der Küchenmaschine geben. Bei höchster Drehzahl 1 Minute rühren, den Teig mit dem Schaber vom Rand lösen und nochmals ca. 2 Minuten bei höchster Geschwindigkeit rühren. Nüsse oder Früchte werden zuletzt bei niedrigster Geschwindigkeit untergemischt.

Rührteig

Marmorkuchen

16 Stück

Teig:
300 g weiche Butter und
Fett für die Form
300 g Zucker
5 Eier
300 g Mehl
3 EL Kakaopulver
Semmelbrösel für die
Form

Außerdem:
2 EL Puderzucker

Einen Rührteig wie im Grundrezept beschrieben zubereiten. Die Hälfte des Teiges abnehmen, das Kakaopulver gründlich untermischen.

Eine Napfkuchenform fetten und mit Semmelbröseln ausstreuen. Den hellen Teig hineinfüllen.

Den Schokoladenteig gleichmäßig darauf verteilen.

Eine Gabel spiralförmig durchziehen, um die Teige miteinander zu marmorieren. Die Oberfläche mit einem Teigschaber glattstreichen.

Auf der unteren Schiene des auf 180°C vorgeheizten Backofens 50 bis 60 Minuten backen (Garprobe an der höchsten Stelle).

10 Minuten in der Form abkühlen lassen, auf ein Kuchengitter stürzen und auskühlen lassen. Mit Puderzucker bestäubt servieren.

Nährwerte pro Portion/Stück:	
Kilokalorien	*320*
Kilojoule	*1350*
Eiweiß/g	*4*
Kohlenhydrate/g	*34*
Fett/g	*18*
Ballaststoffe/g	*0,6*

Rührteig

Leicht und luftig, von unaufdringlich zartem Geschmack - so ist der Biskuit bevorzugte Grundlage für gefüllte und belegte Torten.

Biskuit

Zum Leichtesten und Luftigsten, was aus der Backröhre kommt, gehört der Biskuit, der in der Konditoren-Fachsprache kein Teig, sondern eine Masse ist. Mit seinem unaufdringlich-zarten Geschmack und der flaumigen Konsistenz bringt er Füllungen besonders gut zur Geltung und ist daher bevorzugte Grundlage für sahne- und cremegefüllte, alkoholgetränkte oder mit Obst belegte Torten und Törtchen.

Hauptbestandteil: Luft

Ihre flaumige Beschaffenheit verdankt die Biskuitmasse dem Einschlagen von reichlich Luft. Alle Zubereitungsarten zielen darauf ab, ein Höchstmaß an Leichtigkeit mit der nötigen Stabilität zu verbinden – schließlich soll die Masse unter ihrer süßen Last nicht zusammensacken. Ei, Zucker, Mehl, manchmal auch Backpulver geben dem zarten Biskuit Halt.

Besonders standfest und besonders fein im Geschmack wird Backwerk durch Einschlagen von flüssiger Butter (Wiener Masse). Aber zunächst zu den kalt geschlagenen, fettfreien Biskuitmassen, die für Sahnerouladen, Obstkuchen, Löffelbiskuits und einfache Torten verwendet werden.

Die Zutaten

Eier sind das Wichtigste beim Biskuit. Sie geben der Masse nicht nur ihre Struktur, sondern bestimmen auch ihren Geschmack. Selbstverständlich kommen nur ganz frische Eier in Frage.

Die Mengenangaben im folgenden beziehen sich immer auf große Eier der Gewichtsklassen 1 oder 2.

Zucker macht Biskuit nicht nur süß, er entscheidet auch über die Konsistenz der Masse. Hoher Zuckeranteil ergibt ein feinporiges Gebäck, bei geringerem Zuckeranteil wird die Masse luftiger, aber auch weniger stabil.

Damit der Zucker sich gut auflöst und leicht mit dem Ei verbindet, muß besonders feiner Zucker verwendet werden, der unter der Bezeichnung „Grießzucker" oder „Unser Feinster" im Handel ist.

Für manche Rezepte, zum Beispiel Dobostorte, ist sogar Puderzucker vorgeschrieben.

Mehl wird bei Biskuit eher sparsam verwendet (im Vergleich zu Rührteig nur etwa ein Drittel, auf das Gewicht der Eier bezogen).

Um lockere Konsistenz zu garantieren, wird die Wirkung des Klebers häufig reduziert, indem man einen Teil des Mehls durch reine Stärke (Weizenpuder) ersetzt.

Wenn nicht anders angegeben, können Sie immer bis zu einem Drittel des Mehls durch Stärke austauschen.

Backpulver schmeckt nicht gerade gut, aber in winzigen Mengen kann es ganz hilfreich sein. Eine Messerspitze davon in der Masse sorgt für mehr Stabilität.

Einfacher Biskuit

Geeignet für Rouladen, Löffelbiskuits, einfache Torten und geschichtete Süßspeisen.

Biskuit

Grundrezept

**5 Eier, getrennt
150 g Zucker
abgeriebene Schale von
1 Zitrone
2 EL Zitronensaft
125 g Mehl**

Das Eigelb mit Zucker und Zitronenschale in einer sehr weiten Schüssel schaumig rühren, bis sich der Zucker gelöst hat.

Biskuit

Das Eiweiß mit Zitronensaft steif schlagen, auf die Eigelbmasse häufen und das Mehl darüber sieben.

Alles vorsichtig, aber gründlich miteinander vermengen. Es sollten möglichst keine Mehlklümpchen bleiben.

Die fertige Biskuitmasse sofort weiter verarbeiten, zum Beispiel zu einer Erdbeerroulade.

Erdbeerroulade

12 Stück

Biskuitmasse wie Grundrezept

Füllung:
**500 g Erdbeeren
100 g Zucker
400 g Schlagsahne
1–2 EL Puderzucker zum Bestäuben**

Ein Backblech mit Backtrennpapier auslegen. Die vorbereitete Biskuitmasse gleichmäßig darauf verstreichen.

Biskuit

In dem auf 220° C vorgeheizten Backofen auf der mittleren Schiene 8 bis 10 Minuten backen.

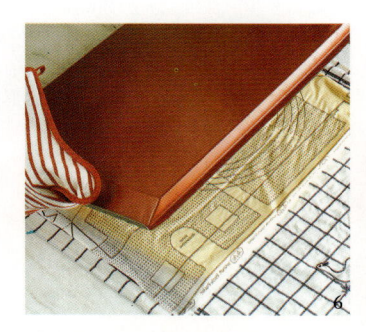

Den heißen Biskuit sofort auf ein feuchtes Küchentuch stürzen und das Backpapier abziehen. Mit dem Küchentuch von der langen Seite her aufrollen und auskühlen lassen.

Inzwischen die Erdbeeren waschen, putzen und in Scheiben schneiden. In einer Schüssel mit 50 g Zucker mischen und ziehen lassen.

Die Sahne mit dem restlichen Zucker steif schlagen.

Die ausgekühlte Biskuitrolle vorsichtig auseinanderrollen. Die Teigplatte mit der Sahne bestreichen, dabei rundherum 2 cm Rand lassen.

Die Erdbeeren mit dem Saft gleichmäßig auf der Sahne verteilen.

Die Roulade mit Hilfe des Küchentuchs vorsichtig aufrollen, auf eine Kuchenplatte setzen und mit Puderzucker bestäuben.

Variation: Die Hälfte der Erdbeeren mit der Gabel pürieren und unter die Sahne mischen. Die restlichen Erdbeeren wie beschrieben auf der Sahne verteilen.

Oder zuerst den Biskuit mit Erdbeermarmelade bestreichen, dann Sahne und Erdbeeren darauf geben.

Nährwerte pro Portion/Stück	
Kilokalorien	280
Kilojoule	1170
Eiweiß/g	5
Kohlenhydrate/g	33
Fett/g	13
Ballaststoffe/g	1,1

Aus derselben Masse wie für die „Erdbeerroulade" kann auch ein runder, hoher Biskuit gebacken werden, der für gefüllte Torten ideal ist. Temperatur und Backzeit finden Sie auf S.322.

Neben der guten, alten Springform, die mit Butter und Mehl vorbereitet wird, eignen sich Tortenringe aus Edelstahl zum Biskuitbacken. Es gibt geschlossene Ringe in verschiedenen Größen und stufenlos verstellbare Stahlbänder, die mit Klammern in der gewünschten Größe gehalten werden.

Diese Ringe werden nicht gefettet, damit sich der Biskuit nach dem Backen nicht vom Rand lösen kann. Als Boden erhält der Tortenring Pergament- oder Backtrennpapier. Er wird in dieses Papier eingeschlagen – so heißt das Umwickeln des Randes.

Den gebackenen Biskuit auskühlen lassen, das Papier vom Boden abziehen und den Biskuit mit einem Messer aus dem Ring lösen.

Biskuit

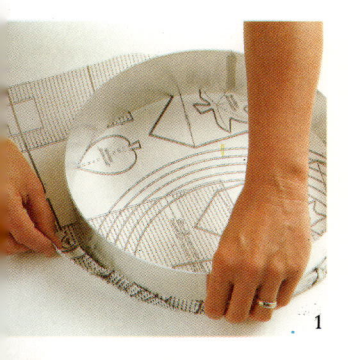

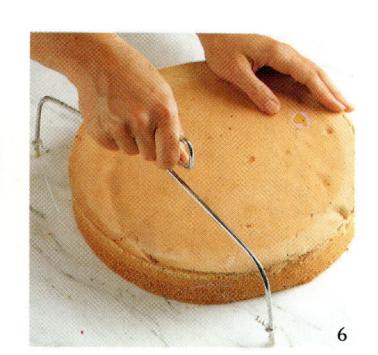

Außer als Backform eignet sich der stufenlose Tortenring auch zum Markieren einer beliebigen Größe, in der der Biskuit dann ausgeschnitten wird, zum Beispiel für eine kleinere Torte oder falls der Rand zu dunkel geworden ist.

Das Aufschneiden in gleichmäßige Tortenböden geht am besten mit dem eigens dafür entwickelten Tortenschneider. Seine Sehne wird in beliebiger Höhe gespannt und wie eine Säge durch den Kuchen geführt.

Mit gutem Auge und ruhiger Hand kann man Biskuit auch mit einem sehr langen Messer aufschneiden, das möglichst fein gezackt sein sollte. Geeignet ist auch das Lachsmesser. Die Einschnitte vorher abmessen und markieren.

Wer sich freihändig nicht viel zutraut, markiert die Böden rundherum am Rand des Biskuits. In diese Rillen einen langen Bindfaden legen, die Enden über Kreuz legen und den Faden gleichmäßig anziehen. Das ergibt einen sehr schönen, glatten Schnitt.

Biskuit

Blitzbiskuit oder Wasserbiskuit

Die schnellste und leichteste Variante ergibt beim Backen ein etwas großporiges Gebäck, das sich gut für Rouladen eignet, auch als Grundlage für Obstfüllungen (Torteletts und große Obstkuchen) oder für einfachere, cremegefüllte Torten. Die Masse wird ohne Zugabe von Fett aus den ganzen Eiern geschlagen.

Für jedes Ei der Gewichtsklasse 1 rechnet man 1 Eßlöffel heißes Wasser (daher der Name „Wasserbiskuit"), 45 g Zucker, etwa 3 gestrichene Eßlöffel, 45 g Mehl, etwa 3 gehäufte Eßlöffel. Da Eßlöffel unterschiedlich groß sind, sollten Sie sich beim ersten Mal die Mühe machen, das Gewicht von 1 Eßlöffel Zucker bzw. Mehl genau mit der Waage zu bestimmen.

Biskuit

Schnelle Aprikosentorte

12 Stück

Teig:
**Fett und Mehl für die Form
2 große Eier
90 g feiner Zucker
90 g Mehl**

Füllung:
**1 Päckchen Vanillepuddingpulver
1/2 l Milch
40 g Zucker
1 große Dose Aprikosenhälften
3 EL Aprikosenmarmelade
1 EL Pistazienkerne**

Eine Obsttortenform mit 26 cm Durchmesser fetten und mit Mehl ausstreuen.

Die Eier und 2 Eßlöffel heißes Wasser mit dem Handrührgerät auf höchster Stufe sehr schaumig schlagen. Den Zucker einrieseln lassen, weiterschlagen, bis eine dickliche, weiße Creme entsteht. Das Mehl darübersieben, vorsichtig mit einem Löffel unterheben.

Den Teig in die Form füllen und in dem auf 190°C vorgeheizten Backofen auf der mittleren Schiene 15 bis 20 Minuten backen (Garprobe nach 15 Minuten). Den Tortenboden etwas abkühlen lassen, dann vorsichtig auf ein Kuchengitter stürzen.

Den Pudding nach Packungsanleitung zubereiten, abkühlen, aber nicht fest werden lassen.

Die Aprikosen in einem Sieb abtropfen lassen.

Den Tortenboden mit der Aprikosenmarmelade bestreichen, Pudding darauf verteilen und Aprikosenhälften hineindrücken.

Die Pistazienkerne grob hacken, darüberstreuen. Etwa 1 Stunde kühl stellen, bis der Pudding fest ist.

Nährwerte pro Portion/Stück	
Kilokalorien	*170*
Kilojoule	*718*
Eiweiß/g	*3*
Kohlenhydrate/g	*33*
Fett/g	*3*
Ballaststoffe/g	*0,8*

Biskuit

Wiener Masse

Die Wiener waren schon immer rechte Zuckerbäcker, die wußten, wie man Leckeres noch verfeinern kann. Wiener Masse nennt sich daher mit Recht ein besonders edler Biskuit, der unter Zugabe von flüssiger Butter im Wasserbad geschlagen wird.

Grundrezept

6 große Eier
175 g feiner Zucker
150 g Mehl
50 g Speisestärke
90 g geklärte Butter

1. *Die ganzen Eier mit dem Zucker in eine Rührschüssel oder einen Kessel geben. Die Schüssel in einen Topf mit warmem Wasser hängen und auf kleiner Flamme mit dem elektrischen Rührgerät aufschlagen. Wenn die Masse lauwarm ist, aus dem Wasserbad heben.*

2. *Die Masse von Hand mit dem Schneebesen weiterschlagen, bis sie dick und weiß ist. Am besten abwechselnd rühren und schlagen.*

3. *Mehl und Stärke mischen und über die Creme sieben, mit langsamen Bewegungen vorsichtig unterziehen.*

4. *Die geschmolzene Butter klären, etwas abkühlen lassen und lauwarm unter die Masse ziehen.*

Biskuit

Beispiel für eine Torte mit Wiener Masse:

Zitronentorte

12 Stück

Wiener Masse wie Grundrezept

Creme:
3 unbehandelte Zitronen
90 g Zucker
100 ml Weißwein
4 Eigelb
6 Blatt Gelatine
600 g Schlagsahne

Glasur und Verzierung:
400 g Puderzucker
4 EL Zitronensaft
8 kandierte Zitronenscheiben
Zuckerblüten

Auf vier Backpapierblättern Quadrate von 23 cm Größe zeichnen. Ein Papier auf das Backblech legen.

Die Wiener Masse wie beschrieben zubereiten.

Ein Viertel des Teiges 1/2 cm dick in der Größe des Quadrats auf das Backpapier aufstreichen.

In dem auf 220°C vorgeheizten Backofen etwa 7 Minuten backen.

Biskuitboden mit dem Backpapier gleich vom Blech ziehen. Neues Backpapier auflegen, Teig für den zweiten Boden in Quadratgröße darauf streichen und sofort 7 Minuten backen. Die zwei weiteren Böden ebenso backen.

Die gebackenen Biskuitböden etwas abkühlen lassen, auf ein Kuchengitter stürzen. Das Backpapier abziehen und auskühlen lassen.

Für die Zitronencreme die Zitronen heiß abwaschen, trocknen und die Schale fein abreiben. Zitrone dann halbieren und auspressen.

Zitronensaft und -schale mit Zucker, Weißwein und Eigelb in einem Topf verrühren. Bei mittlerer Hitze unter ständigem Rühren bis zum Siedepunkt erhitzen, so daß eine dickliche Creme entsteht. Den Topf vom Herd nehmen.

Die Gelatine einige Minuten in kaltem Wasser einweichen, dann tropfnaß in der heißen Creme auflösen. Kühl stellen, bis die Creme zu gelieren beginnt.

Die Sahne steif schlagen, drei Viertel davon unter die Zitronencreme rühren. Restliche Sahne kühl stellen.

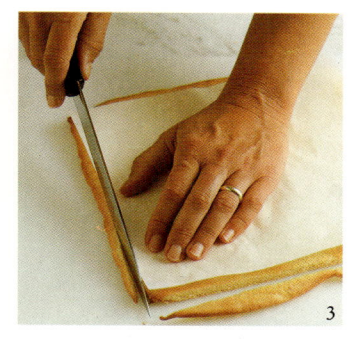

Eine Papierschablone in der Größe eines 23 cm großen Quadrats ausschneiden. Auf jede Teigplatte legen und die Ränder begradigen.

Einen Tortenboden auf dem Kuchengitter mit 1/3 der Zitronencreme bestreichen, den zweiten Boden darauf setzen, Creme darüberstreichen. Mit den weiteren Böden wie beschrieben verfahren. Der oberste Boden wird mit folgender Glasur bestrichen:

Dazu den Puderzucker mit Zitronensaft verrühren, in einem Topf leicht erhitzen und 3 bis 4 Minuten mit dem elektrischen Handrührgerät schaumig schlagen. Falls die Glasur zu dick oder zu dünn ist, mit etwas Wasser oder Puderzucker ausgleichen.

Biskuit

Die lauwarme, dickflüssige Glasur auf die Torte gießen und mit einer Palette oder einem langen Messer nach außen glattstreichen.

Die restliche Sahne mit dem Teigschaber an den Rändern auftragen und in Bögen spachteln.

Die noch feuchte Glasur mit kandierten Zitronenscheiben und Zuckerblüten verzieren. Die Torte vor dem Anschneiden 2 Stunden kühl stellen, auf einer Tortenplatte servieren.

Nährwerte pro Portion	
Kilokalorien	580
Kilojoule	2430
Eiweiß/g	7
Kohlenhydrate/g	73
Fett/g	27
Ballaststoffe/g	0,4

Biskuit

Biskuitmasse mit Zusätzen

Geriebene Zitronenschale ist neben Vanille das bevorzugte Aroma, mit dem Biskuit geschmacklich angereichert wird. Auch die Schale ungespritzter Orangen eignet sich dafür. Auf die Konsistenz des Gebäcks haben diese Zutaten kaum Einfluß.

Ganz anders verhält es sich bei Zusätzen wie Schokolade oder Nüssen, durch sie wird der Teig schwerer, gehaltvoller und auch haltbarer. Sie dürfen nur in begrenzter Menge zugesetzt werden, damit der fertige Biskuit noch einigermaßen locker-luftig bleibt. Als Anhaltspunkt mag gelten, daß der Anteil an Nüssen oder ähnlichem deutlich niedriger sein sollte als der Mehlanteil, zum Beispiel nicht mehr als 100 g gemahlene Nüsse auf 150 g Mehl.

Die Eier sollten für den angereicherten Biskuit nicht im ganzen geschlagen werden. Eigelb und Zucker warm aufschlagen, anschließend Mehl und Zusätze unterrühren. Zuletzt vorsichtig den steifen Eischnee unterheben.

Schokoladenbiskuit

Grundrezept

12 Stück

120 g Blockschokolade oder Kuvertüre
7 Eier, getrennt
200 g Zucker
150 g Mehl
50 g Speisestärke
60 g Butter
Fett und Mehl für die Form

Die Schokolade grob hacken und bei niedriger Temperatur schmelzen, etwas abkühlen lassen.

Inzwischen das Eigelb mit Zucker im Wasserbadeinsatz verrühren. Über Dampf mit dem Handrührgerät warm schlagen, bis eine dickliche Creme entsteht.

Topf aus dem Wasserbad nehmen und weiterschlagen, bis die Creme lauwarm ist. Die ebenfalls lauwarme Schokolade einrühren.

Das Mehl und die Stärke mischen und über die Schokoladencreme sieben, vorsichtig unterheben.

Die Butter in einem kleinen Topf schmelzen lassen, weißen Schaum abschöpfen (klären) und lauwarm unter die Schokoladenmasse ziehen.

Eine Springform mit 26 bis 28 cm Durchmesser fetten und mit Mehl ausstäuben.

Das Eiweiß zu steifem Schnee schlagen und unter den Teig heben. In die Springform füllen, glattstreichen.

Sofort in dem auf 180°C vorgeheizten Backofen auf der mittleren Schiene 35 bis 40 Minuten backen (Garprobe).

Den Biskuit in der Form auskühlen lassen, aus der Form nehmen und je nach Rezept weiterverarbeiten.

Nährwerte pro Portion/Stück	
Kilokalorien	270
Kilojoule	1110
Eiweiß/g	6
Kohlenhydrate/g	36
Fett/g	10
Ballaststoffe/g	0,9

Biskuit

Überblick:
Welche Masse für welches Gebäck?

	Form	Zweck (Beispiel)	Backtemperatur	Backzeit (Anhaltspunkt)
Wiener Masse:	Ringform	Frankfurter Kranz	180°C, Gas Stufe 2	50 Minuten
	Springform oder Tortenform	Zuger Kirschtorte	180°C–190°C Gas Stufe 2	30–40 Minuten
	Backblech	einzeln gebackene dünne Böden für Prinzregententorte etc.	220°C, Gas Stufe 4	7–10 Minuten
		in Spiralen aufgespritzte Kreise für Schaumomeletts	220°C, Gas Stufe 4	10 Minuten
einfacher Biskuit:	Backblech	Rouladen; einzeln gebackene sog. Dobos-Böden: Dobostorte, Herrentorte	220°C, Gas Stufe 4	7–10 Minuten
		aufgespritzte Formen für Kleingebäck, z. B. Löffelbiskuits	210°C, Gas Stufe 3 180°C, Gas Stufe 2	5 Minuten, dann 15–20 Minuten fertigbacken
	Springform oder Tortenring	Sahnetorten, Lagenkuchen	180°C–190°C Gas Stufe 2	30–40 Minuten
Wasserbiskuit:	Tortelettform	Obsttörtchen	190°C, Gas Stufe 2	15–25 Minuten
	Backblech	Rouladen	220°C, Gas Stufe 4	7–10 Minuten
angereicherter Biskuit:	Springform oder Tortenring	mit Schokolade für Schwarzwälder Kirsch	180°C–190°C Gas Stufe 2	30–40 Minuten
	Backblech	mit Nüssen für Sahneroulade	220°C, Gas Stufe 4	7–10 Minuten

Biskuit

Kleingebäck aus Resten

Wenn Ihre Form für die vorbereitete Masse zu klein ist, können Sie aus den Resten Löffelbiskuits oder Biskuitomeletts backen.

Biskuitomeletts lassen sich mit verschiedenen schaumigen Cremes, mit aromatisierter Schlagsahne, mit Eis oder mit Früchten füllen. Man kann sie gut auf Vorrat backen und einfrieren. Auch in Folie gewickelt halten sie sich einige Tage frisch.

10 Minuten bei 220°C backen. Nach 8 Minuten kontrollieren: Die Omeletts dürfen keinen dunklen Rand bekommen, weil dieser sonst beim Umklappen bricht! Die gebackenen Omeletts auf die leicht mit Mehl bestäubte Arbeits-

Für **Löffelbiskuits** die Masse in einen Spritzbeutel mit großer Lochtülle füllen. Ein Backblech buttern, Löffelbiskuits aufspritzen und ca. 15 Minuten bei 180°C backen. Abgekühlte Biskuits mit Puderzucker bestäuben.

Für die Omeletts Kreise mit 12 cm Durchmesser im Abstand von 2 cm auf Pergamentpapier zeichnen. Auf den meisten Backblechen haben 6 Kreise Platz. Die Biskuitmasse entweder möglichst gleichmäßig aufstreichen oder in einen Spritzbeutel mit Lochtülle füllen und jedes Omelett von der Mitte aus spiralförmig aufspritzen.

fläche stürzen, das Papier abziehen (dazu eventuell anfeuchten) und die Omeletts zur Hälfte zusammenklappen. Die Füllung, zum Beispiel eine Zitronencreme, in die kalten Omeletts spritzen.

323

Die quicklebendigen Hefepilze dienen der Lockerung des Teiges. Bei günstigen Lebensbedingungen vermehren sie sich rasch.

Hefeteig

Nach deutscher Geschichtsschreibung ist der Hefeteig schon über 400 Jahre alt und wurde von Nürnberger Bäckern erfunden. Sollte aber nach französischer Darstellung doch jener Pariser Bäcker der erste gewesen sein, der Bierhefe in seinen Brotteig mischte, dann gibt es Hefeteig seit 1665. Jedenfalls machte der Teig in Paris Karriere: Königin Maria-Theresia wollte nur noch Hefebrötchen essen.

Bäckerhefe macht's möglich

Die quicklebendigen Hefepilze dienen der Lockerung des Teiges. Sie vermehren sich bei günstigen Lebensbedingungen rasch und produzieren dabei Kohlensäure, die den Teig aufgehen läßt.

Die ideale Temperatur

Richtig wohl fühlt sich die Hefe bei einer Temperatur von 25 bis 30°C. Damit sie sich schnell vermehrt, sollte das Mehl Zimmertemperatur haben und die Flüssigkeit lauwarm sein. Am besten ist es, auch Butter und Eier zimmerwarm zum Teig zu geben. Über 45°C wird die Hefe geschädigt, deshalb dürfen die Zutaten auch nicht zu warm zugegeben werden.

Damit die Hefe sich allmählich vermehren kann, wird meist ein Vorteig hergestellt. Wenn dieser zu schäumen beginnt, kann er mit den übrigen Zutaten zu einem Teig verknetet werden. Die Hefe braucht anschließend wieder etwas Zeit, damit die gewünschte Lockerung erzielt wird.

Am besten ruht der Teig an einem warmen, zugfreien Ort. Anschließend sollte der Teig nochmals kräftig geknetet werden, die Bäcker nennen das „zusammenschlagen". Dabei wird die Kohlensäure ausgestoßen und Sauerstoff eingeschlagen. Die Hefe erhält dadurch wieder neuen Sauerstoff, so daß beim letzten Gehen auf dem Blech oder in der Form besonders viel Kohlensäure produziert werden kann.

Wer den Hefeteig so behandelt, erhält ein wunderbar lockeres Gebäck mit gleichmäßigen Poren.

Rasches Gehenlassen spart den Bäckern zwar Zeit, der Teig wird aber feiner, wenn die Gare (das Aufgehen) bei niedriger Temperatur langsam erfolgt, zum Beispiel über Nacht zugedeckt im Kühlschrank oder einem kühlen Raum.

Anschließend mit warmen Händen durchkneten, um die Gare wieder anzuregen.

Hefe kommt entweder als frische Hefe, zu Würfeln gepreßt, oder als Trockenhefe in den Handel. Frische Hefe sollte vor der Verwendung immer mit lauwarmer Flüssigkeit angerührt werden. Das Trockenhefe-Granulat braucht man nicht mehr aufzulösen, es wird gleich mit dem Mehl vermischt.

Hefereste kann man 2 bis 3 Monate lang einfrieren. Die aufgetaute Hefe wird zähflüssig, die Triebkraft wird dadurch nicht beeinträchtigt.

Hefeteig

Vom Brotteig bis zum Kleingebäck

Der ursprünglichste aller Hefeteige ist der einfache Brotteig aus Mehl, Hefe, Wasser und Salz.

Dieser Grundteig kann durch weitere Zutaten fast endlos angereichert und variiert werden. Feines Hefegebäck enthält zusätzlich Fett, meist Butter, Milch (eventuell auch Buttermilch oder Joghurt) und Eier.

Die Zuckermenge in süßem Hefeteig ist sehr unterschiedlich und wird jeweils im Rezept angegeben.

Auch die Zubereitung von Hefeteig ist unterschiedlich, aber im wesentlichen handelt es sich um vier Techniken:

- geschlagener oder gekneteter Hefeteig (für fast alle Bäckereien);

- gerührter Hefeteig (mit sehr vielen Zutaten);

- abgebröselter Hefeteig (nach Mürbteigart für fettreiche Hefeteige, zum Beispiel für Kleingebäck);

- Hefeblätterteig, auch Plunderteig genannt (das Blättrigwerden beruht auf dem schichtweisen Einarbeiten von Butter wie beim Blätterteig).

Statt Hefeteig kann für Blechkuchen oder Kleingebäck aus ausgerolltem Teig Quarkölteig verwendet werden.

Hefeteig

Grundrezept

500 g Weizenmehl, Type 405
½ –1 TL Salz
42 g frische Hefe oder
6 g Trockenhefe
¼ l Wasser

Ergibt Teig für eine Brotform (ca. 20 cm Länge, 12 cm Breite und 8 cm Höhe).

Hefeteig am besten in einer Schüssel ansetzen. Wenn sie nicht groß genug ist, das mit dem Salz gesiebte Mehl auf das Backbrett häufen und eine tiefe Mulde hineindrücken. Darin die mit etwas lauwarmem Wasser angerührte Hefe gehen lassen. Ein Backbrett ist besser als Marmor, weil Holz wärmer ist als Stein.

Hefeteig

Süßer Hefeteig

Grundrezept

500 g Mehl
60 g Zucker
1 gestrichener TL Salz
42 g Hefe
¼ l lauwarme Milch
60 g Butter
2 Eier

Die Zutaten abmessen und auf Zimmertemperatur erwärmen.

Die geschmolzene, abgekühlte Butter mit den Eiern verrühren und zugießen.

einer Kugel formen und wieder in die Schüssel legen, damit er aufgehen kann.

Das Mehl mit Zucker und Salz in eine große Schüssel sieben und eine Mulde hineindrücken. Zerbröckelte Hefe in lauwarmer Milch auflösen und in die Mulde gießen. Mit Mehl bestäuben und diesen Vorteig zugedeckt bei guter Raumtemperatur 15 bis 20 Minuten gehen lassen.

Mit der Hand läßt sich Hefeteig am besten schön glatt und luftig schlagen. Natürlich geht das auch mit einem Holzlöffel, dem Handmixer oder in der Küchenmaschine. Zu weichem Teig in dieser Phase noch Mehl zugeben; sollte er zu fest sein, etwas Milch einarbeiten. Es ist wichtig, Luft in den Teig zu schlagen, die Hefezellen brauchen Sauerstoff.

Damit der Teig seine typische, zähe Struktur bekommt, muß er etwa 10 Minuten geknetet werden. Es reicht nicht aus, die Zutaten nur zu verrühren. Den gründlich geschlagenen Teig zu

Die Teigkugel mit Mehl bestäuben und die Schüssel mit einem Tuch zudecken. Hefeteig immer vor Zugluft schützen. Den Teig bei guter Raumtemperatur, ca. 21°C, mindestens 30 Minuten gehen lassen. Dabei soll sich sein Volumen verdoppeln. Besonders feinporig wird der Teig, wenn man ihn nach dem Aufgehen kurz durchknetet und ein zweites Mal in der Schüssel zugedeckt etwa 30 Minuten gehen läßt.

Hefeteig

Dann in die vorbereitete Form legen und noch einmal zur doppelten Höhe aufgehen lassen.

Alles inklusive

Bei Verwendung von Trockenhefe können alle Zutaten auf einmal mit den Knethaken von Handmixer oder Küchenmaschine vermengt werden. Die Butter soll nicht flüssig, sondern nur weich sein. Erst langsam rühren. Wenn das Mehl gebunden ist, auf Stufe 2 rotieren lassen. Weitere Verarbeitung wie üblich: Den Teig zu einer Kugel formen und gehen lassen. Die Gare dauert allerdings länger! Den Teig am besten zugedeckt im Kühlschrank 3 Stunden gehen lassen, einmal kräftig durchkneten und weitere 3 Stunden gehen lassen.

Durch Wärme wird das Aufgehen des Teiges auf Kosten der Feinporigkeit beschleunigt.

Hefeteig formen und backen

Den aufgegangenen Teig vor dem Formen mit bemehlten Händen auf der bemehlten Arbeitsfläche kräftig durchkneten.

Soll die Teigmenge zerteilt werden, kann man sie mit dem bemehlten Messer in exakte Portionsstücke schneiden.

Die Temperatur liegt für fast alles Hefegebäck bei 200°C. Kleine Stücke und Blechkuchen 20 bis 30 Minuten backen, große Kuchen und Brote etwa 1 Stunde.

Zur Garprobe einen Holzspieß an der dicksten Stelle in das Gebäck stechen. Wenn beim Herausziehen kein feuchter Teig daran haftet, ist der Teig durchgebacken. Rechtzeitig prüfen und herausnehmen, damit das Gebäck nicht trocken wird!

Hefeteig

Gugelhupf mit Nußfüllung

16 Stück

Teig:
**500 g Mehl und Mehl zum Ausrollen
60 g Zucker
1 TL Salz
1 Würfel Hefe, 42 g
1/4 l lauwarme Milch
60 g Butter und Fett für die Form
2 Eier**

Füllung:
**150 g Walnußkerne
300 g Marzipan-Rohmasse
150 ml Milch
Puderzucker zum Bestäuben**

Einen süßen Hefeteig nach Grundrezept zubereiten und zu doppeltem Volumen aufgehen lassen.

Inzwischen für die Füllung die Walnußkerne hacken und mit der Marzipan-Rohmasse und der Milch verrühren.

Eine Gugelhupfform fetten.

Den aufgegangenen Teig kurz kneten und auf bemehlter Arbeitsfläche mit der Teigrolle etwa 2 cm dick zu einem Rechteck ausrollen.

Die Füllung auf 2/3 der Teigplatte streichen. Den Teig von der bestrichenen Längsseite her locker aufrollen und ringförmig in die Form legen. Zugedeckt weitere 15 Minuten gehen lassen.

In dem auf 200°C vorgeheizten Backofen auf der unteren Schiene 20 Minuten backen. Die Temperatur auf 180°C senken und weitere 40 Minuten backen. Zur Garprobe einen Holzspieß an der dicksten Stelle in das Gebäck stechen. Wenn beim Herausziehen kein Teig mehr daran haftet, ist der Gugelhupf fertig.

Auf ein Kuchengitter stürzen, auskühlen lassen. Vor dem Servieren mit Puderzucker bestäuben.

Nährwerte pro Portion/Stück	
Kilokalorien	*315*
Kilojoule	*1320*
Eiweiß/g	*9*
Kohlenhydrate/g	*36*
Fett/g	*13*
Ballaststoffe/g	*2,5*

Hefeteig

**Plunder ist ein höchst erlesenes Backwerk -
so weich und saftig wie Hefe-,
so luftig und knusprig wie Blätterteig.**

Plunderteig

Auch wenn die wenig respektvolle Bezeichnung es nicht nahelegt, handelt es sich beim Plunder um ein höchst erlesenes Backwerk. Die besten Eigenschaften zweier, an sich schon hervorragender Teige verbinden sich in ihm. Er ist weich und saftig wie Hefe-, luftig und knusprig wie Blätterteig.

Um Zeit zu sparen, setzen Sie den Hefeteig am Vorabend an und geben am nächsten Tag die Touren möglichst rasch hintereinander. Zeitaufwand: Am Vorabend 20 Minuten für den Hefeteig, Touren geben und Gebäck formen: gut 1 1/2 Stunden. Backzeit je nach Größe der Gebäckstücke: 10 bis 30 Minuten.

Der Hefeteig muß zum Ausrollen sehr gut gekühlt und dadurch relativ fest sein. Die Butter ist zwar kühl, aber nicht eiskalt.

Zum Backen: Plunder geht wie Hefeteig beim Backen auf. Deshalb zwischen den einzelnen Gebäckstücken auf dem Blech ausreichend Platz lassen.

Plunderteig

Grundrezept

1/8 l Milch
30 g Hefe
1 gestrichener TL Salz
80 g Zucker
2 Eier
500 g Mehl
Mehl zum Bestäuben

Zum Einziehen:
250 g Butter

Zum Bestreichen:
1 verquirltes Ei

Die kalte Milch mit 1/8 Liter kaltem Wasser mischen, darin die zerbröckelte Hefe, Salz und Zucker auflösen. Die beiden Eier zugeben und verquirlen. Mehl in eine Rührschüssel füllen, eine große Mulde in die Mitte drücken und die übrigen Zutaten hineingießen.

Mit dem Rührgerät zu einem glatten, elastischen Teig verarbeiten, der sich von der Schüssel löst. Mit Mehl bestäuben, mit einem feuchten Tuch bedecken und einige Stunden oder über Nacht in den Kühlschrank stellen.

Später oder am nächsten Tag: Den Hefeteig auf der bemehlten Arbeitsfläche in vier Portionen teilen und zu gleichmäßigen Platten ausrollen.

Die Butter in Scheiben schneiden und abwechselnd mit den Teigplatten schichten. Den Stapel

Plunderteig

Achtung: Wenn Sie bemerken, daß an manchen Stellen die blanke Butter durchkommt, das Tourengeben unterbrechen, sonst vermischen sich die Zutaten zu einer homogenen Masse, die nicht blättern kann.

Alternative: Den Hefeteig in vier Stücke teilen und jeweils 3 bis 4 cm dick ausrollen. 10 Minuten ruhen lassen und noch dünner ausrollen (ca. 2 cm).

In die Mitte von drei Teigplatten je zwei dünne Scheiben Butter legen, aufeinanderschichten und mit der vierten Teigplatte abdecken. Die Ränder rundherum fest zusammendrücken.

Das Teigpaket 2 bis 3 cm dick ausrollen, die Hälfte mit Butterflöckchen belegen und den Teig darüber zusammenklappen.

Noch einmal die Hälfte mit Butter belegen, den Teig zu einem gleichmäßigen Paket zusammenklappen und leicht darüberrollen.

Den Hefeblätterteig mit Folie bedecken und mindestens 30 Minuten in den Kühlschrank stellen.

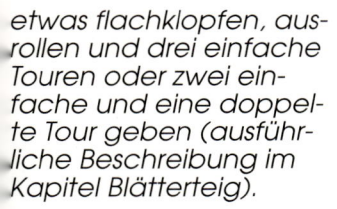

etwas flachklopfen, ausrollen und drei einfache Touren oder zwei einfache und eine doppelte Tour geben (ausführliche Beschreibung im Kapitel Blätterteig).

Den Teig nach der ersten und dritten Tour mindestens 30 Minuten im Kühlschrank ruhen lassen.

Plunderteig

Nußhörnchen

20 Stück

Teig:
1/8 l Milch
30 g Hefe
1 gestr. TL Salz
80 g Zucker
2 Eier
500 g Mehl
Mehl zum Bestäuben
250 g Butter zum Einziehen

Füllung:
150 g gemahlene Haselnüsse
125 g Butter
75 g Zucker
50 g Marzipan-Rohmasse
50 g Biskuits oder Kekse
1 Vanilleschote
1 Prise Salz
gemahlener Zimt

Außerdem:
1 Ei zum Bestreichen
Fett für das Blech

Den Teig, wie oben beschrieben, mit zusätzlich 1/8 Liter kaltem Wasser zubereiten und kühl stellen. Dann Touren geben wie beschrieben.

Wenn der Teig verarbeitungsfertig ist, für die Füllung die Haselnüsse, die Butter, den Zucker und die Marzipan-Rohmasse verrühren.

Die Biskuits oder Kekse in einen kleinen Kunststoffbeutel geben und mit der Teigrolle bröselig walzen.

Die Vanilleschote längs aufschlitzen und das Mark herauskratzen. Zusammen mit den Bröseln zur Füllung geben.

Mit Salz und etwas Zimt abschmecken. Wenn die Masse zu fest ist, noch etwas Wasser zugeben.

Den Plunderteig auf bemehlter Fläche etwa 2 bis 3 mm dick zu einem Rechteck ausrollen. Die Teigplatte abmessen und mit dem Teigrad oder einem Messer Dreiecke markieren, die ungefähr doppelt so hoch wie breit sind (z. B. 10 auf 20 cm).

Die Dreiecke ausschneiden, die Füllung in die Mitte geben und die Spitzen mit Eigelb bestreichen.

Die schmale Seite des Dreiecks halbieren, so daß der Teig bis zur Füllung hin eingeschnitten ist. Die beiden Teigstücke schräg nach außen über die Füllung legen, dann die Hörnchen aufrollen und hufeisenförmig biegen.

Das Backblech fetten, die Hörnchen darauf legen und mit verquirltem Eigelb bestreichen.

Plunderteig

Die Hörnchen nochmals gehen lassen, bis der Backofen auf 190°C vorgeheizt ist.

Auf der 2. Schiene von unten in 10 bis 15 Minuten goldbraun backen.

Nährwerte pro Portion/Stück	
Kilokalorien	360
Kilojoule	1500
Eiweiß/g	6
Kohlenhydrate/g	29
Fett/g	23
Ballaststoffe/g	1,3

Der Quarkölteig - trotz seines Namens gar nicht einmal so fett - ist bestens geeignet für alle Blechkuchen und die verschiedensten Kleingebäcke.

Quarkölteig

Quarkölteig kann für alle Blechkuchen und die verschiedensten Kleingebäckarten aus ausgerolltem Hefeteig verwendet werden. Dieser Teig zählt übrigens zu den kalorienärmeren, auch wenn der fettreiche Name anderes vermuten läßt. Der Quarkölteig enthält im Vergleich zu Rührteig oder Mürbteig nur etwa die halbe Fettmenge.

Quarkölteig, süß

150 g Quark
3 EL Milch
6 EL Öl
75 g Zucker
1 Päckchen Vanillinzucker
1 Prise Salz
300 g Mehl
1 Päckchen Backpulver

Quarkölteig, salzig

125 g Quark
2 EL Milch
1 Ei
4 EL Öl
1 gestrichener TL Salz
300 g Mehl
1 Päckchen Backpulver

Quark mit Milch und allen anderen Zutaten inklusive dem Salz in der angegebenen Reihenfolge verrühren.

Das Mehl mit Backpulver vermischen, sieben und gut die Hälfte davon in die Quarkmasse einrühren.

Den Teig mit dem restlichen Mehl gründlich, aber rasch verkneten.

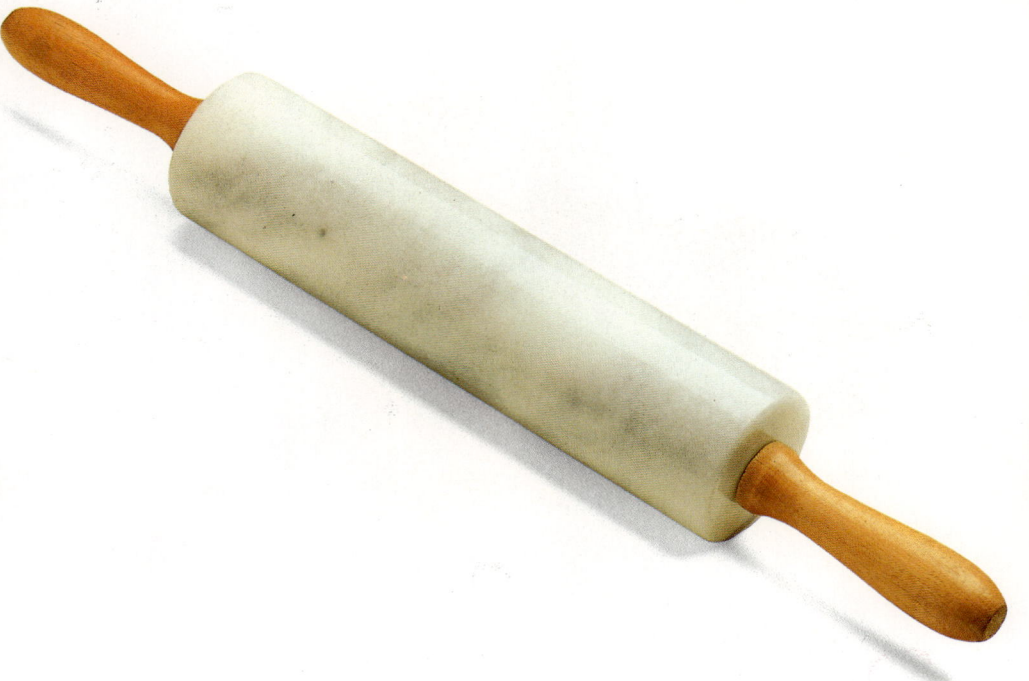

Quarkölteig

Beerenkuchen mit Eiersahne

Je nach Beerensaison können Sie diesen Kuchen mit den verschiedensten Beeren belegen. Sie zaubern so immer wieder eine neue Geschmacksvariante. Im Winter können auch tiefgekühlte Beeren verwendet werden, die gleich gefroren auf den Teig kommen.

20 Stück

Quarkölteig:
**150 g Magerquark
3 EL Milch
6 EL Öl
75 g Zucker
1 Päckchen Vanillinzucker
300 g Mehl
1 Päckchen Backpulver
1 Prise Salz
Fett für das Blech**

Belag:
**1 kg Beeren (hier Preiselbeeren und Holunder)
etwas Zucker
3 Eier
300 g Schlagsahne
2 Päckchen Vanillinzucker**

Den Teig wie beschrieben zubereiten.

Ein Blech fetten, den Teig darauf ausrollen. Einen kleinen Rand hochziehen.

Den Teig mehrmals mit einer Gabel einstechen. Die verlesenen Beeren darauf verteilen. Besonders dekorativ sieht es aus, wenn die Früchte in diagonalen Streifen angeordnet werden.

Nach Geschmack und Fruchtart zuckern. Die Eier, Sahne und Vanillinzucker verquirlen und über die Beeren gießen.

Quarkölteig

Quarkölteig

In dem auf 200°C vorgeheizten Backofen auf der mittleren Schiene 30 bis 35 Minuten backen (Garprobe).
Auskühlen lassen, dann in Stücke schneiden.

Nährwerte pro Portion/Stück	
Kilokalorien	250
Kilojoule	1050
Eiweiß/g	5
Kohlenhydrate/g	33
Fett/g	10
Ballaststoffe/g	3

Kräuter-Käsebrötchen

einfach

6 Stück

100 g Quark
3 EL Öl
1 Ei
1 Prise Salz
200 g Mehl
1/2 Päckchen Backpulver
150 g Gouda
1/2 Bund Schnittlauch
1/2 Bund Petersilie
Fett für das Backblech
1 EL Schlagsahne
75 g geriebener Emmentaler

Den Quark mit dem Öl verrühren und das Ei sowie das Salz mit dem Handrührgerät untermischen.
Das Mehl mit dem Backpulver vermischen, in eine zweite Schüssel sieben und gut die Hälfte davon in die Quarkmasse einrühren.
Das restliche Mehl zugeben und alles gründlich zu einem glatten Teig verkneten.

Den Gouda fein würfeln. Schnittlauch und Petersilie waschen, trockenschütteln und fein hacken.
Den Gouda und die Kräuter unter den Teig kneten und aus dem Teig 6 gleich große Brötchen formen.
Die Brötchen auf ein gefettetes Backblech setzen, mit der Sahne bestreichen und mit dem geriebenen Emmentaler bestreuen. Im vorgeheizten Backofen bei 175°C etwa 35 Minuten backen.

Nährwerte pro Portion/Stück:	
Kilokalorien	370
Kilojoule	1530
Eiweiß/g	17
Kohlenhydrate/g	27
Fett/g	19
Ballaststoffe/g	0,8

Strudelteig ist eine knusprige Verpackung nicht nur für süße, sondern auch für herzhafte Füllungen.

Strudelteig

Strudel, das gerollte Vergnügen

Knusprige Hülle mit saftiger Fülle – wer wird da nicht schwach? Und falls Sie nichts Süßes mögen . . . bitte sehr: in Strudelteig lassen sich auch Fleisch und Fisch, Käse und Gemüse verpacken, dazu noch Liebe, Fantasie und Kochkunst. Strudelbacken ist wirklich kreativ und äußerst befriedigend.

Strudelteig

Grundrezept

Zutaten für einen 1 m langen Strudel, süß oder salzig zu füllen:

**250 g Mehl
1 gestrichener TL Salz
1/8 l lauwarmes Wasser
1 TL Essig
1 Ei
2 EL Öl
125 g Butter zum Bestreichen**

1. Mehl und Salz sieben und eine Mulde hineindrücken. Lauwarmes Wasser mit Essig, Ei und Öl verquirlen und zugießen. Alle Zutaten vermischen.

2. Der Teig ist zunächst weich und klebrig. Den Teig mit der Hand vom Schüsselrand ziehen und so lange durcharbeiten, bis er sich löst.

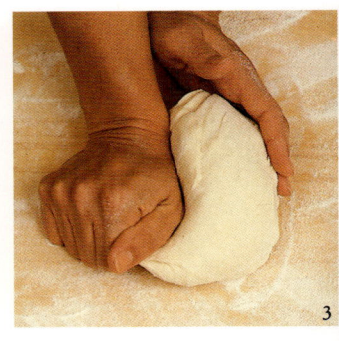

3. Den Teig auf der bemehlten Arbeitsfläche 10 Minuten kneten, dabei kräftig dehnen, falten, pressen und schlagen – je „schlechter" Sie ihn behandeln, desto besser wird er!

Wenn er elastisch, glatt und seidig wirkt, eine Kugel formen und mit Öl bepinseln. Schüssel oder Topf mit kochendem

4. Wasser ausspülen, trocknen und über den Teig stülpen. 30 bis 60 Minuten ruhen lassen.

Einen Tisch mit einem Leinentuch von ca. 120 x 70 cm vorbereiten. Das Tuch gleichmäßig

Strudelteig

mit Mehl bestäuben, die Teigkugel in die Mitte legen und erst längs, dann in die Breite zu einem Rechteck ausrollen.

Zum Ausziehen mit beiden Händen unter den Teig greifen, ihn von der Mitte nach außen über den Handrücken ziehen und dabei vorsichtig dehnen. Ringsum fortfahren, bis der Teig so groß wie das Tuch und durchsichtig ist. Die dickeren Teigränder abschneiden. 10 Minuten antrocknen lassen.

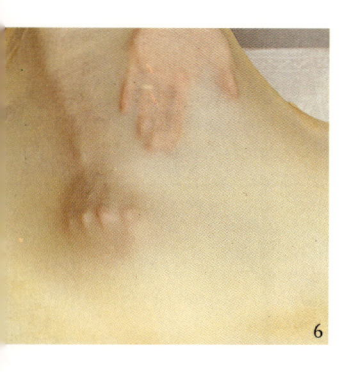

Den Teig mit der flüssigen, aber nur lauwarmen Butter bestreichen. Belegt wird nur ein Drittel bis die Hälfte des Teiges, und zwar an der einen Längsseite. Rundum einen schmalen Rand lassen, der über die Füllung geschlagen wird. Den Strudel durch Anheben des Tuches zügig aufrollen.

Blech oder Form buttern, den Strudel auf dem Tuch darüberheben und mit der Naht nach unten hineingleiten lassen. Mit Butter bestreichen und, falls nicht anders angegeben, ca. 45 Minuten bei 200°C backen.

Tip:

Sie werden verschiedene Strudelteigrezepte finden, mit Milch oder mit Butter. Auf jeden Fall sollten Sie etwas Essig zugeben, das macht den Teig elastischer.

Strudelteig kann nach dem Ruhen in einem Plastikbeutel eingefroren werden. Bei Zimmertemperatur im Beutel langsam auftauen lassen. Ausrollen und ausziehen wie üblich.

Einen großen Strudel kann man in eine runde Form als Kranz legen oder als U oder S aufs Blech, oder Sie formen mehrere kleine Strudel.

Strudel wird entweder „trocken" auf dem gebutterten Blech gebacken, oder man legt ihn in eine tiefere Form und gießt nach etwas mehr als der halben Backzeit Milch und Sahne darüber (Millirahmstrudel).

Strudelteig

Andere Füllungen, andere Teige

Falls man eine etwas dickere Teighülle möchte, genügt es, den Teig nur auszurollen. Dasselbe empfiehlt sich bei sehr feuchten Füllungen. Man kann ihn auch mit einer dünnen Schicht Semmel- oder Zwiebackbröseln bestreuen, die etwas Feuchtigkeit aus der Füllung aufsaugen. Bei einem süßen Strudel passen Biskuitbrösel, geriebene Mandeln oder Haselnüsse zum Bestreuen.

Selbstverständlich kann man Strudel auch mit anderen Teigen zubereiten, zum Beispiel mit Nudel- oder Mürbteig. Aber ersterer wird nicht knusprig und blättrig, und Mürbteig läßt sich nicht allzu dünn ausrollen und bricht leicht beim Backen.

Kirschenstrudel

einfach, braucht Zeit

8 Portionen

Strudelteig:
200 g Mehl
1 Prise Salz
1 TL Essig
1 Ei
2 EL Öl

Füllung:
1,5 kg Sauerkirschen
1 EL Zimt
200 g Zucker
abgeriebene Schale von 1/2 Zitrone
100 g flüssige Butter zum Bestreichen
200 g gemahlene Mandeln

Vanillesauce:
12 Eigelb
200 g Zucker
1 Vanilleschote
1 l Milch

Den Teig wie beschrieben mit zusätzlich 1/8 Liter lauwarmem Wasser zubereiten und ruhen lassen.

Inzwischen die Füllung zubereiten: Die Kirschen entkernen und in einer Schüssel mit Zimt, Zucker und Zitronenschale mischen. Wenn die Kirschen sehr sauer sind, den Zuckeranteil nach Geschmack erhöhen.

Den Strudelteig halbieren und wie beschrieben zwei Strudel ausziehen. Antrocknen lassen und mit etwas flüssiger Butter bestreichen. Die gemahlenen Mandeln darauf streuen, jeweils die Hälfte der Füllung darauf verteilen und die Strudel zusammenrollen.

Beide Strudel nebeneinander in eine gefettete Backform legen, mit flüssiger Butter bestreichen und in dem vorgeheizten Ofen bei 200°C etwa 40 Minuten backen.

Für die Vanillesauce das Eigelb und den Zucker langsam rühren, damit sich der Zucker auflösen kann und mit dem Eigelb eine cremige, aber keine schaumige Masse bildet.

Die Vanilleschote aufschlitzen und auskratzen. Beides mit der Milch aufkochen und unter Rühren zur Eimasse gießen.

Die Creme in den Milchtopf zurückgießen und unter ständigem Rühren erhitzen, damit das Eigelb bindet. Aber Achtung: Sie darf keinesfalls aufkochen!

Beim Rühren merken Sie, daß die Creme dicker wird. Sie ist fertig, wenn sie einen Kochlöffel deutlich überzieht und, wenn sich beim Daraufpusten Kringel bilden.

Die heiße Creme durch ein Haarsieb passieren und abkühlen lassen.

Nährwerte pro Portion	
Kilokalorien	*970*
Kilojoule	*4070*
Eiweiß	*19*
Kohlenhydrate	*99*
Fett	*52*
Ballaststoffe	*5,8*

Strudelteig

Sorgfältiges Arbeiten und viel Zeit sind nötig für die anspruchsvollste aller Gebäckarten, den Blätterteig.

Blätterteig

Zugegeben, ein richtiger Blätterteig ist nicht gerade im Handumdrehen zubereitet. Sorgfältiges Arbeiten und ausreichend Zeit sind nötig für diese anspruchsvollste aller Gebäckarten. Dafür kann mit dem Ergebnis aber auch kein fertig gekaufter Teig mithalten.

Kaufen oder Selbermachen?

Nichts gegen fertig gekauften Tiefkühl-Blätterteig. Er ist sehr praktisch und für viele Zwecke, zum Beispiel Würstchen im Schlafrock, gewiß ausreichend. Nur darf man von dem handelsüblichen Margarineteig nicht erwarten, daß er mehr ist als eine geschmacksneutrale Unterlage für die übrigen Zutaten.

Wird Blätterteig mit Zutaten von zartem Aroma kombiniert oder besteht das Gebäck praktisch nur aus dem Teig (Teeblätter, Schweinsöhrchen), kommt man ums Selbermachen kaum herum.

Wirklich schwierig ist es nicht, eher langwierig, und wenn man schon mal dabei ist, sollte man gleich eine größere Menge herstellen, mindestens von 1 kg Mehl, denn Blätterteig läßt sich im Tiefkühlfach gut 2 bis 3 Monate aufbewahren.

So entstehen die Blätter

Das Grundprinzip ist, daß in einen festen Wasser-Mehlteig Butter so eingearbeitet wird, daß durch wiederholtes Zusammenklappen und Ausrollen (= Tourieren oder Touren geben) viele hauchdünne Mehl- und Butterschichten einander abwechseln. Beim Backen schmilzt die Butter. Das darin enthaltene Wasser verdampft und treibt die Mehlschichten auseinander – in lauter einzelne „Blätter".

Wenn der Teig stets mit gleichmäßigem Druck gerollt und exakt übereinandergeklappt wird, blättert er beim Backen perfekt. Damit die Butter nicht weich wird und der Teig sich entspannen kann, muß er zwischen den Arbeitsgängen 40 Minuten, besser 1 Stunde, im Kühlschrank ruhen. Zur Zeitersparnis kann man ihn auch 20 bis 30 Minuten ins Tiefkühlgerät stellen.

Viele Methoden

können zu einem guten Blätterteig führen. Butter und Mehl werden fast immer zu gleichen Teilen genommen – Blätterteig ist also sehr fettreich.

Man unterscheidet deutschen, französischen und holländischen Blätterteig. Unterschied zwischen den ersten beiden Methoden: Beim deutschen Blätterteig liegt die Butter im Mehlteig, die Franzosen machen es umgekehrt. Die Herstellung von deutschem Blätterteig wird im Anschluß beschrieben. Französischer Blätterteig muß zwischen den Arbeitsgängen nicht so lange ruhen, ist aber sehr wärmeempfindlich und für die Herstellung im Haushalt nicht empfehlenswert. Holländischer Blätterteig heißt auch **Blitzblätterteig** und ist für den Hausgebrauch am praktischsten.

Blätterteig

Blätterteig

Grundrezept

Aus 500 g Mehl mit Salz und Wasser einen Teig kneten, 500 g Butter plan rollen und einarbeiten.

Varianten: Schon der Mehlteig enthält einen Butteranteil. Außerdem kann der Geschmeidigkeit halber wie bei Strudelteig ein wenig Essig zugefügt werden.

Zur Unterstützung von Geschmack und Farbe ist in einigen Rezepten die Zugabe von Eigelb und wenig Zucker vorgesehen, manchmal auch von dicker saurer Sahne („Rahmblätterteig").

Die Butter kann pur plan gewalzt werden. Oft verknetet man sie aber erst mit etwas Mehl (50 g auf 500 g Butter), kühlt sie und rollt sie dann erst aus.

Statt in einer Platte kann man die Butter auch in kleinen Stückchen dicht an dicht auf die Teigplatte legen, wodurch der Teig aber weniger schön blättert.

Bei sorgfältigem Arbeiten führen alle diese Methoden zu einem guten und jedenfalls wohlschmeckenden Ergebnis.

Für welche Art Sie sich auch entscheiden, machen Sie den Teig möglichst 1 Tag vor Gebrauch. Er läßt sich dann besser verarbeiten und bäckt schöner.

Deutscher Blätterteig

1 kg Mehl
450 ml kaltes Wasser
1 Schuß Essig
30 g Salz
1 kg Butter
Mehl zum Bestäuben

Für süßes Gebäck:
20 g Zucker
10 g Salz
statt Essig: 1 Schuß Rum

Von der Butter werden 100 g in den Mehlteig eingearbeitet, so ist er geschmeidiger. Vom Mehl kommen 100 g unter die Einziehbutter, damit sie weniger klebt.

Blätterteig

Mehlteig:

900 g Mehl in die Schüssel sieben, Salz und 100 g kalte Butterstückchen zugeben.

Butter und Mehl mit den Händen „abreiben", wie bei der Zubereitung von geriebenem Mürbteig. Die Butterteilchen sollen möglichst klein und gut im Mehl verteilt sein.

Eine Mulde formen. Wasser mit 1 Schuß Essig gemischt auf einmal in die Mulde gießen und sofort mit den Fingern zu rühren beginnen, damit sich keine Klümpchen bilden.

Das Mehl nach und nach unter das Wasser ziehen und den Teig so lange bearbeiten, bis er sich in einem aus der Schüssel lösen läßt.

Den Teig auf der Arbeitsfläche gründlich kneten. Teile, die kleben, mit dem Teigschaber lösen. Nicht zu viel Mehl zum Bestäuben verwenden!

Der fertige Teig ist glatt, ziemlich fest, aber elastisch. Er darf weder kleben noch bröckeln. Die Teigkugel in Folie wickeln und in den Kühlschrank legen.

Blätterteig

Einziehbutter:

900 g gekühlte, aber nicht eisige Butter mit 100 g Mehl verarbeiten. Butterstücke dicht aneinanderlegen, oben und unten mit Mehl bestäuben.

Butterblock mit der Handkante etwas breit schlagen, dann kneten und mehrmals wenden. Dabei laufend mit Mehl bestäuben, Butter zum rechteckigen Block formen und kühlen.

Butterblock zwischen Pergamentpapier auf knapp doppelte Größe auswalzen. Wieder in den Kühlschrank legen, während der Mehlteig ausgerollt wird.

Den Mehlteig mehr als doppelt so groß wie die Butter ausrollen. Dabei ein- bis zweimal wenden und sparsam bestäuben. Die Butter auf eine Hälfte der Teigplatte legen.

Zweite Teighälfte exakt darüberlegen. Ränder fest aufeinanderdrücken und nach oben über die Kante schlagen. Die Butter muß vollständig eingepackt sein.

Mit der Teigrolle über das Paket klopfen, um die Butter weicher zu machen und in die Ecken zu drücken. Dann zu einem langen Rechteck auswalzen, dabei in die Länge und in die Breite rollen.

345

Blätterteig

Der ausgewalzte Butterblock liegt auf der Hälfte des Mehlteigs.

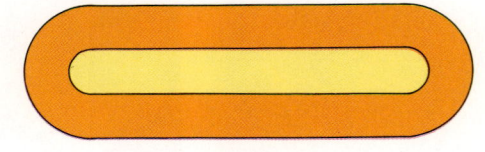

Die Butter ist ganz im Teig eingepackt.

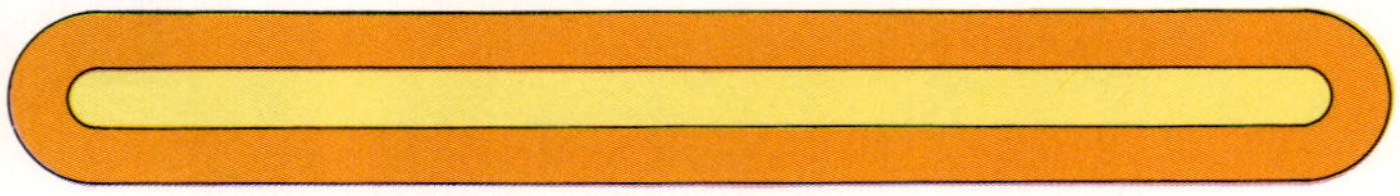

Teig-Fett-Teigschicht, auf etwa 1 cm Stärke ausgerollt.

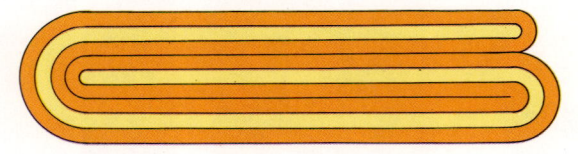

Zu drei Lagen eingeschlagen = einfache Tour.

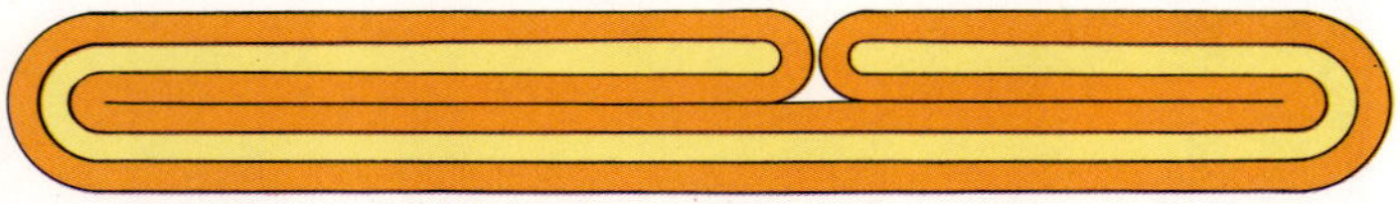

Einschlagen zur doppelten Tour: Entgegen vielen Darstellungen ist es besser, den Teig nicht zur Mitte einzuschlagen, sondern etwa im Verhältnis 1/4 : 3/4.

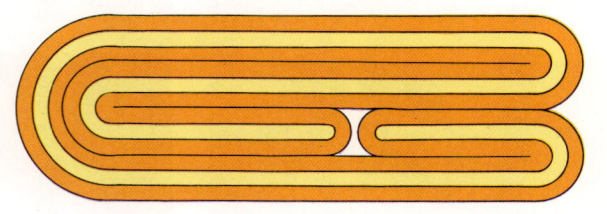

Zu vier Lagen eingeschlagen = doppelte Tour.

Die einfache Tour:

Ein Drittel des Teiges einschlagen, das freie Drittel darüberlegen, so daß drei Teigschichten übereinander sind. Wieder zu einem langen Rechteck auswalzen. Überschüssiges Mehl entfernen.

Die doppelte Tour:

Ein schmales Teigstück einschlagen, das andere Ende der Teigplatte bündig an die Kante legen. Das so entstandene Rechteck genau in der Mitte falten (= vier Teigschichten).

Blätterteig

Blitzblätterteig

oder **holländischer Blätterteig.** Ein wenig irreführend ist die Bezeichnung schon – auch der Blitzblätterteig braucht seine Zeit. Schnell geht es nur zu Anfang: Die Butter wird nicht kunstvoll eingepackt, sondern gleich mit dem Mehl verknetet. Anschließend folgt wie beim echten Blätterteig das Tourieren.

Grundrezept

**500 g Mehl
1 TL Salz
400 g kalte Butter in Würfelchen
1/4 l Wasser**

Teigschichten anrollen und spätestens jetzt in den Kühlschrank stellen. Je nach Raumtemperatur muß der Teig schon nach der einfachen Tour gekühlt werden. Eine einfache und eine doppelte Tour wiederholen.

Am besten mit zwei Teigschabern gleichzeitig arbeiten: Mehl und Butter von außen nach innen mit dem Wasser ver-

Mehl und Salz auf die Arbeitsfläche sieben, in die Mitte eine Mulde drücken, Butterstückchen um den Rand legen und das Wasser auf einmal in die Mulde gießen.

mengen und die Arbeitsfläche immer wieder abkratzen. Zusätzliches Staubmehl verwenden.

Bereitet man den Teig am Vortag zu oder will man ihn einfrieren, so gibt man ihm nur eine einfache und eine doppelte Tour. Die nächsten Touren gibt man ihm vor der Verarbeitung am folgenden Tag bzw. nach dem Auftauen.

Selbstverständlich kann man ihn auch fertig touriert einfrieren (mit Folie bedeckt im Kühlschrank auftauen lassen). Nach der zweiten doppelten Tour sollte der Teig mindestens 40 Minuten ruhen, ehe er geformt wird.

Blätterteig

Sobald sich der Teig formen läßt, wird er nicht geknetet, sondern in Blockform gebracht und zum langen Rechteck ausgerollt.

Beim Tourieren verkleben Mehl und Butter (wie beim Kneten). Insgesamt fünf einfache Touren geben. Nach jeder Tour den Teig sowohl in die Länge als auch in die Breite ausrollen.

Spätestens nach drei Touren für 10 Minuten ins Gefrierfach oder 30 Minuten in den Kühlschrank legen. Nach der letzten Tour lieber länger, damit er sich entspannen kann.

Blätterteig

Halbblätterteig

wird wie echter Blätterteig hergestellt. Allerdings begnügt man sich mit der halben Buttermenge, also 250 bis 300 g Butter auf 500 g Mehl. Dafür kann man die letzte Tour weglassen: vier einfache bzw. zwei einfache und eine doppelte Tour genügen.

Verwendung: Zum Auslegen von Pastetenformen, für Pie, Quiche, Tortenböden, Käsegebäck.

Quarkblätterteig

Auch beim Quarkblätterteig spart man sich einiges an Arbeit. Neben dem Tourieren sorgen Feuchtigkeit und Säure des Quarks für zusätzliche Triebkraft. Die Zutaten sind zu gleichen Teilen Mehl, Quark und Butter, dazu etwas Salz.

Grundrezept

250 g Magerquark (Schichtkäse)
250 g Mehl
1 TL Salz
250 g Butter
Mehl zum Verarbeiten

Quark in einem Sieb gut abtropfen lassen. Wenn er sehr feucht ist, in einem Tuch auswringen. Mehl auf die Arbeitsfläche häufen, Salz und Quark in die Mitte, kleingeschnittene Butter rundherum legen, dann nur kurz mit den Händen verkneten. Kalt stellen. Auf bemehlter Fläche ausrollen und drei einfache Touren geben.

Verwendung: Teigtaschen, Würstchen, Äpfel und anderes „im Schlafrock", Fleurons, Pies und Tortenböden.

Quarkblätterteig kann auch mit Vollkornmehl hergestellt werden.

Blätterteig backen

Wenn es wichtig ist, daß der Teig beim Backen stark und gleichmäßig hochgeht, wird man für das Gebäck echten Blätterteig verwenden, der zwei einfache und zwei doppelte Touren erhalten hat (288 Schichten) oder fünf einfache Touren (486 Schichten). Das ist zum Beispiel bei Pasteten wichtig. Für Böden, Zwischenlagen und Käsegebäck genügt Blitzblätter- oder Resteteig. Die Teigplatten werden je nach Verwendung zu 1,5 bis 8 mm Stärke ausgerollt. Sind im Rezept keine genauen Angaben dazu, ist eine Stärke von 3 mm niemals ganz falsch.

Jede Art von Blätterteig muß nach der letzten Tour gut gekühlt mindestens 30 Minuten ruhen und nach dem Formen der Gebäckstücke noch einmal die gleiche Zeit. Pasteten lieber 1 bis 2 Stunden.

Für Gebäck, das in die Höhe ziehen soll, das Blech mit kaltem Wasser anfeuchten oder mit Backtrennpapier auslegen. Für Teigstücke, die in die Breite treiben sollen (Schweinsohren, Fächer etc.), das Blech leicht fetten.

Blätterteig wird vor dem Backen fast immer mit Ei bestrichen: 1 ganzes Ei und 1 Eigelb mit der Gabel leicht schlagen oder 1 Eigelb mit 1 Eßlöffel Sahne/Wasser verrühren.

Achtung: Die Schnittflächen dürfen dabei nicht überstrichen werden, sonst verkleben die Schichten, und der Teig kann an diesen Stellen nicht hochziehen!

Blätterteig wird bei höheren Temperaturen (180 bis 230°C) in kurzer Zeit (10 bis 25 Minuten) gebacken. Für Blätterteig mit reiner Butter sollte die Backofentemperatur um ca. 20°C höher sein als für Blätterteig mit Ziehmargarine (gekaufter TK-Teig).

Blätterteig

Süße Teilchen

einfach, zum Einfrieren

**500 g Mehl
400 g Speisequark, 20 %
300 g Butter
Mehl für die Arbeitsfläche
1 Ei
250 g Früchte nach Wahl
125 g Puderzucker
1–2 EL Rum**

Das Mehl auf die Arbeitsfläche sieben, in die Mitte eine Mulde drücken und den Quark hineingeben. Die Butter in Flöckchen auf den Rand setzen und alles von außen nach innen rasch zu einem glatten Teig verkneten.

Den Teig zu einer Kugel formen, in Frischhaltefolie wickeln und 30 Minuten im Kühlschrank ruhen lassen. Dann 3 einfache Touren geben und nochmals 30 Minuten kühlen.

Den Teig auf der bemehlten Arbeitsfläche etwa $1/2$ cm dick ausrollen und mit dem Teigrad Quadrate von 12 x 12 cm ausschneiden.

Das Ei trennen. Die Teigränder mit Eiweiß bestreichen und den Teig mit Obst belegen.

Die Teigquadrate in Form bringen, mit dem Eigelb bestreichen und im vorgeheizten Backofen bei 200°C etwa 30 Minuten backen. Zum Auskühlen auf ein Kuchengitter legen.

Den Puderzucker mit dem Rum glattrühren und die warmen Teilchen damit bestreichen.

Blätterteig

Tip: Ohne Rumglasur können die süßen Teilchen eingefroren werden

Nährwerte insgesamt	
Kilokalorien	5580
Kilojoule	23370
Eiweiß/g	112
Kohlenhydrate/g	590
Fett/g	280
Ballaststoffe/g	24,8

351

Blätterteig

Fleurons

sind traditionell Halbmonde und garnieren Vorspeisen, Suppen und Ragouts. Sie dürfen aber auch in Blüten-, Herz- oder einer beliebigen anderen Form ausgestochen sein. Die Oberfläche mit Eigelb bestreichen und die Fleurons 10 Minuten bei 220°C backen.

Käsestangen

Den Teig zu einem langen Rechteck in der Höhe der gewünschten Stangen 4 bis 5 mm dick ausrollen und mit dem Teigrad exakt rechteckig zuschneiden. Die Teigplatte mit Eigelb bestreichen und bestreuen: Reibkäse mit Paprikapulver und Pfeffer vermischen. Die Käseschicht leicht andrücken. Streifen von gut 2 cm Breite schneiden und von beiden Enden her aufdrehen. Auf Backtrennpapier (weil der Käse läuft)

Blätterteig

bei 220°C in ca. 10 Minuten backen.

Die Stangen können auch mit Mohn, Sesam, Kümmel oder anderen Gewürzen bestreut und ohne Drehung gebacken werden.

Blätterteig

Pastetchen

Am bekanntesten sind die kleinen, runden Portionspasteten; der Klassiker: Königin-Pastetchen. Man kann sie aber auch quadratisch, rechteckig, oval oder in Fantasieformen ausschneiden. Abgesehen von der Form ist die Zubereitung immer gleich.

Böden: Den Blätterteig dünn ausrollen, höchstens 2 mm stark, und gleichmäßig mit einer Gabel einstechen. Mit einem scharfen, runden Ausstecher, Durchmesser ca. 6 cm, Böden ausstechen und auf ein Blech legen, das entweder mit Wasser benetzt oder mit Backtrennpapier ausgelegt ist.

Ringe bzw. Wände: Eine Teigplatte von 6 bis 7 mm Stärke ausrollen. Ringe so ausstechen, daß der äußere Durchmesser dem Boden entspricht. Der kleinere Ausstecher für den inneren Kreis soll einen Rand von ca. 2 cm Breite stehenlassen. Will man den ausgestochenen Kreis gleich als Deckel verwenden, kann man statt eines glatten Ausstechers auch einen gebogten nehmen.

Die Ringe mit Wasser oder Eigelb bestreichen, auf die Böden legen und etwas andrücken. Aus dicker Alufolie, die 2 bis 3fach gefaltet wurde, Hülsen (Zylinder) mit dem Durchmesser des inneren Kreises drehen und in die Ringe stecken. Sie werden dann aus den gebackenen, noch warmen Pastetchen herausgezogen.

Eine andere Backhilfe, damit die Pastetchen gleichmäßig hochziehen, ist feuchtes Pergamentpapier, das auf den Ringen leicht angedrückt wird. Das Papier kurz vor Ende der Backzeit abziehen und die Ränder mit Eigelb bestreichen, damit sie appetitlich glänzen.

Deckel: Sie sollten eine Stärke von ca. 3 mm haben. Die Innenkreise der Ringe also noch ausrollen. Auch extra ausgestochene Deckel

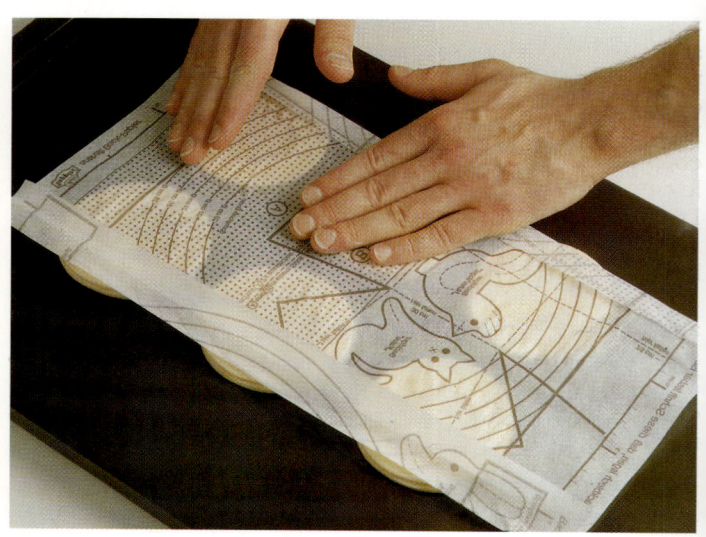

Blätterteig

sollten im Durchmesser fast so groß wie die Böden sein, weil sie beim Aufgehen etwas schrumpfen. Die Deckel mit Eigelb bestreichen und mit einer Gabel leichte Linien eindrücken. Die Teigstücke mindestens 1 Stunde gekühlt ruhen lassen.

Sowohl für die Böden als auch für die Deckel eignen sich Teigreste, die nicht so hoch aufgehen (Reste aufeinanderlegen und ausrollen).

Die Pastetchen im vorgeheizten Backofen bei 220°C 5 Minuten anbacken, dann auf 200°C zurückschalten und noch mindestens 10 Minuten fertigbacken. Die Ofentür während der Anbackzeit nicht öffnen!

Die kleinen Pastetendeckel sind in ca. 10 Minuten fertig, also entweder vor den Pasteten aus dem Ofen nehmen oder separat backen.

Die ausgekühlten Pastetchen können eingefroren werden. Zum Füllen mit heißem Ragout sollte der Teig jedenfalls auch heiß sein. Durch kurzes Aufbacken werden die Pasteten noch knuspriger.

Blätterteig

Pastetenhaus

In der Küchensprache, die französisch ist, heißt ein solches Kunstwerk „Vol au vent" (Flieg in den Wind). Das Bauen dieses Pastetenhauses ist gar nicht so schwierig, man muß nur die Regeln zur Verarbeitung von Blätterteig genau beachten.

Das Pastetenhaus schmeckt am besten warm, also aufgebacken, mit einer heißen Füllung, die üblicherweise ein Ragout aus Fleisch, Geflügel, Wild oder Meeresfrüchten ist.

Am besten bereitet man das Pastetenhaus am Vortag zu und bäckt es vor dem Füllen wieder auf. Dadurch wird der Teig noch knuspriger.

Das hier gezeigte Haus hat einen Durchmesser von etwa 30 cm und reicht mit Füllung für 6 Portionen. Es setzt sich aus 5 Bestandteilen zusammen: Boden, Decke (Halbkugel), Ring (Rand), Deckel und Ornamente. Für die Decke braucht man unbedingt frisch tourierten Blätterteig, für alle anderen Teile kann Resteblätterteig verwendet werden.

Sie brauchen: 500 g echten Blätterteig, davon mindestens 300 g frisch touriert für die Decke.

Für die Halbkugel: 1 Eisbombenform oder eine entsprechende Schüssel, 1 Liter Inhalt, Alu- oder Klarsichtfolie, Holzwolle oder in Streifen geschnittenes Seidenpapier zum Füllen. Die Füllung muß einerseits so fest sein, daß sie die Form hält, andererseits jedoch locker genug, um später aus der Pastete leicht herausgezupft werden zu können.

Außerdem: Tortenunterlage, Tortenring, Backtrennpapier, Teigrad und Eigelb zum Bestreichen (1 ganzes Ei und 1 Eigelb).

Alu- oder Klarsichtfolie in einer halbkugelförmigen Schüssel (Eisbombenform) von 1 Liter Inhalt auslegen und mit Holzwolle oder mit Seidenpapier füllen. Folie darüber einschlagen und glattstreichen.

Eine Tortenunterlage aus Aluminium mit Backtrennpapier belegen. Darauf kommt der Boden: eine 2 mm starke Teigplatte, etwa in der Größe der Tortenunterlage ausgerollt. Darauf die Halbkugel setzen.

Den Teig für die Decke um die Hälfte größer als den Boden und 3 mm dick ausrollen. Einen mindestens 6 cm breiten Rand um die Halbkugel mit Eigelb bestreichen und die Decke darüberlegen.

Die Decke andrücken. Mit einem Tortenring, der 4 bis 5 cm Rand stehenläßt, die Kreislinie markie-

Blätterteig

ren und überstehenden Teig mit dem Teigrad abschneiden.

Das Pastetenhaus dünn mit Eigelb bestreichen. Aus Teigresten ein langes Band schneiden und um den Rand legen. Gut andrücken und ebenfalls mit Eigelb bestreichen.

Resteblätterteig dünn ausrollen. Daraus die Teile für den Deckel und die Ornamente stechen, auf dem Pastetenhaus anbringen und mit Eigelb bestreichen. Den Teig rundherum einstechen.

Hinweis: Falls Boden, Deckel und Ornamente nicht aus Resteblätterteig, sondern aus frisch touriertem Teig geschnitten werden, muß man sie gründlich und gleichmäßig mit einer Gabel einstechen, sonst besteht die Gefahr, daß die Teigstücke beim Backen wuchern und das Pastetenhaus seine Form verliert. Der Durchmesser des Deckels sollte mindestens 10 cm betragen, damit man später durch die Öffnung gut arbeiten kann.

Das fertig dekorierte Pastetenhaus mehrere Stunden, am besten über Nacht im Kühlschrank ruhen lassen. So entspannt sich der Teig und backt gleichmäßig. Das Pastetenhaus vor dem Backen noch einmal dünn mit Eigelb bestreichen.

Backen: Den Ofen auf 210°C vorheizen. Das Pastetenhaus mit Backtrennpapier auf das Backblech ziehen und etwa 25 Minuten backen.

Von dem noch warmen Pastetenhaus den Deckel abschneiden, und zwar mit einem spitzen Messer mit Wellenschliff. Die Folie mit der Schere über Kreuz einschneiden und zurückbiegen.

Erst die Füllung, dann die Folie vorsichtig herauszupfen. Falls der Teig vor

dem Leeren schon kalt ist, das Pastetenhaus noch einmal anwärmen, damit sich die Folie leichter löst.

Das leere Pastetenhaus (Deckel danebenlegen) am besten gleich noch

5 Minuten trockenbacken, dadurch erhält es die erforderliche Festigkeit sowie den guten Geschmack.

Blätterteig

Das Pastetenhaus muß zunächst auskühlen. Erst vor dem Füllen wieder aufbacken. Dieses Pastetenhaus wird mit einem Ragout aus Meeresfrüchten gefüllt. Bei Tisch zunächst das Ragout verteilen (mit dem Schöpflöffel aus dem Pastetenhaus wie aus einer Terrine). Die leere Teighülle mit einem Sägemesser in gleichmäßige Stücke schneiden und zu dem Ragout servieren.

Brandteig - das ist der Luftikus unter den Teigen.

Brandteig

Sehr zart ist Gebäck aus Brandteig, und weil es beim Backen stark aufgeht und große Hohlräume bildet, bietet es sich für Füllungen aller Art an.

Brandteig

Grundrezept

¼ l Wasser
60 g Butter
1 Prise Salz
125 g Mehl
3 Eier

In einem Topf Wasser mit Butter und Salz zum Kochen bringen. Hitze zurückschalten und das gesiebte Mehl auf einmal zuschütten.

Das Mehl mit dem Holzlöffel gründlich einrühren. Auf mittlere Hitze hochstellen.

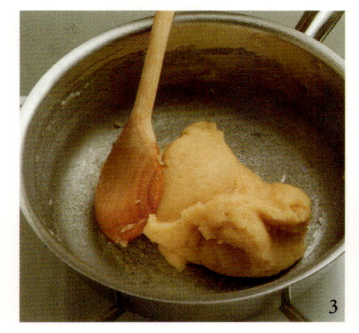

Rühren, bis sich ein dicker Kloß gebildet hat und der Topfboden mit einem weißen Film überzogen ist.

Den Teigkloß in eine kalte Rührschüssel umfüllen. Mit dem elektrischen Rührer oder Schneebesen die Eier einzeln unterrühren. Jedes Ei muß vollkommen von dem Teig aufgenommen sein, bevor das nächste Ei eingearbeitet wird. Der Teig ist dann richtig, wenn er glänzt und in Spitzen schwer vom Löffel fällt.

Den Teig in einen Spritzbeutel füllen und die gewünschten Formen auf ein gefettetes und bemehltes oder mit Backpapier ausgelegtes Blech spritzen.

Bei 220°C je nach Größe der Teilchen 15 bis 30 Minuten backen. In der ersten Hälfte der Backzeit die Ofentür nicht öffnen, damit das luftige Gebäck nicht zusammenfällt.

Brandteig

Süßes Kleingebäck

Den Teig herstellen, wie im Grundrezept beschrieben, und zusätzlich 1 Eßlöffel Zucker im Wasser verrühren.

Tip: Bei Brandteig dürfen die Zutaten nicht „über den Daumen gepeilt" werden. Die Rezepte gehen bei der Anzahl der Eier in der Regel von der mittleren Gewichtsklasse 3 aus. Bei großen Eiern ist daher eines weniger als angegeben oft schon ausreichend. Das letzte Ei gegebenenfalls verquirlen und nur die Hälfte zugeben. Zuviel Ei macht den Teig flüssig. Er läuft dann beim Backen auseinander.

Der Teig kann statt mit Wasser auch mit Milch angesetzt werden. Milch macht ihn geschmeidiger, mit Wasser wird er knuspriger.

Der Teig geht beim Backen stark auf, meist um mehr als das Doppelte. Daher auf dem Backblech immer ausreichend Platz zwischen den einzelnen Gebäckteilen lassen.

Windbeutel und Eclairs, die gefüllt werden sollen, müssen noch warm zerteilt werden. Wenn sie erst einmal kalt sind, brechen sie beim Schneiden zu leicht. Die Creme darf dagegen erst eingefüllt werden, wenn die Teilchen ganz ausgekühlt sind.

Brandteig sollte zügig verarbeitet werden. Restlichen Teig zwischen zwei Backvorgängen in den Kühlschrank stellen. Der Teig kann tiefgekühlt gut aufbewahrt werden (ca. 3/4 Jahr).

Alles Brandteiggebäck schmeckt frisch am besten!

Profiteroles

Walnußgroße Brandteighäufchen in 12 bis 15 Minuten fertigbacken. Auf der Unterseite mit der Tüllenspitze ein Loch eindrücken, solange die Profiteroles noch warm sind. In die Öffnung nach dem Auskühlen Creme (z. B. Schokoladenpuddingcreme oder gezuckerte Schlagsahne) einfüllen. Die Profiteroles mit Schokoladenkuvertüre überziehen.

Eclairs

Mit der großen Sterntülle Stränge von 10 cm Länge aufs Blech setzen. Backzeit 20 bis 25 Minuten.

Brandteig

Die Eclairs der Länge nach aufschneiden und abgekühlt mit Mokkacreme füllen. Mit Mokkaglasur bestreichen.

Windbeutel

Mit der großen Sterntülle Rosetten in der Größe von Ping-Pong-Bällen aufs Blech setzen. Spritzbeutel senkrecht halten und das Teigende genau in die Mitte ziehen. Backzeit: ca. 25 Minuten.

Die goldbraunen Windbeutel noch warm aufschneiden und auskühlen lassen. Erst kurz vor dem Servieren mit Schlagsahne füllen und mit Puderzucker bestäuben.

Variante: frische Erdbeeren oder Himbeeren mit der Sahne vermischen.

Etwas ganz besonders Süßes ist dieses herrlich luftige Gebäck aus Eischnee und Zucker.

Baiser – süß wie Küsse

Baiser oder Meringe – je nach Gegend steht der eine oder andere Begriff im Vordergrund. Es geht aber immer um dasselbe luftige Gebäck aus Eischnee und Zucker, das angeblich 1720 zum erstenmal gebacken wurde. Als ihr Erfinder gilt der Schweizer Zuckerbäcker Gasparini aus dem Städtchen Meiringen.

Die Wissenschaft von Ei und Zucker

Wieviel Zucker verkraftet ein Eiweiß, und wie schlägt man beide zugleich schaumig und stabil?

Darüber haben sich Generationen von Konditoren den Kopf zerbrochen und sind zu so vielen verschiedenen Ergebnissen gekommen, daß man es sich als Hausfrau und Hobbykoch sparen kann, die 1000 Baiser-Geheimnisse ergründen zu wollen. Die vielen Varianten, auf zwei bis drei einfache Nenner gebracht, ermöglichen uns ein zufriedenstellendes Ergebnis, das ohnehin bald verspeist wird.

Profis kennen im wesentlichen drei Zubereitungsformen:

Leichte Eiweißmasse

Meringues suisses

Die gesamte angegebene Eiweißmenge mit einem Drittel der angegebenen Zuckermenge (in Form von feinem Kristallzucker) zu standfestem Schnee schlagen. Zwei Drittel des Zuckeranteils (in Form von Puderzucker) in den Schnee melieren.

Grundrezept

**4 Eiweiß
70 g feiner Kristallzucker
140 g Puderzucker**

Baisermasse, warm zubereitet

Meringues cuites

Gesamte Eiweiß- und Zuckermenge (Puderzucker) in einem Schneekessel auf das heiße Wasserbad setzen. Schlagen, bis die Masse warm und fest wird, den Kessel vom Herd nehmen und weiterschlagen, bis die Masse sehr fest und abgekühlt ist.

Schwere Baisermasse

**mit heißem Zuckersirup zubereitet,
Meringue à l'italienne**

Eiweiß mit einem Drittel der Zuckermenge zu steifem Schnee schlagen. Zwei Drittel der Zuckermenge „zum Flug kochen", also auf etwa 110°C. Den heißen Zuckersirup zum Schluß in dünnem Strahl unter den Eischnee melieren und bis zum Abkühlen der Masse weiterschlagen.

**300 g Eiweiß
600 g feiner Kristallzucker**

Eiweiß mit 200 g Zucker steif schlagen. 400 g Zucker in einem Topf schmelzen und „zum Flug kochen".

Zucker im dünnen Strahl unter den Schnee melieren. Dabei darf die Rührmaschine nur auf mittlerer Drehzahl laufen.

Je nach Rezept und Zubereitungsart werden pro 1 Eiweiß 40 bis 60 g Zucker verwendet.

Die leichte Eiweißmasse, die kalt zubereitet wird, ist im Haushalt am gebräuchlichsten. Mit ihr werden Obstkuchen, Torten und Torteletts überzogen und verziert. Solche Baiserdecken oder -häubchen werden im sehr heißen Backofen „abgeflämmt", das heißt, sie sollen nur eine appetitliche Farbe annehmen, innen aber saftig bleiben.

Baiser

Für Gebäckstücke, die haltbarer und durchgebacken sein sollen bzw. getrocknet werden, eignen sich die Baisermassen, die auf warmem Weg zubereitet werden, besser. Zur Stabilisierung empfehlen manche Rezepte auch einen Anteil Speisestärke, die unter den fertigen Eischnee meliert, also gezogen wird.

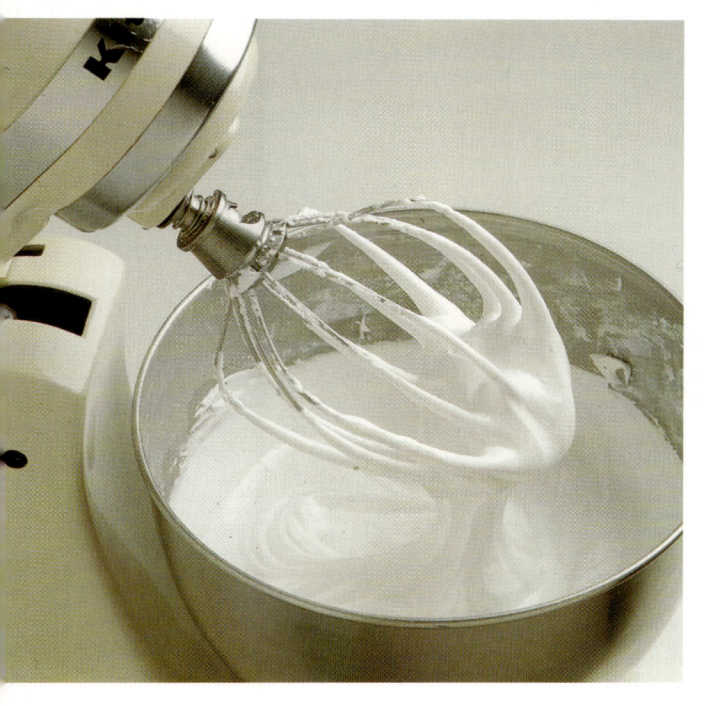

Aroma und Farbe

erhält die Baisermasse durch Zugabe von Vanille, Rum, Kaffee, Schokolade, durch feingemahlene Nüsse oder Mandeln. Alle Geschmackszutaten erst unterziehen, wenn die Masse steif ist.

„Schaumschlagen" will gelernt sein

Damit die Baisermasse gelingt, muß der Schneekessel (Rührschüssel) unbedingt fettfrei sein, weil das Eiweiß sonst keinen Schaum bildet. Ebenso muß der Schlagbesen fettfrei sein, er sollte viele dünne Drähte haben.
 Achtung beim Aufschlagen der Eier: Sie brauchen nicht frischer als fünf Tage alt zu sein. Beim Trennen darf kein Teilchen Eigelb ins Eiweiß gelangen. Die Eier möglichst schon mehrere Stunden (auch am Vorabend) vor der Verarbeitung trennen. So ist das Eiweiß entspannter.
 Wichtig ist langsames Anschlagen, von Hand oder bei mittlerer Drehzahl in der Rührmaschine. Wenn der Schnee locker und weiß ist, bei höchster Tourenzahl weiterschlagen.

Baiser

Baiser

Während der restliche Zucker zugegeben wird, auf die kleinste Stufe zurückschalten, weil sonst der rotierende Besen den Zucker herausschleudert. Zuletzt bei mittlerer Drehzahl laufen lassen, bis keine Zuckerkristalle mehr zu sehen sind. Die fertige Baisermasse soll mattweiß und schnittfest sein. Falls sie nicht sofort verarbeitet wird, den Kessel in den Kühlschrank stellen.

Baisermasse backen

„Kalt aufs heiße Blech"

heißt die Devise! Die Baisermasse muß kalt sein und bleiben, sonst setzt sich das Eiweiß ab. Ein erstes Anzeichen dafür ist, wenn die Masse stark zu glänzen beginnt.

Die Masse in der gewünschten Form auf Papier spritzen oder streichen. Das Papier mit der aufgetragenen Masse auf das heiße Backblech heben. Dabei stockt die untere Schicht der Eimasse sofort, und das Gebäck läßt sich später leichter vom Papier lösen.

Mehr trocknen als backen:

Böden für Torten und Desserts, Schalen für Desserts, Baisertaler und -ringe und kleine, flache Formen für Verzierungen werden bei 120°C auf der zweiten Schiene von unten mehr getrocknet als gebacken. So bleiben die Gebäckstücke weiß.

Voluminöse Gebäckstücke wie die typischen Meringen werden bei 150°C in den Backofen gestellt. Temperatur abschalten und die Meringen über Nacht im Backofen trocknen lassen.

Baiserböden spritzt man mit der Lochtülle von innen nach außen in konzentrischen Kreisen. Für die verschiedenen kleinen Gebäckstücke wird meist eine mittlere Sterntülle verwendet.

Hat man die Baisermasse erst einmal im Griff, macht es Spaß, mit Formen, Farben und verschiedenen Geschmacksrichtungen zu spielen. Wer gerne bastelt, hat hier ein breites Betätigungsfeld. In der Abbildung links wurde ein Teil der fertigen weißen Baisermasse mit Kakao gefärbt.

365

Geschmacklich kaum zu überbieten ist ein selbstgebackenes Brot aus Sauerteig.

Brotbacken mit Sauerteig

Der Sauerteig wird in den häuslichen Backstuben eher gemieden, da entweder Scheu vor dem Unbekannten besteht oder die Zubereitung zu lange dauert. Geschmacklich ist ein Sauerteigbrot jedoch nicht zu überbieten.

Milchsäurebakterien sorgen für den angenehm säuerlichen Geschmack, da sie im Laufe der „Teigreifung" Milchsäure, Essigsäure, Alkohol, Kohlensäure und Aromastoffe in einem ausgewogenen Verhältnis herstellen. Die Essigsäure wirkt zudem konservierend.

Sauerteigbrote sind daher ohne Zusatzstoffe länger vor Schimmel geschützt. Neben Geschmacksbildung und Konservierung hat der Sauerteig bei Roggenbroten die Aufgabe den Kleber zu entwickeln und das Mehl quellfähig zu machen. Ohne Säure ist ein Teig mit überwiegendem Roggenanteil nicht backfähig. Die gleiche Aufgabe erfüllen Teigsäurungsmittel, die häufig anstelle des zeitaufwendigen Sauerteigs verwendet werden.

Ansetzen des Sauerteigs

Einen Sauerteig anzusetzen ist eigentlich kinderleicht – nur müssen Sie bereits drei Tage vor dem eigentlichen Brotbacken damit beginnen. Der Zeitaufwand beträgt aber nur wenige Minuten pro Tag.

Sauerteig kann mit jedem Mehl angesetzt werden, es sollte aber immer eine Sorte sein, die auch im Brot selbst Verwendung findet.

Sauerteig kann nur mit Mehl und Wasser angesetzt werden. Förderliche Zutaten sind kleine Mengen Buttermilch, gekochte Kartoffel und Zucker oder eine rohe Zwiebel. Auf diesem Nährboden gedeihen überall in der Luft vorkommende Mikroorganismen, die den Teig gären lassen und ihm sein typisches, säuerliches Aroma geben.

Ein modernes Schnellverfahren ist das Ansetzen von Sauerteig mit Hefe. Schon nach 24 Stunden ist diese Mischung gebrauchsfertig, jedoch entwickelt sich das typische Sauerteigaroma auch hier erst nach drei Tagen.

1. Tag: Anfrischsauer
Morgens: 100 g Roggenmehl, frisch gemahlen oder fertig gekauft, mit 100 ml lauwarmem Wasser in einem Steingut-, Porzellan- oder Glasgefäß (kein Metall) zu einem Brei verrühren. 3 Eßlöffel Buttermilch zufügen, um das Säuern zu beschleunigen.
Das Gefäß mit einem Tuch bedecken (nicht fest verschließen) und an einen warmen Platz, am besten sind 25 bis 28°C, stellen.
Abends: einmal umrühren.

2. Tag: Grundsauer
Morgens: Dem Brei weitere 100 g Mehl und 100 ml Wasser zufügen, verrühren und das Gefäß wieder zugedeckt warm stellen. Abends haben sich schon die ersten Bläschen gebildet, der Teig beginnt zu riechen. Umrühren.

3. Tag: Vollsauer
Morgens: Die Teigmenge wieder verdoppeln, indem diesmal 200 g Mehl und 200 ml Wasser unter den Brei gerührt werden. Abends: noch einmal umrühren.

4. Tag:
Der Sauerteig ist jetzt gebrauchsfertig. Mehrere Eßlöffel davon abnehmen und in ein verschließbares Gefäß füllen. So hat man gleich den Ansatz für die nächsten Brote (im Kühlschrank 1 bis 2 Wochen haltbar). Dieser Ansatz entspricht dem Anfrischsauer, er wird beim nächsten Mal gleich zum Grundsauer verarbeitet.

Sauerteig

Es geht auch schneller

Sauerteig selbst anzusetzen ist eine Sache für Geduldige, denn nicht immer ist das Ergebnis auf Anhieb befriedigend.

Wer sein Brot schneller im Ofen haben möchte oder auf Nummer sicher gehen will, kann den Sauerteig bereits fertig kaufen. Sie können ihn bei Ihrem Bäcker bestellen und, wie nachstehend beschrieben, direkt in dem Brotteig verarbeiten.

Sauerteig wird aber auch in flüssiger Form, im Kunststoffbeutel verpackt, im Supermarkt oder Reformhaus angeboten. Gelegentlich wird auch getrockneter Fertigsauer angeboten. In beiden Fällen sollten Sie sich für die Brotzubereitung nach den Angaben auf der Packung richten. Hier werden nur Gehzeiten von insgesamt etwa 1 Stunde nötig, längeres Gehen, wie im folgenden Rezept, fördert auch bei den fertigen Sauerteigen das Aroma.

Brotteig

Grundrezept

Nach Geschmack kann Mehl mit niedriger oder hoher Type oder Vollkornmehl verwendet werden. Je höher der Schrotanteil desto mehr Flüssigkeit wird benötigt.

500 g Weizenmehl
500 g Roggenmehl
1 1/2 EL Salz
1/2 l lauwarmes Wasser
1 Würfel Hefe, 42 g
200 g Sauerteig
1 Handvoll Haferflocken

Alle Zutaten sollten Zimmertemperatur haben.

Die Schüssel am besten heiß ausspülen und wieder abtrocknen. Darin das Roggen- und das Weizenmehl mit dem Salz mischen (etwa 200 g beiseite stellen).

Sauerteig

Eine Mulde in das Mehl drücken. 70 ml Wasser zugeben, die Hefe hineinbröckeln und auflösen. Mit etwas Mehl bedeckt etwa 10 Minuten gehen lassen.

Den Sauerteig dazugeben und verkneten. Nach und nach weitere 400 ml lauwarmes Wasser zugeben. Erst nachgießen, wenn der Teig das Wasser vollständig aufgenommen hat.

Der Teig ist richtig, wenn er nicht mehr klebrig, aber auch nicht zu trocken ist. Die Mehlreserve nur unterkneten, wenn der Teig noch zu feucht ist.

Den fertigen Teig zu einer Kugel formen, in der Schüssel mit Mehl bestäuben und an einem zugfreien, warmen Ort etwa 4 Stunden gehen lassen, bis sich das Volumen knapp verdoppelt hat. Bei kühler Raumtemperatur, am besten über Nacht, zugedeckt gehen lassen.

Den Teig noch einmal kräftig durchkneten. Einen Laib formen und auf ein bemehltes Backblech legen. Zugedeckt noch einmal 2 Stunden gehen lassen.

Gegen Ende der Gehzeit den Backofen auf 250°C vorheizen. Den Laib eventuell mehrfach kreuzweise einschneiden oder mit einer Gabel einstechen. Mit Wasser bestreichen und die Haferflocken darüberstreuen.

Sauerteig

Ein feuerfestes Gefäß mit heißem Wasser neben den Laib stellen und das Brot auf der untersten Schiene 10 Minuten backen. Die Temperatur auf 180°C verringern und etwa 1 Stunde weiterbacken.

Das Brot ist fertig, wenn es beim Klopfen auf die Unterseite hohl klingt. Zum Auskühlen mit der Unterseite nach oben auf ein Kuchengitter legen.

Tip zum Backen:

Das Brot braucht im Gegensatz zu Kuchen beim Backen eine feuchte Atmosphäre. Eine hohe Luftfeuchtigkeit kann im herkömmlichen Backofen durch ein Gefäß mit Wasser erreicht werden. Noch besser ist es, vor dem „Einschießen" des Brotes den heißen Ofen mit einer halben Tasse Wasser auszugießen. Der so entstehende „Schwaden" läßt das Brot schön aufgehen.

Sauerteig

Tip:

Entscheidend für das Gelingen eines Brotes ist nicht, daß Sie sich buchstabengetreu an die Mengenangaben in einem Rezept halten, sondern vielmehr, daß Sie ein sicheres Gespür dafür entwickeln, ob der Teig die richtige Konsistenz hat. Da nie exakt vorhersehbar ist, wieviel Feuchtigkeit das jeweils verwendete Mehl aufnimmt, ist es wichtig, immer etwas Mehl zurückzubehalten. Vielleicht brauchen Sie weniger, als im Rezept angegeben, oder aber Sie müssen sogar noch etwas zugeben.

Backen Sie erst mal kleinere Brote. Für Ihren ersten Versuch sollten Sie nicht mehr als 500 bis 1000 g Mehl verarbeiten. Wenn nicht alles nach Wunsch gelingt, hält sich der Schaden in Grenzen.
   Wenn Sie aber den Bogen raus haben, ist es sinnvoll, gleich größere Mengen zu verarbeiten und mehrere Brote auf einmal herzustellen: Teig für drei Brote macht im Prinzip nicht mehr Arbeit als für eines, und Brot eignet sich hervorragend zum Einfrieren.

Brote von ca. 1 kg Mehl oder weniger auf der zweituntersten Schiene, große Brote von 1,5 kg und mehr immer auf der untersten Schiene des Backofens backen.

Kleinere Brote, vor allem Weizenbrote, können gleichmäßig bei 200°C gebacken werden. Größere und schwerere Laibe werden bei hoher Temperatur (240–250°C) eingeschoben und anschließend bei niedriger Temperatur (180°C) weitergebacken.

Auftauen in der Mikrowelle:
Brot in Scheiben und Brötchen sind in der Mikrowelle schnell aufgetaut. Brötchen werden allerdings dabei nicht rösch. Dazu können sie nach dem Auftauen kurz auf dem Toasteraufsatz geröstet werden. Bei einer kombinierten Mikrowelle helfen Grill oder Umluftgrill nach.

Ihr erstes Brot ist gelungen, Sie haben Spaß am Backen und Lust auf mehr: Jetzt können Sie sich daran machen, für jede Gelegenheit Ihr ganz spezielles Lieblingsbrot zu entwickeln.

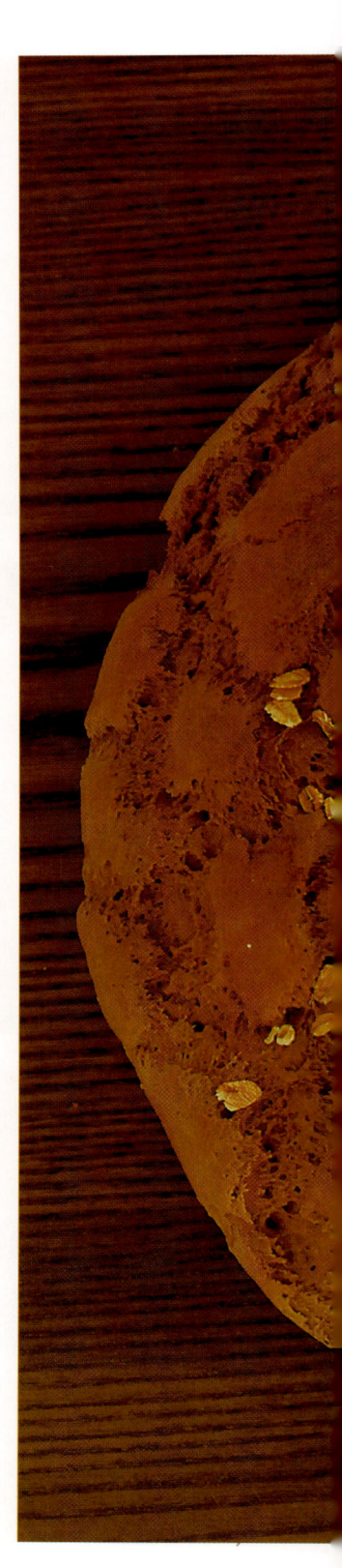

Sauerteig

Sauerteig

Grundregeln

Rechnen Sie **pro 500 g Weizen:** 1 Würfel frische Hefe (42 g),

pro 500 g Roggen: 200 g Roggensauerteig.

Andere Getreidesorten sollten Sie zu einem Gewichtsanteil von höchstens 1/3 zugeben.

Salz: Geben Sie 1 knappen Eßlöffel Salz pro 500 g Mehl zu.

Variationen

Würzen Sie große Roggenlaibe kräftig mit Kümmel und Koriander, mit Fenchelsamen und Anis.

Mischen Sie Hafer- und Gerstenschrot, Buchweizenmehl und Hirse unter.

Mengen Sie Rosinen unter feinen Weizenteig (in diesem Fall weniger salzen), Sonnenblumenkerne, Leinsamen, Sesam oder Pinienkerne in Mischbrote.

Backen Sie kleine, runde Vollkornbrötchen, die Sie deftig mit Speck, Zwiebeln und/oder Knoblauch anreichern.

Bestreuen Sie Brötchen vor dem Backen mit Mohn oder Sesam. Formen Sie aus Roggenteig kleine Stangen, die Sie vor dem Backen mit geriebenem Käse bestreuen.

Genießen Sie duftendes Kräuter- und luxuriöses Nußbrot...

Walnußbrot

1 Laib

500 g Weizenvollkornmehl
500 g Roggenmehl, Type 1150
1 1/2 EL Salz
1 Würfel Hefe
200 g Sauerteig
150 g Walnußkerne
1 TL gestoßener Kümmel
1/2 TL gemahlene Fenchelsamen
1 TL gemahlener Koriander
3 EL Haferflocken

Den Brotteig wie zuvor beschrieben mit lauwarmem Wasser zubereiten, zu einer Kugel formen und gehen lassen.

Dann die Nüsse grob hacken. Den Teig noch einmal kräftig durchkneten, dabei die Nüsse, den Kümmel, den Fenchel und den Koriander einarbeiten.

Einen Laib formen und auf ein bemehltes Backblech legen. Zugedeckt noch einmal 2 Stunden gehen lassen. Gegen Ende der Gehzeit den Backofen auf 250°C vorheizen. Den Laib einschneiden oder einstechen.

Mit Wasser bepinseln und mit Haferflocken bestreuen. Wie oben beschrieben backen.

Nährwerte für das ganze Brot	
Kilokalorien	*4200*
Kilojoule	*17600*
Eiweiß	*144*
Kohlenhydrate	*730*
Fett	*51*
Ballaststoffe	*137*

Frisch zubereitetes Schmalzgebäck ist immer eine Sünde wert.

Schmalzgebäck

„In Fett schwimmend ausbacken", ist eine uralte Methode, Gebäck außerhalb des Ofens zu backen. Meist kaufen wir die leckeren Krapfen, Berliner oder Pfannkuchen fertig beim Bäcker, da das Fritieren am heimischen Herd wegen des Fettdunstes in der Küche nicht gerade beliebt ist. Doch frisch zubereitetes Schmalzgebäck ist auf alle Fälle eine Sünde für Küche und Figur wert.

Fritiergut

Die verschiedensten Teige können geformt und im Fett ausgebacken werden. Am bekanntesten sind Krapfen oder Schmalznudeln, für die Hefeteig verwendet wird.

Aus Brandteig werden Strauben oder kleine Krapfen gebacken. Kleine Plätzchen aus festem Rührteig können ebenfalls fritiert werden.

In Italien ist frisch fritierter Nudelteig, knusprig und luftig, nicht nur auf Partys

In Fett ausbacken

sehr beliebt. Im süddeutschen Raum ist dieses Gebäck unter dem Namen Hasenöhrl bekannt.

Unter einer fritierten Teighülle verbirgt sich meist Obst. Am bekanntesten sind wohl die Apfelkücherl, es können aber auch Trauben oder Kirschen in Teig getaucht und kurz fritiert werden. Bei den Hollerküchle wird die gesamte Blütendolde, von Teig umgeben, im Fett ausgebacken.

Die Teighülle

Um Speisen vor der starken Hitze des Fetts zu schützen, werden sie in Ausbackteig gehüllt. Gleichzeitig verhindert diese Teighülle, daß das Fett einen Beigeschmack bekommt. Das ist gerade dann wichtig, wenn Sie, was durchaus möglich ist, verschiedene Speisen in ein und demselben Fritierfett garen wollen.

Für den Ausbackteig gibt es verschiedene Rezepte. Die Basis ist aber fast immer ein Eierkuchenteig mit Wasser, Milch oder Bier angerührt und, je nach Fritiergut, mehr oder weniger flüssig.

Wesentlicher Unterschied zum Eierkuchenteig: Die Eier werden getrennt, das Eiweiß zu steifem Schnee geschlagen und nach dem Quellen des Teiges untergehoben. In Teig gehülltes Fritiergut nicht in den Korb legen, sondern direkt ins Fett geben.

Der Topf

Praktisch ist die elektrische Friteuse mit eingebautem Thermostat und Zubehör, wie Drahtkorb und Deckel. Nachteil: Friteusen für den Haushalt haben nur einen begrenzten Durchmesser (höchstens für 2 bis 3 Apfelküchlein). Ein großer, schwerer Topf, der fest steht, oder eine hohe Pfanne bieten mehr Platz. Die Fettemperatur muß aber von Ihnen stets kontrolliert werden (siehe unten).

Zusätzlich brauchen Sie einen Drahtkorb, z. B. ein Sieb (kein Plastik!) oder eine Schaumkelle zum Herausheben der Fritüren und einen Deckel, falls das Fett brennt! Die Anschaffung eines Wok ist besonders lohnend, wenn Sie ihn nicht nur für Ihre chinesischen Gerichte, sondern auch zum Fritieren verwenden.

Das Fett

Fritiertes war früher immer „Schmalzgebackenes" (Schweine-, Butterschmalz). Heute haben gehärtetes oder ungehärtetes Pflanzenfett auf Kokosölbasis das Schmalz weitgehend abgelöst. Auch Sojaöl ist geeignet.

Fritiert wird bei Temperaturen zwischen 180° und 190°C. Ist die Temperatur zu niedrig, schließen sich die Poren des Fritierguts nicht und es saugt sich mit Fett voll. Ist die Temperatur zu hoch, beginnt das Fett zu rauchen und die Speise verbrennt. Beim Fritieren nimmt das Lebensmittel sehr viel Fett auf und sollte deshalb nur gut abgetropft verzehrt werden.

Genaue Angaben finden Sie im jeweiligen Rezept.

Das Fett zunächst auf schwacher Hitze erwärmen, dann langsam die Temperatur auf die gewünschte Höhe bringen. Öl sollte nicht über 190°C erhitzt werden.

Ohne Thermostat hilft ein Einkoch-Thermometer oder folgende Probe: Das Fett hat eine Temperatur von etwa 180°C, wenn sich an einem eingetauchten Holzspieß oder dem Stiel eines Holzlöffels kleine Bläschen bilden.

Eine andere Probe: Einen Weißbrotwürfel ins heiße Fett werfen, er sollte in 1 Minute goldbraun sein.

In Fett ausbacken

Tip:

Alle Stücke, die miteinander fritiert werden, sollten gleichgroß sein, um gleichzeitig zu garen.

Backgut, Fritierkorb und Schaumkelle müssen absolut trocken sein. Wasser läßt das Fett hochspritzen!

Nicht zu viele Stücke auf einmal in den Fritierkorb legen. Das Backgut muß sich frei im Fett drehen können. Dazu den Fritierkorb ab und zu sanft rütteln.

Während des Backens den Fritiertopf niemals zudecken!

Sollte das Fritierfett einmal brennen – was eigentlich kaum passieren kann –, niemals mit Wasser löschen! Die Hitzequelle sofort abstellen und den Topf mit seinem Deckel zudecken.

Ausbackteig

Grundrezept

**150 g Mehl
1 Prise Salz
1–3 EL Zucker
2 Eier, getrennt
200 ml Mineralwasser, Milch, Bier oder Weißwein**

Das Mehl, das Salz, den Zucker, das Eigelb und die Flüssigkeit zu einem glatten Teig verrühren. Etwa 30 Minuten quellen lassen.
Dann das Eiweiß sehr steif schlagen und vorsichtig, aber gründlich unter den Teig heben. Das vorbereitete Fritiergut in den Teig tauchen und sofort im heißen Fett ausbacken.

Hollerküchle

Das zarteste Beispiel für Fritiertes im Backteig sind sicherlich die Hollerküchle.

4 Portionen

**80 g Mehl
je 1 Prise Salz und Zucker
1/8 l Bier
1 Ei, getrennt
500 g Pflanzenfett zum Fritieren
20 Holunderblüten
Puderzucker**

Mehl, Salz, Zucker, Bier und Eigelb zu einem glatten Teig verrühren und 30 Minuten quellen lassen. Ist der Teig zu dickflüssig, eventuell mit 1 bis 2 Eßlöffeln Bier verdünnen.

Das Eiweiß mit einer Prise Salz zu steifem Schnee schlagen, vorsichtig unter den gequollenen Teig heben.

Das Fett in einer hohen Pfanne erhitzen. Mit einem Kochlöffelstiel die Hitze kontrollieren: Wenn sich am Stiel Blasen bilden, ist das Fett heiß genug. Sofort die Holunderblüten am Stiel fassen, einmal tief in den Teig tauchen, kurz abtropfen lassen und ins Fett tauchen. Nach etwa 2 Minuten herausheben, auf Küchenpapier abtropfen lassen und sofort mit Puderzucker bestäuben.

Nährwerte pro Portion	
Kilokalorien	300
Kilojoule	1060
Eiweiß/g	5
Kohlenhydrate/g	20
Fett/g	5
Ballaststoffe/g	2,5

In Fett ausbacken

Strauben

12 Stück

¼ l Wasser
60 g Butter
1 Prise Salz
125 g Mehl
3 Eier
Öl für die Folie
500–750 g Fett zum Fritieren
4–5 EL Zucker zum Wälzen

In einem Topf Wasser mit Butter und Salz für den Brandteig aufkochen. Vom Herd nehmen. Das Mehl auf einmal zugeben und mit dem Holzlöffel gründlich verrühren. Wieder auf den Herd stellen und so lange rühren, bis sich ein Kloß bildet und am Topfboden eine weiße Haut entsteht.

Den Teig in eine Rührschüssel umfüllen, mit dem elektrischen Handrührgerät die Eier nach und nach unterrühren. Jedes Ei muß vollkommen von dem Teig aufgenommen sein, bevor das nächste Ei eingearbeitet wird.

Ein großes Stück Alufolie mit Öl einpinseln. Den Teig in einen Spritzbeutel mit mittelgroßer Sterntülle füllen und runde Kringel auf die Folie spritzen.

Das Fett in der Friteuse oder einem großen Topf auf 175°C erhitzen. Jeweils etwa 4 Teigkringel in das Fett gleiten lassen. Auf jeder Seite 3 bis 5 Minuten goldbraun backen.

Mit einer Schaumkelle herausheben und auf Küchenpapier abtropfen lassen. Noch warm in dem Zucker wälzen.

In Fett ausbacken

Nährwerte pro Portion/Stück	
Kilokalorien	240
Kilojoule	1020
Eiweiß/g	3
Kohlenhydrate/g	9
Fett/g	21
Ballaststoffe	0,2

Variation: Churros

Für diese spanische Gebäckspezialität werden Teigstreifen durch die mittlere Sterntülle direkt ins heiße Fett gespritzt. Abtropfen lassen und in Zimtzucker wälzen.

Waffeln

Grundrezept

ca. 6 Stück

250 g Butter
300 g Mehl
1 TL Backpulver
6 Eier
125 g Schlagsahne
1 Prise Salz
100 g Zucker
Öl zum Einfetten

Die Butter schmelzen und abkühlen lassen, ohne sie fest werden zu lassen.

Das Mehl und das Backpulver mischen, die Eier, die Sahne, 1/8 Liter Wasser, das Salz, den Zucker und die Butter zugeben und gut verrühren. Den Teig mindestens 1 Stunde im Kühlschrank ruhen lassen.

Das Waffeleisen erhitzen und mit etwas Öl einfetten. (Ein teflonbeschichtetes Waffeleisen braucht natürlich nicht gefettet zu werden.)

Etwa 2 Eßlöffel Teig auf das Waffeleisen gießen und schnell ausbreiten. Das Eisen schließen, sofort wenden und die Waffel 3 Minuten backen.

Das Eisen wieder wenden und nochmals circa 2 Minuten backen, bis die Waffel hellbraun ist und sich vom Waffeleisen löst. (Waffeleisen mit Thermostat müssen während des Backens nicht gewendet werden.)

Den ganzen Teig auf diese Weise verwenden. Die Waffeln vor dem Stapeln etwas abkühlen lassen, damit sie nicht weich werden.

Nährwerte pro Stück	
Kilokalorien	440
Kilojoule	1840
Eiweiß/g	8
Kohlenhydrate/g	33
Fett/g	29
Ballaststoffe/g	0,7

Die Lust am vollen Korn hat nichts mit Weltanschauung zu tun, sondern mit Geschmack und Gesundheit.

Vollkornbäckerei

Die Lust am vollen Korn beschränkt sich bei vielen nicht mehr nur auf dunkles Brot. Auch süßes Gebäck aus Vollkornmehl, wie Kuchen, Torten und Plätzchen, findet immer mehr Liebhaber. Zu pikantem Gebäck, wie zum Beispiel Zwiebelkuchen, paßt der kräftigere Geschmack des dunklen Mehls ohnehin sehr gut.

Vollkornbackwaren – wo liegt der Unterschied?

Im folgenden wird bewußt von Vollkorn- und nicht etwa von Vollwertbäckerei gesprochen. In diesem Buch soll es jedermann schmackhaft gemacht werden, einmal das weiße Mehl durch das etwas dunklere Vollkornmehl zu ersetzen. Das Gebäck wird unter dem Gesichtspunkt einer gesunden Ernährung allein durch diesen Austausch wertvoller.

Vollkornmehl enthält die wertvollen Randschichten des Korns, die Vitamine, Mineralstoffe und Ballaststoffe liefern. Vollkornmehl und das daraus hergestellte Gebäck muß nicht, wie viele meinen, grobkörnig sein. Es kann nahezu so fein vermahlen werden wie Weißmehl. Mehr über das Mehl, seinen Nährwert und die Typenbezeichnungen finden Sie im Kapitel „Backzutaten".

Die Anhänger der Vollwertbäckerei werden hier vermissen, daß Zucker durch Honig, Butter durch Reformmargarine oder herkömmliches Backpulver durch Weinsteinbackpulver ersetzt werden. Der ernährungsphysiologische Sinn ist umstritten, denn die wertvollen Bestandteile des Honigs werden spätestens beim Backen zerstört, es bleibt lediglich ein geschmacklicher Unterschied.

Zudem lassen sich nicht alle Teige mühelos mit Honig zubereiten, so zum Beispiel Biskuit. Bei der Frage „Butter oder Margarine" sollte der Geschmack entscheiden, denn auch Butter ist ein Naturprodukt und kommt zudem ohne Stabilisatoren oder andere Zusatzstoffe aus.

Das Motto der Vollkornbäckerei in diesem Buch heißt: **Wagen Sie sich nach und nach an das Backen mit Vollkornmehl.**

Da Teige aus Vollkornmehl stärker quellen, sollten sie vor dem Backen immer 30 Minuten stehen. Ist der Teig dann zu dickflüssig, kann noch etwas von der im Rezept verwendeten Flüssigkeit untergerührt werden. Ausnahme: Biskuit darf nicht stehen, da der Eischnee sonst zusammenfällt. Daher etwas weniger Mehl verwenden. Wer diese Kniffe berücksichtigt und ein wenig Backerfahrung mitbringt, wird auch mit Vollkorngebäck großen Erfolg haben.

Ob Sie Vollkornmehl fertig kaufen oder selbst frisch mahlen oder, ob Sie Getreide aus biologischem Anbau verwenden, bleibt Ihrer Einstellung und Ihrem Geldbeutel überlassen.

Vollkornbäckerei

Tips für Einsteiger:

Tauschen Sie zunächst nur die Hälfte des Mehls aus, damit sich der Gaumen und das Auge der ganzen Familie daran gewöhnen kann.

Mit Halb-Vollkorn/Halb-Weißmehl können Sie alle Rezepte dieses Buchs unverändert zubereiten.

Versuchen Sie die Vollkornvariante am besten zuerst mit einem Nußkuchen. Das Vollkornmehl rundet den nussigen Geschmack ab.

Welche Rezepte eignen sich?

Grundsätzlich sind alle Teige und Massen auch vollkörnig realisierbar, trotzdem sind nicht alle gleich problemlos.

Keine Schwierigkeit gibt es mit **Hefeteig,** er ist der für die Vollkornbäckerei am besten geeignete Teig. Brot, Pizza, aber auch süße Zöpfe oder Obstkuchen geraten gut.

Ebenfalls problemlos ist **Brandteig.** Die üblichen Rezepte können *unverändert* übernommen werden. Eignet sich vor allem für süße und pikante Windbeutel.

Bei **Biskuit** spielt der Zucker eine tragende Rolle, mit Honig wird der Biskuit nicht so schön locker. Mit dem dunklen Mehl ist der Vollkornbiskuit nicht ganz so leicht und luftig wie gewohnt. Zu schaumigen Sahnefüllungen bildet der kräftige Teig einen reizvollen Kontrast (Sahnetorten und -rouladen).

Mürbteig wird bröseliger als gewohnt und kann deshalb nicht so dünn ausgerollt werden. Für feines Gebäck kann man aber einen Teil der Kleie aussieben, der Teig wird dann elastischer und läßt sich gut verarbeiten (Plätzchen, Tortenböden).

Für den **Strudelteig** aus Vollkornmehl sollten Sie sehr fein gemahlenes Mehl verwenden. Der Teig muß mindestens 10 bis 15 Minuten gründlich geknetet werden, damit sich das Klebergerüst bilden kann. Nur dann kann der Strudelteig hauchdünn ausgezogen werden. Die Säure in Essig oder Zitronensaft unterstützt die Kleberbildung. 1 bis 2 g pures Vitamin C (Ascorbinsäure, aus der Apotheke) pro 500 g Mehl haben die gleiche Wirkung.

Auch **Blätterteig** ist machbar, allerdings sind es nicht tausend (mille feuilles) knusprige, hauchzarte Blättchen, die beim Backen hochtreiben, sondern etwas rustikalere Schichten.

Gut für Vollkorn: der „falsche" Blätterteig aus Butter, Quark und Mehl, da die Milchsäure im Quark zusätzlich treibt.

Rührteig aus Vollkornmehl braucht etwas Backpulver, um nach oben zu kommen.

Vollkornbäckerei

Vollkornpizza

einfach, zum Einfrieren

4 Portionen

**10 g Hefe
250 g frisch gemahlener Weizen oder Weizenvollkornmehl
1 TL Salz
40 g Butter
Mehl zum Ausrollen
Fett für die Form oder das Blech
1 große Dose geschälte Tomaten, 800 g
75 g schwarze Oliven
100 g Champignons
je 1/4 grüne und rote Paprikaschote
4 Artischockenherzen aus dem Glas
2 Knoblauchzehen
3 TL frische Thymian- und Oreganoblättchen und einige Rosmarinnadeln
125 g Mozzarella
3–4 EL Olivenöl**

Hefe in 1/8 Liter lauwarmem Wasser auflösen. Das Mehl in eine Schüssel geben, in die Mitte eine Mulde drücken, die aufgelöste Hefe hineingießen und mit wenig Mehl zum Brei verrühren. Mit etwas Mehl bestäuben, zugedeckt an einem warmen Ort 10 Minuten gehen lassen.

Salz und Butter zugeben, alles mit den Knethaken und später mit den Händen kräftig verkneten. Zugedeckt nochmals 30 Minuten gehenlassen.

Durchkneten, zur Kugel formen und auf der leicht bemehlten Arbeitsfläche ausrollen. In eine große, gefettete Pizza- oder Springform oder direkt auf das gefettete Backblech heben.

Die Tomaten abtropfen lassen, hacken und auf dem Teig verteilen.

Oliven entsteinen, die Champignons abreiben und in Scheiben schneiden, Paprika putzen und in Streifen schneiden, Artischocken abtropfen lassen, alles dekorativ auflegen. Knoblauch abziehen und sehr fein hacken, mit den Kräutern aufstreuen.

Mozzarella würfeln und aufstreuen, mit Olivenöl beträufeln. In den vorgeheizten Ofen stellen, bei 250°C knapp 30 Minuten backen.

Nährwerte pro Portion	
Kilokalorien	500
Kilojoule	2100
Eiweiß/g	17
Kohlenhydrate/g	44
Fett/g	28
Ballaststoffe/g	11

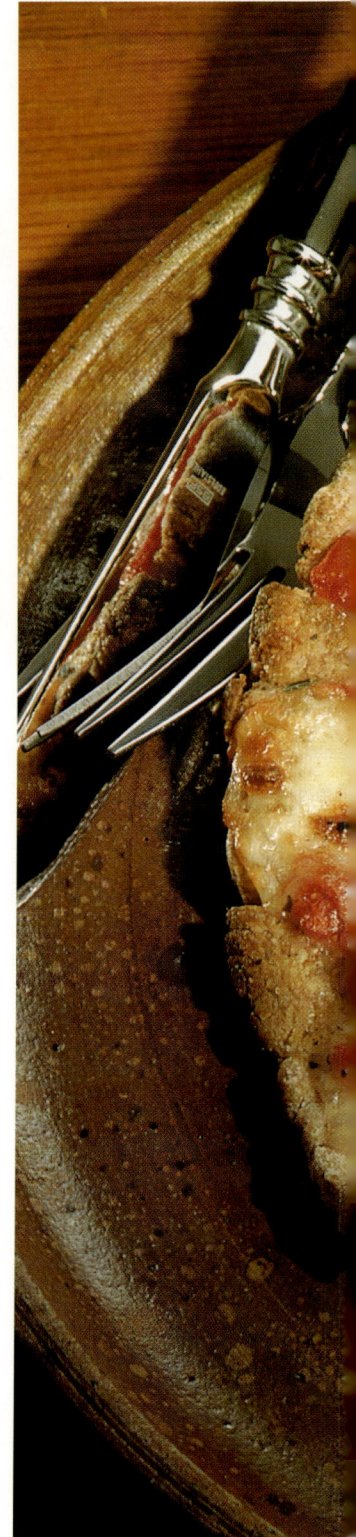

Vollkornbäckerei

BACKZUTATEN – EINE KLEINE WARENKUNDE

Das Bäcker- und Konditorhandwerk hat besonders in diesem Jahrhundert dazu beigetragen, daß das Angebot an süßen Schleckereien riesig groß geworden ist. Neben den Klassikern produziert jeder Landstrich und jeder einzelne Bäcker seine speziellen Torten, Kuchen, Kleingebäckstücke, Brote und Brötchen. Viele der leckeren Kleinigkeiten schmecken hausgemacht aber mindestens genausogut. Klassisches und Neues zum Ausprobieren finden Sie in diesem Buch in Hülle und Fülle. Zudem erfahren Sie auf den nächsten Seiten noch einige kleine Bäckergeheimnisse, beispielsweise über die Aufgaben der Zutaten Mehl, Fett, Eier oder der Lockerungsmittel im Teig.

Mehl – in tragender Rolle

Das Mehl ist Hauptbestandteil der meisten Teige. Die verschiedensten Getreidearten wie Weizen, Roggen, Hafer, Gerste oder auch die zum Backen seltener verwendeten Arten wie Hirse, Mais und Reis lassen sich zu Mehl vermahlen. Für feine Backwaren wird zumeist Weizenmehl verwendet, denn Weizen enthält als einziges Getreide das sogenannte „Klebereiweiß". Dieses verleiht dem Teig besonders gute Backeigenschaften. Das Klebereiweiß befindet sich zusammen mit der Stärke im „Mehlkörper" des Korns. Er macht etwa 85 Prozent des gesamten Korngewichts aus.
(Bild: Kornquerschnitt)

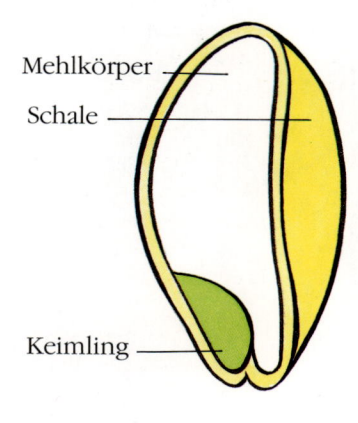

Kleber und Stärke – das Mehlduo

Kleber und Stärke sind verantwortlich für die Ausbildung der Struktur des Gebäcks, der Bäcker spricht hier von der Krume.

Der Kleber bildet mit Wasser und durch Kneten ein Gerüst aus, das den Teig elastisch und dehnbar macht. Dabei bindet der Kleber 200 bis 300 Prozent seines Eigengewichts an Wasser. Zudem umschließt das Klebergerüst die bei der Lockerung entstehenden Gase wie eine dünne Haut.

Wenn sich beim Backen die Gase durch die Hitze ausdehnen, verhält sich der Kleber wie eine Gummimembran, das Gebäck kann aufgehen. Wird die Tempe-

Mehl

ratur höher, gibt der Kleber sein Wasser ab, gerinnt und erstarrt, wodurch die Struktur des Gebäcks gefestigt wird. Damit aber das Gebäck nicht trocken wird, tritt nun die Stärke in Aktion. Sie verkleistert durch die Hitzeeinwirkung und quillt, da sie das freiwerdende Wasser des Klebers aufnimmt. Durch dieses raffinierte Zusammenspiel erhalten also unsere Kuchen ihre typische Struktur.

Unterschiedliche Klebergehalte

Um auch in den vollen Genuß dieser Erkenntnisse zu kommen, ist es wichtig zu wissen, welches Mehl viel Kleber enthält.

Grundsätzlich ist der Klebergehalt des Weizenkorns abhängig von Sorte, Witterungsverhältnissen und Düngung. Man spricht hier von kleberschwachen und kleberstarken Mehlen. Bäcker und Konditoren können sogar extra Klebereiweiß kaufen. Im Lebensmittelhandel verrät uns die Packungsaufschrift jedoch nichts über die Klebermenge. Meist erhalten wir Mischungen aus verschiedenen Sorten, die einen mittleren Klebergehalt aufweisen. Markenmehle sind meist von höherer Qualität. Griffige Mehle werden aus besonderen Weizensorten hergestellt, die mehr Kleber enthalten. Aber nicht alle Teigarten brauchen viel Kleber.

Mehl

Welche Teige brauchen Kleber?

Der **Hefeteig** steht an erster Stelle, denn seine Elastizität und Formbarkeit ist in hohem Maße vom Kleberanteil abhängig. Zudem können die von der Hefe produzierten Gase nur durch das Klebergerüst gehalten werden.

Auch der **Strudelteig** benötigt Kleber, damit wir ihn hauchdünn ausziehen können, ohne daß er reißt. Diese beiden Teige gelingen Ihnen also besonders gut, wenn Sie griffiges Mehl verwenden.

Da sich das Klebergerüst erst bei ausreichendem Kneten bildet, reicht es nicht, die Zutaten nur zu vermischen. Sie sollten deshalb den Teig mindestens 5 Minuten bearbeiten. **Rührteig** und **Biskuit** brauchen kein besonders starkes Klebergerüst. Biskuitteig erhält seine Struktur vor allem durch die Eier.

Mehl

Nährstoffgehalt des Weizenkorns und der Weizenmehltypen pro 100 Gramm

	EW g	Fett g	KH g	BS g	Energie kcal	Eisen mg	Calcium mg	Vit. B1 mg	Vit. B2 mg
Weizenkorn	12,0	1,9	60,0	11,0	326	3,5	40	0,48	0,14
Weizenvollkornmehl	12,0	2,4	61,0	9,0	333	3,4	35	0,5	0,12
Weizenmehl Typ 1050	12,1	1,7	67,5	4,2	355	2,8	14	0,43	0,07
Weizenmehl Typ 405	10,6	1,0	72,8	2,2	364	1,5	15	0,7	0,3
Weizenstärke	0,4	0,1	85,5	1,2	362	0,1	0	0	0
Weizenkeim	26,6	9,0	39,0	11,0	369	9,0	70	2,0	0,72
Roggenmehl Typ 815	6,9	1,0	65,7	11,3	317	2,1	22	0,17	0,07
Roggenvollkornmehl	9,7	1,2	58,0	15,7	300	3,2	26	0,37	0,22

Erklärung der Abkürzungen: EW: Eiweiß, KH: Kohlenhydrate, BS: Ballaststoffe.
Quelle: Bundeslebensmittelschlüssel, Januar 1990

Mürbteig kann mit kleberstarken Mehlen sogar zäh werden.

Brandteig erhält seine lockere Struktur auf eine ganz besondere Weise. Die Stärke wird durch das Abrösten verkleistert. Dadurch kann sie große Mengen Wasser binden. Beim Backen entsteht Wasserdampf, der den Teig lockert.

Für Rühr-, Biskuit-, Mürb- und Brandteig können Sie deshalb alle handelsüblichen Mehle verwenden.

Gesundheit aus dem vollen Korn

Getreide ist weltweit das wichtigste Grundnahrungsmittel und ein wichtiger Ballaststofflieferant. Um unserer Gesundheit Gutes zu tun, sollten wir täglich mindestens 30 g Ballaststoffe zu uns nehmen. In ihren Genuß kommen wir allerdings nur, wenn wir das ganze Korn verzehren. Deshalb also der Ruf nach Vollkorngebäck.

Es spricht noch mehr für Vollkorn. Da sich in den Randschichten auch Vitamine und Mineralstoffe verstecken, wird ersichtlich, warum Getreide so wertvoll für unsere Ernährung ist. Besonders erwähnenswert ist der Anteil an Eisen, das Bestandteil der roten Blutkörperchen ist, sowie das knochenbildende Calcium. Zudem sind reichlich Vitamin B1 und B2 enthalten, die für die Verarbeitung der Kohlenhydrate, hier in Form von Stärke, benötigt werden.

Der einzige Vorzug von Weißmehl: Es hat bessere Backeigenschaften. Gebäck aus Weißmehl wird feinporiger, geht leichter auf und ist weniger empfindlich bei der Verarbeitung. Vergleichbare Eigenschaften hat eine Mischung aus Vollkornmehl mit einem guten Weißmehl. Das Vollkornmehl verleiht dem Gebäck einen leicht nussigen Geschmack.

Tip: Ersetzen Sie doch einfach mal die Hälfte des Weißmehls durch Vollkornmehl. Mehr über Vollkornbäckerei finden Sie ab Seite 378.

Mehl

Kleiner Unterschied mit großer Wirkung

Wie unterscheiden sich nun die verschiedenen Mehltypen vom Vollkornmehl? Bei Vollkornmehl wird, wie der Name bereits ausdrückt, das ganze Korn verarbeitet. Auszugs- oder Weißmehl enthält dagegen weder Randschichten noch Keimling. Damit fehlen wertvolle Bestandteile des Korns.

Bei Roggen- und Weizenmehl können Sie den sogenannten Ausmahlungsgrad an der Mehltypennummer auf der Packung erkennen. Eine hohe Mehltypennummer bedeutet hoher Ausmahlungsgrad und damit höherer Ballaststoffgehalt. Je größer der Anteil der Randschichten, desto dunkler und gröber strukturiert sind Mehl und Gebäck.

Nur das als Vollkornmehl bezeichnete Mehl hat einen Ausmahlungsgrad von 100 Prozent. Allerdings enthält das im Handel erhältliche Vollkornmehl aus Haltbarkeitsgründen nicht den Keimling mit seinem wertvollen Keimöl. Wer in den Genuß des „vollen Korns" kommen möchte, muß sich das Mehl selbst mahlen, das am besten gleich verarbeitet werden sollte.

Mehl

Die Definition der Mehltypen

Der Mehltyp gibt an, wieviel Milligramm bei der Veraschung von 100 Gramm Mehl zurückbleiben. Dieser Gehalt entspricht gleichzeitig dem Mineralstoffgehalt. In 100 Gramm Weizenmehl Type 405 sind also 405 Milligramm Mineralstoffe enthalten. In 100 Gramm Weizenmehl Type 1050 stecken 1050 Milligramm Mineralstoffe.

Die Getreidesorten

Neben Weizen, der weltweit wichtigsten Getreidesorte, gibt es eine ganze Reihe mehr oder weniger bekannter Getreidesorten.

Dinkel ist eine Urform des Weizens und wegen der geringeren Erträge gegenüber Weizen in Vergessenheit geraten. Dinkel eignet sich aufgrund des Klebergehalts hervorragend zum Backen. Er verleiht den Speisen einen aromatisch nussigen Geschmack.

Grünkern: Wird Dinkel unreif, noch grün, geerntet und anschließend bei 120°C gedarrt, nennt man ihn Grünkern. Durch das Darren bekommt er sein unverwechselbares, herzhaft-würziges Aroma.

Roggen wird hauptsächlich zur Brotherstellung verwendet. Da Roggen weniger Klebereiweiß enthält als Weizen, kann eine entsprechende Backfähigkeit nur durch Sauerteig oder Mischen mit Weizen erreicht werden.

Hafer ist der „fetteste" (7 % Fett) Vertreter der Getreidesorten. Auch Hafer enthält keinen Kleber und muß deshalb zum Backen mit Weizen vermischt oder mit Hilfe von Eiern backfähig gemacht werden.

Gerste, das älteste in Europa kultivierte Getreide, wird hauptsächlich zur Bierherstellung verwendet. Zum Backen muß auch die Gerste wie alle im folgenden genannten Getreidearten mit Weizen gemischt werden.

Mais ist das härteste unter den Getreidekörnern. In der mexikanischen Küche werden aus Maismehl Tortillas und Tacos hergestellt. Maismehl kann auch zu Kuchen oder Brot verwendet werden.

Mehl

Hirse zählt wie Hafer zu den Rispengräsern. Sie gilt als die älteste kultivierte Getreideart. Verzehren kann man die Hirse nur geschält. Da sie viel Eisen enthält, sollte auch der Hirse mehr Beachtung geschenkt werden. Hirsemehl kann in kleinen Mengen anstatt Weißmehl unter Teige gerührt werden.

Buchweizen gehört botanisch zu den Knöterichgewächsen und ist damit ein Verwandter von Rhabarber und Sauerampfer. Die Buchweizenkörner sind jedoch ähnlich zusammengesetzt wie Getreide und lassen sich wie dieses verarbeiten.

Worauf Sie beim Einkauf achten sollten

Wenn Sie ganze Getreidekörner direkt bei der Mühle, im Reformhaus oder im Bioladen kaufen, sollten Sie darauf achten, daß es von Mutterkorn gereinigt ist. Als Mutterkorn bezeichnet man eine Pilzerkrankung, die sich vor allem an Roggen findet. Anstelle des Korns bilden sich violettschwarze Mutterkörner, die giftige Stoffe entwickeln. Sie können Übelkeit, Schwindel und Erbrechen hervorrufen. Sehen Sie deshalb das Getreide auf Mutterkorn durch und verlesen Sie es gegebenenfalls.

Da Getreide – auch aus biologischem Anbau – durch die Luftschadstoffe mit Schwermetallen belastet ist, empfiehlt es sich, „weißgereinigtes Getreide" zu kaufen. Bei der Weißreinigung wird die äußerste Schicht des Korns abgerieben. Hierdurch können die Schadstoffe entfernt werden, Ballaststoff-, Mineralstoff- und Vitamingehalt verändern sich dadurch nur unwesentlich.

Aufbewahrung und Haltbarkeit

Kühl, trocken, dunkel und luftig muß sowohl das gemahlene Mehl wie auch das ganze Korn gelagert werden. Kleine Mengen sind gut in Papiertüten im Schrank aufzubewahren, für größere Mengen ist ein Holzkasten zu empfehlen.

Am längsten haltbar sind ganze Körner und Auszugsmehle. Bei richtiger Lagerung können beide auch nach ein bis zwei Jahren noch verwendet werden.

Schnuppern Sie, bevor Sie älteres Mehl verarbeiten. Wenn es muffig riecht, ist es nicht mehr zu gebrauchen.

Nur 2 bis 3 Wochen lagerbar ist Mehl oder Schrot, das aus dem vollen Korn samt Keimling gemahlen wurde. Durch das Fett, das der Keimling enthält, wird das Mehl schnell ranzig.

Fertig abgepacktes Vollkornmehl in Reformhäusern und Supermärkten ist Schrot bzw. dunkles Mehl, bei dem vor dem Mahlen der Keimling entfernt wurde. Dadurch ist es rund 6 bis 9 Monate haltbar. Aufgedrucktes Verfallsdatum beachten!

Getreidemühlen

Reformhäuser und Naturkostläden sind in der Regel mit Mühlen ausgestattet und gerne bereit, Ihre Körner zu mahlen. Kleinere Mengen an grobem Schrot lassen sich sogar in einer Moulinette oder einer Kaffeemühle herstellen. Erst wenn Sie

Mehl

sicher sind, daß Sie in Zukunft regelmäßig Vollkornmehl zum Backen verwenden werden, ist der Kauf einer – immerhin mehrere hundert Mark teuren – Mühle sinnvoll. Mühlen werden nach dem Material, aus dem das Mahlwerk besteht, eingeteilt. Stahlkegel- und Keramikmahlwerke mahlen Getreide und ölhaltige Samen (Mohn usw.) und trockene Gewürze. Mahlwerke aus reinem Naturstein (Granit) oder kombiniertem Natur- und Kunststein sind ausschließlich für Getreide zu verwenden. Lassen Sie sich ausführlich beraten, achten Sie auch auf Lärmdämpfung, Mahlkapazität pro Minute und Wärmeentwicklung am Mahlwerk.

Der Zucker macht die Backwaren zu den unwiderstehlichen süßen Verführern.

Die Süßen

Zucker

Der Zucker macht die Backwaren zu den süßen Verführern, denen wir nicht widerstehen können. Der Geschmack ist aber nur eine der Eigenschaften des Zuckers, denn er hat auch wichtige Aufgaben beim Backvorgang.

Durch Zucker wird der Teig zähflüssiger, Schaummassen stabilisiert er. Vor allem verleiht der Zucker aber dem Gebäck die schöne, braune Kruste. Sie entsteht, weil beim Backen das Wasser verdunstet, in dem der Zucker gelöst ist. Dadurch kristallisiert der Zucker auf der Oberfläche aus und karamelisiert.

Zucker dient der Hefe als Nahrung. Allerdings verträgt die Hefe keine zu großen Mengen Zucker, weil er der Hefe sonst den lebenswichtigen Zellsaft entzieht. Am schönsten geht Hefeteig bei einer Zugabe von 100 bis 150 g Zucker pro Kilogramm Mehl auf.

Wichtig bei allen Teigen ist, daß sich der Zucker vollständig im Teig gelöst hat. Deshalb sollte kein zu grober oder verklumpter Zucker verwendet werden. Für Spritzmürbteige empfehlen Bäcker sogar Puderzucker, da er besonders leicht löslich ist.

Zucker wird aber nicht nur in das Gebäck gemischt, sondern kann auch von außen für einen Augenschmaus sorgen. Puderzucker dient zum Bestäuben von Krapfen, Hefezöpfen oder ähnlichem oder, in etwas Flüssigkeit aufgelöst, als Glasur. Auch Hagelzucker wird auf Feinbackwaren gestreut, ebenso wie eine Vielzahl von bunten Varianten aus Zucker.

Zuckerglasur

Zum Anrühren der Zuckerglasur die Geräte und Zutaten bereitstellen, Puderzucker durchsieben, das Ei trennen, die Zitrone auspressen.

Den Puderzucker mit dem Eiweiß gründlich verrühren, nach und nach einige Tropfen Zitronensaft zufügen, bis eine dicke, spritzfähige Glasur erreicht ist.

Diese Masse läßt sich mit einigen Tropfen Lebensmittelfarbe oder verschiedenen Konfitüren einfärben.

Zucker wird aus Zuckerrohr oder Zuckerrüben hergestellt. Unser Zucker hierzulande wird aus letzteren gewonnen. Er besteht nur aus Saccharose, die sich aus den Elementen Fructose und Glucose zusammensetzt. 1 Gramm Zucker liefert ausschließlich 4 kcal Energie und weder Vitamine noch Mineralstoffe. Zucker wird deshalb als „leerer Energielieferant" bezeichnet.

Die Süßen

Die Süßen

Honig anstatt Zucker?

Das flüssige Gold war früher Speise der Götter und wurde als Opfer dargebracht. Es symbolisierte Glück und Reichtum und galt als Heilmittel gegen allerlei Gebrechen. Mit seinen Enzymen und Spurenelementen wird Honig auch heute noch hoch gelobt. Allerdings sind diese nur in geringen Mengen enthalten. Hauptbestandteile sind mit 75 Prozent Frucht- und Traubenzucker, die ebenso wie alle Kohlenhydrate etwa 4 kcal Energie pro Gramm liefern. Der Wasseranteil im Honig beträgt 20 Prozent.

Zudem werden die meisten Vitamine durch das Backen zerstört. Deshalb ist Gebäck mit Honig nicht gesünder als solches mit Zucker.

Was die backtechnischen Eigenschaften von Honig angeht, kann er mit dem Zucker nicht mithalten. Da Honig bereits gelöst ist und 20 Prozent Wasser enthält, sind die wasserbindenden Eigenschaften schlechter. So läßt sich beispielsweise Eigelb mit Honig wesentlich schlechter aufschlagen als mit Zucker.

Besonders schmackhaft

Honig ist kein Ersatz für Zucker, sondern führt ein eigenständiges Dasein. Wegen seines einzigartigen Aromas wird Honig besonders in der Weihnachtsbäckerei geschätzt. In Lebkuchen und Honigkuchen kann er sich voll entfalten.

Goldgelb und glänzend präsentiert sich Honig zudem auf Bienenstich oder Florentinern.

Am wertvollsten ist der Imkerhonig, den man an seiner grünen Banderole erkennt. Andere Honigsorten werden bei der Herstellung meist erhitzt, wodurch sie nicht mehr so wertvoll sind. Zum Backen können Sie auch solchen preiswerteren Honig verwenden.

Die Süßen

Weitere Süßungsmittel

Rübensirup

Unter Rübensirup oder „Rübenkraut" versteht man den eingedickten Saft der frischen Zuckerrübe, ohne deren Pflanzenfasern und ohne nachträgliche Zusätze. Rübensirup hat einen angenehmen, an Malz erinnernden Geschmack. Er hat einen mit dem Honig vergleichbaren Nährwert. Rübensirup aromatisiert Milchgerichte und Quarkspeisen ebenso wie die Weihnachtsbäckerei.

Dicksäfte

Obstdicksäfte sind konzentrierte, eingedickte Säfte – meist aus Äpfeln oder Birnen – ohne Zuckerzusatz. Sie sind von goldroter Farbe und haben eine sirupartige Konsistenz. Ihr Geschmack ist fruchtig und leicht säuerlich. Der Mineralstoffgehalt ist mit dem des frischen Obstes vergleichbar, nicht aber der Vitamingehalt. Durch das Eindicken konzentrieren sich selbstverständlich auch die kalorienreichen Kohlenhydrate.

Apfel- und Birnenkraut

Wer nicht aus dem Rheinland stammt oder dort nicht zu Gast war, hat vielleicht noch nie etwas von dieser Spezialität gehört. Das „Kraut" wird aus Apfel- oder Birnendicksaft unter Zusatz von Zucker und Pektin als Geliermittel hergestellt. Unter Kennern wird es als Alternative zum Brotaufstrich Konfitüre verwendet. Sein fruchtig-säuerlicher Geschmack und sein typisches Aroma stehen in deutlichem Kontrast zu den oft als süß empfundenen Konfitüren. Das liegt an seinem höheren Obstanteil. In der Gesamtzuckermenge steht das „Kraut" jedoch den Konfitüren nicht nach.

Ahornsirup

Die Herstellung von Ahornsirup beruht auf einer jahrhundertealten Tradition der Ureinwohner Nordamerikas und Kanadas.
Er wird aus dem Saft des Ahornbaumes gewonnen. Dazu werden im Frühjahr Ahornbäume angebohrt, und der ausfließende Saft wird aufgefangen und durch Kochen eingedickt. Da ein Baum jährlich nur etwa 40 Liter Saft liefert, erklärt sich der hohe Preis von selbst. Ahornsirup (maple syrup) besteht zu 65 Prozent aus Saccharose. Andere Nährstoffe sind nur in minimalen Mengen enthalten. In den Erzeugerländern schätzt man das karamelartige Aroma des goldbraunen Sirups in vielerlei Rezepten. Seit einigen Jahren ist die Woge der Begeisterung auch nach Europa geschwappt. Karriere hat er vor allem als würzendes Süßungsmittel für Nachspeisen und Müsli gemacht.

Die Süßen und das Salz

Malzextrakt

Er wird aus eingeweichtem und gekeimtem Getreide gewonnen. In den Keimlingen ist ein Enzym enthalten, das die Stärke des Getreides in Maltose umwandelt. Er ist nicht so süß wie Honig und gewinnt wegen seines malzigen Aromas immer mehr Liebhaber.

Probieren Sie doch einfach mal die verschiedenen Süßungsmittel, die sich wie Honig verwenden lassen. Doch denken Sie daran, daß auch diese Produkte keine Nahrungsmittel sind, sondern nur eine wohlschmeckende Zutat, wie ein Gewürz in kleinen Mengen zu verwenden.

Die Künstlichen

Wer auf die volle Süße einfach nicht verzichten will, für den gibt es die kalorienfreie Alternative in Form von Süßstoffen. Auf unserem Markt finden sich zumeist Mischungen aus Cyclamat, Aspartam und Saccharin, deren gesundheitliche Unbedenklichkeit nachgewiesen wurde.

Sie haben keinen Eigengeschmack und können unseren Speisen somit auch kein spezielles Aroma verleihen.

Süßstoffe sind zum Backen nur bedingt geeignet, da sie nicht die besonderen Backeigenschaften des Zuckers haben. Am besten eignen sich Süßstoffe in Form sogenannter „Streusüße". Die Süßkraft ist jedoch wesentlich höher als die von Zucker, so daß nur geringe Mengen zum Süßen nötig sind. In den Rezepten kann daher nicht einfach Zucker gegen Süßstoff ersetzt werden. Aspartam ist zum Backen nicht geeignet, da der Süßstoff bei Temperaturen über 180°C seine Süßkraft verliert. Wer mit Süßstoff backen will, kann spezielle Rezepte beim jeweiligen Hersteller erfragen. Füllungen aus Sahne oder Creme können nach Geschmack mit Süßstoff gesüßt werden. Den Schlankheitsbewußten sei gesagt, daß die meisten Rezepte durch Weglassen von Zucker nur ein wenig kalorienärmer werden. Das Fett ist nämlich Hauptkalorienträger in süßem Gebäck. Daher hilft nur, nicht jeden Tag im Tortenhimmel zu schwelgen, dafür aber gelegentlich bewußt zu genießen und nicht zu bereuen.

Salz

Ein weiterer kleiner Helfer bei der Teigzubereitung ist das Salz. Man braucht zwar nicht viel davon, doch ohne die Prise Salz kann Gebäck seine Form nicht halten. Salz hat wie Zucker die Eigenschaft, Wasser aufzunehmen. Daher erhöht es die Quellfähigkeit und die Löslichkeit des Klebereiweißes, wodurch die Kleberstruktur gefestigt wird. Ein Zuviel an Salz ist ebenfalls nicht wünschenswert, da dies zu feuchten Teigen und verzögerter Gärung führen kann. Besonders bei Hefe- und Strudelteig ist ein Salzanteil von höchstens 1 bis 2 Prozent zu empfehlen.

Eier sind nicht aus der Backstube wegzudenken.

Eier – unentbehrlich und vielseitig

Eier sind allgemein beliebt, wegen ihres Cholesteringehaltes zwar in Verruf geraten, jedoch aus der Backstube nicht wegzudenken. Eier werden entweder als Ganzes oder getrennt in Eigelb und Eiweiß verarbeitet. Sie werden als Binde-, Emulgier-, Lockerungs- oder als Treibmittel verwendet.

Eier

Das Gelbe vom Ei

Eigelb verleiht den Backwaren nicht nur die schöne, goldgelbe Farbe. Das Lecithin im Eigelb kann in seiner Eigenschaft als Emulgator fettlösliche und wasserlösliche Zutaten verbinden. Fetthaltige Teige werden so zu einer geschmeidigen Masse. Zudem trägt Eigelb zu gleichmäßiger Porenbildung im Gebäck bei, macht es saftiger und hält es länger frisch.

Wird Eigelb getrennt vom Eiweiß mit Zucker kräftig geschlagen, entsteht eine zähflüssige, schaumige Masse. Die dabei eingeschlagene Luft gibt dem Gebäck Halt und Volumen.

Das Eiweiß

Eiweiß läßt sich durch Einschlagen von Luft in voluminösen Eischnee verwandeln. Dabei umhüllt ein dünner Eiweißfilm die Luft und hält sie in feinen Blasen fest. Während sich aus dem reinen Eischnee das Eiweiß nach einiger Zeit wieder als Flüssigkeit absetzt, bleibt die zuckerhaltige Schaummasse, wie etwa für Baiser, über längere Zeit stabil. Zucker bindet einen Teil des Wassers aus dem Eiweiß, wodurch die Masse zähflüssig wird.

Eier

So gelingt schnittfester Schnee

Die Eier müssen vorsichtig getrennt werden, denn bereits ein kleiner Tropfen des fetthaltigen Eigelbs kann verhindern, daß der Eischnee fest wird. Trennen Sie deshalb jedes Ei erst einzeln über einem kleinen Gefäß, bevor Sie das Eiweiß zum Aufschlagen in eine große Schüssel geben. Wenn doch einmal etwas Eigelb hineinrutscht, ist so nur ein Ei betroffen.

Tip: Wenn nur wenig Eigelb in das Eiweiß gerät, können einige Tropfen Zitronensaft helfen. Das Eiweiß läßt sich doch noch steif schlagen.

Schlagen Sie das Eiweiß mit dem Handrührgerät zunächst kurz bei niedriger Geschwindigkeit. Nach einer kurzen Pause eine Prise Salz zugeben und bei hoher Geschwindigkeit weiterschlagen. Dadurch wird schnell ein gleichmäßiger, stabiler Schaum mit feinen Poren gebildet. Ein Einschnitt mit dem Messer bleibt deutlich sichtbar.

Die Luft im Eischnee dehnt sich beim Backen durch die Hitze aus, kann aber durch die Kruste des Gebäcks nicht entweichen. Dadurch treibt sie die Teigmasse nach oben.

Zusammensetzung von Eiern pro 100 g verzehrbarem Anteil

	Vollei	Eigelb	Eiweiß
Kilokalorien	155	353	49
Wasser	74,1 g	50,0 g	87,3 g
Eiweiß	12,9 g	16,1 g	11,1 g
Fett	11,2 g	31,9 g	0,2 g
Kohlenhydrate	0,7 g	0,3 g	0,7 g
Mineralstoffe	1,1 g	1,7 g	0,7 g

Eier

Handels- und Gewichtsklassen

Für das Gelingen des Gebäcks ist bei den meisten Teigen auch die Eigröße ausschlaggebend. Wenn in den Rezepten keine speziellen Angaben gemacht werden, sollten Sie Eier der Klasse 3 verwenden.

In den Geschäften erhalten Sie hauptsächlich Eier der **Handelsklasse A:** Diese Bezeichnung tragen Eier, die frisch und sauber sind und deren Schale unverletzt ist. Sie dürfen weder gewaschen noch gereinigt sein.

Eier der **Klasse B** dürfen durch Kühlung oder andere technische Verfahren haltbar gemacht werden.

Die **Klasse C** bezeichnet Eier, die nur für die Verarbeitung in der Nahrungsmittelindustrie freigegeben sind.

Gewichtsklassen:
Klasse 1	70 g und mehr
Klasse 2	65 bis 70 g
Klasse 3	60 bis 65 g
Klasse 4	55 bis 60 g
Klasse 5	50 bis 55 g
Klasse 6	45 bis 50 g
Klasse 7	unter 45 g

Die Klassen 5 bis 7 werden kaum angeboten.

Der Frischetest

Ohne das Ei aufzuschlagen, hilft die Schwimmprobe: frisch gelegte Eier sinken im Wasser zu Boden und liegen fast waagrecht. Da die Luftkammer im Ei mit zunehmendem Alter immer größer wird, richtet es sich nach etwa einer Woche auf. Ein 2 bis 3 Wochen altes Ei steht senkrecht auf der Spitze, dann beginnt es zu schwimmen. Wenn Eier steigen, sollten sie nicht mehr verwendet werden.

Auch bei den aufgeschlagenen Eiern ist der Unterschied deutlich: Das frische Ei (7 Tage alt) hat ein kugelförmiges Eigelb, das von einem deutlich geformten Ring aus gallertartigem Eiweiß eingeschlossen ist. Bei einem 2 bis 3 Wochen alten Ei zerläuft das Eiweiß fast ganz, auch das Dotter hat weniger Spannung, wird flacher und kann eventuell zerlaufen.

Achten Sie beim Kauf verpackter Eier auf die Handels- und Gewichtsklassenangaben sowie auf das Verpackungsdatum.

Eier

Aufbewahrung

Eier immer kühl und bei hoher Luftfeuchtigkeit aufbewahren. Ideal sind 7 bis 13°C. Im Kühlschrank sollten Eier möglichst ein Spezialfach haben oder gut verpackt sein. Eier sind auch in der Schale geruchsempfindlich und sollten nicht neben stark riechenden Lebensmitteln lagern.

Leider sagt dieses gar nichts über den Legezeitpunkt aus. In der Regel kann man davon ausgehen, daß Eier ein bis zwei Tage nach dem Legen verpackt werden.

Allerdings ist dies nicht garantiert, und die Eier können zu Stoßzeiten wie Ostern schon mal älter sein. Besonders frische Eier dürfen auch unter der Bezeichnung „Extra" angeboten werden. Diese Aufschrift dürfen nur Eier tragen, die innerhalb von 7 Tagen nach dem Legen verkauft werden. Zur besseren Information darf – muß aber nicht – seit neuestem auch das Legedatum, das empfohlene Verkaufsdatum oder das Mindesthaltbarkeitsdatum angegeben werden. Neue gesetzliche Regelungen sind zur Zeit in Diskussion. Besonderes Augenmerk auf die Frische sollten Sie bei Eiern zum Rohverzehr richten. Für kalte Sahne- und Cremefüllungen sollten die Eier wegen der Salmonellengefahr nicht älter als 10 Tage sein.

**Fett macht den Teig
geschmeidig, leichter formbar und aromatisch.**

Fette – nicht nur Energieträger

In der Konditorei oder Bäckerei werden neben Butter oder Margarine auch Schmalz, Ziehfette und Backcremes in die Teige geknetet. Im Haushalt begnügen wir uns meist mit Butter oder Margarine und gelegentlich Öl. Da Fette bekanntermaßen Kalorienträger sind, würde sie mancher gern aus dem Teig verbannen. Doch Fett sorgt nicht nur für einen kräftigen, aromatischen Geschmack, sondern hat auch besondere Aufgaben.

Fett, ob Butter oder Margarine, verbessert die Kleberelastizität, wodurch der Teig geschmeidiger und leichter formbar wird. Außerdem verleiht Fett Gebäcken eine mürbe Struktur. Erst so kann der Mürbteig seinem Namen gerecht werden.

Man kann sich gut vorstellen, daß Fett Teige geschmeidig macht, zudem verbessert es aber auch die Durchmischung der Zutaten.

Ob ein leichter oder schwerer Hefeteig entsteht, ist abhängig von der eingearbeiteten Fettmenge. Viel Fett macht den Teig schwerer, seine Dehnbarkeit wird geringer. Der Weihnachtsstollen ist zum Beispiel aus einem schweren Hefeteig hergestellt. Er ist feinporig und dadurch in sich geschlossen. Aus diesem Grund wird die Feuchtigkeit langsamer abgegeben, der Stollen bleibt lange frisch.

Solche fettreichen Hefeteige sind aber auch empfindlicher als die leichten. Denn zum einen hat es die Hefe schwerer, da das Fett die Hefezellen umschließt und damit die lebensnotwendige Flüssigkeit abschirmt. Zum anderen isoliert zuviel Fett die teigbindenden Mehlbestandteile, Kleber und Stärke.

Margarine ist übrigens nicht, wie viele meinen, immer rein pflanzlich. Um eine Auskunft über die Inhaltsstoffe zu erhalten, muß der Verbraucher die Verpackungsaufschrift schon genauer studieren. Denn zuweilen steht dort zu lesen „tierische Fette und Öle in veränderlichen Anteilen". Die tierischen Fette können bei einigen Produkten bis zu 80 Prozent ausmachen. Suchen Sie also eine cholesterinfreie Alternative zu Butter, sollten Sie das Aufgedruckte genau lesen.

Aussehen und Geschmack –
durch Milchprodukte wird alles besser.

Milch und Co.

Milch ist nicht nur ein reiner Flüssigkeitslieferant, sondern erfüllt vielfältige Aufgaben im Teig.

Was die Milch im Teig bewirkt

Das **Milchfett** macht den Kleber geschmeidiger und elastischer. Zudem erhöht sich das Volumen des Gebäcks, und seine Struktur wird feiner. Der **Milchzucker** ist zwar von der Hefe nicht vergärbar, verbessert jedoch den Geschmack und läßt die Kruste appetitlich bräunen.

Milch & Co.

Joghurt

Joghurt wird aus pasteurisierter Milch durch Zugabe spezieller Säuerungskulturen gewonnen. Je nach Kultur entsteht ein milder oder stärker gesäuerter Joghurt. Er eignet sich in der Bäckerei vor allem zur Füllung von Torten und Feinbackwaren.

Schlagsahne

Schlagsahne enthält 30 Prozent Fett, wodurch die Sahne schlagfähig wird. Luftig aufgeschlagen, ist sie als feine Füllung von Torten, Windbeuteln oder Biskuitrouladen allseits beliebt.

Auch andere Milchprodukte, wie Buttermilch, Sauerrahm oder Dickmilch werden gelegentlich unter den Teig geknetet. Allen sind die Eigenschaften der Milch und der leicht säuerliche Geschmack gemeinsam.

Dem **Milcheiweiß** sagen die Bäcker nach, daß es den Teig „wolliger" macht, was bedeutet, daß er geschmeidiger wird. Die ideale Zusammensetzung der Milch runden die **Mineralstoffe** ab, die den Kleber festigen und für besseren Stand und feinporige Struktur sorgen. Nicht zuletzt sei an den hohen gesundheitlichen Wert der Milch erinnert.

Quark

Quark ist ein Frischkäse, der aus Milch durch Zugabe von Milchsäurebakterien hergestellt wird. Die produzierte Milchsäure läßt das Kasein der Milch gerinnen, die überflüssige Molke wird abgepreßt. Molke wird in manchen Spezialbroten verarbeitet. Quark findet seinen Einsatz vor allem als Füllung von Käsekuchen, Quarktaschen oder ähnlichen Leckereien. Er wird aber auch als fetteinsparende Zutat in Teigen (z. B. Quarkölteig) verarbeitet, denen er eine fein säuerliche Note verleiht.

**Luftig und leicht
haben wir's am liebsten.**

So kommt das Gebäck groß heraus

Teige aus Mehl, Wasser und Salz ergeben keine luftigen Gebäcke. Deshalb haben sich die Bäcker seit Gründung ihres Handwerks auf die Suche nach Zutaten gemacht, die Teige lockern. Die Eigenschaften der Hefe wurden schon sehr früh entdeckt und zum Brotbacken genutzt. Heute hat beim Brot der Sauerteig den Hefeteig weitgehend abgelöst. Dafür hat der Hefeteig seine Karriere als Blechkuchen, Gugelhupf und geformtes oder geflochtenes Gebäck fortgesetzt. Daneben entdeckte man auch die lockernde Wirkung von Hirschhornsalz, Pottasche und Natron. Heute stellt die Industrie Backpulver her, das uns das Backen besonders leicht macht.

Hefe will verwöhnt sein

Wer die Vorlieben der Hefe kennt und ihr die entsprechenden Bedingungen schafft, wird feststellen, daß ein Hefeteig eigentlich ganz einfach zuzubereiten ist (siehe Kapitel Hefeteig).

Die Nahrung der Hefe

Die Hefe besteht aus Zellen, die sich durch Sprossung vermehren. Um sich zu teilen, muß sich die Hefe aber zunächst ernähren. Sie nimmt durch ihre Zellmembran lösliche Stoffe aus dem Teig auf. Den Zucker spalten die hefeeigenen Enzyme in Traubenzucker, der die eigentliche Nahrung darstellt. Die Hefe hat nun zwei Möglichkeiten, den Traubenzucker zu verarbeiten: Steht, wie bei der Bierherstellung, kein Sauerstoff zur Verfügung, produziert die Hefe Alkohol und Kohlensäure. Im Teig dagegen produziert die Hefe aus Traubenzucker und Sauerstoff Wasser und Kohlensäure.

Die Kohlensäure, von vielen Hefezellen produziert, läßt den Teig aufgehen.

Andere Teiglockerer

Mürbteige und Rührteige brauchen ein wenig Unterstützung, um aufzugehen. Dazu eignen sich folgende Backzutaten:

Pottasche

Als Lockerungsmittel für Lebkuchen- und Honigkuchenteige wird Pottasche

Teiglockerer

seit langer Zeit verwendet. Sie kann ihre lockernde Wirkung nur in Teigen entfalten, die mindestens über Nacht gelagert werden, denn während der Lagerung entstehen Teigsäuren, die die Pottasche angreifen. Erst dadurch kann Kohlensäure entstehen, die den Teig lockert. Die Pottasche eignet sich sonst nur für saure Teige, denen zum Beispiel Zitronensaft oder saure Milchprodukte beigemischt sind.

Hirschhornsalz

Damit das Hirschhornsalz Kohlensäure freisetzt, muß das Gebäck erhitzt werden. Allerdings entsteht dabei auch Ammoniak, der dem Gebäck einen unangenehmen Geschmack verleiht. Nur völlig trocken Gebackenes, wie Spekulatius, enthält keinen Ammoniak mehr. Hirschhornsalz wird daher vorwiegend zum Plätzchenbacken verwendet.

Natron

Auch das Natron wird durch Hitze zersetzt. Enthält der Teig keine Säuren, bleibt Soda im Gebäck, das einen seifigen Geschmack verursacht. Natron wird hauptsächlich für Honig- oder Lebkuchengebäck verwendet, dem es seinen typischen Geschmack verleiht.

Backpulver

Um ein vielseitig verwendbares Lockerungsmittel ohne unerwünschten Beigeschmack zu erzielen, wird Natron mit sauren Salzen gemischt. Während man früher als säuerndes Mittel Weinstein beimischte, werden heute Natriumphosphate verwendet. Während das Natron die Funktion des Treibmittels übernimmt, verstärken die sauren Salze diese Wirkung und verhindern die Entstehung eines seifigen Beigeschmacks. Weiterhin enthält Backpulver Stärke als Trennmittel, die verhindert, daß das Backpulver feucht wird und die Bestandteile an Wirkung verlieren.

Geliermittel

Ob beim Profibäcker oder im Haushalt, bei der Herstellung von Cremes werden zur Festigung Stärke oder Gelatine benötigt. Beide geben den Cremes den nötigen Halt, damit sie nicht „davonlaufen". Ihre Wirkung beruht auf der Bildung eines Gelnetzes, das die Cremes zusammenhält.

Stärke wird aus Mais oder Kartoffeln hergestellt und muß mit den Zutaten aufgekocht werden. Aus Maisstärke lassen sich zum Beispiel Puddings herstellen, die Grundlage für leichte Buttercremes oder Puddingfüllungen sind. Allerdings kann sich nach einiger Zeit etwas Flüssigkeit absetzen, da die Stärke ihre Bindungsfähigkeit allmählich wieder verliert.

Kartoffelstärke wird zu manchen Teigen gegeben und bewirkt eine besonders feine Porung und bessere Frischhaltung.

Gelatine besteht aus Collagen, das aus Knochen ausgekocht wird. Der Handel bietet das industriell gewonnene Produkt als Blätter oder gemahlen an. Gelatine muß in kaltem Wasser eingeweicht werden und kann anschließend in heiße Flüssigkeiten oder aber auch, bei kleiner Hitze aufgelöst, in kalte Cremes gerührt werden. Meistens sorgt die Gelatine für die nötige Festigkeit in Sahnecremes oder Füllungen mit Eischnee.

Obwohl Gelatine keinen Eigengeschmack hat, be-

Geliermittel

einträchtigt zuviel davon den Wohlgeschmack zarter Speisen. Man sollte also nicht mehr Gelatine als unbedingt notwendig nehmen.

Als Faustregel für klare Gelees, die nicht gestürzt werden, gilt: 1/2 Liter Flüssigkeit: 5 Blatt Gelatine, ca. 10 g.

Zum Stürzen: 1/2 Liter Flüssigkeit: 6 Blatt, ca. 12 g.

Für Cremespeisen genügen 4 Blätter auf 1/2 Liter Masse.

Achtung: Verschiedene exotische Früchte wie Ananas, Kiwi, Mango und Papaya lassen sich roh nicht mit Gelatine binden. Sie enthalten ein Enzym, das die Gelatine wieder verflüssigt. Diese Früchte müssen für Geleespeisen vorher kurz blanchiert werden.

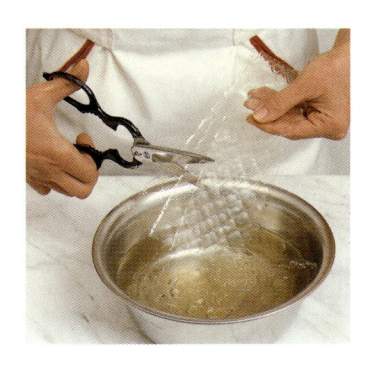

Blatt- und Pulvergelatine wird eingeweicht und eventuell aufgelöst, ehe man sie der Speise zugibt. Blattgelatine läßt man in reichlich kaltem Wasser 10 Minuten ausquellen.

15 g Pulvergelatine wird in mindestens 1/8 Liter kaltem Wasser eingeweicht, das sie schon in wenigen Minuten voll aufnimmt.

Sollen heiße Flüssigkeiten gebunden werden, gibt man die eingeweichte Gelatine direkt hinein (Blattgelatine gut ausdrücken) und löst sie unter Rühren auf.

Bei kalten Massen muß die Gelatine vorher aufgelöst und flüssig zugegeben werden. Die gequollene Pulver- oder Blattgelatine tropfnaß bei milder Hitze unter Rühren auflösen, nicht kochen lassen! Alle mit Gelatine gebundenen Speisen halten sich im Kühlschrank ohne Qualitätsverlust mindestens 24 Stunden und lassen sich einfrieren.

Das richtige Würzen ist eine lohnende Kunst.

Würze, Süße und Pfiff

Gewürze spielten Jahrtausende eine so bedeutende Rolle wie heute das Erdöl. Gewürznelken, Pfeffer und Muskatnüsse waren der Anlaß für Kriege und die Entdeckung neuer Erdteile.

Heute kann sich bei uns jeder Gewürze leisten, und das Angebot ist groß. Wer an Würzen denkt, hat meist pikante Speisen im Sinn. Doch auch Backwerk, ob süß oder salzig, braucht Würze.

Gewürze und Essenzen

Vor allem in der Weihnachtsbäckerei wird eine Vielzahl von zumeist exotischen Gewürzen verwendet. So erhalten Anisplätzchen ihren typischen Geschmack vom Anis. Ebenso würde niemand Printen oder Spekulatius ohne Nelken als solche bezeichnen. Die Gewürze, ob Sternanis, Piment, Ingwer und Kardamom, oder die bekannteren Nelken, Zimt und Vanille, alle verleihen dem Gebäck seine besondere Note. Für einige Gebäcksorten gibt es im Handel bereits Gewürzmischungen. Sinnvoll sind diese vor allem für selten hergestellte Gebäcksorten, die viele Gewürze enthalten.

Gleich, welche Gewürze verwendet werden, für Bäcker gelten beim Würzen immer zwei Grundsätze:

1. Beim Genuß von Gebäck soll man die Gewürze nur ahnen, sie dürfen nicht vorschmecken.

2. Die Gewürze sollen die Eigenart eines Gebäcks und seiner Rohstoffe betonen und nicht verfälschen.

Als Gewürz wird auch die abgeriebene Zitronenschale verwendet. Wenn Sie Zitronen zu diesem Zweck kaufen, sollten Sie auf den Hinweis „unbehandelt" achten und die Früchte gründlich waschen. Wer weniger Arbeit haben möchte, dem bietet die Industrie bereits abgepackte Orangen- und Zitronenschale.

Einen angenehmen Geschmack verleihen auch Aromen in kleinen Fläschchen, wie Bittermandel-, Rum-, Zitronen- oder Orangenaroma. Da die Geschmacksstoffe hier sehr konzentriert sind, reichen schon wenige Tropfen aus.

Anis

Zum Würzen werden die graugrünen Samen der Doldenblüte verwendet. Man kauft sie ganz oder gemahlen. Anispulver aus dem Laden verliert rasch an Aroma. Selbstgemahlener Anis hat fast die doppelte Würzkraft der ganzen Körner.

Das süßlich-würzige Aroma ist sehr intensiv, deshalb sollte Anis sparsam verwendet werden.

Gewürznelken

Verwendet werden die Blüten des immergrünen Gewürznelkenbaums. Die getrockneten Blütenknospen sind ganz oder gemahlen im Handel erhältlich. Gut verschlossen aufbewahrt, halten sich ganze Nelken bis zu 2 Jahren. Nelkenpulver sollte dagegen rasch verbraucht werden. Gewürznelken schmecken brennend-feurig und würzen stark. Sie sollten deshalb sparsam dosiert werden.

Würze, Süße und Pfiff

Fenchel

Verwendet werden die Samen der Blütendolde. Der im Handel erhältliche Fenchelsamen (ganze Körner oder gemahlen) schmeckt ähnlich wie Anis, ist aber nicht so süß. Fenchel entwickelt beim Backen sein volles Aroma und sollte deshalb in kleiner Menge zugegeben werden. Fenchel würzt: Brot – Gebäck – Pasteten und Fleischfüllungen.

Ingwer

Zum Würzen wird die Wurzel des Liliengewächses verwendet. Ingwer gibt es als frische Wurzel (geschält oder ungeschält), als getrocknete ganze oder gemahlene Wurzel und in Zuckersirup eingelegte Wurzelstücke.

Frischer Ingwer hält sich am besten ungeschält im Kühlschrank, getrockneter Ingwer in ganzen Stücken ist mindestens 1 Jahr haltbar. Ingwerpulver verliert leicht an Aroma und sollte bald nach dem Kauf verwendet werden. Der Geschmack ist süßlich, scharfwürzig pikant. Frischer Ingwer ist fruchtiger im Geschmack, getrockneter würziger und schärfer.

Kardamom

Verwendet werden die Samen aus den Fruchtkapseln einer Schilfpflanze. Sie kommen meist getrocknet und gemahlen in den Handel. Manchmal sind auch die ganzen, kantigen Samenkörner gebleicht (Malabar-Kardamom) oder ungebleicht (grüner Kardamom) zu haben.

Der größere, dunkelbraune Ceylon-Berg-Kardamom ist wegen seines Rauchgeschmacks weniger beliebt. Malabar-Kardamom schmeckt feurig und würzig.

Muskat

Die Muskatnuß wächst an einem immergrünen Baum. Der Kern ist von einem Samenhäutchen umschlossen, das fälschlich „Muskatblüte" (auch Macis) genannt wird. Im Handel erhältlich sind getrocknete, gekalkte oder ungekalkte, ganze Nüsse und getrocknete, ganze Muskatblüte. Beides gibt es auch gemahlen als Pulver. Früher wurden Muskatnüsse gekalkt, um die Keimfähigkeit zu verhindern und damit den Anbau von Muskatbäumen in anderen Ländern unmöglich zu machen.

Würze, Süße und Pfiff

Heute wird das Kalken aus alter Gewohnheit und „Nostalgie" beibehalten. Auf die Qualität der Nuß hat es keinen Einfluß. Ganze Muskatnüsse sind (fast) unbegrenzt haltbar, ohne ihre Würzkraft zu verlieren. Sie dürfen jedoch nicht zu feucht gelagert werden. Macis verliert schneller das Aroma, vor allen Dingen, wenn sie gemahlen ist. Das Aroma der Nuß ist feurig-süß, gewürzig-scharf, etwas an Weihrauch erinnernd.

Koriander

Zum Backen nimmt man die kugelförmigen Samen der Doldenblüten. Sie sind ganz oder gemahlen erhältlich. Koriander hat einen milden und würzigen Geschmack. Wegen des intensiven Aromas sollte man vorsichtig würzen!

Koriander ist in fast allen Curry-Mischungen enthalten. Außerdem würzt er: Weihnachtsgebäck – Brot – Pasteten – Apfelaufläufe und -kuchen.

Kümmel

Verwendet werden die kleinen sichelförmigen Körnchen. Zu kaufen gibt es getrockneten Kümmelsamen, manchmal auch zu Pulver zermahlen. Die Aufbewahrung sollte trocken sein, damit der Kümmel nicht muffig wird. Der Geschmack ist intensiv gewürzhaft, leicht süßlich, etwas an Anis erinnernd.

Kümmel ist ein vorlautes Gewürz, daher sparsam verwenden. Er würzt salziges Gebäck – Brot – Brötchen.

Piment

Auch Nelkenpfeffer genannt. Zum Würzen werden die unreifen, getrockneten Beeren eines immergrünen Baumes verwendet. Man erhält sie ganz oder gemahlen. Trocken aufbewahrt, halten sich die Körner etwa $1/2$ Jahr. Gemahlenen Piment sollte man schnell verbrauchen. Der Geschmack von Piment liegt zwischen Pfeffer, Zimt, Muskat und Nelken. Meist wird Piment den Speisen in ganzen Körnern zugesetzt (und vor dem Servieren entfernt). Bei Bäckerei empfiehlt sich gemahlener Piment.

Würze, Süße und Pfiff

Safran

Die orangefarbenen Blütennarben der Safranpflanze, einer Krokusart, werden zum Würzen verwendet. Man kann die getrockneten Blütennarben („Fäden") ganz oder gemahlen in Blechdöschen oder Seidenpapier-Briefchen kaufen. Safran ist nach wie vor das teuerste Gewürz der Welt.

Allerdings wird auch nur ein Hauch von Safran zum Würzen gebraucht. Der Geschmack ist streng, leicht bittersüß. Zum Würzen löst man Safran in etwas heißem Wasser auf und gibt ihn dann an die Speisen. Meist reicht eine Messerspitze.

Sternanis

Zum Würzen wird der sternförmige, getrocknete Samenstand eines immergrünen Magnolienbaumes verwendet. Meist werden die ganzen Sterne in Dosen oder Plastikbeuteln verkauft. Ungemahlener Sternanis hält sich mindestens 3 Jahre. Der Geschmack ähnelt unserem Anis, ist jedoch voller, feuriger, schwerer und erinnert etwas an Lakritze.

Vanille

Zum Würzen werden die Fruchtschoten der abgeblühten Kletterorchidee verwendet. Sie werden in Glasröhrchen, luftdichten Plastikbeuteln oder Zellophantütchen verpackt im Handel angeboten. Daneben gibt es Pulver der reinen Vanille, Vanillezucker (mindestens 5 Prozent Vanilleanteil), Vanilleextrakt (flüssig, in kleinen Flaschen).

Achtung: Vanillinzucker enthält keine natürliche Vanille!

Vanille schmeckt würzig süß und hoch aromatisch. Zum Würzen schlitzt man die Schote auf, kratzt das Mark heraus und gibt es an die Speise. Die Schote kann man einige Zeit mitkochen lassen und dann herausnehmen.

Vanillezucker wird folgendermaßen zubereitet: 2 Vanillestangen aufschlitzen, auskratzen, Mark und Schote in ein gut verschließbares Glas geben und mit Zucker bedecken. Verbrauchten Zucker nachfüllen.

Würze, Süße und Pfiff

Zimt

wird aus der Rinde des immergrünen Zimtbaumes, einer Lorbeerart, gewonnen. Man unterscheidet den feineren Ceylonzimt (Caneel) und den gröberen Chinazimt (Kassia). Die Zimtrinde wird zu feinen Röllchen gedreht und kommt als Zimtstange oder zu Pulver gemahlen in Gläsern oder Tüten in den Handel. Zimtstangen halten sich 3 bis 4 Jahre, wenn sie dunkel und trocken aufbewahrt werden. Zimtpulver verliert dagegen schnell sein Aroma. Kaufen Sie es nur in kleinen Mengen. Der Geschmack von Zimt ist süßlich-würzig und feurig.

Würze, Süße und Pfiff

Nüsse

Jede Nußsorte verleiht dem Gebäck einen anderen Geschmack. Meist werden sie unterschiedlich fein gemahlen oder gehackt unter die Teige gehoben und bewirken, daß der Teig gröber wird. Am häufigsten werden gemahlene Mandeln oder Haselnüsse verarbeitet. Ein typisches Nußgebäck sind die Makronen, die aus gemahlenen Nüssen oder Kokosflocken mit Eischnee und Zucker hergestellt werden. Feines Gebäck oder Pralinen werden mit Walnüssen oder Pistazien gefüllt.

Zudem verwendet man Nüsse, ganz oder geteilt, zur Garnierung.

Nüsse zerkleinern

Kaufen Sie zum Kochen und Backen immer ganze Nußkerne und mahlen oder hacken Sie die Nüsse selbst. Mandelkerne schneidet man mit einem schweren Messer der Länge nach in Stifte. Die Mandelmühle hat im Einfüllstutzen zwei Abteilungen, die eine zum Mahlen, die andere, um Scheiben/Blättchen zu schneiden. Selbstverständlich kann man auch alle anderen Nüsse in der Mandelmühle verarbeiten.

Mit dem Wiegemesser lassen sich alle weichen, flachen Nußkerne schön gleichmäßig hacken. Besonders harte oder runde Nußkerne wickelt man in ein Küchentuch und stößt sie mit dem Fleischklopfer.

Häuten und Rösten

Die Samenschale enthält zwar Ballaststoffe, aber bei manchen Nußsorten ist sie bitter, und an vielen Gerichten ist die braune Farbe unerwünscht. Mandeln werden mit kochendem Wasser überbrüht, bis sich die Kerne aus der Haut drücken lassen. Um das bittere Häutchen von Haselnüssen zu entfernen, röstet man die Kerne ca. 5 Minuten in der heißen Pfanne oder 10 Minuten bei 220°C auf dem Blech im Backofen. Dann in einem Metallsieb so lange mit der Hand reiben, bis die Häutchen durchgefallen sind.

Achtung: Rösten verstärkt das Aroma fast aller Nüsse. Immer ohne Fett, also auf der trockenen, heißen Pfanne rösten!

Würze, Süße und Pfiff

Cashew-Nuß

Der tropische Cashew-Baum trägt längliche „Äpfel", die nur die fleischig verdickten Fruchtstiele der Cashew-Nüsse sind. Diese Steinfrucht sitzt herausragend am unteren Ende des Cashew-Apfels. Ihre ölhaltigen Samen kommen ausschließlich geschält und enthäutet als Cashew-Kerne in den Handel. Ihr Geschmack ist mandelähnlich, etwas süßlich.

Erdnuß

Wenn die niedrige Erdnußpflanze verblüht, krümmen sich die Blütenstiele abwärts und führen die junge Hülsenfrucht in den Boden, wo sie reift.

Diese billigsten aller Nüsse sind als „Affen"- oder „Fernsehfutter" etwas in Verruf geraten. Dabei läßt sich daraus unendlich vieles zubereiten, und ein dezenter Erdnußgeschmack rundet kräftige Aromen wie Schokolade oder Orange aufs Feinste ab.

Haselnuß

Sie kann als echte Nuß sogar vor Botanikern bestehen. Jeder kennt die Haselnußsträucher, die in unseren Breiten wild wachsen. Im Mittelmeerraum werden sie angebaut. Hauptlieferant für Haselnußkerne ist die Türkei, ganze Nüsse kommen aus Italien, Frankreich und den USA.

Es gibt viele Haselnußsorten, die sich in Form und Schalenfarbe voneinander unterscheiden. Wie alle Nüsse werden auch die Haselnüsse aber nicht nach Sorten, sondern nach Größensortierungen verkauft. Beliebt und bekannt sind Haselnüsse für alle Bäckereien und Süßspeisen, in Nougat und Krokant.

Kokosnuß

Die Frucht der Kokospalme ist eine Steinfrucht, von der wir im Handel nur noch den geschälten Kern finden.

In den Ursprungsländern ist das Wasser der unreifen Nüsse als Erfrischungsgetränk beliebt – immer direkt aus der Nuß.

Erst beim Reifen wächst das Kernfleisch, und das Wasser trocknet weg. Experimentieren Sie mit Kokosraspel und Cream of Coconut (Fertigprodukt aus der Dose).

Mandel

Mandeln am Baum haben grünes, behaartes Fruchtfleisch, das beim Reifen braun wird, aufplatzt und den hölzernen Kern freigibt, in dem der Samen – die Mandel – steckt. Es gibt süße und bittere Mandeln. Bei den Süßmandeln unterscheidet man die mit dem steinharten Kern, die Steinmandel, und die Krach- oder Knackmandel mit poröser, mürber Schale, die sich leicht aufbrechen läßt. Am besten schmecken spanische Mandeln.

Die **Bittermandel** enthält Blausäure, kann also roh nicht gegessen werden. Durch Kochen oder Backen wird das Gift jedoch zerstört. Bittermandel verwendet man in geringen Mengen zum Würzen von Gebäck, Süßspeisen und Konfekt.

Würze, Süße und Pfiff

Verwenden Sie Mandeln möglichst ungehäutet, so enthalten sie reichlich Ballaststoffe. In Reformhäusern gibt es das edle Mandelmus zur Herstellung von Gebäck und Konfekt. Und schließlich können Sie sich in der Eigenproduktion von Marzipan versuchen – es besteht aus Mandeln und Zucker.

Marone

Man würde zwar die Eßkastanie nie als Nuß bezeichnen, aber schließlich ist sie auch eine Steinfrucht wie viele andere in dieser Runde. Sie ist allerdings die einzige, die nicht roh gegessen werden kann.

Kastanienbäume (Edelkastanie, echte Kastanie) wachsen in Mittelmeerländern als Wald- und Fruchtbäume. Dort sind kandierte Maronen als Konfekt und Maronencreme für Süßspeisen und Torten beliebt.

Um die Marone zu „knacken", kerbt man die Schale entweder rundherum ein oder kreuzweise an der gewölbten Seite. Beim anschließenden Kochen im Wasser und/oder Rösten im Backofen öffnet sich die Schale. Der Kern läßt sich leicht auslösen und abziehen.

Paranuß

Der Paranußbaum wächst wild im Amazonasgebiet. Er bildet kugelförmige Büschel, an denen durchschnittlich 30 Paranüsse hängen. Die dreikantige Nußschale ist sehr hart, den Kern umhüllt eine dünne, braune Samenschale. Im Bruch sollte das Paranußfleisch milchigweiß sein.

Pecannuß

Diese Schalenfrucht ist bei uns noch relativ unbekannt. Importe kommen aus den USA, denn sie ist die Frucht des amerikanischen Walnußbaumes, dem Hickory. Von außen wirkt sie wie eine große, zu lang geratene Haselnuß, die Kerne ähneln länglichen Walnußkernen.

Pecannüsse sind nicht gerade billig, aber ergiebig. Sehr feiner Nußgeschmack!

Pinienkerne

Wer je in Mittelmeerländern Urlaub machte, kennt die herrlichen großen Pinien mit ihren rundlichen Zapfen. In den Schuppen dieser Zapfen liegen jeweils zwei Samen, von einer harten dunklen Schale umgeben. Der stiftförmige Samenkern ist weiß und erinnert im Geschmack an Mandeln, nur weniger intensiv.

Pistazie

Die kleinen Steinfrüchte des Pistazienstrauches zählen zu den teuersten Nüssen.

Pistazien sind bis zu 2 cm lang, in der hellbraunen Samenschale steckt der hellgrüne, längliche, dreikantige Samenkern, der von einer bräunlich gefleckten Samenhaut bedeckt ist.

Hervorragender Geschmack, besonders auch nach dem Rösten.

Würze, Süße und Pfiff

Walnuß

Obwohl eine Steinfrucht, gilt sie als Nuß schlechthin. Wer nur „Nuß" sagt, meint Walnuß. Durch archäologische Funde weiß man, daß die Walnuß schon seit mehreren tausend Jahren in Europa und Asien verbreitet ist.

Am Baum ist die Walnuß von festem, grünem Fruchtfleisch mit glatter Haut umhüllt. Helle Walnüsse sind meist gewaschen und gebleicht. Eine dunkle, unansehnliche Schale weist auf wildwachsende Nüsse und Nüsse aus biologischem Anbau hin. Von September bis November sind Schälnüsse auf dem Markt. Die weiche, sehr bittere Haut der ungetrockneten Walnüsse läßt sich vom Kern leicht abziehen.

Würze, Süße und Pfiff

Kokosmilch

Damit ist nicht nur die Flüssigkeit in den unreifen Nüssen gemeint! Kokosmilch, zum Beispiel für Cremes, bereitet man wie folgt zu: 100 g Kokosraspel (frisch oder getrocknet) mit ¼ Liter kochendem Wasser oder Milch (je nach Rezept) übergießen. Bis auf Handwärme abkühlen lassen und durchkneten. Ein Sieb mit einem Passiertuch auslegen, die Masse hineingießen und gründlich auspressen.

Marzipanrohmasse wird aus geschälten Mandeln hergestellt. Grob zerkleinert werden sie mit Zucker vermahlen, und die Masse wird unter Erhitzen getrocknet. Um aus dieser Rohmasse Marzipan zu erhalten, muß die gleiche Menge Puderzucker eingeknetet werden.

Persipan wird wie Marzipan hergestellt. Anstelle der Mandeln werden entbitterte Aprikosen- oder Pfirsichkerne oder Bittermandeln verwendet. Durch „Entbittern" kann in den Kernen keine Blausäure mehr gebildet werden, die für den Menschen in größerer Dosis tödlich wäre.

Nougat besteht aus geschälten, gerösteten Haselnußkernen oder Mandeln und Zucker. Außerdem werden Schokolade oder Kakaoerzeugnisse beigemischt.

Krokant wird aus karamelisiertem Zucker sowie zerkleinerten und gerösteten Mandeln oder Nüssen hergestellt. Meist wird Krokant zur Dekoration von Torten verwendet.

Tip:

Frische Nüsse sind schwer, der Kern füllt die Schale aus. Je älter die Nuß ist, desto leichter wird sie, und der geschrumpfte Kern klappert in der Schale.

Da alle Nußkerne sehr viel Fett enthalten, werden sie schnell ranzig. Achten Sie auf das Mindesthaltbarkeitsdatum. Es beträgt, vom Abpacktag an gerechnet, ein Jahr. Lagern Sie Nußkerne kühl und luftig, am besten fest verschlossen im Kühlschrank.

Man kann Nüsse auch für einige Monate einfrieren.

Nüsse sind ebenso gesund wie kalorienreich! 100 g enthalten je nach Sorte zwischen 400 und 700 Kalorien. Dem gegenüber stehen wertvolle Fettsäuren, Eiweiß, die Vitamine A, B, C und E, Mineral- und Ballaststoffe.

Würze, Süße und Pfiff

Früchte

Frische Früchte in jeder Variation bilden den saftigen Belag von Obstkuchen und -torten. Getrocknete oder kandierte Früchte werden dagegen wegen Geschmack und natürlicher Süße in den Teig geknetet.

Als Trockenfrüchte erhalten wir im Handel vor allem Äpfel, Aprikosen, Pflaumen und Birnen. Da sich die Früchte beim Trocknen an der Luft braun verfärben, werden sie meist geschwefelt. Gesünder sind jedoch mit Sicherheit die nicht so ansehnlichen, ungeschwefelten Produkte.

Selbstverständlich zählen auch getrocknete Weintrauben zu dieser Kategorie. Die landläufig als Rosinen bezeichneten schrumpeligen Früchtchen gehören zum Backen wie das Mehl und die Eier.

Der Unterschied

Echte **Rosinen** enthalten Kerne. Sie sind Zuchtsorten des edlen Weinstocks und wachsen vor allem in Australien, Afrika, Spanien und Zypern.

Sultaninen sind stets kernlos und stammen aus den hellhäutigen Trauben des Sultana-Rebstocks.

Korinthen erkennt man sofort an ihrer violett-schwarzen Farbe. Sie sind die kleinsten Vertreter unter den Trockenbeeren. Korinthen dürfen nicht geschwefelt werden.

Kandierte Früchte: Zum Kandieren werden die rohen Früchte zunächst in ein Salzbad getaucht, wodurch ihre Zellen aufnahmefähiger für Zucker sind. Dann werden die Früchte wiederholt in verschieden konzentrierte Zuckerlösungen eingelegt.

Auf diese Weise werden Orangeat und Zitronat hergestellt, die vor allem für die Weihnachtsbäckerei beliebt sind, zum Beispiel für Stollen und Lebkuchen. Das Zitronat, auch Sukkade genannt, wird aus den dicken Schalen der Cedratzitrone hergestellt. Die kandierten Schalenhälften werden getrocknet und gewürfelt. Ähnlich entsteht Orangeat aus den Schalen der Pomeranze, die äußerlich der Orange gleicht.

Tip: Alle Früchte, die unter den Teig gemischt werden, sollten Sie zuerst leicht in Mehl wenden. Dadurch können sie sich gleichmäßig im Teig halten und sinken während des Backens nicht nach unten.

Würze, Süße und Pfiff

Kakao und Schokolade

Um Kakao zu gewinnen, werden aus der kürbisartigen Frucht des Kakaobaums die Kerne mit dem Fruchtfleisch herausgelöst. Durch Gärung (Fermentation) entsteht das typische Kakaoaroma. Im Anschluß daran werden die Kakaobohnen getrocknet, gereinigt und geröstet. Nach dieser Behandlung muß die kleine Bohne noch zerkleinert und gewalzt werden. Es entsteht eine feste Kakaomasse, aus der durch Mahlen und Entölen letztlich das **Kakaopulver** entsteht.

Mit Kakaopulver wird zum Beispiel der Teig des Marmorkuchens gefärbt, oder es verziert aufgestäubt die Oberfläche von Gebäckstücken.

Um **Schokolade** herzustellen, wird die Kakaomasse mit Zucker, Kakaobutter und eventuell anderen Zutaten vermischt und einem aufwendigen Verarbeitungsverfahren unterzogen.

Kuvertüre wird durch ihren höheren Kakaobutteranteil beim Erwärmen sehr dünnflüssig. Daher ist sie besonders gut für Glasuren geeignet.

Fettglasuren enthalten anstelle von Kakaobutter pflanzliche Fette wie Kokos- oder Erdnußfett. Sie eignen sich ebenfalls zum Überziehen von Kuchen und Torten.

Glasuren verleihen dem Gebäck nicht nur ein leckeres, glänzendes Aussehen, sondern bewahren es auch vor dem Austrocknen.

FÜLLUNGEN UND GARNITUREN

Cremes zum Füllen und Garnieren

Buttercreme

80 g Zucker
50 ml Wasser
4 Eigelb
200 g Butter

Einfache Buttercreme

2 Eigelb
100 g Puderzucker
200 g Butter

Beim Thema „Buttercreme" verdrehen alle die Augen – die Mehrzahl jedoch im negativen Sinn. Sie brauchen schon nur beim Gedanken dran ein Alka Selzer und sehen nur die Kalorien. Dabei ist Buttercreme für Tortenbäcker eine absolut feine Sache – Sie müssen sie ja nicht täglich genießen.

Zucker und Wasser in einer Stielkasserolle klarkochen und noch 1 Minute sprudelnd kochen lassen. Vom Herd nehmen.
 Das Eigelb sehr schaumig schlagen und den Zuckersirup einrühren.
 Die Butter stückchenweise in die handwarme Eimasse schlagen.
 Für Buttercreme mit Schokoladengeschmack 40 g Kakaopulver mit Eigelb und Sirup schlagen.

Das Eigelb in eine Schüssel geben und den Puderzucker darüber sieben, beides zu einer schaumigen, weißen Creme schlagen.
 In einer zweiten Schüssel die zimmerwarme Butter schaumig rühren. Dann die Eicreme unter ständigem Rühren mit der Butter vermischen.
 Alle Zutaten zum Aromatisieren oder Färben müssen kalt sein und werden zusammen mit der Butter aufgeschlagen.

Buttercreme, mit Grenadine gefärbt

1 Menge „einfache Buttercreme"
6–8 EL Grenadine-Likör

Für die Buttercreme wie beschrieben Eigelb und Puderzucker schaumig schlagen.
 Den Grenadine-Likör eßlöffelweise in die weiche Butter schlagen. Der Likör muß jeweils von der Butter aufgenommen sein, ehe der nächste Eßlöffel voll zugegeben wird.

Cremes zum Füllen und Garnieren

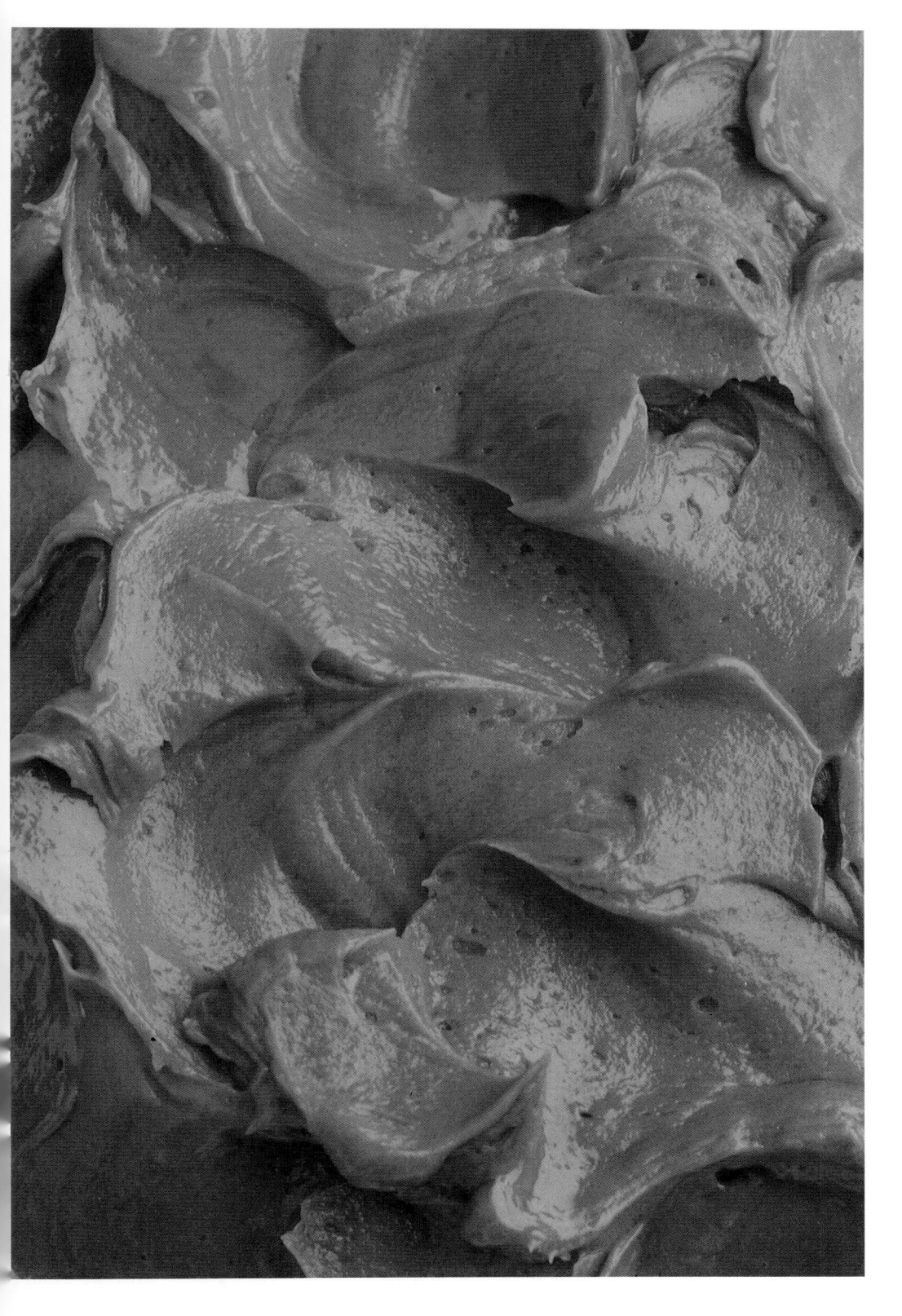

Cremes zum Füllen und Garnieren

Konditorcreme mit Nougat

½ l Milch
½ Vanilleschote
6 Eigelb
125 g Zucker
50 g Mehl
150 g Nougat
etwas Puderzucker

Von der Milch ⅛ Liter abnehmen, den Rest mit der aufgeschlitzten und ausgekratzten Vanilleschote und ihrem Mark aufkochen.

Eigelb mit Zucker sehr schaumig schlagen, das Mehl einsieben und ⅛ Liter kalte Milch in die Eimasse rühren.

Die aufgekochte Vanillemilch vom Herd nehmen, die Schote entfernen und den Nougat in der heißen Milch auflösen. Die Eimasse in die Milch rühren und den Topf wieder auf den Herd stellen. Die Masse bei mittlerer Hitze und unter ständigem Rühren zwei- bis dreimal aufwallen lassen. Die Creme vom Herd nehmen, in eine Schüssel umfüllen und zum Auskühlen mit etwas Puderzucker bestreuen, damit sich keine Haut bildet.

Ohne die Beigabe von Nougat ist diese klassische Konditorcreme, französisch „Crème pâtissière", auch als einfache Vanillecreme bekannt. Sie ist die Grundcreme für viele Tortenfüllungen und kann zum Beispiel mit Schlagsahne, schaumiger Butter oder mit Baisermasse aufgeschlagen und abgewandelt werden.

Damit die kalte, feste Vanillecreme wieder geschmeidig wird, streicht man sie durch ein Sieb und rührt sie dann kräftig mit dem Schneebesen.

Vanille-Flammeri

½ l Milch
½ Vanilleschote
2 Eier, getrennt
100 g Zucker
45 g Speisestärke
3 Blatt Gelatine
etwas Puderzucker

Von der Milch etwa ⅛ Liter abnehmen und beiseite stellen. Die restliche Milch mit der aufgeschlitzten und ausgekratzten Vanilleschote und ihrem Mark aufkochen.

Eigelb und Zucker schaumig schlagen, die Speisestärke einsieben und die restliche Milch einrühren.

3 Blatt Gelatine in etwas kaltem Wasser einweichen.

Die Milch vom Herd nehmen und die Vanilleschote entfernen. Die Eimasse in die Milch rühren, den Topf wieder auf den Herd stellen und die Creme

Cremes zum Füllen und Garnieren

bei mittlerer Hitze und unter ständigem Rühren zwei- bis dreimal aufwallen lassen.

Den Topf vom Herd nehmen, die eingeweichte und ausgedrückte Gelatine in den heißen Brei geben und unter Rühren darin auflösen.

Den Flammeri in eine Schüssel umfüllen. Die 2 Eiweiß zu sehr steifem Schnee schlagen und unter den heißen Flammeri ziehen. Mit Puderzucker bestäubt auskühlen lassen.

Statt des Eischnees können zum Beispiel auch 6 cl Eierlikör in den heißen Flammeri gerührt werden.

Käsesahne

1/4 l Milch
200 g Zucker
4 Eigelb
abgeriebene Schale von
1 unbehandelten Zitrone
7 Blatt Gelatine
4 cl Kirschwasser
500 g Quark
500 g Schlagsahne

Die Milch aufkochen. Zucker, Eigelb und Zitronenschale sehr schaumig schlagen.

Die Gelatine in etwas kaltem Wasser einweichen.

Die aufgekochte Milch vom Herd nehmen und die Eimasse einrühren. Den Topf wieder auf den Herd stellen und die Creme bei schwacher Hitze und unter ständigem Rühren „zur Rose abziehen", das heißt, die Creme knapp unter dem Siedepunkt eindicken lassen. Einen Löffelrücken durch die Creme ziehen und darauf blasen. Die Creme ist richtig, wenn sich beim Blasen das Muster einer Rosenblüte bildet.

Den Topf vom Herd nehmen, das Kirschwasser und die ausgedrückte Gelatine einrühren.

Den Quark durch ein Sieb streichen und in die Creme rühren.

Die Sahne steif schlagen und unter die Creme heben, bevor sie fest wird.

Cremes zum Füllen und Garnieren

Schokosahne

500 g Zartbitter-Kuvertüre oder je 250 g zartbitter und halbbitter
500 g Schlagsahne
1 EL Cognac

Die Grundmasse bereitet man am besten am Tag vor der Verwendung zu oder mindestens 4 Stunden vorher.

Kuvertüre hacken.

Schlagsahne einmal aufkochen, vom Herd nehmen und die Kuvertüre unter Rühren darin auflösen. Den Cognac einrühren.

Diese Masse abkühlen lassen und dann in den Kühlschrank stellen.

Zur Verwendung die Schokosahne in der Küchenmaschine oder mit dem elektrischen Handrührgerät schaumig aufschlagen.

Mit Cremes garnieren

Buttercreme, Konditorcreme und Schokosahne sind ideal zum Füllen und Garnieren von Torten. Um Verzierungen zu spritzen, arbeiten Sie am besten mit einem Dressiersack (Spritzbeutel) und mit verschieden feinen Loch- oder Sterntüllen.

Die Tülle fest in die Öffnung an der Spitze des Dressiersacks drücken. Den Sack mit einer Hand in der Mitte greifen und das obere Ende über die Hand stülpen. Den Sack zu 3/4 mit der Creme füllen und das Ende darüber zudrehen. Den Sack schütteln und etwas Creme abspritzen, damit in der Creme keine Luftblasen bleiben.

Zum Garnieren den Dressiersack mit einer Hand halten und leicht drücken, mit der anderen Hand die Spitze führen.

Tip:
Wenn es schnell gehen soll, können Sie zum Garnieren fertige Nußnougatcreme aus dem Frühstücksglas verwenden und durch eine feine Loch- oder Sterntülle spritzen.

Der Überzug für Auge und Gaumen

Der Überzug für Auge und Gaumen

Wer dekorativ backen will, kann auf **Kuvertüre** nicht verzichten. Sie besteht aus reiner Schokolade, hat aber je nach Sorte einen unterschiedlichen Kakaobutteranteil und ist in den Geschmacksnuancen Vollmilch, Halbbitter und Bitter erhältlich. Kuvertüre wird im Wasserbad geschmolzen und zum Überziehen von Gebäck verwendet. Man kann sie aber auch gerieben, fein gehackt oder geschmolzen unter Teige und Cremes ziehen.

Kuvertüre darf nicht verwechselt werden mit **Glasuren,** die man sowohl selber herstellen, als auch industriell gefertigt kaufen kann. Kalt gerührte Glasuren bestehen meist aus Puderzucker und/oder Kakao, der mit Zitronensaft, Wasser, Eiweiß, Alkohol oder Rum glattgerührt wird. Warmgerührte Glasuren sind auf Fettbasis hergestellt und können verschiedene Geschmacksrichtungen haben. Industrielle Glasuren werden mit Nußgeschmack, Schoko-, Zitronen- und Karamelgeschmack angeboten. Selbstgemachte Fettglasuren werden aus Kokosfett und Puderzucker und den entsprechenden geschmacksgebenden Zutaten bereitet.

Glasuren dienen aber nicht nur zum Dekorieren, sondern auch, um Kuchen oder Torten vor dem Austrocknen zu schützen oder zu verhindern, daß eine Creme oder ein anderer Belag den Boden durchfeuchtet.

In diesem Fall ist eine *Aprikosenglasur* besonders gut geeignet. Dazu werden 200 g Aprikosenkonfitüre mit 100 g Zucker, 1 Eßlöffel Zitronensaft und 4 Eßlöffel Wasser vermischt und unter ständigem Rühren in etwa 8 Minuten kräftig sprudelnd um etwa $1/3$ eingekocht. Die Glasur kann zusätzlich mit Likör oder einem sehr guten Obstwasser parfümiert werden.

Eine weitere Glasur ist das **Fondant.** Es besteht aus reinem Zucker und wird in sehr guter Qualität als fertige Masse oder auch in Pulverform im Handel angeboten.

Je nach der gewünschten Konsistenz und dem Verwendungszweck wird die Masse mit Läuterzucker oder Eiweiß vermischt. Außerdem kann Fondant auch mit Alkohol geschmacklich verfeinert werden. Vor allem üppige, festliche Torten werden mit Fondant überzogen, aber auch kleine, mit Creme gefüllte Gebäckstücke, die sogenannten Petit fours.

Der Überzug für Auge und Gaumen

Schokoröllchen

Im Wasserbad aufgelöste Kuvertüre dünn auf eine Marmorplatte streichen.

Die etwas fest gewordene Kuvertüre mit beliebigen Kuchenförmchen zu Blüten, Tropfen, Sternchen und Ähnlichem ausstechen und vorsichtig von der Marmorplatte lösen oder mit einem Spachtel zu Röllchen formen. Dabei wird der Spachtel schräg angesetzt und jeweils 2 bis 3 cm vorgeschoben.

Schokoladenblättchen

einfach

**1 Tafel Vollmilchschokolade, 100 g
kleine, feste Blätter von verschiedenen Bäumen und Sträuchern ohne Härchen**

Die Schokolade fein reiben und in eine Schüssel geben. Im kochenden Wasserbad unter Rühren langsam schmelzen.

Die Blättchen waschen, trockentupfen, mit einer Seite durch die geschmolzene Schokolade ziehen und etwa 20 Minuten im Kühlschrank fest werden lassen.

Die Blättchen vorsichtig von der Schokolade lösen.

Tip: Statt Blättchen kandierte Früchte oder Fruchtstücke in flüssige Schokolade tauchen.

Spritzornamente

Nach Vorschrift aufgelöste Kuvertüre mit etwas gesiebtem Puderzucker und etwas Wasser verrühren und in eine Spritztüte aus Pergamentpapier füllen. Die gewünschten Formen mit dem Bleistift auf Pergamentpapier vorzeichnen und die Konturen nachziehen.

Die gespritzten Verzierungen mit einem Spachtel von dem Pergamentpapier lösen.

Die fertigen Schokoladenverzierungen vorsichtig auf eine Platte gleiten lassen.

Der Überzug für Auge und Gaumen

425

Der Überzug für Auge und Gaumen

Der Überzug für Auge und Gaumen

Spitztüte für Spritzmuster

Das zu einem entsprechend großen Quadrat geschnittene Pergamentpapier zu einem Dreieck falten.

Das Dreieck von der breiten Seite her über die Finger einer Hand zu einer Tüte rollen.

Die überstehenden Ecken der äußeren Hülle nach innen, die Ecken aus dem Tüteninneren nach außen umschlagen.

Die Spitze der Tüte mit einer Schere gemäß der gewünschten Stärke der Spritzglasur abschneiden.

Torte mit Guß Ihrer Wahl überziehen.

Andersfarbigen Guß sofort als Spirale aufspritzen.

Mit einem Messer von innen nach außen feine Linien ziehen. Nach jedem Zug das Messer säubern.

Oder auf eine mit Schokoladenguß überzogene Torte helle Zuckergußstreifen spritzen.

Mit einem Holzspießchen im rechten Winkel ebenfalls Streifen ziehen.

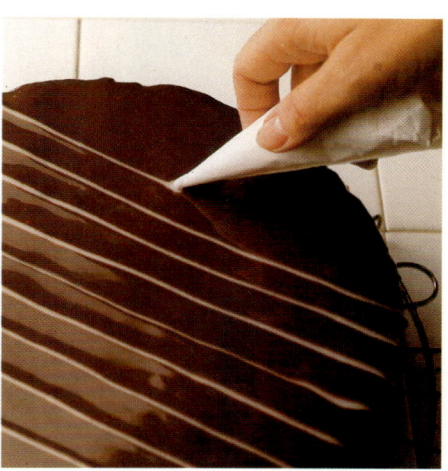

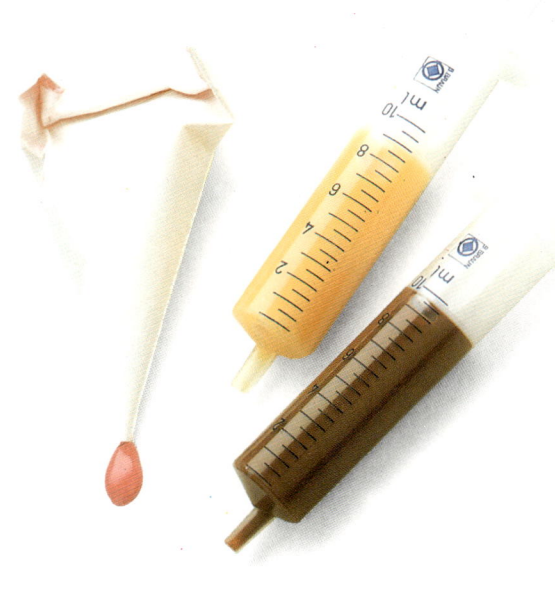

Garnieren und Verzieren

Garnieren und Verzieren

Unentbehrlich für üppige und besonders dekorative Backwerke ist die **Marzipan-Rohmasse.** Sie besteht aus einer Mandel-Zucker-Mischung und wird je nach Bedarf oder Verwendungszweck mit Puderzucker verknetet oder mit Eigelb vermischt.

Einfache Marzipan-Rohmasse kann bestimmten Teigen zugesetzt werden, man kann damit Füllungen und Makronenmassen bereiten.

Mit gleichen Teilen Puderzucker verknetet, ergibt sie ein besonders modellierfähiges Marzipan, aus dem Blumen, Blätter oder andere Figürchen geformt oder ausgestochen werden können.

Buntes Marzipan

Marzipan mit beliebiger Speisefarbe einfärben.

Farbiges Marzipan zwischen Klarsichtfolie in der gewünschten Stärke ausrollen.

Das Marzipan mit verschiedenen Plätzchenausstechern in beliebigen Formen ausstechen.

Garnieren und Verzieren

Marzipanrosen

Das zwischen Frischhaltefolie dünn ausgerollte, farbige Marzipan kreisförmig ausstechen.

Einige Kreise zu Kegeln formen.

Übrige Kreise sich überlappend an die Kegel drücken.

„Rosenblätter" mit Daumen und Zeigefinger flachdrücken.

Die Röschen mit Stielen und Blättern, die aus grünem Marzipan geformt werden, zu Blumen legen.

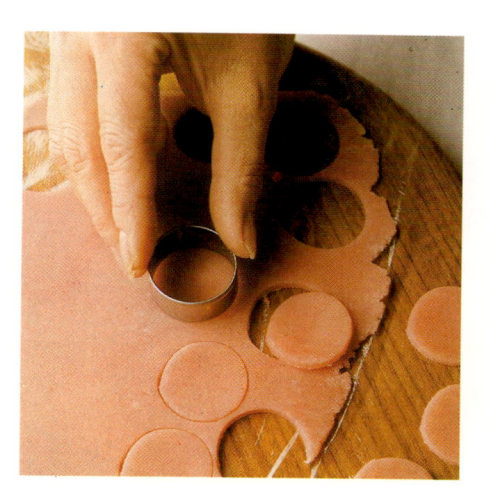

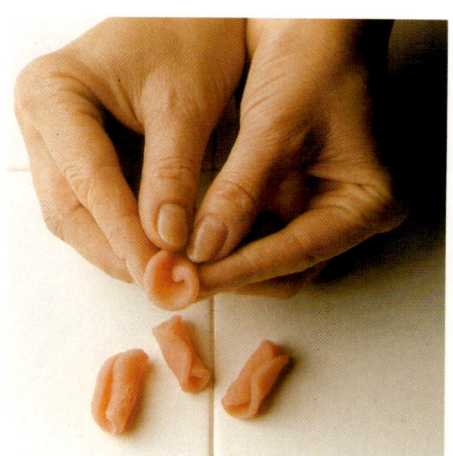

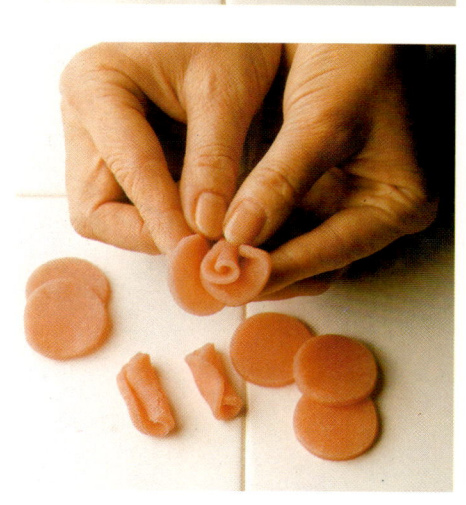

Garnieren und Verzieren

Schmetterlinge aus Marzipan

einfach

**180 g Zucker
50 g Marzipan-Rohmasse
1 Messerspitze Zimt
1 Prise Salz
3 Eier
150 g Mehl
50 g Schlagsahne
150 g Kuvertüre**

Den Zucker mit der Marzipan-Rohmasse, Zimt, Salz und 1 Ei zu einer glatten Masse verrühren. Die restlichen Eier mit dem Handrührgerät rasch einarbeiten und das Mehl nach und nach zufügen. Den Teig zugedeckt im Kühlschrank 1 Stunde ruhen lassen.
    Aus Pappkarton Schablonen für die Schmetterlingsflügel anfertigen und auf ein mit Backpapier ausgelegtes Backblech legen.

Garnieren und Verzieren

Die Sahne unter den Teig mischen, die Schablonen mit der Teigmasse bestreichen und den Teig mit einem Spachtel gut verteilen. Die Pappschablonen vorsichtig entfernen und die Figuren im vorgeheizten Backofen bei 200°C 4 bis 5 Minuten backen.

Die Schokoladenkuvertüre nach Packungsanleitung auflösen.

Die ausgekühlten Teigflügel zu Schmetterlingen legen und mit der Kuvertüre so zusammenfügen, daß gleichzeitig Körper und Fühler entstehen. Die restliche Kuvertüre als Tupfen auf die Flügel spritzen.

Nährwerte gesamt	
Kilokalorien	2550
Kilojoule	10690
Eiweiß/g	56
Kohlenhydrate/g	422
Fett/g	62
Ballaststoffe/g	14,3

Garnieren und Verzieren

Krokant

**1 EL Butter
50 g Zucker
100 g gehackte Mandeln
Öl zum Einfetten**

In einer Pfanne Butter zerlassen und den Zucker unterrühren. So lange weiterrühren, bis sich der Zucker goldbraun färbt. Dann die Mandeln untermischen.

Ein großes Stück Alufolie oder ein Backblech mit Öl einfetten. Den Krokant darauf verteilen und erkalten lassen. Krokantstücke mit einem Tuch abdecken und mit der Teigrolle fein zerstoßen.

Statt Mandeln können auch Haselnüsse verwendet werden.

Kandiertes Obst- kandierte Blüten

Kochen macht Freude, wenn man Neues ausprobiert. Kochen soll ab und zu einfach das Spielen mit Zutaten bedeuten. Nehmen sie sich einmal die Zeit, etwas zuzubereiten, damit andere vor allem Spaß daran haben und nicht nur davon satt werden.

Dazu gehört das Kandieren von Früchten und Blüten. Es sind süße Schleckereien, die in guten Konditoreien nicht gerade preiswert sind, deren Herstellung jedoch viel Freude macht. Vielleicht ziehen Sie Ihre Veilchen selbst oder sind von einem Spaziergang mit einem Strauß Veilchen zurückgekehrt. Wie wäre es, wenn sie diese kandieren und einem lieben Menschen schenken würden? Natürlich kann man sie auch zum Verzieren von Süßspeisen und Kuchen verwenden.

Ist es nicht eine originelle Idee, Freunden selbst kandierte Kirschen aus dem eigenen Garten mitzubringen oder eine Dose voll kandierter Früchte zu verschenken? Auch Ihre Sommerrosen überleben in einem Zuckermantel den Winter – wenn sie nicht vorher in den Magen gewandert sind.

Das Kandieren von Früchten ist ganz leicht, es dauert nur eine längrere Zeit.

Kandiertes Obst - kandierte Blüten

Kandiertes Obst – kandierte Blüten

Kandieren von Früchten

**4 Orangen
ca. 1 kg Zucker
1/4 l Wasser**

Orangen in kochendes Wasser legen, damit sich das Paraffin ablöst.

Orangen in mitteldicke Scheiben schneiden.

Orangenscheiben im kochenden Wasser ca. 5 Minuten garen. Anschließend mit Hilfe eines Bratenwender herausheben und auf einem Kuchengitter abtropfen lassen.

Garflüssigkeit der Früchte mit der Hälfte des Zuckers zu einem Sirup aufkochen.

Orangenscheiben nebeneinander in eine flache Form (kein Metall!) setzen und mit kochendem Sirup übergießen. 24 Stunden stehen lassen.

Fruchtscheiben mit dem Bratenwender herausheben und die Scheiben auf dem Gitter trocknen lassen, abtropfenden Sirup dabei auffangen.

Dem Sirup weiteren Zucker hinzufügen und aufkochen, die Orangen mit Sirup übergießen und weitere 24 Stunden stehen lassen.

Sirup noch 5 bis 6 mal auf die gleiche Art und Weise und unter ständig wachsender Zuckerzugabe aufkochen und die Orangenscheiben jedes Mal damit überziehen.

Sirup noch einmal – mit dem restlichen Zucker – aufkochen, über die Orangenscheiben gießen, weitere 4 Tage stehen lassen und dann zum Abtropfen auf ein Gitter setzen. Früchte an einem offenen, trockenen und warmen Ort ca. 3 Tage stehen lassen.

Kandiertes Obst - kandierte Blüten

Kandiertes Obst - kandierte Blüten

Kandierte Rosenblüten

200 g Blütenblätter von duftenden Rosen (Rosa centofolia)
250 g Zucker
1/8 l Wasser

Zucker und Wasser aufkochen und weitere 5 Minuten kochen lassen.

Die Blütenblätter nacheinander in den Zuckersirup geben und 1 Minute mitkochen lassen.

Die kandierten Rosenblüten vorsichtig aus dem Zuckersirup heben und auf einem Gitter etwa 24 Stunden trocknen lassen.

Kandierte Veilchen

200 g ungespritzte Veilchen
250 g Zucker
1/8 l Wasser

Die Veilchen vorsichtig von den Stielen lösen.

Zucker in einen Topf geben, Wasser angießen, aufkochen und dann 5 Minuten kochen lassen.

Die Veilchenblüten nacheinander in den Zuckersirup geben und 1 Minute mitkochen lassen.

Die kandierten Veilchen mit einer Gabel vorsichtig herausnehmen und auf einem Gitter mindestens 24 Stunden trocknen lassen.

Tip:
Mit kandierten Veilchen können Sie Desserts, Kuchen und Torten hübsch verzieren. Kandierte Veilchen sollten in Gläsern verschlossen aufbewahrt werden.

Kandiertes Obst - kandierte Blüten

DER BACKOFEN

Rund um den Backofen

Mikrowelle auch zum Backen? Andere Backzeiten in der Umluft? Welches Geschirr für welchen Backofentyp?

Mit immer neuen Geräten wollen die Hersteller das Backen noch leichter, attraktiver und sicherer machen. Die folgende kleine Backofenkunde soll Ihnen helfen, den Überblick zu wahren.

Gasbackofen, der Energiesparer

Generationen von Hausfrauen haben im Gasbackofen (bzw. im Holzofen) Kuchen gebacken, und alle, die davon kosteten, waren zufrieden. Doch trotz der zahllosen Bewährungsproben, die er bestanden hat, gilt er als nicht mehr recht zeitgemäß und wird nur noch da eingebaut, wo ein schwaches Stromnetz einem Elektroofen nicht gewachsen wäre. Die für das Back- und Bratgut wohltuende gleichmäßige Rundumwärme vermag ein Gasbackofen einfach nicht so perfekt zu bringen, die Stufeneinteilung ist zu ungenau.

Konventioneller Elektrobackofen mit Ober- und Unterhitze

Backrezepte, die keine weiteren Angaben zum Ofentyp haben, gehen immer von diesem Ofen aus. Heizspiralen erwärmen das Ofeninnere vom Boden und von der Decke aus. Die Hitze verteilt sich gleichmäßiger als bei Gas, eine 100 %ig perfekte Verteilung ist allerdings auch hier nicht gewährleistet: Oft ist die Temperatur in Türnähe etwas niedriger, mit der Folge, daß Gebäck dort auch langsamer bräunt. Da für gleichmäßiges Garen Ober- und Unterhitze in gleicher Intensität auf das Backgut einwirken müssen, sollte es grundsätzlich auf mittlerer Höhe stehen. Weil aber zumeist offenes Geschirr verwendet wird (Backblech, Kuchenform), das die Hitze von oben ungehindert an die Lebensmittel läßt, während es die Unterhitze mehr oder weniger stark abhält, wird man selbst flache Formen ein wenig unterhalb der Mitte einschieben. Hohe Formen (Gugelhupf) werden natürlich entsprechend weiter unten eingeschoben.

Für flachen Blechkuchen wäre theoretisch die mittlere Einschubleiste richtig. Das gilt für Teig ohne Belag, zum Beispiel für das Vorbacken des Mürbteigs beim Rhabarber-Baiserkuchen oder für eine Schokoladen- oder Nußmasse, die ohne Belag gebacken und anschließend glasiert wird. Teig mit Obstbelag dagegen ist weiter unten einzuschieben, damit der Teig fertig bäckt, ohne daß das Obst austrocknet.

Kuchen mit Baiserhaube oder Butterkuchen wiederum können gegen Ende der Backzeit mehr Oberhitze erhalten, damit die Haube leicht bräunt bzw. der Zucker karamelisiert.

Auch das Material einer Form kann für die Einschubhöhe bestimmend sein: Während dunkle Bleche die Hitze im Elektroofen gut an das Backgut heranlassen, hält weiße Keramik (die hübschen Pie-Formen!) die Hitze so sehr ab, daß unbedingt eine tiefere Einschubleiste gewählt werden muß. Ober- und Unterhitze sind bei den meisten Geräten getrennt zu schalten, vor allem die Oberhitze wird auch mal allein gebraucht: zum Überkrusten und Gratinieren.

Eine weitere Heizschlange an der Decke, der Grill, kann zugeschaltet oder allein verwendet werden.

Fazit: Gleichmäßiger und vielseitiger als Gas, aber noch keineswegs perfekt. Hoher Stromverbrauch durch langes Vorheizen.

Umluft/Heißluft: Backen auf allen Etagen

Ein weiterer Schritt auf dem Weg zum perfekten Backofen war die Entwicklung der „Umluft": Ventilatoren sorgen dafür, daß sich die Hitze schnell und gleichmäßig in der Röhre verteilt.

Vorheizen ist nicht mehr erforderlich. Da überall die gleiche Temperatur herrscht, kann auf mehreren Etagen gleichzeitig gebacken werden. Bei der Weihnachtsbäckerei, z. B. kann es eine enorme Erleichterung bedeuten, wenn bis zu 4 Bleche Plätzchen auf einmal in den Ofen wandern.

Die Vorteile sind unbestreitbar, dennoch: Reine Umluftöfen sind nicht mehr im Angebot, weil sich schnell auch Nachteile bemerkbar machten. Empfindliches Backgut kann austrocknen, Teige und Massen, die hochtreiben sollen, werden von den Luftströmen niedergewirbelt. Für Soufflé, Biskuit und Brandteig etwa ist die konventionelle Ober- und Unterhitze (mit Vorheizen) günstiger.

Wählen Sie die Temperatur etwa 20 bis 30°C niedriger als für den konventionellen Herd. Genaue Angaben des Herstellers finden Sie in der Betriebsanleitung.

Temperaturtabelle

Gas-Backofen, Thermostateinstellung	elektrischer Backofen, 0 °C (ca.)
1	140–160
2	160–180
3	180–200
4	200–220
5	220–240
6	240–260
7	260–280
8	280

Rund um den Backofen

Kombigeräte: alles in einem

Wer sich einen Backofen kauft, hat eine Riesenauswahl zwischen den verschiedenen Herstellern und den unzähligen Typen. Allerdings gilt auch hier das Sprichwort: „Wer die Wahl hat, hat die Qual".

Die häufigsten Kombinationen sind:
– Ober-, Unterhitze und Umluft
– Ober-, Unterhitze, Umluft und Grill
– Ober-, Unterhitze, Umluft, Grill und Mikrowelle

Einige Modelle bieten noch technische Finessen, wie z. B. die Bratautomatik, Zeitschaltautomatik oder Speisenthermometer.

Nicht jeder Haushalt benötigt alle Möglichkeiten. Die überlegte Wahl spart nicht nur Geld, sondern auch Ärger bei der Bedienung.

Werden **Umluft und Mikrowelle** kombiniert, ergibt sich eine ideale Paarung. Die Mikrowelle liefert die Komponente Schnelligkeit, die Umluft bräunt. So können beispielsweise Aufläufe und Rührkuchen in der halben Zeit gebacken werden. Wer mit Mikrowelle oder Kombigerät backen möchte, sollte sich an die Rezeptvorschläge des Herstellers halten oder ein spezielles Mikrowellenbackbuch zu Rate ziehen. Die Möglichkeiten sind jedenfalls sehr eingeschränkt.

Wichtig beim Kauf der Kombigeräte ist die Frage, welche Betriebsarten miteinander geschaltet werden können. Denn selbst, wenn das Gerät mit allen Beheizungsarten ausgestattet ist, heißt das nicht, daß sie auch gleichzeitig betrieben werden können.

Welches Geschirr für welchen Ofen?

Weißblechformen, deren Vorteil vor allem darin besteht, daß sie billig sind, reflektieren die Hitze, halten sie also vom Backgut fern. Daher: immer unterhalb der Mitte einschieben, evtl. abdecken, wenn die Oberfläche zu sehr bräunt.
Für Gas- und Umluftherde eher geeignet, für die üblichen Elektroröhren weniger.

Schwarzblechformen und -bleche leiten die Hitze besonders gut, deshalb nicht zu weit unten einschieben, evtl. Unterhitze reduzieren. Gut für Elektroöfen, weniger gut für Gas.

Rund um den Backofen

Ebenfalls für Elektroöfen, konventionell wie auch umluftig, ist **teflonbeschichtetes** Geschirr. Bei Gas weniger geeignet.

Keramikgeschirr sieht schön aus und wird besonders gern für Aufläufe, Pies und Quiches benutzt, um sie gleich in der Form zu servieren. Allerdings wird die Wärme so schlecht geleitet, daß eine längere Backzeit einkalkuliert werden muß.

Ähnliches gilt für **Glasformen.** Der Vorteil aber: man sieht, was los ist.

Silikonbeschichtetes Backgeschirr ist der neueste Renner in den Haushaltsläden. Jeder Hersteller hat seine spezielle Formel, z. B. Silikonbeschichtung mit Granitmehl. Schneiden darf man auf diesen Flächen trotzdem nicht. Das Backgeschirr ist für alle Ofentypen sehr gut und entsprechend teuer. Empfehlenswert für Leute, die gern und oft backen.

Prüfen Sie die Backtemperatur

Für ein paar Mark bekommen Sie im Haushaltsladen ein Thermometer mit einer Skala bis 300°C. Damit läßt sich die Temperatur im Backofen überprüfen. Das ist für Gasöfen, die meist mit der wenig präzisen Angabe „Stufe 1" usw. operieren, ebenso nützlich wie für Elektroöfen. Bei denen stellt man zwar genau die gewünschte Temperatur ein – ob sie aber wirklich erreicht wird, ist gerade bei älteren Modellen die Frage. Also: lieber nachprüfen, denn von der richtigen Temperatur hängt das Gelingen Ihres Gebäcks wesentlich ab.

FACHAUSDRÜCKE

Fachausdrücke von A–Z

Aprikotieren: Einen Kuchen vor dem Glasieren mit Aprikosenkonfitüre bestreichen. Dadurch haftet die Glasur besser auf dem Kuchen und verhindert, daß die Glasur den Teig durchfeuchtet.

Abbrennen: Bei ständiger Wärmezufuhr einen Mehl- oder Grießbrei so lange rühren, bis sich die Masse als Kloß vom Topfboden löst. Dies ist die Technik bei der Brandteigherstellung.

Blindbacken: Backen von Teigen, meist Mürbteigen, ohne Füllung. Um zu verhindern, daß der Rand abrutscht, werden Trockenhülsenfrüchte als Füllung mitgebacken, die anschließend wieder entfernt werden.

Dressiersack oder Spritzbeutel: Ein tütenförmiger Stoffsack, der am spitzen Ende ein Loch hat, durch das die Spritztülle gesteckt wird. Teige, Massen und Cremes werden in diesen Sack gefüllt und zum Beispiel auf das Backblech oder auf eine Torte gespritzt. Dieses Spritzen bezeichnet man als „Dressieren". Daher stammt auch der Name Dressiersack.

Garprobe: Um zu prüfen, ob ein Teig oder eine Masse durchgebacken ist, sticht man an der dicksten Stelle mit einem Holz- oder Metallspieß (Schaschlikspieß oder Rouladennadel) in das Gebäck. Beim Herausziehen darf sich der Spieß nicht feucht oder klebrig anfühlen. Da die verschiedenen Backofenmodelle sehr unterschiedlich arbeiten, empfiehlt es sich, am Ende der im Rezept angegebenen Backzeit jedenfalls eine Garprobe vorzunehmen. Der Kuchen muß eventuell noch 5 bis 10 Minuten länger backen.

Glasieren (Überglänzen): Überziehen von Gebäck mit Gelee, Zucker- oder Schokoladenglasur.

Karamelisieren: Schmelzen und Bräunen von Zucker, eventuell zusammen mit Wasser oder Butter.

Kneten: Feste Teige werden unter Druck per Hand oder mit der Küchenmaschine mit dem Knethaken vermengt.

Mahlen: Zerkleinern von festen Lebensmitteln, zum Beispiel Getreide, zwischen Mahlkegeln, -walzen oder -scheiben. Auch Zerschlagen mit Hilfe eines rotierenden Schlagkreuzes, wie in der Kaffeemühle, zählt zum Mahlen.

Mazerieren: Tränken von geschnittenen, auch getrockneten oder kandierten Früchten, vorwiegend in Spirituosen.

Mixen: Mischen von Flüssigkeiten und festen Zutaten. Mit dem rotierenden Messerkreuz des Mixers oder Pürierstabes lassen sich gleichzeitig die festen Zutaten zerkleinern oder fein pürieren.

Passieren (Durchstreichen, Durchschlagen): Pressen von weichen, meist gegarten Lebensmitteln durch ein Sieb. Um Kerne und Schalen von gekochtem Obst zu entfernen, wird es passiert.

Pürieren: Zerkleinern weicher, roher oder gegarter Lebensmittel zu einer einheitlichen Masse.

Quellen: Ein Lebensmittel nimmt Flüssigkeit auf und vergrößert dadurch sein Volumen. Zum Beispiel quillt das Mehl im Teig.

Raspeln: Auf der gelochten Fläche eines Hobels oder einer Reibscheibe wird das Lebensmittel in grobe Streifen zerkleinert.

Reiben: Auf einer aufgerauhten Fläche wird das Lebensmittel fein zerkleinert.

Rösten: Bräunung durch Wärmebehandlung, zum Beispiel von Nüssen.

Rühren (Mischen, Quirlen): Vermengen von Lebensmitteln je nach ihrem Flüssigkeitsanteil, zu einer flüssigen, breiartigen, teigigen oder trockenen Konsistenz. Alle Zutaten werden dadurch gleichmäßig verteilt.

Schlagen (Aufschlagen): Einarbeiten von Luft in Lebensmittel, wie zum Beispiel Eier, Sahne, Teige.

Schmelzen: Verflüssigen durch Erwärmen von bei Raumtemperatur festen Lebensmitteln wie Fetten, Schokolade oder Gelatine.

Tourieren oder Touren geben: Technik zur Herstellung von Blätter- und Plunderteig. Hierbei wird kalte Butter in Schichten in den Teig eingearbeitet. Abhängig vom Zusammenlegen der Teigschichten spricht man von „einfachen" und „doppelten Touren".

Wachs und Oblaten: vor allem für die Weihnachtsbäckerei wichtig. Mehr als bei Butterteig, der durch seinen hohen Fettgehalt ohnehin nicht so sehr am Blech haftet, müssen bei den zähen, fettarmen Honigteigen Vorkehrungen getroffen werden:
Zu den althergebrachten Methoden (Honigteig kann sehr fest kleben!) gehört das **Wachsen** des Blechs. Geschmacksneutrales Blockwachs gibt es in der Vorweihnachtszeit eigens für diesen Zweck zu kaufen. Für Honigteig können es auch saubergeschabte Reste von Bienenwachskerzen sein. Nach dem Wachsen dünn mit Mehl bestäuben.
100prozentigen Antihaftschutz bringen seit jeher **Oblaten** aufs Blech. Es gibt sie rund und rechteckig in unterschiedlichen Größen und seit neuestem sogar in einer Vollkornversion. Wichtig bei Oblaten: Makronen- oder Lebkuchenteig läuft beim Backen immer etwas breit. Daher ausreichend Rand lassen.

Maße und Gewichte

Lebensmittel	Gewicht in g 1 EL	1 TL
Wasser, Milch, Saft	15	5
Backpulver	10	3
Butter	15	5
Crème fraîche	15	5
Gelatine, gemahlen	10	3
Grieß	12	3
Haferflocken	8	2
Haselnüsse, gerieben	7	2
Honig	20	6
Kakao	6	2
Mandeln, gerieben	8	3
Mehl, Type 405	10	3
Öl	12	4
Puderzucker	10	3
Rosinen	10	5
Salz	15	5
saure Sahne	17	6
Schlagsahne	15	5
Semmelbrösel	10	3
Speisestärke	9	3
Zimt	6	2
Zucker	15	5

Die Menge von 1 gestrichenen Eßlöffel = ca. 3 gestrichene Teelöffel
Die Menge von 2 gestrichenen Eßlöffeln = ca. 1 gehäufter Eßlöffel

REZEPTVERZEICHNIS

A

Adventsgebäck, Skandinavisches	125
Adventskranz	144
Anisbrot	236
Apfel im Schlafrock	159
Apfel-Nußfüllung	147
Apfel-Nußstrudel	147
Apfelfüllung	151
Apfelhut	194
Apfelkuchen, glasierter	53
Apfelkuchen, Schwäbischer	29
Apfelsäckchen	129
Apfeltörtchen mit Marzipan	161
Apfeltorte, Großmutters	57
Apple pie	25
Aprikosenfüllung	151
Aprikosenkuchen mit Guß	11
Aprikosenstrudel	151
Aprikosentorte, schnelle	317
Auflauf, Pfirsich-Makronen-	56
Auflauf, Sacher- mit Birnen	56
Ausbacken, in Fett	373
Ausbackteig, Grundrezept	375
Ausgebackene Kringel	172
Auslegen der Pastetenform	302

B

Badischer Zwiebelkuchen	262
Baguettes	244
Baiser, Marzipan- mit Ingwerbirnen	180
Baisermasse, schwere	362
Baisermasse, warm zubereitet	362
Baisertorte mit Pfirsichen	184
Baisertorte, Eis-	182
Baisertorte, Johannisbeer-	175
Baiser, Grundrezept	362
Baiser, Rezepte mit	174
Bananentarte	12
Bärentatzen, feine	211
Bauernfladen	240
Beeren im goldenen Käfig	36
Beeren-Tiramisù	87

Beerenkuchen mit Eiersahne	335
Berliner Pfannkuchen, Krapfen	107
Bienenstich, gefüllt	98
Bienenstich, ungefüllt (Blechkuchen mit Mandeln)	141
Birnen, Sacherauflauf mit	56
Birnentarte	54
Bischofsbrot	92
Biskuit, Blitz-	316
Biskuit, einfacher	312
Biskuit, Grundrezept	312
Biskuit, Rezepte mit	66
Biskuit, Schokoladen-	321
Biskuit, Wasser-	316
Biskuit-Omeletts mit Fruchtfüllung	90
Biskuitmasse mit Zusätzen	321
Biskuitomeletts	323
Biskuitroulade	77, 82, 313
Biskuits, Löffel-	323
Bomben-Torte	78
Blätterteig, Blitz-, Grundrezept	347
Blätterteig	342
Blätterteig, Deutscher	343
Blätterteig, Grundrezept	343
Blätterteig, Halb-	349
Blätterteig, Rezepte mit	154
Blätterteig, süße Teilchen	350
Blätterteig, Vollkornkäsetaschen aus Quark-	273
Blätterteigpastetchen, gefüllte	267
Blätterteigschnecken mit Oliven	280
Blättertorte mit Chirimoya	192
Blechkuchen mit buntem Belag	100
Blechkuchen mit Mandeln (Bienenstich, ungefüllt)	141
Blitzbiskuit	316
Blitzblätterteig, Grundrezept	347
Blüten, kandierte	432
Brandteig, Grundrezept	359
Brandteig, Rezepte mit	162
Bratwürstchen im Brotteig	287
Brioches	110
Brotrezepte	232
Brot, Anis-	236
Brot, Estragon-	242
Brot, Gewürz-	240
Brot, Kräuter-	233
Brot, Nuß-	233
Brot, Schwedisches Vollkorn-	241
Brot, Sonnenblumen-	240
Brot, Walnuß-	372

Brot, weißes Kasten-	243
Brot-Zwiebeltorte	244
Brotbacken	366
Brötchen, Fenchel-Zwiebel-	242
Brötchen, Graham-	236
Brötchen, Holzfäller-	239
Brötchen, Kräuter-Käse-	337
Brötchen, Omas Tee-	107
Brotsonne mit Mohn, Kümmel und Salz	235
Brotsonne, Fines herbes-	244
Brotteig, Bratwürstchen im	287
Brotteig, Grundrezept	367
Brüsseler Schokoladenkuchen	46
Buchteln, Mohn- mit Birnensalat	108
Bûche de Noël	95
Buntes Marzipan	428
Buttercreme mit Walnüssen	67
Buttercreme, einfache	418
Buttercreme, mit Grenadine gefärbt	418
Buttercreme, Schokoladen-	95
Buttercreme, Vanille-	42
Buttercreme	58
Buttercreme	418
Butterkuchen	102
Butterstollen	127

C

Cassis-Quarkschnitten	80
Champignon-Pizza, Thunfisch-	247
Churros	377
Club-Teilchen	143
Croissants	132
Croquembouche, Profiteroles-Pyramide	163
Curry-Gebäck	279
Curuba-Meringe	186

D

Dänische Käsestangen	278
Deutscher Blätterteig	343
Dobostorte	70

E

Eclairs	360
Eierlikör-Gugelhupf	46
Einfache Buttercreme	418
Einfacher Biskuit	312
Eis-Baisertorte	182
Eiweißmasse, leichte	362
Elisenlebkuchen	202
Engadiner Nußtorte	30
Erdbeerkuchen	80
Erdbeerroulade	313
Estragonbrot	242
Exquisite Schnecken	142

F

Feine Bärentatzen	211
Fenchel-Zwiebelbrötchen	242
Festbrezel	124
Festtagskuchen	64
Fett, ausbacken in	373
Fettringe	142
Fines herbes-Brotsonne	244
Fingergolatschen	216
Fischpastete	264
Flammeri, Vanille-	420
Fleischpastete	266
Fleurons	352
Flockentorte	166
Florentiner	221
Fragilité	178
Frankfurter Kranz	42
Früchtebrot, Vollkorn-	203

Rezeptverzeichnis

Früchtekuchen	208
Fruchtiger Zimtkuchen	40
Füllung, Kastaniencreme-	84
Füllung, Mohn-	122
Füllung, Orangencreme-	82
Füllungen	418

G

Gänsefuß-Torte	72
Garnituren	418
Gebäck, Curry-	279
Gebäck, pikantes Klein-	272
Gedeckter Rhabarberkuchen	294
Gefüllte Blätterteigpastetchen	267
Gefüllter Kokoskuchen	58
Gefüllter Mandelkuchen	30
Gemüsepastetchen	284
Gemüsetarte	258
Geriebener Teig	291
Gestreifte Rouladentorte	77
Gestürzter Obstkuchen Melanie	51
Gewürzbrot	240
Gewürzkloben	238
Gewürzrollen	144
Gewürzter Mürbteig	291
Glasierter Apfelkuchen	53
Glasur, Karamel-	70
Glasur	53
Graham-Brötchen	236
Graham-Laib	236
Grießplätzchen	212
Grougères	277
Großmutters Apfeltorte	57
Grundrezept, Ausbackteig	375
Grundrezept, Baiser	361
Grundrezept, Biskuit	312
Grundrezept, Blätterteig	343
Grundrezept, Blitzblätterteig	347
Grundrezept, Brandteig	359
Grundrezept, Brotteig	367
Grundrezept, Hefeteig	325
Grundrezept, Mürbteig für pikante Bäckerei	299
Grundrezept, Mürbteig für Quiche und Co.	305
Grundrezept, Mürbteig	289
Grundrezept, Plunderteig	330
Grundrezept, Quarkblätterteig	349
Grundrezept, Quarkölteig	334
Grundrezept, Rührteig	308
Grundrezept, Strudelteig	338
Grundrezept, süßer Hefeteig	326
Grundrezept, Waffeln	377
Grundrezept, Wiener Masse	318
Gugelhupf mit Nußfüllung	328
Gugelhupf, Eierlikör-	46
Guß	29

H

Hackfleischstrudel mit Weinblättern	271
Hackfleischtorte, Italienische Tomaten-	256
Halbblätterteig	349
Haselnußtorte, Mandarinen-	60
Hefe-Safranzopf	238
Hefekorb	114
Hefeschnecken	103
Hefeteig, Grundrezept	325
Hefeteig, süßer, Grundrezept	326
Hefeteig, Rezepte mit	96
Hefeteig	324
Heidelbeertorte	192
Himbeer-Vanilletorte	22
Himbeerkuchen	15
Himmelstochter	176
Holländer Kirschschnitten	156
Hollerküchle	375
Holzfällerbrötchen	239
Honigplätzchen	226
Hörnchen, Käse-Schinken-	281
Hörnchen, Käse-	276
Hörnchen, Nuß-	332

Rezeptverzeichnis

I

In Fett ausbacken	373
Ingwerstamm	47
Italienische Tomaten-Hackfleischtorte	256

J

Joghurttorte Gisela	20
Johannisbeer-Baisertorte	175
Johannisbeerkuchen mit Nußbaiser	24

K

Kandieren von Früchten	434
Kandierte Blüten	432
Kandierte Rosenblüten	436
Kandierte Veilchen	436
Kandiertes Obst	432
Karamelglasur	70
Kartenblätter	231
Kartoffeltorte	199
Käse-Sahnetorte	26
Käse-Schinkenhörnchen	281
Käsebrötchen, Kräuter-	337
Käsehörnchen	276
Käsekuchen mit Kirschen	17
Käsekuchen, Möhren-	199
Käsekuchen, saftiger, ohne Boden	196
Käsemonde	274
Käseplätzchen	278
Käsesäckchen	275
Käsesahne	421
Käseschleifen	277
Käsestangen mit Salz oder Sesam	274
Käsestangen, Dänische	278
Käsestangen	352
Käsetaschen, Vollkorn- aus Quarkblätterteig	273
Käsetaschen	276
Kastaniencreme-Füllung	84
Kastanienstamm	84
Kastenbrot, weißes	243
Kernbeißer Quarktorte	18
Kirschenstrudel	340
Kirschfüllung	74
Kirschkuchen, Sauer-	54
Kirschschnitten, Holländer	156
Kirschwassersahne	74
Kleingebäck, pikantes	272
Kletzenbrot	205
Knusperlis	227
Knuspertorte	185
Kokoskuchen, gefüllter	58
Konditorcreme mit Nougat	420
Krapfen (Berliner Pfannkuchen)	107
Kräuter-Käsebrötchen	337
Kräuterbrot	233
Kringel, ausgebackene	172
Krokant	42, 77, 432
Kuchen-Spezialitäten	190
Kulitsch – Russischer Osterkuchen	118
Kurländer Speckkuchen	282

L

Lachswindbeutel	280
Lauchstrudel	270
Lebkuchen, Elisen-	202
Lebkuchen, weiße	224
Leichte Eiweißmasse	362
Liebesknochen	170
Likörsahne	91
Linzer Torte	32
Löffelbiskuits	323

Rezeptverzeichnis

M

Makronen, Mohn-	230
Mandarinen-Haselnußtorte	60
Mandel-Rahmstrudel	149
Mandel-Sahnebrezeln	212
Mandelbrezeln	218
Mandeldecke	98
Mandelgebäck	215
Mandelkuchen, gefüllter	30
Mandelwaffeln	191
Mandelzwickel	224
Mangokuchen	292
Marmorkuchen	310
Maronencreme	155
Maronentorte	155
Marzipan, buntes	428
Marzipan, Schmetterlinge aus	430
Marzipanbaiser mit Ingwerbirnen	180
Marzipanrosen	429
Marzipanstollen	127
Meringue à l'italienne	362
Meringues cuites	362
Meringues suisses	362
Mohnbuchteln mit Birnensalat	108
Mohnfüllung 105, 121, 122,	132
Mohnkranz, Schlesischer	40
Mohnkuchen, Napf-	39
Mohnmakronen	230
Mohnrolle	121
Mohnstriezel	134
Mohnzopf	132
Möhren-Käsekuchen	199
Moldauische Quarktorte	34
Mont Blanc	186
Mürbteig, Rezepte mit	10
Mürbteig für pikante Bäckerei, Grundrezept	299
Mürbteig für Plätzchen	292
Mürbteig für Quiche und Co., Grundrezept	305
Mürbteig zubereiten	289
Mürbteig, gewürzter	291
Mürbteig, Grundrezept	289
Mürbteig, süßer	289
Mürbteig, wenig gezuckerter	289
Muttertagsherz	169

N

Napf-Mohnkuchen	39
Nikolausbrot	206
Nougat, Konditorcreme mit	420
Nougatcreme	77
Nußbrot	233
Nußfüllung, Apfel-	147
Nußfüllung 105, 121, 133,	332
Nußhörnchen	332
Nußkugeln	218
Nußprinten	221
Nußrolle	121
Nußstrudel, Apfel-	147
Nußtorte Gabriella	67
Nußtorte, Engadiner	30

O

Obst, kandiertes	432
Obstkuchen, gestürzter	51
Obststrudel	151
Obsttaschen	160
Omas Teebrötchen	107
Omelette surprise	188
Orangencreme, Roulade mit	82
Orangencreme-Füllung	82
Osterkuchen, russischer, Kulitsch	118

P

Pastetchen, gefüllte Blätterteig-	267
Pastetchen, Gemüse-	284
Pastetchen, Blätterteig-	354
Pastete, Fisch-	264
Pastete, Fleisch-	266
Pastete, Reh-	300
Pastete, Schüssel- mit Schweinefleisch	268
Pastetenform, Auslegen der	302

Rezeptverzeichnis

Pastetenhaus	356
Pasteten	246
Pfirsich-Makronenauflauf	56
Pflaumen-Sesamstrudel	152
Pflaumenkuchen	52
Pikantes Kleingebäck	272
Pilzpirogge	259
Piroschki	282
Pischinger Torte	193
Pistazien-Kakaotorte	60
Pistaziensahne	91
Pizza frutti di mare	252
Pizza mit Artischockenherzen	248
Pizza mit Hackfleisch	252
Pizza Napoli	248
Pizza Venezia	250
Pizza, Thunfisch-Champignon-	247
Pizza, Vollkorn-	380
Pizza	246
Plattenkuchen mit saftigem Belag	141
Plattenkuchen nach Großmutterart	49
Plätzchenrezepte	210
Plätzchen, Grieß-	212
Plätzchen, Honig-	226
Plätzchen, Käse-	278
Plätzchen, Mürbteig für	292
Plätzchen, Sesam-	228
Plätzchen, Tee-	215
Plätzchen, Walnuß-	218
Plunderteig, Grundrezept	330
Plunderteig, Rezepte mit	128
Prasselkuchen	158
Preiselbeersahne	91
Preßburger Hufeisen	105
Printen, Nuß-	221
Profiteroles-Pyramide Croquembouche	163
Profiteroles	360
Puddingfüllung	98
Puddingschnitten	156

Q

Quarkblätterteig, Grundrezept	349
Quarkblätterteig, Vollkornkäsetaschen aus	273
Quarkfüllung	80
Quarkkuchen mit Himbeeren	139
Quarkmasse	17
Quarkölteig, salzig	334
Quarkölteig, süß	334
Quarkölteig, Würstchen im	287
Quarkölteig, Rezepte mit	138
Quarkölteig, Grundrezept	334
Quarkschnitten, Cassis-	80
Quarktaschen	130
Quarktorte, Kernbeißer	18
Quarktorte, Moldauische	34
Quiche Lorraine	306
Quiche und Co., Mürbteig Grundrezept	305

R

Rehpastete	300
Rhabarber-Pirogge	136
Rhabarberkuchen, gedeckter	294
Rohrnudeln mit Zwetschgen	108
Rosenblüten, kandierte	436
Rosentorte	116
Roulade mit Orangencreme	82
Rouladentorte, gestreifte	77
Rüblitorte, Schweizer	200
Rührteig	308
Rührteig, der ganz schnelle	309
Rührteig, Grundrezept	308
Rührteig, Rezepte mit	38
Rumsauce	40
Russischer Osterkuchen, Kulitsch	118

Rezeptverzeichnis

S

Sacherauflauf mit Birnen	56
Sachertorte	62
Safranzopf, Hefe-	238
Saftige Stachelbeertorte	14
Saftiger Käsekuchen ohne Boden	196
Saint-Honoré-Torte	164
Sauerkirschkuchen	54
Sauerteig	366
Savarin mit Früchten	112
Savarin, warmer mit Brombeeren	121
Schachbretttorte	68
Schinkenhörnchen, Käse-	281
Schlesischer Mohnkranz	40
Schmalzgebäck	373
Schmandtaler	231
Schmetterlinge aus Marzipan	430
Schnecken, exquisite	142
Schnelle Aprikosentorte	317
Schokoladen-Buttercreme	95
Schokoladenbiskuit	321
Schokoladenblättchen	424
Schokoladenkuchen, Brüsseler	46
Schokoladensahne	74
Schokoröllchen	424
Schokosahne	92, 422
Schüsselpastete mit Schweinefleisch	268
Schwäbischer Apfelkuchen	29
Schwan	172
Schwarzwälder Kirschtorte	74
Schwedisches Vollkornbrot	241
Schweizer Rüblitorte	200
Schwere Baisermasse	362
Sesam Toffee	227
Sesamplätzchen	228
Skandinavisches Adventsgebäck	125
Sonnenblumen-Häufchen	228
Sonnenblumenbrot	240
Speckkuchen, Kurländer	282
Spitzbuben	217
Spitzornamente	424
Spritzgebäck	211
Stachelbeertorte, saftige	14
Stollen, Butter-	127
Stollen, Marzipan-	127
Stollen, Weihnachts-	126
Strauben	376
Streusel	17, 158
Strudelteig	338
Strudel, Hackfleisch- mit Weinblättern	271
Strudel, Kirschen-	340
Strudel, Lauch-	270
Strudelteig, Grundrezept	338
Strudelteig, Rezepte mit	146
Süße Teilchen, Blätterteig	350
Süßer Hefeteig, Grundrezept	326
Süßer Mürbteig	289

T

Tarte Bordelaise	254
Tarte mit Scampi und Trüffeln	253
Tarte Tatin	12
Tarte, Bananen-	12
Tarte, Birnen-	54
Tarte, Gemüse-	258
Tartelettes	260
Tartes	246
Teebrötchen, Omas	107
Teeplätzchen	215
Teige und Massen	289
Teilchen, süße, Blätterteig	350
Thunfisch-Champignon-Pizza	247
Tiramisù, Beeren-	87
Tiramisù	87
Toffee, Sesam	227
Tomaten-Hackfleischtorte, Italienische	256
Topfenfüllung	152
Topfenstrudel	152

Rezeptverzeichnis

V

Vanille-Buttercreme	42
Vanille-Flammeri	420
Vanillecreme	22
Vanillekipferl	222
Veilchen, kandierte	436
Vollkornbäckerei	378
Vollkornbrot, Schwedisches	241
Vollkornfrüchtebrot	203
Vollkornkäsetaschen aus Quark-blätterteig	273
Vollkornpizza	380

W

Waffeln, Grundrezept	377
Waffeln, Mandel-	191
Walnüsse, Buttercreme mit	67
Walnuß-Rehrücken	44
Walnußbrot	372
Walnußplätzchen	218
Warmer Savarin mit Brombeeren	112
Wasserbiskuit	316
Weihnachtsbrot	65
Weihnachtskranz	122
Weihnachtsstollen	126
Weiße Lebkuchen	224
Weißes Kastenbrot	243
Wenig gezuckerter Mürbteig	289
Wiener Masse, Grundrezept	318
Windbeutel	361
Windbeutel, Lachs-	280
Würstchen im Quarkölteig	287
Würstchen im Brotteig	287

Z

Zimtkuchen, fruchtiger	40
Zimtsterne	223
Zitronenkuchen	48
Zitronentorte	319
Zuckerkuchen	142
Zuppa inglese alla romana	88
Zwetschgendatschi	97
Zwiebelbrötchen, Fenchel-Zwiebelkuchen, Badischer	242
Zwiebelkuchen, Badischer	262
Zwiebeltorte	263
Zwiebeltorte, Brot-	244

STICHWORTVERZEICHNIS

A

Abbrennen	442
Adventsgebäck, Skandinavisches	125
Adventskranz	144
Ahornsirup	393
Angereicherter Biskuit	322
Anis	406
Anisbrot	236
Apfel im Schlafrock	159
Apfelfüllung	151
Apfelhut	194
Apfelkraut	393
Apfelkuchen, glasierter	53
Apfelkuchen, Schwäbischer	29
Apfel-Nußfüllung	147
Apfel-Nußstrudel	147
Apfelsäckchen	129
Apfeltörtchen mit Marzipan	161
Apfeltorte, Großmutters	57
Apple pie	25
Aprikosenfüllung	151
Aprikosenglasur	423
Aprikosenkuchen mit Guß	11
Aprikosenstrudel	151
Aprikosentorte, schnelle	317
Aprikotieren	442
Aufbewahrung	388
Aufbewahrung, Eier	399
Auflauf, Pfirsich-Makronen-	56
Auflauf, Sacher- mit Birnen	56
Ausbacken, in Fett	373
Ausbackteig, Grundrezept	375
Ausgebackene Kringel	172
Auslegen der Pastetenform	302

B

Backen	439
Backen, Blind-	296
Backgeschirr, silikonbeschichtetes	441
Backofen, elektrischer	439
Backofen, Elektro-	438
Backofen, Gas-	438
Backpulver	404
Backschule	288
Backtemperatur	322, 441
Backzeit	322
Backzutaten	382
Badischer Zwiebelkuchen	262
Bäckerhefe	324
Bärentatzen, feine	211
Baguettes	244
Baiser	174
Baiser, Grundrezept	362
Baiser, Marzipan- mit Ingwerbirnen	180
Baisermasse backen	362
Baisermasse, schwere	362
Baisermasse, warm zubereitet	362
Baisertorte, Eis-	182
Baisertorte, Johannisbeer-	175
Baisertorte mit Pfirsichen	184
Bananentarte	12
Bauernfladen	240
Beeren im goldenen Käfig	36
Beerenkuchen mit Eiersahne	335
Beeren-Tiramisù	87
Berliner Pfannkuchen, Krapfen	107
Bienenstich	98
Birnen, Sacherauflauf mit	56
Birnenkraut	393
Birnentarte	54
Bischofsbrot	92
Biskuit	66, 312, 322, 379, 384
Biskuit, angereicherter	322
Biskuit, Blitz-	316
Biskuit, einfacher	312, 322
Biskuit, Grundrezept	312
Biskuit, Schokoladen-	321
Biskuit, Wasser-	316, 322
Biskuitmasse mit Zusätzen	321
Biskuitomeletts	323
Biskuit-Omeletts mit Fruchtfüllung	90
Biskuitroulade	77, 313
Biskuits, Löffel-	323

Bittermandel	412
Blätterteig	154, 342, 379
Blätterteig backen	349
Blätterteig, Blitz-, Grundrezept	347
Blätterteig, Deutscher	343
Blätterteig, Grundrezept	343
Blätterteig, Halb-	349
Blätterteig, süße Teilchen	350
Blätterteig, Vollkornkäsetaschen aus Quark-	273
Blätterteigpastetchen, gefüllte	267
Blätterteigschnecken mit Oliven	280
Blättertorte mit Chirimoya	192
Blechkuchen mit buntem Belag	100
Blechkuchen mit Mandeln (Bienenstich, ungefüllt)	141
Blindbacken	296, 442
Blindgebackener Mürbteig	297
Blitzbiskuit	316
Blitzblätterteig, Grundrezept	347
Blüten, kandierte	432
„Bomben"-Torte	78
Brandteig	162, 359, 379, 385
Brandteig, Grundrezept	359
Bratwürstchen im Brotteig	287
Brioches	110
Brötchen, Fenchel-Zwiebel-	242
Brötchen, Graham-	236
Brötchen, Holzfäller-	239
Brötchen, Kräuter-Käse-	337
Brötchen, Omas Tee-	107
Brombeeren, warmer Savarin mit	112
Brot	232
Brot, Anis-	236
Brot, Estragon-	242
Brot, Gewürz-	240
Brot, Kräuter-	233
Brot, Nuß-	233
Brot, Schwedisches Vollkorn-	241
Brot, Sonnenblumen-	240
Brot, Walnuß-	372
Brot, weißes Kasten-	243
Brotbacken	366
Brotsonne, Fines herbes-	244
Brotsonne mit Mohn, Kümmel und Salz	235
Brotteig	325
Brotteig, Bratwürstchen im	287
Brotteig, Grundrezept	367
Brot-Zwiebeltorte	244
Brüsseler Schokoladenkuchen	46
Buchteln, Mohn- mit Birnensalat	108
Buchweizen	388
Bûche de Noël	95
Buntes Marzipan	428
Buttercreme	58, 418
Buttercreme, einfache	418
Buttercreme, mit Grenadine gefärbt	418
Buttercreme mit Walnüssen	67
Buttercreme, Schokoladen-	95
Buttercreme, Vanille-	42
Butterkuchen	102
Butterstollen	127

C

Cashew-Nuß	412
Cassis-Quarkschnitten	80
Champignon-Pizza, Thunfisch-	247
Churros	377
Club-Teilchen	143
Creme, Butter-	418
Creme, Butter-, einfache	418
Creme, Butter-, mit Grenadine gefärbt	418
Creme, garnieren mit	422
Creme, Konditor- mit Nougat	420
Creme zum Füllen und Garnieren	418
Croissants	132
Croquembouche, Profiteroles-Pyramide	163
Curry-Gebäck	279
Curuba-Meringe	186

Stichwortverzeichnis

D

Dänische Käsestangen	278
Das Eiweiß	396
Das Gelbe vom Ei	396
Der Backofen	438
Der Frischetest	398
Der ganz schnelle Rührteig	309
Der Überzug	423
Deutscher Blätterteig	343
Dicksäfte	393
Die Definition der Mehltypen	387
Die doppelte Tour	346
Die einfache Tour	346
Die Getreidesorten	387
Die Nahrung der Hefe	403
Die Süßen	390
Dinkel	387
Dobostorte	70
Dressiersack	442

E

Eclairs	360
Ei, das Gelbe vom	396
Eier	395
Eier, Aufbewahrung	399
Eier, Zusammensetzung von	397
Eierlikör-Gugelhupf	46
Einfache Buttercreme	418
Einfache, Tour, die	346
Einfacher Biskuit	312, 322
Einkauf, worauf Sie achten sollten beim	388
Einziehbutter	345
Eis-Baisertorte	182
Eiweiß, das	396
Eiweißmasse, leichte	362
Elektrobackofen	438
Elisenlebkuchen	202
Energieträger	400
Engadiner Nußtorte	30
Erdbeerkuchen	80
Erdbeerroulade	313
Erdnuß	412
Essenzen	406
Estragonbrot	242
Exquisite Schnecken	142

F

Fachausdrücke	442
Feine Bärentatzen	211
Fenchel	407
Fenchel-Zwiebelbrötchen	242
Festbrezel	124
Festtagskuchen	64
Fett, ausbacken in	373
Fette	400
Fettglasur	417
Fettringe	142
Fines herbes-Brotsonne	244
Fingergolatschen	216
Fischpastete	264
Flammeri, Vanille-	420
Fleischpastete	266
Fleurons	352
Flockentorte	166
Florentiner	221
Fondant	423
Formen, Glas-	441
Formen, Schwarzblech-	440
Formen, Weißblech-	440
Fragilité	178
Frankfurter Kranz	42
Frischetest, der	398
Fruchtfüllung, Biskuit-Omeletts mit	90
Fruchtiger Zimtkuchen	40
Früchte	416
Früchte, Kandieren von	434
Früchte, kandierte	416
Früchte, Savarin mit	112
Früchtebrot, Vollkorn-	203
Früchtekuchen	208
Füllung	80, 82, 84, 418
Füllung, Apfel-	151
Füllung, Apfel-Nuß-	147
Füllung, Aprikosen-	151
Füllung für die Bombe	78
Füllung, Kastaniencreme-	84

Stichwortverzeichnis

Füllung, Kirsch- 74
Füllung, Mohn- 105, 121, 132
Füllung, Nuß- 105, 121, 133, 332
Füllung, Orangencreme- 82
Füllung, Pudding- 98
Füllung, Quark 80
Füllung, Topfen- 152

G

Gänsefuß-Torte 72
Garnieren 428
Garnituren 418
Garprobe 442
Gasbackofen 438
Gebäck, Curry- 279
Gebäck, pikantes Klein- 272
Gebäck, Skandinavisches Advents- 125
Gedeckter Rhabarberkuchen 294
Gefüllte Blätterteigpastetchen 267
Gefüllter Kokoskuchen 58
Gefüllter Mandelkuchen 30
Gelatine 404
Geliermittel 404
Gemüsepastetchen 284
Gemüsetarte 258
Geriebener Teig 291
Gerste 387
Gestreifte Rouladentorte 77
Gestürzter Obstkuchen „Melanie" 51
Getreidemühlen 388
Getreidesorten, die 387
Gewichte 443
Gewichtsklassen 398
Gewürzbrot 240
Gewürze 406
Gewürzkloben 238
Gewürznelken 406
Gewürzrollen 144
Gewürzter Mürbteig 291
Glasformen 441
Glasieren 442
Glasierter Apfelkuchen 53
Glasur 53, 423
Glasur, Aprikosen- 423
Glasur, Fett- 417

Glasur, Karamel- 70
Glasur, Zucker- 390
Graham-Brötchen 236
Graham-Laib 236
Grießplätzchen 212
Großmutters Apfeltorte 57
Grougères 277
Grünkern 387
Grundrezept, Ausbackteig 375
Grundrezept, Baiser 362
Grundrezept, Biskuit 312
Grundrezept, Blätterteig 343
Grundrezept, Blitzblätterteig 347
Grundrezept, Brandteig 359
Grundrezept, Brotteig 367
Grundrezept, Hefeteig 325
Grundrezept, Mürbteig 289
Grundrezept, Mürbteig für
  Quiche und Co. 305
Grundrezept, Plunderteig 330
Grundrezept, Quarkblätterteig 349
Grundrezept Quarkölteig 334
Grundrezept, Rührteig 308
Grundrezept, Strudelteig 338
Grundrezept, süßer Hefeteig 326
Grundrezept, Waffeln 377
Grundrezept, Wiener Masse 318
Gugelhupf, Eierlikör- 46
Gugelhupf mit Nußfüllung 328
Guß 29
Guß, Aprikosenkuchen mit 11

H

Hackfleischstrudel mit Wein-
  blättern 271
Hackfleischtorte, Italienische
  Tomaten- 256
Hafer 387
Halbblätterteig 349
Haltbarkeit 388
Handelsklassen 398
Haselnuß 412
Haselnußtorte, Mandarinen- 60
Hefe, Bäcker- 324
Hefe, die Nahrung der 403

Stichwortverzeichnis

Hefekorb	114
Hefe-Safranzopf	238
Hefeschnecken	103
Hefeteig	96, 324, 379, 384
Hefeteig formen und backen	327
Hefeteig, Grundrezept	325
Hefeteig, süßer, Grundrezept	326
Heidelbeertorte	192
Heißluft	439
Himbeeren, Quarkkuchen mit	139
Himbeerkuchen	15
Himbeer-Vanilletorte	22
Himmelstochter	176
Hirschhornsalz	404
Hirse	388
Hörnchen, Käse-	276
Hörnchen, Käse-Schinken-	281
Hörnchen, Nuß-	332
Holländer Kirschschnitten	156
Hollerküchle	375
Holzfällerbrötchen	239
Honig	392
Honigplätzchen	226

I

In Fett ausbacken	373
Ingwer	407
Ingwerstamm	47
Italienische Tomaten-Hackfleisch-torte	256

J

Joghurt	402
Joghurttorte „Gisela"	20
Johannisbeer-Baisertorte	175
Johannisbeerkuchen mit Nußbaiser	24

K

Käsebrötchen, Kräuter-	337
Käsehörnchen	276
Käsekuchen mit Kirschen	17
Käsekuchen, Möhren-	199
Käsekuchen, saftiger, ohne Boden	196
Käsemonde	274
Käseplätzchen	278
Käsesäckchen	275
Käsesahne	421
Käse-Sahnetorte	26
Käse-Schinkenhörnchen	281
Käseschleifen	277
Käsestangen	352
Käsestangen, Dänische	278
Käsestangen mit Salz oder Sesam	274
Käsetaschen	276
Käsetaschen, Vollkorn- aus Quarkblätterteig	273
Kakao	417
Kakaopulver	417
Kakaotorte, Pistazien-	60
Kandieren von Früchten	434
Kandierte Blüten	432
Kandierte Früchte	416
Kandierte Rosenblüten	436
Kandierte Veilchen	436
Kandiertes Obst	432
Karamelglasur	70
Karamelisieren	442
Kardamom	407
Kartenblätter	231
Kartoffeltorte	199
Kastaniencreme-Füllung	84
Kastanienstamm	84
Kastenbrot, weißes	243
Keramikgeschirr	441
Kernbeißer Quarktorte	18
Kirschen, Käsekuchen mit	17
Kirschenstrudel	340
Kirschfüllung	74
Kirschkuchen, Sauer-	54
Kirschschnitten, Holländer	156
Kirschtorte, Schwarzwälder	74
Kirschwassersahne	74
Kleber	382, 384
Klebergehalte	383
Kleingebäck	323, 325
Kleingebäck, pikantes	272

Stichwortverzeichnis

Kleingebäck, süßes	360
Kletzenbrot	205
Kneten	442
Knusperlis	227
Knuspertorte	185
Kokoskuchen, gefüllter	58
Kokosmilch	415
Kokosnuß	412
Kombigeräte	440
Konditorcreme mit Nougat	420
Koriander	408
Korinthen	416
Korn, volles	385
Kräuterbrot	233
Kräuter-Käsebrötchen	337
Krapfen (Berliner Pfannkuchen)	107
Kringel, ausgebackene	172
Krokant	42, 77, 415, 432
Kuchen-Spezialitäten	190
Kümmel	408
Kulitsch – Russischer Osterkuchen	118
Kurländer Speckkuchen	282
Kuvertüre	417, 423

L

Lachswindbeutel	280
Lauchstrudel	270
Lebkuchen, Elisen-	202
Lebkuchen, weiße	224
Leichte Eiweißmasse	362
Liebesknochen	170
Likörsahne	91
Linzer Torte	32
Löffelbiskuits	323

M

Mahlen	442
Mais	387
Makronen, Mohn-	230
Makronenauflauf, Pfirsich-	56
Malzextrakt	394
Mandarinen-Haselnußtorte	60
Mandel	412
Mandelbrezeln	218
Mandeldecke	98
Mandelgebäck	215
Mandelkuchen, gefüllter	30
Mandeln, Blechkuchen mit, (ungefüllter Bienenstich)	141
Mandel-Rahmstrudel	149
Mandel-Sahnebrezeln	212
Mandelwaffeln	191
Mandelzwickel	224
Mangokuchen	292
Marmorkuchen	310
Marone	413
Maronencreme	155
Maronentorte	155
Marzipan, Apfeltörtchen mit	161
Marzipan, buntes	428
Marzipan, Schmetterlinge aus	430
Marzipanbaiser mit Ingwerbirnen	180
Marzipanrohmasse	415, 428
Marzipanrosen	429
Marzipanstollen	127
Maße	443
Massen	289
Mazerieren	442
Mehl	382
Mehlteig	344
Mehltypen, die Definition der	387
Meringue à l'italienne	362
Meringues cuites	362
Meringues suisses	362
Mikrowelle	440
Milch	401
Milcheiweiß	402
Milchfett	401
Milchzucker	401
Mineralstoffe	402
Mit Cremes garnieren	422
Mixen	442
Möhren-Käsekuchen	199

Stichwortverzeichnis

Mohnbuchteln mit Birnensalat	108
Mohnfüllung	105, 121, 132
Mohnkranz, Schlesischer	40
Mohnkuchen, Napf-	39
Mohnmakronen	230
Mohnrolle	121
Mohnstriezel	134
Mohnzopf	132
Moldauische Quarktorte	34
Mont Blanc	186
Mürbteig	10, 289, 298, 379, 385
Mürbteig backen	292
Mürbteig, blindgebackener	297
Mürbteig für pikante Bäckerei, Grundrezept	299
Mürbteig für Plätzchen	292
Mürbteig für Quiche und Co., Grundrezept	305
Mürbteig, gewürzter	291
Mürbteig, Grundrezept	289
Mürbteig, süßer	289
Mürbteig, wenig gezuckerter	289
Mürbteig zubereiten	289
Mürbteigboden	305
Muskat	407
Muttertagsherz	169

N

Nährstoffgehalt des Weizenkorns	385
Napf-Mohnkuchen	39
Natron	404
Nikolausbrot	206
Nougat	415
Nougat, Konditorcreme mit	420
Nougatcreme	77
Nüsse	411
Nüsse häuten	411
Nüsse rösten	411
Nüsse zerkleinern	411
Nußbaiser, Johannisbeerkuchen mit	24
Nußbrot	233
Nußfüllung	105, 121, 133, 332
Nußfüllung, Apfel-	147
Nußhörnchen	332
Nußkugeln	218
Nußprinten	221
Nußrolle	121
Nußstrudel, Apfel-	147
Nußtorte, Engadiner	30
Nußtorte Gabriella	67

O

Oberhitze	438
Oblaten	443
Obst, kandiertes	432
Obstkuchen, gestürzter	51
Obststrudel	151
Obsttaschen	160
Omas Teebrötchen	107
Omelette surprise	188
Orangen	434
Orangencreme, Roulade mit	82
Orangencreme-Füllung	82
Osterkuchen, russischer, Kulitsch	118

P

Paranuß	413
Passieren	442
Pastetchen	354
Pastetchen, gefüllte Blätterteig-	267
Pastetchen, Gemüse-	284
Pastete, Fisch-	264
Pastete, Fleisch-	266
Pastete, Reh-	300
Pastete, Schüssel- mit Schweinefleisch	268
Pasteten	246
Pastetenform, Auslegen der	302
Pastetenhaus	356
Pecannuß	413
Persipan	415
Pfirsiche, Baisertorte mit	184
Pfirsich-Makronenauflauf	56
Pflaumenkuchen	52

Stichwortverzeichnis

Pflaumen-Sesamstrudel	152
Pie, Apple	25
Pikantes Kleingebäck	272
Pilzpirogge	259
Piment	408
Pinienkerne	413
Pirogge, Pilz-	259
Pirogge, Rhabarber-	136
Piroschki	282
Pischinger Torte	193
Pistazie	413
Pistazien-Kakaotorte	60
Pistaziensahne	91
Pizza	246
Pizza frutti di mare	252
Pizza mit Artischockenherzen	248
Pizza mit Hackfleisch	252
Pizza Napoli	248
Pizza, Thunfisch-Champignon-	247
Pizza Venezia	250
Pizza, Vollkorn-	380
Plätzchen	210
Plätzchen, Grieß-	212
Plätzchen, Honig-	226
Plätzchen, Käse-	278
Plätzchen, Mürbteig für	292
Plätzchen, Sesam-	228
Plätzchen, Tee-	215
Plätzchen, Walnuß-	218
Plattenkuchen mit saftigem Belag	141
Plattenkuchen nach Großmutterart	49
Plunderteig	128, 330
Plunderteig, Grundrezept	330
Pottasche	403
Prasselkuchen	158
Preiselbeersahne	91
Preßburger Hufeisen	105
Printen, Nuß-	221
Profiteroles	360
Profiteroles-Pyramide Croquembouche	163
Puddingfüllung	98
Puddingschnitten	156
Pürieren	442

Q

Quark	402
Quarkblätterteig, Grundrezept	349
Quarkblätterteig, Vollkornkäsetaschen aus	273
Quarkfüllung	80
Quarkkuchen mit Himbeeren	139
Quarkmasse	17
Quarkölteig	138, 325, 334
Quarkölteig, salzig	334
Quarkölteig, süß	334
Quarkölteig, Würstchen im	287
Quarkschnitten, Cassis-	80
Quartaschen	130
Quarktorte, Kernbeißer	18
Quarktorte, Moldauische	34
Quellen	442
Quiche Lorraine	306
Quiche und Co., Mürbteig Grundrezept	305

R

Raspeln	442
Rehpastete	300
Rehrücken, Walnuß-	44
Reiben	442
Rhabarberkuchen, gedeckter	294
Rhabarber-Pirogge	136
Rösten	442
Roggen	387
Roggenmehl Typ 815	385
Roggenvollkornmehl	385
Rohrnudeln mit Zwetschgen	108
Rosenblüten, kandierte	436
Rosentorte	116
Rosinen	416
Roulade mit Orangencreme	82
Rouladentorte, gestreifte	77
Rübensirup	393
Rüblitorte, Schweizer	200
Rühren	442
Rührtei	384
Rührteig	38, 308, 379

459

Stichwortverzeichnis

Rührteig, der ganz schnelle	309
Rührteig, Grundrezept	308
Rumsauce	40
Russischer Osterkuchen, Kulitsch	118

S

Sacherauflauf mit Birnen	56
Sachertorte	62
Safran	409
Safranzopf, Hefe-	238
Saftige Stachelbeertorte	14
Saftiger Käsekuchen ohne Boden	196
Sahnetorte, Käse	26
Saint-Honoré-Torte	164
Salz	394
Sauerkirschkuchen	54
Sauerteig	366
Savarin mit Früchten	112
Savarin, warmer mit Brombeeren	112
Schachbrettorte	68
Schinkenhörnchen, Käse-	281
Schlagen	442
Schlagsahne	402
Schlesischer Mohnkranz	40
Schmalzgebäck	373
Schmandtaler	231
Schmelzen	443
Schmetterlinge aus Marzipan	430
Schnecken, exquisite	142
Schnee, so gelingt schnittfester	397
Schnelle Aprikosentorte	317
Schokolade	417
Schokoladenbiskuit	321
Schokoladenblättchen	424
Schokoladen-Buttercreme	95
Schokoladenkuchen, Brüsseler	46
Schokoladensahne	74
Schokoröllchen	424
Schokosahne	92, 422
Schüsselpastete mit Schweinefleisch	268
Schwäbischer Apfelkuchen	29
Schwan	172
Schwarzblechformen	440
Schwarzwälder Kirschtorte	74
Schwedisches Vollkornbrot	241
Schweizer Rüblitorte	200
Schwere Baisermasse	362
Sesam Toffee	227
Sesamplätzchen	228
Silikonbeschichtetes Backgeschirr	441
Sirup, Ahorn-	393
Sirup, Rüben-	393
Skandinavisches Adventsgebäck	125
Sonnenblumenbrot	240
Sonnenblumen-Häufchen	228
Speckkuchen, Kurländer	282
Spitzbuben	217
Spitzornamente	424
Spitztüte für Spritzmuster	427
Spritzbeutel	442
Spritzgebäck	211
Spritzmuster, Spitztüte für	427
Stachelbeertorte, saftige	14
Stärke	382, 404
Sternanis	409
Stollen, Butter-	127
Stollen, Marzipan-	127
Stollen, Weihnachts-	126
Strauben	376
Streusel	17, 158
Strudel, Apfel-Nuß-	147
Strudel, Aprikosen-	151
Strudel, Hackfleisch- mit Weinblättern	271
Strudel, Kirschen-	340
Strudel, Lauch-	270
Strudel, Mandel-Rahm-	149
Strudel, Obst-	151
Strudel, Pflaumen-Sesam-	152
Strudel, Topfen-	152
Strudelteig	146, 338, 379, 384
Strudelteig, Grundrezept	338
Süße	390, 406
Süße Teilchen, Blätterteig	350
Süßer Hefeteig, Grundrezept	326
Süßer Mürbteig	289
Süßes Kleingebäck	360
Süßstoff	394
Süßungsmittel, weitere	393
Sultaninen	416

Stichwortverzeichnis

T

Tarte, Bananen-	12
Tarte, Birnen-	54
Tarte Bordelaise	254
Tarte, Gemüse-	258
Tarte mit Scampi und Trüffeln	253
Tarte Tatin	12
Tartelettes	260
Tartes	246
Tatin, Tarte	12
Teebrötchen, Omas	107
Teeplätzchen	215
Teflonbeschichtet	441
Teig	384, 400
Teig, Ausback-	375
Teig, Blätter-	154, 342
Teig, Brand-	162, 359
Teig, geriebener	291
Teig, Hefe-	96, 324
Teig, Mürb-	10, 289
Teig, Plunder-	128, 330
Teig, Quaröl-	138
Teig, Quarkölteig	334
Teig, Rühr-	38, 308
Teig, Sauer-	366
Teig, Strudel-	146
Teige	289
Teiglockerer	403
Teilchen, süße, Blätterteig	350
Temperatur, Back-	441
Temperaturtabelle	439
Thunfisch-Champignon-Pizza	247
Tiramisù, Beeren-	87
Tiramisù	87
Toffee, Sesam	227
Tomaten-Hackfleischtorte, Italienische	256
Topfenfüllung	152
Topfenstrudel	152
Tour, doppelte, die	346
Tour, einfache, die	346
Touren geben	443
Tourieren	443

U

Überblick: Welche Masse für welches Gebäck	322
Umluft	439
Unterhitze	438

V

Vanille	409
Vanille-Buttercreme	42
Vanillecreme	22
Vanille-Flammeri	420
Vanillekipferl	222
Vanilletorte, Himbeer-	22
Veilchen, kandierte	436
Verzieren	428
Volles Korn	385
Vollkornbäckerei	378
Vollkornbrot, Schwedisches	241
Vollkornfrüchtebrot	203
Vollkornkäsetaschen aus Quarkblätterteig	273
Vollkornmehl, Roggen-	385
Vollkornmehl, Weizen-	385
Vollkornpizza	380

W

Wachs	443
Wachsen	443
Waffeln, Grundrezept	377
Waffeln, Mandel-	191
Walnüsse, Buttercreme mit	67
Walnuß	414
Walnußbrot	372
Walnußplätzchen	218
Walnuß-Rehrücken	44
Warenkunde	382
Warmer Savarin mit Brombeeren	112

Stichwortverzeichnis

Wasserbiskuit	316, 322
Weihnachtsbrot	65
Weihnachtskranz	122
Weihnachtsstollen	126
Weißblechformen	440
Weiße Lebkuchen	224
Weißes Kastenbrot	243
Weitere Süßungsmittel	393
Weizenkeim	385
Weizenkorn	385
Weizenmehl Typ 1050	385
Weizenmehl Typ 405	385
Weizenstärke	385
Weizenvollkornmehl	385
Wenig gezuckerter Mürbteig	289
Wiener Masse	322
Wiener Masse, Grundrezept	318
Windbeutel	361
Windbeutel, Lachs-	280
Worauf Sie beim Einkauf achten sollten	388
Würstchen im Quarkölteig	287
Würze	406

Z

Zimt	410
Zimtkuchen, fruchtiger	40
Zimtsterne	223
Zitronenkuchen	48
Zitronentorte	319
Zucker	390, 392
Zuckerglasur	390
Zuckerkuchen	142
Zuppa inglese alla romana	88
Zusammensetzung von Eiern	397
Zutaten, Back-	382
Zwetschgen, Rohrnudeln mit	108
Zwetschgendatschi	97
Zwiebelbrötchen, Fenchel-	242
Zwiebelkuchen, Badischer	262
Zwiebeltorte	263
Zwiebeltorte, Brot-	244

Redaktion:
Mascha Kauka, Andrea Brenner, Ingeborg Pils

Fotos und Rezepte:

CMA, Bonn: S. 401, 402

Friederun Köhnen, Sprockhövel: S. 14, 20, 21, 24-27, 48-50, 90-92, 100, 103, 113-115, 138, 140, 153, 173, 184, 212, 228, 229, 235, 237, 238, 242, 245, 250, 265, 266, 274, 275-279, 284-286, 350, 351, 423-431, 433-437

Mauritius: S. 4, 5, 8, 9, 288, 289

Union Deutsche Lebensmittelwerke (Sanella), Hamburg: S. 246, 249

alle übrigen Fotos:
RV-Officin M. Pohl Verlag GmbH & Co., Moosburg;
Hans Döring, Karolý Hemzö

Meine eigenen Rezepte

Meine eigenen Rezepte

Meine eigenen Rezepte

Meine eigenen Rezepte